高 情 商 管 理

管人要稳
管事要准

连山◎编著

红旗出版社

图书在版编目（CIP）数据

管人要稳 管事要准 / 连山编著 . —— 北京：红旗
出版社 , 2020.4
（高情商管理 / 张丽洋主编）
ISBN 978-7-5051-5147-5

Ⅰ . ①管… Ⅱ . ①连… Ⅲ . ①领导学 – 通俗读物
Ⅳ . ① C933-49

中国版本图书馆 CIP 数据核字 (2020) 第 042180 号

书　　　名	管人要稳　管事要准		
编　　　著	连　山		
出　品　人	唐中祥		
总　监　制	褚定华	责任编辑	朱小玲　王馥嘉
选题策划	三联弘源	地　　址	北京市丰台区中核路 1 号
出版发行	红旗出版社	编　辑　部	010-57274504
邮政编码	100070	发　行　部	010-57270296
印　　刷	天津海德伟业印务有限公司		
成品尺寸	138mm×200mm	1/32	
字　　数	400 千字	印　　张	25
版　　次	2020 年 7 月北京第一版	印　　次	2020 年 7 月北京第一次印刷
IBSN	978-7-5051-5147-5	定　　价	168.00 元（全五册）

欢迎品牌畅销图书项目合作　　联系电话：010-57274504
凡购买本书，如有缺页、倒页、脱页，本社发行部负责调换

前　言

作为一个组织的管理者，拥有着一种特殊的资源：员工。而对这种资源的管理存在着不同的层次。管理得好，它可以取之不尽、用之不竭；管理不好，它也可能一取即尽、一用即竭。那些只知用职权管人，而不知用人格影响人的领导，无论官位有多高、能力有多强、知识有多丰富，都无法取得下属的信任，更别说长期追随。而一个没有人与之同心同德的管理者，即便有再伟大的理想、再完美的计划，也只能是空中楼阁。相反，成功的管理者具备"登高一呼，众山响应"的号召力，具备利用各种人才、平衡各种力量的统筹能力，具备"用人长、容人短""胜不骄、败不馁"的胸怀和气度，具有应对各种困难、各种复杂局面的手段和技巧，他无论在哪里出现，都会成为众人瞩目的焦点，即使他不出声，也能令人毫无保留地对他产生信任感，人们愿意接受他的建议，在有突发事件时愿意听从他的指导。这种领袖风范是如此令人着迷，使多少管理者望之兴叹。

因此，对于管理者来说，用职权管人不是本事，通过人格服人才是本事；颐指气使不是本事，"不令而从"才是本事；用惩罚使人害怕不是本事，凭魅力赢得追随才是本事；

1

自己有本事不是本事，让有本事的人为己所用才是本事。管理是一门学问，是一门艺术，更是一套高深的谋略。你不能因为自己是"官"就对人吆五喝六，又不能与他们称兄道弟失去威严；你不能玩弄权术，让人觉得你城府很深，又不能心中不藏事什么都往外说；你既不能疑神疑鬼又不能偏听偏信……作为领导，魔鬼手段与菩萨心肠应该兼备，做到管人要稳，管事要准。

本书紧紧围绕"管人要稳，管事要准"的主题，结合生动具体的案例，运用简明流畅的语言，阐述了管人方法、管事策略，针对团队管理者的工作任务，从领导风格、领导力打造、权力运用、用人之道、激励手段、决策方略、沟通艺术、解难艺术等方面系统介绍了管理者应具备的领导素质和应掌握的领导艺术，是每一位有心成就卓越的管理者必备的日常管理工具书。全书体系规范、科学，内容全面、实用，为管理者提供了一份全方位的细致周详的工作手册，帮助管理者提高理论水准和管理素养，有效解决各类管理实务问题。

目 录

下　篇　管事要准：做对事才能基业长青

第一章　制定规则，让每一件事都有制度可依

第二章　相机决策，抓大放小准确而果断地拍板

第三章　着眼大局，埋头拉车还要抬头看路

上 篇

管人要稳：得人心者得天下

第一章　以德服人，江山之固在德不在险

小胜凭智，大胜靠德

《菜根谭》中有句名言："德者事业之基，未有基不固而栋宇坚久者。"意思是说，一个人有高尚品德是其事业的基础，如同建楼，不打牢地基就不能坚固长久。人格低下、品德不端的人，即使一时做出一些成绩，获得一些名利，也不会长久。优秀的领导者需要具备高洁的品德。就像蒙牛集团的开创者牛根生，他是靠德取胜的典范。

"小胜凭智，大胜靠德"，这是牛根生常挂在嘴边的话，因为"德"是制服人心的最佳利器。"想赢两三个回合，赢三年五年，有点智商就行；要想赢一辈子，没有'德商'绝对不行"。

当初牛根生被迫离开伊利，卖掉伊利股票成立蒙牛时，原来跟随牛根生的兄弟便一起投奔到了牛根生的麾下。

牛根生在和林格尔竖起的蒙牛大旗之所以有这样的号召力，这与牛根生的"德商"有着最为直接的联系。

在伊利工作期间，牛根生曾因业绩突出，而受到公司嘉奖。公司奖励给他一笔足够买一部好车的钱，而他却用这笔钱买了4辆面包车——让自己的直接下属一人有了一部车。

据与牛根生关系很"铁"的人介绍，牛根生还曾分给大

家 108 万元。

2000 年，和林格尔政府奖励牛根生一台凌志车，价值 104 万元，而当时比牛根生大 8 岁的副董事长获得的奖励是一辆捷达车。但是，此时的牛根生并没有打算享受这部豪华轿车，而是提出了与这位副董事长换车。

换车之后，牛根生的女儿很不理解父亲的作为，在很长时间内都用一种怀疑的口吻问牛根生："这部车是不是真的给了邓大爷？"

这正是牛根生所追求的"德"，他想通过这样的行为来向人们传递出一个信息，"牛根生做企业不是为了个人赚钱和享乐"。

据牛根生介绍，在物质方面，自己的各项条件都要比身边的副手差。"我们有两位副总坐的都是奔驰 350，我的副董事长坐的是凌志 430，雷副总坐的是沃尔沃，而我坐的是一辆小排量的奥迪。"

2005 年 1 月 12 日，牛根生再次将自己的"德商"发挥到了极致。牛根生宣布将自己个人所得股息的 51% 捐给"老牛基金会"，49% 留作个人支配。他还承诺在他百年之后，将其所持股份全部捐给"老牛基金会"，并将这部分股份的表决权授予后任的集团董事长，家人不能继承任何股权，每人只可领取不低于北京、上海、广州 3 地平均工资的月生活费。

对此，有记者问牛根生，在很多人希望将原本不属于自己的东西占为己有的情况下，为什么要将原本就属于自己的财富散尽，难道你的理想就是要建立一个乌托邦吗？

牛根生的答案仍是那"老套"的 4 个字：大胜靠德。

不错，"小胜凭智，大胜靠德"，要想获得大的胜利，还需靠"德"！德即道德、德行。细化起来，各行各业都有其道德遵循。德是一种境界，是一种追求，是一种力量，是一种震慑邪恶、净化环境、提升思维、积累学业财源的动力，德能使自己内功强劲，无往不胜。

管出"先进"，自己先当"先进"

领导者只有带好头、做好榜样，才能赢得下属的信任与追随，这是任何法定权力都无法比拟的一种强大的影响力和号召力。

美国西点军校因为培养出麦克阿瑟、艾森豪威尔、巴顿、格兰特等人而被誉为将军和总统的摇篮，成为全球最著名的军事院校，在政治界与经济界极负盛名。西点军校还先后培养出了许多优秀的经济界人才——在世界 500 强企业中任职的 1000 多位董事长、2000 多位副董事长和 5000 多位总经理。

然而，西点军校与哈佛、沃顿、麻省理工、斯坦福、耶鲁这些全球知名商学院相比，并没有开设财务管理、市场营销等专业工商学科，为什么成就却比这些学校还牛呢？这主要是因为西点军校培养出来的学生都具有强大的领导力。这些学生的领导力又来自哪里呢？这主要得益于西点军校对于领导力的与众不同的观念。

在许多人看来，只要当上了官，特别是当了一把手，自己说的话就成红头文件了，就自然而然具有不可撼动的领导力。但西点军校对领导力的界定却并非如此。他们认为：领导力并不是什么法定的权力，而是一个过程，在这个过程中，领导者的行为、能力、品位、风格必须影响追随者的需求、价值、追求、渴望，这样才能在下属面前塑造形象、树立威信，产生强烈的凝聚力和感召力，从而激发出下属的敬佩感、信赖感和服从感，领导者就像磁石一样吸引着部下，成为他们学习的榜样。

巴顿，堪称美军历史上最骁勇善战的装甲部队指挥官，他如此善战的原因成了很多人争相研究的问题。为巴顿写传记的作家埃德加精辟地道出了其中的奥秘："巴顿作为统帅人物，其最大的特点是以他本人的尚武精神去激励部下。他用自己的个性成功地影响了整个部队。尽管部属们有时恨他，但仍然能够仿效他的言行，像他那样思索和战斗。"

《论语》中有"其身正，不令而行；其身不正，虽令不从"的话，其实也是对领导力的一种注解。意思是，只要自己的行为端正，就算不下任何命令，部下也会遵从执行；如果自己的行为不端正，那么无论制定什么政策规章，部下也不会遵从执行。

要想管出"先进"，自己就要先当"先进"。这自古以来都是为政、为将、为教者的准则及其号召力之所在。因为领导者的一言一行，无时无刻不处于下属的关注之下，领导者只有时时刻刻、事事处处为下属带好头、树好样，做到严于律己，率先垂范，这样才有威信，才能赢得下属的信任，这是做一个领导者的前提。

作为当今世界上最牛女企业家之一的玫琳凯，同样非常重视领导者在员工中的榜样作用。她说："一个部门的负责人，其行为受到整个工作部门员工的关注。人们往往仿效经理的工作习惯和修养，而不管其工作习惯和修养的好坏。假如一个经理常常迟到，吃完午饭后迟迟不回办公室，打起私人电话来没完没了，不时因喝咖啡而中断工作，一天到晚眼睛直盯着墙上的挂钟，那么，他的下属大概也会如法炮制。不过，下属们也会仿效经理的好习惯。例如，我习惯在下班前把办公桌清理一下，把没干完的工作装进包里带回家，坚持当天的事当天做完。尽管我从未要求过我的助手和秘书也这样做，但是她们现在每天下班时，也常提着包回家。作为一个经理，重任在肩，职位越高，就越应重视给人留下好的印象。因为经理总是处于众目睽睽之下，所以你在做任何事情时都务必要考虑到这一点。以身作则的好处是，过不了多久，你的下属就会照着你的样子去做。"

正人先正己，做事先做人。管理之道亦是如此，职权只能使下属服权而不服人，口服而心不服，即便能产生威信也是极其脆弱的。所谓上行下效，领导者无论职务多高、权力多大、资历多深，都应该要求别人做到的自己先做到，这样才能树立起威望，增强执行力，提高管理效率。

用仁义得人心

"仁者爱人"，一个人如果有仁义之心，就能爱人，而爱人者就能得人心。这是千古不变的道理。领导者要征服人心，最重要的是要征服对方的心。比如：给地位卑贱者以尊重，给贫穷者以财物，给落难者以援力，给求职者以机会等。这众多的方法都是在用仁义获得人心。

　　惠普公司的创始人戴夫·帕尔德年轻时酷爱体育运动，体育教练曾经对他讲，当两个争夺冠军的球队水平旗鼓相当时，默契配合就会变得极为重要，特别是在那些瞬息万变的比赛中。这个道理似乎谁都懂，但是只有真正在运动场上实践过的人才会理解这一原则有多重要。

　　帕尔德一直把这些话铭记在心，并在以后的工作生活中努力去促成人与人之间互相信任，互相关心和密切配合。他心里明白，想要达到这样的效果，除了用制度一类的东西，还要用仁义的手段来获得人心。

　　惠普公司因为在第二次世界大战期间发展迅速，当时就已经成为拥有 200 万美元资产和 200 名工人的公司。但是战争一结束，许多军事项目迅速停建，电子设备在军用市场上的总销售量迅速下降。由军事工业带动的日用品市场迅速萎缩，惠普公司的业务一落千丈。

　　面对市场的衰退，帕尔德不得不辞退了 100 多个工人。看到许多曾经一起创业的朋友马上就要沦为失业者，帕尔德心里很难受。他深深地懂得了失业对工人意味着生活水平的迅速下降和自尊心的巨大伤害。眼看着人们陆续地默默离去，帕尔德心中发誓：一定要渡过难关，把公司搞上去，把这些工人重新请回惠普公司。

　　这次解雇工人给帕尔德留下了终生难忘的印象。从这之后，惠普公司即使在最困难的时候也坚持不辞退员工，这在硅谷绝无仅有。

随着市场的复苏，惠普公司又恢复了往日的辉煌。公司又重新拥有 200 名员工。到 20 世纪 40 年代末，惠普公司资产已接近千万美元，成了硅谷中的明星企业。

1959 年，正当惠普的业绩蒸蒸日上时，帕尔德却注意到公司员工的热情似乎不高，这是为什么呢？

惠普公司的股票 1957 年上市以来，股价节节攀升，成为华尔街的宠儿，难道在这样的公司还有什么怨言吗？

当帕尔德婉转地问公司一名检测人员时，这名员工告诉他："是的，我为在这样一个大公司工作感到自豪。但是，作为一名员工我却没有感到自己是企业的主人。工薪的确在上升，但老板还是老板，伙计还是伙计。"

听了这一席话，帕尔德陷入了沉思。"没错，应该让大家成为公司的主人，这样工作起来才会齐心协力，才会一心把公司搞好。"帕尔德想。

第二天，帕尔德就在公司主持的记者招待会上正式宣布，惠普公司为调动员工的积极性，将推进职工持股计划，把公司发展所获得的巨大利益分配到辛勤工作的员工那里。

这就是后来风靡美国的职工持股计划，他把公司股票按工作时间分阶段分给职工。职工成为公司主人，顿时面貌一新，惠普公司销售、生产各方面均呈现出一片新的气象。

人都是有感情的，身为领导者，只要用仁义之心去对待下属，为下属着想，站在下属的立场上看问题，帮助下属解决实际困难，下属也一定会用心回报你。领导者懂得了这些，就要在实际工作中注意这些问题，尽力做到用仁义获得人心。

不要总想一个人独占所有的好处

鹿和马都是跑得较快的动物，只不过鹿生活在森林中，马生活在草原上，彼此都有亲切感，但是关系却仅限于碰面时打个招呼而已。既然双方都有成为朋友的意愿，何不进一步促进彼此的关系呢？于是，鹿就邀请马到家里来玩，马欣然同意了。

一个春日的午后，马踏入森林准备去拜访鹿，然而，马才走进森林不久，就后悔了。森林和草原是完全不同的世界，它起初还不觉得有什么不同，可是越往森林里面走，树木就越高壮，繁盛的枝叶遮蔽了天空，甚至高挂在天空的太阳，也渐渐地看不见了。

怀着不安情绪的马，突然对住在森林里的鹿感到害怕，它不得不承认，只有灵敏的鹿才适合这座密林。不过，一想到鹿能灵巧地在林木间穿梭，马的心中不禁生起一股嫉妒的感觉，当下就掉头回家了。

后来，人类邀请马与他们合作，马被人类的智慧和无尽的粮草所诱惑，于是答应了人类的要求。

有一次，马不经意地谈起鹿和它生活的森林，聪明的人类听出了马的嫉妒之心，便对马说："其实你才是世界上跑得最快的动物，如果你能依照我们的方法去做，我们可以提供你更加丰盛的食物，这么一来，即使是在森林里，你也一定能够跑赢它。"听到人类的这番话，马觉得自己确实跑得赢鹿，于是答应依照人类的方法行事。

人类利用可以让马吃饱的条件，骑到了它的背上，并且一起进入森林追赶、猎捕鹿，被追得走投无路的鹿满怀悲伤，对马露出悲哀和疑惑的神情。它怎么也想不出马为什么会带着人类来捕杀自己，而此时的马早已被缰绳和鞭子弄得疼痛不堪，根本没有多余的精力去察觉鹿的变化。

从那次狩猎结束之后，人类便把马的缰绳紧紧抓在手中了。人们喂马、养马，把它们绑在专门建造的马厩里，当人类需要的时候，马就必须为人类服务，再也不能在草原上自由驰骋了。

天下好事，不可能由一个人独占。马有这样的图谋，既想在草原上驰骋，又想在森林中穿梭，结果被人驯服，就连在草原上也再不可能任意驰骋了。

汉朝人张汤出身长安小吏，却平步青云登上御史大夫的宝座，且深得汉武帝信任。这得益于他独特的行为方式。每当有政事呈上，武帝不满，提出批评，张汤立刻谢罪遵办，并说："圣上极是，我的属下也提出此意见，我却未采纳，一切都是我的错。"反之，若武帝夸奖他，他则大肆宣扬属下某某点子好、某某办事利落。如此得到了手下人的爱戴。

在荣誉到来之前，有些领导者常常利用自己的领导地位挺身而出，当仁不让，似乎这样才能表现出自己的高大形象，才能说明自己的成功。殊不知，一个领导者是否真正成功，得看他手下的人是不是成功了，只有下属成功了，才表明领导者也成功了。领导者应该记住：不要既想当裁判，又想当进球的那个人。

领导者如果心中只为私利，私自窃取下属的功劳，下属自然不会为你卖命效力。老子所谓："长而不宰，为而不待，功成弗民。"这就是劝诫领导要能容人，共享繁荣。

然而，最难做到的是对下属让功，或公开表扬下属的才华功劳。领导者如果有这样高的涵养，下属自会感恩图报。同样，当下属犯错，能首当其冲，承担责任，势必会得到下属的敬佩与爱戴。这是最高境界的领导方法。

不要总是摆架子，以老大自居

有些人一朝当了领导，无论官大官小，都希望自己能给人以与以前"不同"的感觉，喜欢以强势的形象出现在下属面前。在这些自以为高明的人看来，领导是下属的统治者，下属是被管理的对象，是"兵"，领导是"老大"，二者有着根本的区别。这样的领导，他们崇尚领导地位的至高无上，认为领导就要有领导的派头，是下属的"头儿"，高高在上，下属只能敬畏他们，在他们面前下属只能乖乖地努力工作，绝不能捣乱生事。

如果一个领导者认为自己的下属就应该任由自己驱使，每个下属在自己面前就应该卑躬屈膝，那么这个领导永远也不会有什么成绩，更不会赢得下属真正的尊敬。即使他每天看到的下属都一个个点头哈腰，他也无法体会到做领导者的快乐。因为在下属眼里，他是一个独裁者，少了真诚的交流与合作，当然也就不会有真正的快乐可言。

所以，真正高明的领导者绝不会在下属面前摆架子，以老大自居。即使他们真的有着可以炫耀的资本，他们也不会因此就摆架子，更不会以"老大"的心态对下属发号施令。

谦虚使人进步，骄傲使人落后。一个在下属面前摆架子，时刻以"老大"自居的领导，绝对不会听取下属的意见，也就不可能做出最佳的决策。而下属也会因为领导的"老大"作风而感到不适，不愿与他相处，时间久了，这样的领导只会被下属孤立。须知，一个被孤立的领导者是不可能获得成功的，因为事业的成功不只是个人能力的体现，更要依赖下属的全力支持。一个平易近人的领导者很容易就能做到这一点，而那些靠耍威风、摆架子的领导者，最终只会让自己成为一个光杆"老大"。

IBM 公司享誉全球。它们的生产和销售份额在全球市场上都占有相当大的比例，而 IBM 之所以有今天的地位和成就，能够发展成今天这样的庞大规模，不得不提到一个以生活理念经营 IBM 的人——董事长汤姆斯·华德逊。华德逊家教很严，从小就受到父亲严格的教育：言行举止要中规中矩，平日待人接物要有敬老尊贤之念，为人处世要诚实谦逊，工作要全力以赴……华德逊把父亲的教诲奉为自己工作和生活的准则，终生信守不渝，"其实不是下属在为我工作，而是我和下属共同为所有的人工作"，并用这样的信念为 IBM 公司的崛起奠定了良好的基础。

谦逊做人，用个人魅力去影响自己的下属努力工作，而不是靠权力和地位以及"老大"的权威来镇压下属，这不仅仅是一种精神上的顿悟，更是领导者应该具有的行为准则。一个动辄以自己的头衔和地位压人的领导者，不仅不会达到对下属施加影响的目的，反而会把自己与下属分割开来，让自己陷入孤立的局面。因此，只有不摆架子、不以"老大"自居的领导，才能充分发挥自己的领导影响力，保证自己的廉洁和自律的品质，最终赢得下属的认可。

多用建议的方式下达命令

说到命令，人们可能会想到在战争故事中"军令如山"，领导下了命令，下级不得不赶紧执行，于是认为以命令方式去指挥下属办事效率最高。但在实际工作中却不尽如此。

下属不仅是被领导的人，还是领导者事业上不可或缺的伙伴。为此，在交代下属工作时，应尽量采用建议的口吻，而不是命令的口气。

例如，领导在命令员工去做事时，千万不要以为只要下了命令，事情就可以达成。做指示、下命令，当然是必要的，然而，同时必须仔细观察考虑，对方在接受指示、命令时，有什么反应，他是在什么样的状态下、怎样接受命令的。

一些领导者总是喜欢颐指气使，有事就大嗓门地命令下属去干。他们认为只有雷厉风行才能产生最佳效果，命令别人去做事的时候也不看人家的意见如何，不是说："小刘，把这份材料赶出来，你必须以你最快的速度，如果明天早上我没有在我的办公桌上看到它，我将……"就是说："你怎么可以这样做？我说过多少次了，可你总是记不住！现在，把你手中的活儿停下来，马上给我重做！”

结果总是让下属面色冰冷、极不情愿地接过任务，去完成它，而不是做好它。

可是等工作交上来后，这类领导者就会大为失望，不禁有些生气：“好了！看来你只是个平平庸庸、毫无创新的人而已！我对你期望很高，可你总是表现得令人失望！就凭你这个样子，永远也别想升职……”

如此情形，说明领导者与下属的关系完完全全地进入了一种“恶性循环”。这是怎么回事？毛病出在哪里呢？就出在领导下达命令的方式上。

自以为自己是领导，就有权在别人面前指手画脚，发号施令；就可以对别人颐指气使，呼来喝去；就可以靠在软绵绵的椅子里，指挥别人去干这个，去干那个？不！没有人喜欢这样的领导。身为领导必须懂得，即便只是一名下属，与你不同的只有分工、职务，在人格上都一样是平等的，根本不存在什么高低贵贱之分。

所以，领导者想让下属用什么样的态度去完成工作，就要用什么样的口气和方式去下达任务。

著名的人际关系学家卡耐基曾与美国最著名的传记作家伊达·塔贝尔小姐一起吃饭，她告诉卡耐基，在她为欧文·杨罗写传记的时候，访问了与杨罗先生在同一间办公室工作了3年的助手，这个人宣称，他从未听到过杨罗先生向下属下过一次命令。

例如，欧文·杨罗从来不说"你做这个或做那个"或"不要做这个，不要做那个"。他总是说"你可以考虑这个"或"你认为，这样做可以吗？"

他在口授一封信之后，经常说："你认为这封信如何？"在检查某位助手所写的信时，他总是说："也许我们把这句话改成这样，会比较好一点。"

他总是给人自己动手的机会，他从不告诉他的助手如何做事，他让他们自己去做，让他们从自己的错误中学习成功的经验。

这种方法，不仅维持了下属的自尊，使下属感到自己很重要，同时还让下属希望与这样英明的领导者合作。

约翰·居克是一家小厂主管，有一次，一位商人送来一张大订单。可是，他的工厂的活儿已经安排满了，而订单上要求的完成时间，短得使他不太可能去接受它。

可是这是一笔大生意，机会太难得了。

他没有下达命令要工人们加班加点地干活来赶这张订单，他只召集了全体员工，对他们解释了具体的情况，并且向他们说明，假如能准时赶出这张订单，对他们的公司会有多大的意义。

"我们有什么办法来完成这张订单？"

"有没有人有别的办法来处理它，使我们能接这张订单？"

"有没有别的办法来调整我们的工作时间和工作的分配，来帮助整个公司？"

工人们提供了许多意见，并坚持接下这张订单。他们用一种"我们可以办到"的态度来得到这张订单，并且如期出货。

所以，身为领导者，如果要向下属下达命令，让他做你想要他做的事或是要他改正错误，那就避免使用"命令"的口吻，不妨试试"建议"的方法。

微笑是俘获人心最便捷的方法

在现实生活中，微笑是组织良好的人际关系、调节各种矛盾的润滑剂。那么，领导者为什么不投大家所"好"，充分利用微笑这一武器帮助自己进行人员管理，俘获人心呢？

领导者用微笑领导下属，是强调在管理过程中，领导者要发自内心地对下属尊重、信任和关怀，不要视下属为路人、为仇敌、为发泄自己不满情绪的出气筒。

虽然微笑不能代替有效的管理制度和方法，但微笑却有任何好制度、好方法都起不到的大作用，它是俘获人心最便捷的方法。

领导者对下属的工作不能吹毛求疵或鸡蛋里挑骨头，而要多以微笑做出正面肯定，发现长处，发掘优点。

不妨换位思考一下，如果自己是员工，上司或者老板整天一副严肃、冰冷、生硬的面孔扣在你心上，让你整天战战兢兢、恐惧不安、心里紧张、心情压抑，你是否还能积极、主动地发挥，还能保证做好工作呢？在这种情况下，无论企业的管理制度、管理方法如何完美无缺，也都难以让企业组织创造出一个令人满意的业绩来。

如果企业的所有领导者，时时刻刻用微笑面对每个下属做的每一件事，就会在企业内部创造出一个和谐融洽的气氛，消除上下级之间、同事之间可能存在的隔阂。让下属心情舒畅，不仅能让他们尽心尽力、积极主动地工作，而且还相互支持、相互帮助，形成一个所向无敌的高效团队。企业形成了这样一种团队，就不再有不可克服的困难，这本身就直接构成企业的核心竞争力，保证企业持续稳定发展。试问又有哪个领导不向往这种状态呢？

况且，微笑还是一个不需要任何附加投入就能获得好反馈的方法。它不需要任何人力、物力、财力的投入，需要的只是领导者发自心底的一个微笑——轻轻的面部肌肉运动而已。因此，它又是一种能给企业直接带来经济效益的最高效便捷的方法。

当然，这里所说的微笑既不是那种"笑面虎"的笑里藏刀，也不是那种只会打哈哈的无原则的滥笑，而应该是真挚的、发自内心的，是自己乐观心态的真实体现，并把这种乐观的情绪传染给你周围的人，从而保持愉悦的心态，充分发挥工作干劲儿。

第二章　知人善用，用人之长避人之短

请合适的人上车，不合适的人下车

"如果你有智慧，请你拿出来；如果你缺少智慧，请你流汗；如果你既缺少智慧，又不愿意流汗，请你离开！"这是蒙牛集团始终坚持的一种用人观，也是任何一个企业都在追求的一种用人观。毕竟任何一家企业，需要的员工都是要能创造效益的有价值的员工。

企业要发展，就必须提高自身的竞争能力，而团队职业化的高低直接影响竞争能力的强弱，团队的整体职业素质是制约团队发展、团队业绩提升的瓶颈。要想突破这个瓶颈，就要确保每一个员工的素质都要达到一定的水平。这就要求企业从一开始就要做好员工的选拔工作。

有一群小虫子在草地上开联谊会，它们一边儿兴奋地聊着天，一边儿开心地吃着可口美味的食物。不多久，就把准备好的汽水喝了个精光。

聊了很久，大家口渴难耐，于是就商量要派一个代表跑腿帮大家买汽水，而卖汽水的地方离这里有一段很长的路程，小虫子们认为要解决口干舌燥的急事，就一定要找到一位跑得特别快的代表，才能胜任这样的任务。

大伙你一言我一语，终于一致推选蜈蚣为代表，因为它们认为蜈蚣的脚特别多，跑起路来，一定像旋风那么快。

蜈蚣在所有小虫子们的期待下，起身出发为大家买汽水，小虫子们则放心地继续嬉闹欢笑，一时忘记了口渴。

过了好久，大家东张西望，焦急地想蜈蚣怎么还没回来。情急之下，螳螂跑去了解究竟发生了什么事。它一推开门，才发现蜈蚣还蹲在门口辛苦地穿鞋呢！

有的领导者往往会根据外表来判断一个人的能力或人格，然而，看走眼的概率是相当高的。毕竟，一个人的能力或人品实在无法单凭外表来评判。此外，人们也常常产生先入为主的偏见，以为只要腿长或脚多，就一定跑得快。然而像故事中的蜈蚣一样，虽然脚多，却不见得跑得快。所以，客观地评价一个人的优缺点对于选择人才是很有必要的。尤其对人事主管而言，在招聘或任用时，更应站在不偏不倚的角度，去除个人的偏见，甚至发展或建立一套客观的评估标准来选择合适的人才，才不会造成人力资源的虚耗。

在选拔人才时只将合适的人请上车还不够，还要定期将不适合企业的人请下车。老鹰是所有鸟类中最强壮的种群，根据动物学家所做的研究，这可能与老鹰的喂食习惯有关。

老鹰一次孵出四五只小鹰，由于它们的巢穴很高，所以猎捕回来的食物一次只能喂食一只小鹰，而老鹰的喂食方式并不是依平等的原则，而是哪只小鹰抢得凶就给谁吃。在此情况下，瘦弱的小鹰吃不到食物都死了，最凶狠的存活下来，代代相传，老鹰一族愈来愈强壮。

这个故事告诉我们：适者生存，组织如果没有适当的淘汰制度，常会因为一些小仁小义而耽误了进化，在竞争的环境中将会遭到自然淘汰。

一般而言，企业里往往有四种人：

第一种是为国家创造财富、为企业增加积累的人；

第二种是不思进取但求无过的人；

第三种是赚钱买花戴的人；

第四种是能力低、要求多的人。

对于第一种人，领导者应该积极鼓励；对于第二种人，领导者要维稳；对于第三、第四种人，领导者则有必要进行教育。

然而，如果教育之后，他们仍旧是停滞不前，不思进取，那就应该采取果断措施——辞退。企业里的人才要有进有出，绝不能像死水一潭，要让员工有危机感，坚信人无压力，便无动力。

知人善任的能力不可少

人才是企业永恒的资本和决定因素，优秀的领导者要具有一双"慧眼"，善识人才，善用人才，识人准确，用人恰当，辨其贤愚，端其良莠，让藏龙腾飞，卧虎猛跃。在激烈的企业竞争中，只有知人善任才能战无不胜。

"知人"是"善任"的前提条件，用好人才，必须首先做到"知人"。所谓"知人"，不仅应"知"人才的长处和短处，而且要"知"人才的过去和现在，更要"知"人才的将来。例如，有的人雄才大略，既有战略眼光，又有组织才能，可以放在决策部门担任领导工作；有的人思想活跃，知识面广，综合能力强，既有真知灼见，又能秉公直言，可以担任智囊参谋部的工作；有的人铁面无私，耿直公正，执法如山，联系群众，可以从事监察工作；有的人社交能力强，适合采购、推销部门；有的人语言表达能力强，适宜放在宣传教育部门。

所谓"善任"，就是选拔人才加以任用时，领导者要善于发挥人才的长处，克服其短处。善于调动人才的积极性，从各方面为人才才能的充分发挥创造条件。企业用人最忌讳勉为其难。人有共性，也有个性，每个人既有与其他人相同的地方，也有其独特的地方。如果领导者能用人所长，那么他就能大显身手，而如果领导者用人所短，勉为其难，那实在是不明智之举。

美国前总统罗斯福就是一个知人善任的总统，他于1933年上台以后，就雷厉风行地推行大规模的改良政策——"新政"，缓解了美国的经济危机，使美国经济走出困境。

在实施新政过程中，罗斯福针对当时美国严峻的形势，并不以政见取人，只要是有助于恢复经济，无论是持有新思想、新主张的还是具有正统思想的，他都一概将他们吸收到内阁里，从而大大提高了政府的综合决策能力。

罗斯福组织内阁，对内阁成员的任命虽然不拘一格，可是他任命的内阁成员在工作中都发挥了不可估量的作用。最有影响的一个是预算局长道格拉斯，他协助罗斯福实行节约政策，做出了非常出色的成绩，以至罗斯福在就职一个月后就称他为"政府发现的用途很广的最大宝物"。因为道格拉斯把钱袋的绳子抓得很紧，很快他就获得了"决一死战的预算平衡家”这一美名。

值得一提的是，罗斯福的用人智慧完全是建立在“知人”的基础上的。然而现代企业中存在一种误区，一些领导为了显示自己对人才的重视，一开始就授予这些人很大的权力，并给予很高的福利待遇。

尽管这些领导者顺利地留下了人才，但是其带来的消极作用也非常明显：首先，很多人来到企业并不是真的做事，而是看中企业在招聘时开出的职位或待遇，缺乏对企业的认同感；其次，享受这些优待的人才会产生一种莫名的优越感，从而会形成一种不正常的心态，不利于形成踏实的工作作风；再次，其他下属并不一定买他的账，从而不利于人才权威的树立和企业共同理念的形成；最后，由于缺乏经验或者对企业实际的了解，这些人才难免会出现工作上的失误，通常这些工作失误对他们来说是毁灭性的，因为这会使得企业对他们的期望值下降。

因此，企业领导者若想发挥人才真正的潜能，就必须向罗斯福学习，做到“知人善任”。一个领导者是否做到“知人善任”，可以从以下几个方面进行判断：

（1）任用此人是否符合人尽其才的原则，其担子是轻了还是重了？

（2）任用此人是发挥了其长处还是限制了其长处？

（3）任用此人是否符合人才群体结构和理论的要求？

（4）任用此人对面前的工作困难，有没有力量克服？困难来自何方？

（5）此人能否在工作岗位上有所建树？发展趋势如何？

通过对以上问题的反思，领导者可以自我检验"知人善任"的程度，或者可以发现自己过去用人不当之处。

领导者只有充分做好人才的知人善任工作，才能发挥人才的潜能，为企业发展贡献一份力量。否则，就会阻碍企业的发展。

掌握方与圆的用人智慧

在企业中，领导要掌握方与圆的智慧。"方"指用人的原则性，包括用人的规范和范围，是用人的内在要求。"圆"指用人的灵活性，包括用人的技艺和策略，是用人的艺术形式。方与圆的智慧其实就是"方"与"圆"的辩证统一，也就是原则性与灵活性的有机结合。过于求"方"，可能有"迂腐"之嫌，会导致下级和员工敬而远之；过于求"圆"，则会有"圆滑"之嫌。出现这样的结果，都是管理者没有掌握方与圆的智慧的缘故，没有通过运用方与圆的智慧发挥人才的最大效益，是领导不称职的表现。

如果你想成为一名称职的领导，就必须做到"方"与"圆"的辩证统一。那究竟如何做到方与圆的统一呢？就是在管理过程中要方中有圆，圆中有方，方圆相济，方圆适应。具体地说，有以下几个方面：

1. 开局需先圆后方

开局即领导者刚刚走马上任之时。俗话说，"新官上任三把火"，作为领导者，一定要把这"三把火"烧出艺术来，不能烧得太急。因为这时即使自己有不少的抱负，由于对新环境不熟悉，要经过一段时间的摸索才能逐渐进入角色，才能把自己的抱负付诸实施。三把火烧好了，有利于领导者以后顺利打开工作局面。开局用人艺术应该是先圆后方，首先着眼于人际沟通，与上级的沟通，与同级的沟通，与下属的沟通。着力于调查研究，增进相互了解，逐步在领导活动中扩大用人权的使用范围，由圆而方。

2. 进局需外圆内方

进局是指开局过后，新的领导者要改变或发展前任领导留下的局面，形成自己用人风格的领导过程。这时的用人艺术是：在继承和模仿中融入己见，在容忍中纠错。对于前任领导的用人弊端既要有宽宏的肚量，又不能为求稳定而遵循守旧；对前任领导的成功用人之道，要继承和发扬，通过兴利除弊来形成自己的用人之道，这就叫作外圆内方。

3. 中局需人方我圆

中局是指进局后，领导者可以而且应该站在源头，以开拓和创新的用人气概做出自己贡献的时期。这个时期领导者要讲究人方我圆的用人艺术。这种用人艺术的关键之处在于充分调动人的积极性，也就是我们常说的用干部出主意。主意出得好，用人用得好，就可以让别人按照自己的意图主动去开拓创新，领导者只需适当介入，着重从旁观察、背后支持和当面制约，并不断地探索，不断地总结经验。

4. 定局需上圆下方

定局是指领导者形成自己相对稳定的领导格局的状态。在这种状态下总体上代谢减弱，以维护自己的领导格局与开拓兼顾为宜。这一时期，领导者对上级的工作意图要彻底掌握，不能完全自行其是，应该把自己在用人方面的开拓与创新也纳入上级领导的范畴之中，做到原则性与灵活性相统一，这就是"上圆"。所谓"下方"，是指领导者在这一时期用人必须坚持原则，排除各种制约因素，只要自己认准了的，就应当坚持到底，而不应畏缩不前。

5. 选才需腹圆背方

所谓"腹圆"，是指领导者在用人时应该有开放的心态和容才的海量，善于接纳各种类型的人才，知人善任，不要怕他们"分权"。所谓"背方"，是指领导用人时要坚持标准，严格要求，公道正派，切不可任人唯亲。

6. 立威需近圆远方

领导者通过一系列手段建立自己的威信叫作立威。对领导而言，至少需要立两种"威"：一是在企业中的威信，二是在行业中的威信。前者可使领导有效地实现领导目的，后者能使领导者及其单位在社会上树立良好形象，吸引各种人才的关注与兴趣。领导者立威艺术在于近圆远方。

所谓"近圆"，是指领导者在企业内部要充分尊重各类人才，善于听取他们的意见，尊重他们的意愿，多为他们排忧解难，多为他们办好事、办实事。所谓"远方"，是指领导者在参与各种外界活动的过程中，要坚持站在本企业的立场上代表本企业的利益，这"方"是维护本单位以及本企业人才的合法权益，而不能用损害他们的利益来换取别人的好感。

7. 激励需形圆神方

激励的目的在于调动人的积极因素，团结和谐，形成群体合力。所谓"形圆"，是指激励时要注意手段和方法，并加以灵活应用。所谓"神方"，是指激励必须坚持正确的原则，即针对不同需要，注重工作和人才本身，努力做到公正、公平。

8. 处事需方圆兼顾

企业是一个复杂的群体，人与人之间的各种争端和矛盾不可避免。领导者在处理争端和矛盾时一定要做到方圆兼顾，既要通情达理，又要合情合理，不能失之偏颇。只有方圆兼顾，才能公正；只有公正，才能平衡，才能减少人才的内耗与矛盾。

9. 协调需小圆大方

沟通协调，是领导者处理人才之间相互关系常用的方式，它的艺术在于小圆大方。所谓小圆大方，即在整体和方向上坚持原则，在细节与局部上宽宏大量。领导者要把握好原则与细节、整体与局部的关系：其一，求大同存小异，求"大方"而可"小圆"。其二，善于"委曲求全"，增加人才之间的相互依赖与信任。

10. 建立领导模式需表圆本方

"表圆"旨在保住新用人模式的认同基础，以免格格不入；"本方"旨在继承中发挥自己的优势，形成自己的独特风格，把人才对前任领导的认同慢慢转移到自己身上来。

疑人不用，用人不疑

"疑人不用，用人不疑"的核心就是"信任"。作为一个合格的领导者，具备这样的用人之道，毫无疑问是其最基本的素质之一。但是，在具体运作的时候，很多人会觉得真正做到这一点是十分困难的。

与员工建立良好的信任关系，是领导者试图达到的一种理想的用人状态。所谓"疑人不用，用人不疑"，讲的就是这个道理。问题的关键是：你如何在用权的时候赢得下属的信任，或者如何使下属对你的权力支配心甘情愿呢？一些领导者之所以紧抓住权力，其中一个重要的原因就是不信任下属，怕下属把事情办砸了。因此，领导者放权的一个前提就是信任下属。没有信任，上下级之间很难沟通，很难把一件事处理好，领导用起人来，就很困难，甚至受到阻碍。

信任下属——要做到这一点，必须用人不疑，疑人不用。这就是说，必须是在可以信任的基础上用人，否则可以坚决弃而不用。因为没有信任感地用人，即使委以重任，也形同虚设，起不到应该起的作用。"疑人"是必要的，但不是"用人"的前提。假如一个员工某些方面存在严重不足，已经属于"疑人"范围，要么弃而不用，要么等到条件成熟后再用，不必非要冒险，这是常识。

日本人曾盛誉松下公司创始人松下幸之助为"用人魔鬼"。他在用人方面，就很有手腕。

松下幸之助是一位在日本企业界，乃至全世界的企业家中大名鼎鼎的人物，被誉为日本的"经营之神"。在日本现代企业经营史上，获得成功的大小企业家数不胜数，但只有松下幸之助一人被誉为"经营之神"。之所以如此，是因为他不仅是一个白手起家的成功者，而且是一个优秀的企业经营思想家。

松下幸之助的成功，与他的用人之道分不开。松下幸之助可以称得上是用人不疑，疑人不用的企业家的典范。他的秘诀之一，就是充分相信自己的下属，最大限度地调动他们的工作热情和积极性。

在松下幸之助还只是个 20 岁的小伙子时，对人的理解就已经达到了相当高的水准。当时日本流行一种用沥青、石棉和石灰等构成的烧制材料。为了维护各自的利益，一般的企业都把这种烧制材料的制作配方作为企业的秘密严加保护，除了亲属绝不外泄。

但是，年轻的松下幸之助却一反常规，他不仅不对自己的员工保守秘密，而且还毫不犹豫地将技术传授给刚招进厂的新职工。有些人很为他担心，松下幸之助却不以为然地说："只要说明原委，新职工是不会轻易背信弃义随便向外泄露秘密的。重要的是相互信任，否则不仅事业得不到发展，也无法造就出人才。"结果，他的工厂不仅没有发生泄密的事情，而且还收到了良好的效果，职工因受到信赖而心情舒畅，生产热情高涨。

这件事也让松下幸之助初次尝到了用人不疑的甜头。后来松下幸之助为了扩大市场，需要在西海岸的金泽市开办一家营业所，推销产品，为此必须派出一名主任领导这项工作。在营业所主任的人选上，他看中了一名初中毕业参加工作才两年的年轻人。别人认为这个小伙子没有经验，资历也不够，但松下幸之助坚持己见，破格提拔他为主任。

松下幸之助对这个年轻人说了这样一段话："你已经 20

岁了，这个年龄在古代已是武士到阵前取回敌方大将首级的年龄了。你也有了两年的工作经验，一定可以胜任这个职位。至于做生意的方法，你认为怎样做对，你就怎样去做。你一定会干好的，你要相信自己。"

结果，这个年轻人因为松下幸之助的充分信任而激动万分。他信心十足地率领他的两个学徒在新的地点拼命工作，不仅很快打开了局面，而且获得了极大的成功。

这件事一直是松下幸之助最为自豪的往事。松下幸之助从这件事得出了这样的结论："人只要有了自觉性和责任心，就有力量去完成乍看起来好像不可能完成的困难任务。"

松下幸之助的用人之道至今在日本的企业界被到处传诵着。他的成功，除了具有胆识和魄力以外，还主要源于他对人的了解。只有充分了解各种各样的人，才有可能从中发现人才，并将其放到能发挥作用的地方，合理使用人才。银行界大亨摩根把他无数的钱财，全部交给属下分别掌管，这并非是他不重视这些钱财，而是他相信他的属下有能力管理这些钱财。当然，摩根的信任绝非盲目，他先将小的责任交给手下人，待手下人陆续用事实证明自己确实可信任时，再委以重任。

可见企业领导者最好的用人办法是给员工充分的信任和鼓励，大胆起用人才，做到疑人不用，用人不疑。

关键岗位敢用外人

企业除了要最大限度开发利用好自身的人力资源外，还要善于利用外部的人力资源。借助他人为自己谋利，善于借用他人的力量为自己的企业创造财富。"好风凭借力，送我上青云"，借助他人之力能促进企业少投入多产出，飞速发展，走向辉煌。尤其在一些关键岗位上，敢用外人，更能体现出领导者的胸怀和魄力。

1. 领导者要善于发挥智囊团的作用

现代社会纷繁复杂，政治、经济、文化各个巨大系统，纵横交织在一起，而现代科学技术和生产力的飞跃发展，又使社会中的各个系统，都处在不断变化之中。面对如此复杂且不断变化的社会，任何高明的领导者，都不可能单靠一己之力做成大事。他还必须借用他人的力量，即发挥智囊人物或团体的决策参谋作用。而智囊人物往往担任企业的关键岗位，领导者要敢用外人才能有助于获得更多更好的建议，利于企业的发展。

在现代企业，决策具备"断""谋"分家的特点。"断"是领导者的决策，"谋"则是指专门智囊人物或团体想出的各种方案。在领导者决策之前，智囊团积极地发挥作用，为领导者提供各种信息资料，拟订各种可供选择的方案。然后领导者再查看每种方案，做出最后决策。可以说，现代企业领导者的决策正是智囊团"谋"的结晶。因此，任何一位高明的领导者都必须充分认识智囊团的功能，并积极发挥其作用。

2. 尊重贤士，视其为知己

智囊人员并不是在任何时候都表现得很高明，也不是处处比领导者厉害，领导者绝不是事事必须听他们的意见，但是，智囊人员的确是学有专长，在某些方面比领导者了解得更多更透彻。富有才华的领导者也不可能处处高明，只有借用智囊人员的高明之处，才能真正做到决策中万无一失。因此，领导者切忌刚愎自用，端着架子指使别人，而应该虚怀若谷，恭以待人。只有这样，善于借用外脑，才能算得上是真正高明的领导者。

3. 不设任何限制，任其自主

领导者不应以任何形式把自己的主观意志强加给智囊人员，而只需积极地为他们创造一个独立进行工作的环境。领导者必须尊重他们工作的独立性，不干涉他们的工作，让他们通过研究得出他们自己认为是科学的结论。这样才能真正让智囊团发挥作用。

4. 兼听百家，决策自主

领导者要有"兼听"的胸怀，应认真借助咨询机构的力量，但是又不能被智囊人员的意见所左右。毕竟最终做出决策的还是领导者本人。

俗话说："一个篱笆三个桩，一个好汉三个帮。"一个人再怎么聪明，再怎么能干，终究不过是一个人而已。

作为领导者，最大限度地发挥多数人的主观能动作用，比起只相信自己，只靠自己劳神苦思的孤家寡人策略要高明得多。

善于用人之长，避人之短

《淮南子·道应训》中有记载：

楚将子发非常喜欢结交有一技之长的人，并把他们招揽到麾下。当时有一个其貌不扬、号称"神偷"的人，子发对此人也是非常尊敬，待为上宾。有一次，齐国进犯楚国，子

发率军迎敌。由于齐军强大，三次交战，楚军三次败北。正
当子发一筹莫展的时候，那位其貌不扬的"神偷"主动请战。
当天夜里，在夜幕的掩护下，"神偷"将齐军主帅的帷帐偷
了回来。第二天，子发派使者将帷帐送还给齐军主帅，并对
他说："我们出去打柴的士兵捡到您的帷帐，特地赶来奉还。"
那天晚上，"神偷"又将齐军主帅的枕头偷来，然后又于次
日由子发派人送还。第三天晚上，"神偷"又将齐军主帅头
上的发簪子偷来，次日，子发照样派人送还。齐军士兵听说
此事，甚为恐惧，主帅惊骇地对手下们说："如果再不撤退，
恐怕子发要派人来取我的人头了。"于是，齐军不战而退。

　　一个企业需要的人才是多种多样的，同时，每个人也只能
够在某一方面或某几个方面比较出色，不可能在各个方面非
常出色。高明的领导者在用人时，不会盯住人才的缺点，而是
发现人才的长处，让他的某方面特长能为团队的事业做出贡献。

　　明成祖朱棣是一位很有作为的皇帝。他当皇帝二十多年，
摸索出了"君子与小人"的一套用人经验。有一次，他和内
阁辅臣聊天时谈到用人，对现任的六部大臣逐一评价，说了
一句："某某是君子中的君子，某某是小人中的小人。"这
两个人当时一个是吏部尚书，一个是户部尚书。

　　用"君子中的君子"我们很容易理解，举国上下那么多人，
为什么朱棣还要让一位"小人中的小人"担任那么重要的职位
呢？这正是朱棣用人高明的地方：让"君子中的君子"做吏部
尚书，不会结党营私，把自己的门生、亲戚和朋友全部安排到
重要岗位上，而是以国家利益为重，为国家、朝廷选拔人才；

而"小人中的小人"做户部尚书，为了把财税收起来能不择手段。朱棣每年的军费开支非常大，正常的财政收入根本无法应付，除了常规的赋税外，每年还必须要有大量的额外收入来支撑军费。所以他必须找一个会给他搞钱的"小人"。

有人说：没有平庸的下属，只有平庸的领导。每个人都是长与短的统一体，任何人只能在某一领域是人才，一旦离开他精通的领域，人才就会变成庸才。因此领导者在用人时，只能是择其长者而用之，恕其短者而避之。任何人的长处，大都有其固有的条件和适用范围。长，只是在特定领域里的"长"，如果不顾条件和范围，随意安排，长处就可能变成短处。

有一位颇具盛名的女园艺工程师，专业上很有造诣。不料被上司选中，一下子提为某局局长。结果，女工程师的业务用不上了，对局长的工作呢，既不擅长，又不乐意干，两头受损失，精神很苦恼。这就叫作"舍长就短"。举人者也是出于好心，想重用人才，但由于不懂用人的"长短之道"，反而浪费了人才，造成了新的外行。

领导者应以每个下属的专长为思考点，安排适当的位置，并依照下属的优缺点，做机动性调整，让团队发挥最大的效能。最糟糕的领导就是漠视下属的短处，随意任用，结果总是使下属不能克服短处而恣意妄为。一个成功的领导者，在带领成员时，并不是不知道人有短处，而是知道他的最大任务在于发挥他人的长处。

然而，如果一个人的短处足以妨碍其长处的发挥，或者妨碍到团队组织的纪律、正常运作与发展时，那么领导者就不能视而不见，而且必须严正地处理了。尤其是在品德操守方面，正所谓：人的品德与正直，其本身并不一定能成就什么，但是一个人在品德与正直方面如果有缺点，则足以败事。所以，领导者要容忍短处，但也要设定判断及处理的准则。

敢于用比自己强的人

敢不敢用比自己强的人？这恐怕是领导者在用人中对自己最大的考验。

"他都比我强了，那在别的员工眼里，他是老板还是我是老板"？

有些领导者认为：

（1）别人比他强就意味着自己不称职，同时意味着会在员工心目中丧失威信，而后就做不了老板。

（2）员工中有比自己强的人，那他一定会对自己的位置虎视眈眈，总想取而代之，不能养虎为患。

（3）有能力的人或多或少都是有野心的，明知等他们强大后会自立门户，为何却还要给他营造个发展的机会，多个强劲的对手呢？

（4）在企业，我称老二就不能有人敢称老大……

在这类心态的支配下，领导者往往就希望别人无限放大他的才能，而他自己却无限缩小别人的才能。当员工工作取得比领导者好的成绩，获得更多的支持时，领导者就会觉得他们是在树立自己的威信并且威胁到他的领导权。领导者在这种心态支配下，势必会严重挫伤这些员工的积极性。

　　其实，一个优秀的领导者，想获得成功，不是要处心积虑地去压制属下，而是要想方设法雇用比自己优秀的人，并且让他们受到重用，让这些比自己更优秀的人效忠于己。

　　全球零售巨头沃尔玛的总裁李·斯科特，就是一位敢于聘用比自己更优秀的员工的领导者。

　　1995年，斯科特雇用了一个员工迈克·杜克负责物流工作，向自己汇报。到现在，迈克已经是沃尔玛的副主席了。

　　在迈克被提升接管物流部门的同时，斯科特自己也升职了。那一天他正在法国，忽然收到了一封传真，调任他做新的销售部总经理。

　　这让斯科特有点吃惊，之前他一直负责物流和仓储运输，从来没有从买方的角度来工作。于是他问老板为什么要自己来负责全球最大零售商的销售，得到的答案是：因为斯科特可以找到一个雇员，做得比自己还好。即使斯科特把销售部搞得一团糟的时候，至少还有迈克可以让物流部保持原样。

　　正因此，斯科特一直认为是因为他雇用了比自己更强的人，他才能够走到今天。

　　凡是想要成大事的人，都应该像斯科特一样，能把比自己强的人招揽到自己旗下，并诚心相待。

　　美国的钢铁大王卡内基的墓碑上刻着："一位知道选用比他本人能力更强的人来为他工作的人安息在这里。"卡内基的成功在于善用比自己强的人。在知识经济时代，领导者就更需要有敢于和善于使用比自己强的人才的胆量和能力。

　　领导者要想成功，除了敢用比自己强的人外，还要做到以下三点：

（1）领导者要具备足够的胆量。因为，任用比自己强的人，往往会产生一种"珠玉在侧，觉我形秽"的危机感。作为一名领导，要想用比自己强的人，就必须有胆量去克服嫉贤妒能的心理。那些生怕下级比自己强，怕别人超过自己、威胁自己，并采取一切手段压制别人、抬高自己的人，永远不会成为有效的领导者。所以，领导者敢用和善用比自己强的人，一定要有足够的胆量。

（2）"强者"并不等于"完人"。优秀的人才最可贵的地方就在于他有主见，有创新能力，不随波逐流，不任人左右。真正的人才需要具备很强的创造力，能为组织带来绩效及为领导开创局面，甚至其能力超过领导者。然而，他们也并不就是完人，所以领导者还要具备容人之雅量。

（3）要允许失败。失败乃成功之母。在创造性的工作中，失败是常有的事，不能因为他们强就剥夺他们失败的权利。

领导者只有在敢用比自己强的人的基础上做到以上三点，才能真正保证企业在市场上保持持久的竞争力，获得成功。

第三章　合理授权，使下属的能量充分发挥

信任是授权不可动摇的根基

领导者之所以授予某人权力，是因为领导者信任他，授权是信任的结果，而一旦授权，就要信任员工，所以，信任又是授权的开始，授权最主要的是信任，"用人不疑，疑人不用"。没有信任，就不能授权；缺乏信任，就会授权失败。

作为一名合格的领导者，信任和激励下属并不是一件难事，但是有相当多失败的领导者对授权不知所措，甚至怀疑员工的工作能力。

许多领导者不信任员工的能力，担心员工没有完全自由运用权力和制定正确决策的能力，觉得与其授权，还不如亲自解决。的确，一些公司现有的员工队伍，由于绝大部分人员是从先前的其他岗位转变而来的，确实存在一些人能力偏低的现象，但是，每个人的能力都是在工作实践中锻炼出来的，没有哪个人的能力是与生俱来的，包括领导者本人。

还有一些领导者，担心员工出错。这种担心是正常的，因为不少员工没有经验或者能力欠佳。领导者一定要允许员工犯错误，如果不允许犯错误，实际上也不会有什么授权。举个例子，你去学开车，教练要给你充分授权，否则你就学不会开车。实际上，教练担心你开不好车，怕你出车祸，但

同时，教练又不得不授权给你做，要不然你永远都开不了车。那么，教练怎样教你才对？如果教练发现你在转弯时使用方向盘出错，只要你不发生车祸，教练就应该等你转了弯以后再跟你说做错了，教练必须给你犯错误的机会。如果你每一次做得不好，教练都骂你，这样做不但不能让你学得更快，反而使你更加紧张，出更多错，甚至使你丧失继续开车的勇气。所以，领导者在进行授权时，首先应当建立这样一种信念：错误是授权的一部分。也就是说，要让员工百分之百地按照领导者的意图来完成工作是不大可能的，员工在完成任务的过程中出现一些错误是正常的。

领导者授权给员工必须对其信任，信任是成功授权的关键，也是成功的领导者一个不可或缺的重要内容。

有关资料显示，世界500强企业中有99%的企业非常重视员工的忠诚度，特别是他们的领导者授权给他们时，着重强调每一位领导者必须信任他们的员工。

如果你是一名优秀的领导者，特别是你授权给下属的时候，一定要信任他们，因为信任是授权成功的重要因素。

信任，是惠普成功的一个不可或缺的因素。领导者们深知，对员工的信任能够让员工愿意担负更多的责任，从而能充分发扬公司的团队合作精神。要完成公司的目标，就必须得到公司各层员工的理解和支持，相信他们，允许他们在致力于自己或公司目标的实现中有充分的灵活性，从而帮助公司制订出最适于其运作和组织的行事方式和计划。

在惠普，存放电气和机械零件的实验室备品库是全面开放的。这种全面开放不仅允许工程师在工作中任意取用，而且实际上还鼓励他们拿回家供个人使用。惠普认为，不管工程师们拿这些零件做的事是否与其工作有关，总之只要他们摆弄这些玩意儿就总能学到点东西。

授权给员工的前提是信任。信任是授权的根基。只有充分信任，才能合理授权，否则授权会失去意义。

授权也应因人而异

大多数领导者的下属并不是个个都很出色。团队中总有这样或那样的员工令人不太满意。如果领导者能根据每个人的特点及战略思路对所有员工都适当授权，不仅可大大提高领导者的工作效率，克服总是使用"得力"下属所带来的负面影响，还可以化腐朽为神奇，促进团队作风的形成，减少内耗，使整个团队的工作事半功倍。

从理论上讲，一个较为完善的组织，应由哪些人接受授权，是应该早已确定的，是遵循一定规则的。作为领导者，如果偏离了这一规则，而又无足够的理由，就可能伤害一些下属的感情。

领导者确定授权人选时，有两类人是最重要的，这两类人也常常被领导者认为是"得力人选"。

一类是"法定"代理人。这类人不一定能力最强，但地位或资历一定是仅次于领导的，一旦领导者不在，他就理当成为维持局面的角色。可以向这类人分配的工作，应以荣誉性、充数性、维持性的工作为主，比如：出席一些二流会议，接待一些不那么重要却非见不可的来访，在领导者外出时（哪怕是极其短暂的时间）为领导者看看"摊子"等等。

另一类是潜在"接班人"。他们不一定是代理人，但却极具资质和潜力。可让他们参与并为你分担一些重要工作的预案准备、前期铺垫及后期扫尾工作，更成熟时，可独立、半独立地从事一些较重要的项目。从组织学角度来看，潜在接班人的最佳人数应为两人，以起到竞争和"备份"的作用。

上面这两类人物是最重要的人，他们只占组织中的一小部分。除此以外，在组织中，都或多或少地存在着下面这几类人物：

1."孙悟空式"的人物

这类员工的特点是有能力，但狂妄自大、不太听话。对这种情况，彼得·德鲁克说过："一个有成效的管理者应该懂得，员工得到薪酬是因为他能够完成工作而非能够取悦上级……一个完美无缺的人，实际上不过是个二流人才。才干越高的人，其缺点往往也越显著。"对这类员工，领导者首先要多多委以重任（如重要项目策划等），经常鼓励并与之沟通；但一旦犯了错误，应该严厉批评，不批则已，一批批透，但同时也要给他留些余地和面子，一般不要当众批评。

2."猪八戒式"的人物

这类员工的特点是有一定的业务能力，但"成事不足，败事有余，毫不利人，专门利己"，而且经常"嫉贤妒能，煽风点火"。对这类员工，领导者依然可委以一些较为重要的工作，但必须与之绝对讲明将要进行检查的地方，并加强监督和批评；如有可能，应列出尽可能详细的项目检查要点清单，定期或突袭按项检查；也可考虑派"孙悟空式"人物从侧面代为监督，但仅限向领导打"小报告"，而不宜直接介入其事。

3."沙僧式"的人物

沙僧的特点是踏实加令人无奈的平庸，缺乏自信。可将领导者手中已做熟的"套路"类工作交给他，并每完成一项，就大加鼓励，使之逐步树立自信，再逐渐增加工作的难度。

4."马屁精"一样的人物

作为领导，光能用贤还不行，应该学会奸贤并用。当然，在组织中，这类人才不可太多，但也不可或缺，他们可协助提高领导者与其他部门的协同能力，进而放大部门的工作效果。

5.生手

没有一个人不是从生手开始的。虽然"不把工作交给会给你添麻烦的人做"是效率上的一个重要信条，但领导者如果不对生手进行培养，他永远也成不了"熟手"。

生手的优点在于热情高、不会轻易放弃，往往能够从新的角度提出和处理问题。如能适当委派工作，是发现人才苗子的一个非常重要的途径，并有提高组织士气的功效。对于委派新手从事"你才能做的工作"，应格外予以关照，给予鼓励，给予指导并尽量明确告诉他何时何地可以得到何人的何种援助。

俗话说：一样米养百样人。领导者不可能以一副"模子"来套用所有的人；反过来说，如果真的在组织中只有一种类型人的话，那么组织就会是一潭死水，毫无生气。授权要因人而异，重在"物尽其用"上，这样大家才会为着一个共同的目标而各尽其能。

通过授权提升领导力

授权是现代领导的分身术。南希·奥斯汀说："它（授权）是人人都是企业家的现象，这能使每个人都成为经营战略信息流当中的一员，使每个人都成为主人翁。"现代社会，领导者面临政治、科技、经济、社会协调等千头万绪的工作，纵使有天大的本事，光靠自己一个人也是绝对不行的，必须依靠各级各部门的集体智慧和群体功能。这就要根据不同职务，授予下属以职权，使每个人各司其职，各负其责，各行其权，各得其利，职责权利相结合。如此一来，就能使领导者摆脱烦琐事务，以更多的时间和精力解决全局性的问题，提升领导力。所以与职务相应的权力不是领导者的恩赐，不是你愿不愿给的问题，而是搞好工作的必需。

如何更有效地发挥下属的积极性、创造性，是现代企业管理中令企业领导十分感兴趣的问题，并且，不少企业进行了卓有成效的尝试。当今巴西最负盛名的企业集团——塞氏工业集团，创造出了一种旨在最大限度地发挥员工积极性、创造性的全新管理模式。

塞氏企业是一个生产多种机械设备的大型集团。几年前，理查德·塞姆勒从父亲手中接下塞氏时，它还是个传统的企业。刚开始，塞姆勒也深信拥有纪律的高压管理能创造效益，以统治数字为武器的强干也能主导业务。但在一次生病后，塞姆勒的这种想法发生了彻底的改变。

塞姆勒先是取消公司所有的规定。因为他认为规定只会使奉命行事的人轻松愉快，却妨碍弹性应变。原本在塞氏，每位新入职的员工都会收到一本20页的小册子，重点提醒大家用自己的常识判断解决问题。

而现在，塞氏企业的员工已经可以自定生产目标，不需劳驾管理人员督促，也不要加班费。主管们也享有相当大的自主权，可以自行决定经营策略，不必担心上级会来干预他。最特别的是，员工可以无条件地决定自己的薪水。因为塞氏主动提供全国薪水调查表，让员工比较在其他公司拥有相同技术和责任的人所拿的薪水数目，塞姆勒毫不担心有人会狮子大开口。

员工们也可以自由取阅所有的账册，公司甚至和工会一同设计专门课程，教全体员工如何看各种财务报表。

每当要做真正重大的决定时，例如要不要兼并某公司等，塞氏交给公司全体员工表决权，由全公司员工的投票结果决定。

塞氏没有秘书，没有特别助理，因为塞姆勒不希望公司有任何呆板的而又没有发展的职位。全公司上上下下，包括经理在内，人人都要接待访客、收传真、拨电话。塞氏曾做过实验：将一沓文件放进作业流程，结果要3天才送进隔壁办公室对方手里，这更坚定了塞姆勒要精简组织的决心。

塞姆勒不像别的老板那么勤于办公。早上他多半在家里工作，因为他认为那样比较容易集中精神。他甚至还鼓励公司其他经理也像他一样在家里工作。此外，他每年至少出外旅行两个月，每次旅行都不会留下任何联络的电话号码，也不打电话回公司，给塞氏其他领导充分的职权，因为他希望塞氏的每个人都能独立工作。

塞氏继对组织进行变革后，也改变了部门之间的合作方式。比如某个部门不想利用另一个部门的服务，可以自由向外界购买，这种外界竞争的压力使每个人都不敢掉以轻心。塞氏还鼓励员工自行创业，并以优惠的价格出租公司的机器设备给创业的员工，然后再向这些员工开设的公司采购需要的产品。当然，这些创业的员工也可以把产品卖给别人，甚至卖给塞氏的竞争对手。

塞姆勒一点都不担心这样会弄垮塞氏，他说：这样做使公司反应更敏捷，也使员工真正掌握了自己的工作——伙计变成了企业家。

此外，塞氏还进行工作轮调制。每年他们有 20% ~ 25% 的经理互相轮换。塞姆勒认为，人的天性都是闲不住的，在同一个地方待久了，难免会觉得无聊，导致生产力下降，唯一的方法就是轮调。同时由于塞氏的各项工作速度及频率都太快了，这给员工造成了相当大的压力，塞氏非常重视专业再生充电，也就是休假制。因为这可以让员工借此机会重新检讨个人的工作生涯与目标。

令人称道的是，在经济不景气、经济政策混乱的大环境中，塞氏近 12 年来的增长率高达 600%，生产力提高近 7 倍，利润上升 5 倍。无数应届毕业生表示自己有到塞氏工作的意愿。

如果领导者对下属不放权，或放权之后又常常横加干预、指手画脚，必然造成管理混乱。一方面，下属因未获得必要的信任，便会失去积极性；另一方面，这也会使下属产生依赖心理，出了问题便找领导，领导者就会疲于奔命，误了大事。因此，企业领导者要下属担当一定的职责，就要授予相应的权力。这样有利于领导者集中精力抓大事，更有利于增强下属的责任感，充分发挥其积极性和创造性。

接受的工作越重要，员工越有干劲

对于人才培养，最重要的是委以重任。要逐渐拓宽被培养者处理工作的范围，这是促其成长的动力。

通常而言，员工都有一种强烈的欲望，希望被别人重视，想多担负一些责任。因为担负了责任，自己就有责任感，换句话说，给了某人责任与权限，他在此权限范围内就有自主性，以自己的个性从事新的工作，一旦员工尝到了在重要的工作中获得的甘果后，就能调动自身的内在潜力和干劲，迸发出更强烈的进取欲望。

所以，领导者要让所有的员工都明白，你希望他们能完成艰巨的工作任务，希望充分发挥他们的水平。

一个人的精力虽然不是无穷无尽的，但是有时候也能发挥出超越自身极限的力量来。员工在困难中的紧张感，对自己的信心，对困难工作的坚决果断，以及坚持到底的热情，不怕苦难必须成功的毅力，这一切融合在一起的时候，就会爆发出巨大的威力，做出原先想不到的成就。

如果员工认为自己的工作不重要，就会在很大程度上影响他的积极性。曾经有一个员工说："现在的工作分工越来越细，也越来越单调，如果长期如此，就会越干越没兴趣。"
也有员工说："我根本不知道干这份工作有什么意义，简直
太乏味了！"可见，如果员工认为自己的工作并不重要，或
者对工作的重要性认识不足，那他就看不到工作的价值，也
就激发不起他们工作的热情，更无从激发其潜力了。

　　工作的重要性有两重含义：一是在企业内部，全体员工公
认这项工作是重要的；二是从整个社会来看这项工作是重要的。

　　在企业内部，将工作细分之后，其个人承担工作的重要
性也就削弱了。领导者要善于授权，并赋予工作以重要意义，
从而增强员工的荣誉感和使命感。

　　一位旅馆经理吩咐一位男服务生去关一间房间的窗户，
在这位男服务生可能埋怨只让他做这份本该由女服务员做的
简单工作之前，经理就以一种非常慎重的态度告诉他："那
间房间的窗帘非常昂贵，你现在必须赶快把窗户关好，否则
待会儿刮风下雨，窗帘一旦损坏，就会出现重大损失。"

　　这位男服务员听完之后，立即飞奔去关窗户了。

　　这位旅馆经理的高明之处在于，他让那位男服务生认为
自己负担的责任不仅仅是关窗户而已，还需要他去保护价值
昂贵的窗帘。

　　因此，领导者有必要让对方知道他必须如此做的理由，
并让对方知道他所担负的某项任务的重要性。

　　一个人一旦有了成就，就会产生一种满足感，为了获得
更大的满足感，他就会做出更大的成就，这就是一种良性循环。

大权紧抓不放，小权及时分散

大权要揽，小权分管。就是说：身为企业领导者，应该负责企业的经营管理，掌管决策大事，保证企业沿着正确的方向发展前进；作为员工，应该按照企业制定的方针政策，在分工负责的原则下，各执其事，认真工作。

一个企业犹如一个小社会，政务、业务、事务样样都有，人事、生产、生活一应俱全，每天都有一大堆问题需要处理。面对这种情况，领导者如果事无巨细都亲自去处理，那样就会"捡了芝麻，丢了西瓜"，延误抓大事。领导者只能对那些全面性的、重要的、关键的和意外的问题去亲自处理，把其他问题交由各有关部门和人员去处理。企业无论大小，人员均应有所分工，然后按照分工各执其事，这样既责任明确，不至于误事，也可充分调动各人的工作积极性。

有的人工作十分繁忙，可以说是"两眼一睁，忙到熄灯"，一年三百六十五天，整天忙得四脚朝天，恨不得将自己分成几块。

这种以力气解决问题的思路太落伍了。出路在于智慧，采取应变分身术：管好该管的事，放下自己不必要管的事。

授权是领导者走向成功的分身术。今天，面对经济、科技和社会协调发展的复杂局势，即使是超群的领导者，也不能独揽一切。领导者尤其是高层领导，其职能已不再是做事，而在于成事了。因此作为领导，并不意味着他什么都得管。应该大权独揽，小权分散。做到权限与权能相适应，权力与责任密切结合，奖惩要兑现，这样做有许多好处。

第一，可以把领导者从琐碎的事务中解脱出来，专门处理重大问题。

第二，可以激发员工的工作热情，增强员工的责任心，提高工作效率。

第三，可以增长员工的能力和才干，有利于培养干部。

第四，可以充分发挥员工的专长，弥补领导者自身才能的不足，也更能发挥领导者的专长。

某公司一位年轻主管负责地区分公司的工作，开始的半年里，他每天都是"日理万机""百忙之中"，渐渐感到力所不及，而公司的员工们并没有如他所希望的那样，以他为榜样，勤勉、主动地工作，反而精神更显低迷。

这种情形引起了这位主管的警觉，他感到一定是自己的管理出了什么问题，才造成这样的状况，而这种情形如不及时纠正，后果将是难以设想的。

在经过一番思考后，他开始试着把要做的所有工作按重要性、难易程度排序，把各项工作分派给适合的员工去完成，自己只负责3件事，一是布置工作，告诉员工该如何去做；二是协助员工，当员工遇到自己权力之外的困难时，出面帮助员工解决困难，否则要求员工自己想办法解决；三是工作的验收，并视员工完成工作的状况给予激励或提醒。

在这样做之后，这位主管惊奇地发现，不但自己有了被"解放"的感觉，员工们也开始表现出极强的主动工作的劲头，公司业绩明显攀升。由于自己从大量的事务性工作中解脱出来，

所以有充足的时间开始思考公司的发展战略。他描述自己就
像一个自动化工厂的工程师，每天只是在优雅的环境里走动，
视察自行高效运转的流水线可能出现的问题。

领导者遇到的事有大事、有小事，领导者要全力以赴抓
大事。大事就是全面性、根本性的问题。对于大事，领导者
要抓准抓好，一抓到底，绝不能半途而废。记住"杀鸡不用
宰牛刀，掏耳朵用不着大马勺"。

只要是做领导，无论是刚刚上任，还是已经做了很长时间，
一定会面对许多事情要处理，但千万不要认为，把自己搞得
狼狈不堪是最佳的选择。轻松自如的领导者善于把好钢用在
刀刃上，厚积而薄发，不失为上策。

集权不如放权更有效

在现代企业中，优秀的领导者是那些有能力使他的下属
信服而不是简单地控制下属的人。这就要求，想成为优秀的
领导者，就必须善于分派工作，就是把一项工作托付给别人
去做，下放一些权力，让别人来做些决定，或是给别人一些
机会来试试像领导一样做事。

当然，有的工作并不是人人都乐意去做。这时候，领导
者就该把这些任务分派一下，并且承认它们或许有些令人不
快，但是无论如何这个工作也必须完成。

这种时候，领导者千万不要装得好像给了被分派这些任
务的人莫大的机会一样，一旦他们发现事实并非如此，也许
就会更讨厌去做这件事。想想看，这样一来，工作还能干得

好吗？为什么总有些领导会觉得把工作派给别人去做是件如此困难的事情呢？下面这几点就是可能出现的原因。

（1）如果领导者把一件可以干得很好的工作分派给下属去做了，也许他达不到领导者可以达到的水平，或者效率没有领导者那么高，或者做得不如领导者那么精细。这时，求全责备的思想就会以为把工作派给别人去做，不会做得像自己做得那么好。

（2）领导者害怕自己一旦把工作交给别人做了之后，就会无事可干。所以那些手握小权的领导者，哪怕是芝麻大的事也不舍得放手让别人去干。

（3）如果让别人去做领导者自己的工作，领导者可能会担心他们做得比自己好，而最终取代自己的工作。

（4）领导者没有时间去教导别人该如何接受工作。

（5）没有可以托付工作的合适人选。

其实，如果领导者确确实实想要把工作分派下去，那上面列举的这五个问题都不会成为真正的问题。因此领导者要对付的第一件事就是自己对此事所持的推诿态度。

如果领导者确实有理由担心，因你的员工在工作上出了差错之后，领导者就会丢掉自己的工作；或者在领导者工作的地方，氛围很差，领导者担心工作不会有什么起色，这时候，领导者就有必要和自己的上司谈谈这些情况，从而在分派工作的问题上获得他的支持。

如果确实还没有可以托付工作的人选，而领导者自己又已经满负荷运转，那么，也许领导者就有必要考虑一下是不是应该再雇一个人。

当然，放权也要有个度。其中，"大权独揽，小权分散"是现代企业中实行的一项既授权，又防止权力失控的有效办法。

法国统盛·普连德公司是一个生产电子产品、家用电器、放射线和医疗方面电子仪器的大型电器工业企业。该公司属下各分公司遍布全球，为了对这个年销售额达到数十亿美元的大企业进行有效的管理，公司实行了"大权独揽，小权分散"的管理制度。

总公司紧握投资和财务方面的两大关键权力。而且公司所属的分公司，每年年底都要编制投资预算报告，并呈报总公司审核，总公司对预算报告进行仔细分析，如果发现有不当之处，就让各公司拿回去进行修改。当投资预算获得批准后，各公司都必须照办。当然，这些预算也不是不可变更的，只要在预算总额内，各分公司的主管还可以对预算内的金额进行调整。通常，分公司的经理拥有对每一个预算项目增、减 10% 的权力，如果数目超过 10%，那就必须经过高一级的主管批准。

该公司建立了一项十分有效的管理控制员制度，对下属公司的生产，尤其是财务方面进行监督。这些管理控制员在执行任务时，都得到了总公司董事会的全力支持，他们对各公司的间接制造费用、存货和应收款等特别注意，一旦发现有任何不正常的迹象，就立即报告总公司，由总公司派人进行处理。各分公司每个月的财务报表都必须有管理控制人员签字，才能送交董事会。

我们看到，该公司在投资和财务两方面牢牢掌握住大权，但是在别的方面却实行了分权。该公司的领导者认为，大的企业，其领导者不可能事必躬亲，分权制度可以减少领导者的工作压力；即使是小企业，其领导者也不可能事无巨细，包揽每一项工作，也必须给下属分权，让下属发挥其聪明才智，为企业出谋划策，促进企业的发展。

因此，该公司的每一家分公司都自成一个利润中心，都有自己的损益报表，各事业部门的经理对其管辖的领域都享有充分的决策权，同时他们也尽量把权力授予下级，充分发挥分权制度的最佳效果。

自从实行分权管理制度后，统盛·普连德公司就成功调动了各分公司的积极性，生产蒸蒸日上，利润年年增加，获得了相当大的成功。统盛·普连德公司"大权独揽，小权分散"的成功经验，也给现代企业管理提供了很好的借鉴。公司的要害部门要直属，公司的关键大权要掌握在自己手里；其余的权力能放就放。这样，上下级就能劳逸平均，各得其所，各安其职，每个人的积极性、创造性都得到了充分的调动，同时又不至于发生权力危机。

授权要讲究策略和技巧

领导者面对的是一个个有思想的人，授权时如果不分对象、不看情势会造成领导者对权力的失控。因此，授权必须讲究策略和技巧，在对权力的一收一放之间找到运用权力的正确节奏。

1. 不充分授权

不充分授权是指领导者在向其下属分派职责的同时，赋予其部分权限。根据所给下属权限的程度大小，不充分授权又可以分为以下三种具体情况：

（1）让下属了解情况后，由领导者做最后的决定；让下属提出所有可能的行动方案，由管理者最后抉择。

（2）让下属制订详细的行动计划，由领导者审批。

（3）下属采取行动后，将行动的后果报告给领导者。

不充分授权的形式比较常见，由于它授权比较灵活，可因人、因事而采取不同的具体方式，但它要求上下级之间必须确定所采取的具体授权方式。

2. 学会弹性授权

这是综合充分授权和不充分授权两种形式而成的一种混合的授权方式。一般情况下，它是根据工作的内容将下属履行职责的过程划分为若干个阶段，然后在不同的阶段采取不同的授权方式。这反映了一种动态授权的过程。这种授权形式，有较强的适应性。也就是当工作条件、内容等发生变化时，领导者可及时调整授权方式以利于工作的顺利进行。但使用这一方式，要求上下级之间要及时协调，加强联系。

3. 掌握制约授权

这种授权形式是指领导者将职责和权力同时指派和委任给不同的几个下属，让下属在履行各自职责的同时形成一种相互制约的关系。如会计制度上的相互牵制原则。这种授权形式只适用于那些性质重要、容易出现疏漏的工作。如果过多地采取制约授权，则会抑制下属的积极性，不利于提高工作效率。

4.尽量避免授权的程序错乱

一个企业即便人员不多，授权也应该注意一定的程序，否则，授权的结果只会带来负效应，在实际工作中，领导者的有效授权往往要依下列程序进行。

（1）认真选择授权对象。如前所述，选择授权对象主要包括两个方面的内容：一是选择可以授予或转移出去的那一部分权力，二是选择能接受这些权力的人员。选准授权对象是进行有效授权的前提。

（2）获得准确的反馈。领导者授意之后，只有获得下属对授意的准确反馈，才能证实其授意是明确的，并已被下属理解和接受。这种准确的反馈，主要以下属对领导授意进行必要复述的形式表现出来。

（3）放手让下属行使权力。既然已把权力授予或转移给下属了，就不应过多地干预，更不能横加指责，而应该放开手脚，让下属大胆地去行使这些权力。

（4）追踪检查。这是实现有效授权的重要环节。要通过必要的追踪检查，随时掌握下属行使职权的情况，并给予必要的指导，以避免或尽量减少工作中的某些失误。

当然，在授权时，还应注意以下四点：

（1）领导者授权时要注意激发下属的责任感和积极性。授权的目的，是要下属凭借一定的权力，发挥其作用，以实现既定的领导目标。但如果领导者有权不使或消极使用权力，就不能达到这个目的。因此必须制定奖惩措施，对下属进行激励，引入竞争机制。

（2）领导者要给下属明确的责任。要将权力与责任紧密联系起来，交代权限范围，防止下属使用权力时过头或不足。如果不规定严格的职责就授予职权，往往成为管理失当的重要原因。

（3）领导者要充分信任下属。与职务相应的权力应一次性授予，不能放半截留半截。古人云："任将不明，信将不专，制将不行，使将不能令其功者，君之过也。"领导者给职不给相应的权，实际是对所用之人的不尊重、不信任。这样，不仅使所用之人失去独立负责的责任心，严重挫伤他们的积极性，一旦有人找他们，他们就会推："这件事我决定不了，去找某领导，他说了才算。"

（4）领导者授权时要注意量体裁衣。要根据下属能力的大小，特别是潜在能力的大小来决定授职授权，恰到好处地让每个下属挑上担子快步前进，避免有的喊轻松，有的喊累死。

领导者管人是否得当，就是看授权的策略和技巧是否用到位。下属可根据所授予的职权，在实际工作中能否恰到好处地行使权力，胜任职务来判断。领导者务必慎重、认真地授权。

领导的任务不是替下属做事

一个真正的领导者，他的主要任务是做好决策，把握好做什么、哪里做、何时做、谁来做，想办法找正确的人做正确的事，激励下属去做，而不是代替下属去做。

领导者就好比一个坐在帐篷里运筹谋划的元帅或将军，

而下属则好比是上阵冲杀的士兵，领导者替下属做事好比统帅跑出军营跨上战马披起盔甲代替士兵去上阵冲杀。其成绩也就可想而知了。领导者事必躬亲，大包大揽，属于"将军"的事他干了，属于"士兵"的事他也干了，吃苦受累，任劳任怨，但结果却听不到下属的一句好话，而是不绝于耳的指责与埋怨。真是吃力不讨好。

可问题是，如果仅仅是吃力不讨好也就罢了，更严重的是，这种事必躬亲的领导者的所作所为，对组织却是有害无利。因为他的大包大揽，导致下属索性站在旁边什么也不干，大涨懒惰之风，使生产和工作效率大大降低。并且，一个人包打天下，顾此则失彼，一个不小心就会使组织陷入旋涡，无法自拔。

这样的领导者十分可悲，因为他忙忙碌碌了半天，结果什么也没有得到。更令他万万没有想到的是，他竭心尽力，日理万机，却害了自己的组织。同时，这样的领导者也十分可怜，因为谁都不会去同情他的处境。

一个高效率的领导者应该把精力集中到少数最重要的工作中去，次要的工作甚至可以完全不做。人的精力有限，只有集中精力，才可能真正有所作为，才可能出有价值的成果，所以不应被次要问题分散精力。他必须尽量放权，以腾出时间去做真正应做的工作，即组织工作和设想未来。

什么叫领导者？通俗的说法是："领导者就是自己不干事，让别人拼命干事的人。"领导者要通过别人来做具体的工作，即使领导者自己可以更好、更快地完成工作，但问题在于领导者不可能亲自去做每一件事情。如果领导者想使工作更富有成效，就必须向下属授权，让下属去做事。

领导者最主要的任务是去展望未来——而这种事情往往是不能授权给别人的。领导者的任务不是去忙于监督那些日常工作，更不是亲自去做那些琐事。放权是为了能有更多的时间去集中精力思考那些只能由自己去做的事情！就像总统只考虑重大的宏观问题一样，领导者只思考企业的大问题和未来的方向，并提出必须优先考虑的事项，制定并坚持标准。

一名领导者，不可能控制一切。领导者应该是那个协助寻找答案，但并不提供一切答案；参与解决问题，但不要求以自己为中心；运用权力，但不掌握一切；负起责任，但并不以盯人方式来管理下属的人。领导者必须使下属觉得自己跟领导一样有责任关注事情的进展。把管理当作责任而不是地位和特权才是领导者能够进行真正的、有效授权的基本保证。

那些凡事事必躬亲的领导者往往会有这样的想法：他们应该主动深入到工作当中去，而不应该坐等问题的发生；或者他们应当让下属们感觉到自己不是一个爱摆架子或者高高在上的领导。这些想法确实值得肯定，而且领导者也的确应该适当干些有益赢得人心的杂活，但这毕竟是提升自身形象的一种手段，而不是让领导者什么事都亲力亲为，因为走向了这一极端不仅没有任何好处，还会让领导者付出很大的代价。

如果领导者有着事必躬亲的倾向，那么下面几点建议或许会对其有所帮助。

1. 恰当地授权

当组织发展到一定阶段，随着事务的日益增多，领导者就无法亲自处理所有的问题了，这时候就需要授权。从某种意义上说，授权是管理最核心的问题，也是简单管理的要义，因为管理的实质就是通过其他人去完成任务。授权意味着领导者可以从繁杂的事务中解脱出来，将精力集中在管理决策、经营发展等重大问题上来。通过授权，领导者可以把下属管理得更好，让下属独立去完成某些任务，也有助于他们成长。

2. 学会置身事外

实际上，有些事务并不需要领导者的参与。比如，下属们完全有能力找出有效的办法来完成任务，根本用不着领导者来指手画脚。也许你确实是出于好意，但是下属们可能不会领情。更有甚者，他们会觉得领导者对他们不信任，至少他们会觉得领导者的管理方法存在很大问题。当出现这种情况时，领导者应当学会如何置身事外。

领导者在决定对某项事务做出行动之前，可以先问自己两个问题："如果我再等等，情况会怎么样？""我是否掌握了采取行动所需要的全部情况？"如果认为插手这项事务的时机还不成熟或者目前还没有必要由自己来亲自做出决定，那么领导者就应当选择沉默。在大多数情况下，事情也许根本不用领导者去费心，下属们就会主动去弥补缺漏。通过这样缜密的考虑，领导者会发现也许有时候自己的行动是不必要的，甚至会使情况变得更糟。

3. 弄清楚究竟哪些事务身为领导不必亲自去做

既然明白了事必躬亲的弊端，那么下一步领导者就必须明确授权的范围，也就是说，究竟哪些事务领导者不必亲自去做。

根据组织的实际情况，授权的范围肯定会有所不同。但这其中还是有一些规律性的东西。在授权时，下面几个因素值得考虑：

（1）任务的复杂性。任务越复杂，领导者本人就越难以获得充分的信息并做出有效的决策。如果复杂的任务对专业知识的要求很高，那么与此项工作有关的决策应该授权给掌握必要技术知识的人来做。

（2）责任或决策的重要性。一般说来，一项责任或者决策越重要，其利害得失对于团队或整个企业的影响越大，就越不可能被授权给下属。

（3）组织文化。如果在一个组织里，管理层对下属普遍很信任，那么就可能会出现较高程度的授权。如果上级不相信下属的能力，授权就会变得十分勉强。

（4）下属的能力或才干。这可以说是最重要的一个因素。授权要求下属具备一定的技术和能力。如果下属缺乏某项工作的必要能力，则领导者在授权时就要慎重。

H.米勒说过："真正的领导者不是要事必躬亲，而在于他要指出路来。"领导者向下属授权，不仅可以使自己从繁忙的工作当中解脱出来，更可以增强下属的工作积极性。这种一箭双雕的事情，是每个领导者都应该学会去做的。

放权方可释放权力的效力

管理虽说是上级对下级的一种权力运用，但是如果简单地这样理解，那就错了，因为现代管理不是权力专制的表现，而是权力调控的表现。

权力是一种管理力量，但是权力的运用应该是有法度的，而不能是公司领导者个人欲望的自我膨胀。因此，一个高明的领导者，首先要明白这一点：自己的工作是管理，而不是专制。也就是说，领导者不是监工，因为监工就是专权的化身。把自己当作监工，大权独揽，把所有的下属都看成是为自己服务的领导者，绝对不可能成为一个好的领导。再者说，监工式的管理模式已经与现代企业"以人为本"的思想相去甚远。也许监工式的管理模式在一时一刻有用，但是不可能时时有用。因此，领导者需要牢记一点："以人为本"的管理会对公司领导的用人方式带来益处，至少不会招致下属的心理抗拒，容易使双方形成平等、融洽的人际关系，从而创造一种良好的工作气氛。

从另一个方面来讲，一个人只有手中有了权力才会有工作的能力。士兵有了开枪的权力，才能奋勇杀敌；推销员有了选择客户的权力，才能卖出货物。如果领导者把这些权力死死地握在手中，而不将其授予下属，那么这些权力的效力也就无法得到释放。

放下一些权力给下属，领导者才能收获一些人心，其实这是一个很简单的道理，也是一种等价交换。

对一个领导者而言，彻底改变监工身份，有时候并不是嘴巴上简单说说而已。要转变这种观念，需要用领导者自己的实际工作来体现，才能真正做到由专权到放权的角色转换。领导者要切记，不要误以为专权就是手握大权，放权就是失权，相反，放权的同时可以有效地释放权力的应有效力，赢得下属的心，使下属更加尊重你的权力，使你的权力从本质上更有效应。而专权则只能是迫使下属表面服从，却赢不了下属的心。

领导者通过分权和授权，能够充分发挥下属的主观能动性，最大限度地调动下属的积极性和创造性，提高工作效率。当然，领导者指派下属去做某项工作之后也不能不管不问，在适当的时候询问下属一些问题，可以防止他偏离目标。例如，问他是否需要协助，工作进度如何，是否遇到困难等。领导者应该站在客观的立场上评价下属的工作，并鼓励他们大胆去做。这样一来，领导者也就能收获下属的心，获得一群卖力工作的手下。

第四章　有效激励，让员工自己奔跑

最有效的 13 条激励法则

员工是企业生存与发展的基石，企业要发展，就必须依赖员工的努力。因此，激励员工发挥所长，贡献其心力，是管理者的首要责任。

以下介绍 13 种激励法则，帮助员工建立信任感，激励员工士气，使员工超越巅峰，发挥他们的创造力、热情，全力以赴地工作：

（1）不要用命令的口气。好的管理者很少发号施令，他们都以劝说、奖励等方式让员工了解任务的要求并去执行，尽量避免直接命令，如"你去做……"等。

（2）授权任务而非"倾倒"工作。"授权"是管理的必要技巧之一。如果你将一大堆工作全部塞给员工去做，便是"倾倒"，这样员工会认为你滥用职权；而授权任务则是依照员工能力派任工作，使他们得以发挥所长，圆满地完成。

（3）让员工自己做决定。员工需要对工作拥有支配权，如果他们凡事都需等候上司的决策，那么他们就容易产生无力感，失去激情。不过员工通常并不熟悉做决定的技巧，因此管理者应该告诉员工，不同的做法会有哪些影响，然后从中选择。

（4）为员工设立目标。设立目标比其他管理技能更能有效改善员工的表现，不过这些目标必须十分明确，而且是可以达到的。

（5）给予员工升迁的希望。如果公司缺乏升迁机会，管理者最好尽量改变这种情况，因为人如果有升迁的希望，可激励他努力工作。假如你不希望以升迁机会提高人事成本，起码也要提供一些奖励办法。

（6）倾听员工的意见，让他们感觉受到重视。尽可能每周安排一次与员工的聚会，时间不用很长，但是借此机会员工可以表达他们的想法与意见，而管理者则应用心记录谈话内容，以便采取行动。

当然，你未必同意每位员工的要求，但你不妨用心倾听，员工会因为你的关心而努力工作，表现更好。

（7）信守诺言。好的管理者永远记得自己的承诺，并会采取适当行动。如果你答应员工去做某些事，却又没有办到，那将损失员工对你的信赖。

因此，你不妨经常携带笔记本，将对方的要求或自己的承诺写下来，如果短期内无法兑现，最好让员工知道，你已着手去做，以及所遇到的困难。

（8）不要朝令夕改。员工工作需要连贯性，他们希望你不要朝令夕改，因此如果政策改变，最好尽快通知，否则员工会觉得无所适从。

（9）及时奖励员工。每当员工圆满完成工作时，立刻予以奖励或赞美，往往比日后的调薪效果好。赞美与批评比例，应该是4：1。

（10）预防胜于治疗，建立监督体系。每天检视公司动态与员工工作进度，以便在出现大问题之前，预先了解错误，防患于未然。

（11）避免轻率地下判断。如果管理者希望员工能依照自己的方法工作，必然会大失所望。因为，每个人处理事情的方式不同，你的方法未必是唯一正确。所以，最好避免轻率地断言员工犯错误，否则会影响对他们的信任感，甚至做出错误的决策。

（12）心平气和地批评。批评也是激励的一种方式，然而批评必须掌握方法，激烈的批评只会让员工感染到你的怒气，并产生反抗情绪，只有心平气和的批评才能让员工了解自己的错误，并感受到你对他的期待，才能对员工产生激励的作用。

（13）激励员工办公室友谊。让员工们在工作中有机会交谈，和谐相处。因为许多人愿意留在一个单位工作，是他们喜欢这个环境与同事。因此，不妨经常办些聚会，增进员工间的感情。员工们在人和的气氛下工作，必然会更有创造力，更有活力。

建立完善有效的激励机制

强化工作动机可以改善工作绩效，诱发出员工的工作热情与动力。这里强调的是管理者所做的一切努力只是一个诱发的过程，能真正激励员工的还是他们自己。

要想冲破员工们内心深处反锁的门，你必须要好好地谋划一番，为你的激励建立一个有效的机制。那么，一个有效的激励机制应该具备哪些特征，符合什么样的原则呢？

（1）简明。激励机制的规则必须简明扼要，且容易被解释、理解和把握。

（2）具体。仅仅说"多干点"或者说"别出事故"是根本不够的，员工们需要准确地知道上司到底希望他们做什么。

（3）可以实现。每一个员工都应该有一个合理的机会去赢得某些他们希望得到的东西。

（4）可估量。可估量的目标是制订激励计划的基础，如果具体的成就不能与所花费用联系起来，计划资金就会白白浪费。

一个高效激励机制的建立，企业的管理者需要从企业自身的情况，以及员工的精神需求、物质需求等多方面综合考虑，更新管理观念与思路，制定行之有效的激励措施和激励手段。具体来说，应该做到以下几点：

1. 物质激励要和精神激励相结合

管理者在制定激励机制时，不仅要考虑到物质激励，同时也要考虑到精神激励。物质激励是指通过物质刺激的手段来鼓励员工工作。它的主要表现形式有发放工资、奖金、津贴、福利等。精神激励包括口头称赞、书面表扬、荣誉称号、勋章……

在实际工作中，一些管理者认为有钱才会有干劲儿，有实惠才能有热情，精神激励是水中月、镜中花，好看却不中用。因此，他们从来不重视精神激励。事实上，人类不但有物质上的需要，更有精神方面的需要，如果只给予员工物质激励，往往不能达到预期的效果，甚至还会产生不良影响，美国管理学家皮特就曾指出："重赏会带来副作用，因为高额的奖金会使大家彼此封锁消息，影响工作的正常开展，整个社会的风气就不会正。"因此，管理者必须把物质激励和精神激励结合起来才能真正地调动广大员工的积极性。

2. 建立和实施多渠道、多层次的激励机制

激励机制是一个永远开放的系统，要随着时代、环境、市场形式的变化而不断变化。因此，管理者要建立多层次的激励机制。

多层次激励机制的实施是联想公司创造奇迹的一个秘方。联想公司在不同时期有不同的激励机制，对于20世纪80年代的第一代联想人，公司主要注重培养他们的集体主义精神和满足他们的物质需求；而进入90年代以后，新一代的联想人对物质要求更为强烈，并有很强的自我意识，基于这种特点，联想公司制订了新的、合理的、有效的激励方案，那就是多一点空间、多一点办法，制定多种激励方式。例如让有突出业绩的业务人员和销售人员的工资和奖金比他们的上司还高许多，这样就使他们能安心现有的工作。联想集团始终认为只有一条激励跑道一定会拥挤不堪，一定要设置多条跑道，采取灵活多样的激励手段，这样才能最大限度地激发员工的工作激情。

3. 充分考虑员工的个体差异，实行差别激励的原则

企业要根据不同的类型和特点制定激励机制，而且在制定激励机制时一定要考虑到个体差异：例如有的员工相对而言对报酬更为看重，有的员工则更注重提升能力、得到升迁；有的员工自主意识比较强，对工作条件等各方面要求比较高，有的

员工则因为家庭等原因比较安于现状，相对而言比较稳定；有的人更注重自我价值的实现，他们更看重的是精神方面的满足，例如工作环境、工作兴趣、工作条件等，而有的人则首先注重的是基本需求的满足；在职务方面，管理人员和一般员工之间的需求也有不同。因此企业在制定激励机制时一定要考虑到企业的特点和员工的个体差异，这样才能收到最大的激励效力。

4.管理者的行为是影响激励机制成败的一个重要因素

管理者的行为对激励机制的成败至关重要。首先，管理者要做到自身廉洁，不要因为自己多拿多占而对员工产生负面影响；其次，要做到公正不偏，不任人唯亲；最后，管理者要经常与员工进行沟通，尊重支持员工，对员工所做出的成绩要尽量表扬，在企业中建立以人为本的管理思想，为员工创造良好的工作环境。此外，管理者要为员工做出榜样，通过展示自己的工作技术、管理艺术、办事能力和良好的职业意识，培养下属对自己的尊敬，从而增加企业的凝聚力。

建立有效的、完善的激励机制，除了做到以上几点之外，还要注意两方面的问题：

（1）要认真贯彻实施，避免激励机制流于书面。

很多管理者没有真正认识到激励机制是其发展必不可少的动力源，他们往往把激励机制的建立"写在纸上，挂在墙上，说在嘴上"，实施起来多以"研究，研究，再研究"将之浮在空中，最终让激励机制成为一纸空文，没有发挥任何效果。管理者一定要避免这种情况的发生，将激励机制认真贯彻实施。

（2）要抛弃一劳永逸的心态。

企业的激励机制一旦建立，且在初期运行良好，管理者就可能固化这种机制，而不考虑周围环境的变化和企业的变化，这往往会导致机制落后，而难以产生功效。管理者应该根据时代的发展、环境的变化不断改革创新激励机制。

人才是企业生存与发展的关键，如何在企业有限的人力资本中调动他们的积极性、主动性和创造性，有效的激励机制是必不可少的。因此，管理者一定要重视对员工的激励，根据实际情况，综合运用多种方式，把激励的手段和目的结合起来，改变思维模式，真正建立起适应企业特色、时代特点和员工需求的有效的激励机制，使企业在激烈的市场竞争中立于不败之地。

试一试"蘑菇管理"法

"蘑菇定律"指的是初入职场者因为特长没有显现出来，只好被安排在不受重视的部门干跑腿打杂的工作，好比蘑菇总是被置于阴暗的角落，要受到无端的批评、指责、代人受过；好比蘑菇总是莫名其妙地被浇上一头大粪，得不到必要的指导和提携；好比任蘑菇自生自灭。据说，"蘑菇定律"是20世纪70年代由一批年轻的电脑程序员"编写"的，这些独来独往的人早已习惯了人们的误解和漠视，所以在这条"定律"中，自嘲和自豪兼而有之。

卡莉·费奥丽娜从斯坦福大学法学院毕业后，第一份工作是在一家地产经纪公司做接线员，她每天的工作就是接电话、打字、复印、整理文件。尽管父母和朋友都表示支持她的选择，但很明显这并不是一个斯坦福毕业生该干的工作。但她毫无怨言，在简单的工作中积极学习。一次偶然的机会，几个经纪人问她是否还愿意干点别的什么，于是她得到了一次撰写文稿的机会，就是这一次，她的人生从此改变。这位卡莉·费奥丽娜就是惠普公司前首席执行官，被尊称为世界第一女首席执行官。

可见，其实有这样一段"蘑菇"的经历，并不一定是什么坏事，尤其是当一切刚刚开始的时候，当几天"蘑菇"，能够消除我们很多不切实际的幻想，让我们更加接近现实，看问题更加实际。

"蘑菇"经历对成长的年轻人来说，就像蚕茧在羽化前必须经历的一步，如果将这个定律落于实处，需要从企业和个人两方面着手。

1. 企业

（1）避免过早曝光：他还是白纸，有理论难免会纸上谈兵。过早对年轻人委以重任，等于揠苗助长。

（2）养分必须足够：培训、轮岗等工作丰富化的手段是帮助人力资本转为人力资源的工具。

2. 个人

（1）初出茅庐不要抱太大希望：当上几天"蘑菇"，能够消除我们很多不切实际的幻想，让我们更加接近现实，看待问题也会更加实际。

（2）耐心等待出头机会：千万别期望环境来适应你，做好单调的工作，才有机会干一番真正的事业。

（3）汲取养分，茁壮成长：要有效地从做"蘑菇"的日子中汲取经验，令心智成熟。

总之，"蘑菇管理"是一种特殊状态下的临时管理方式，管理者要把握时机和程度，被管理者一定要诚心领会，早经历早受益。

与员工共享成果

人人都有名利心，这是无可否认的事实，管理者也是凡人，也会向往名利，这也无可厚非。关键是在追求名利的过程中不要超过"度"，不要把员工的功劳据为己有。

管理者向上请功时，正确的做法是与员工分享功劳，分享成功的幸福和喜悦，而不应该独占功劳。假如管理者是个喜欢独占功劳的人，相信他的员工也不会为他卖力。因为喜欢独占功劳的人，往往会忽视员工的利益，让他的员工一无所获。这样的管理者，其行为可能会激起民愤。

有人常在私下里会说管理者："功劳是他的，荣誉是他的，好房由他住着，而我们什么也没有得到。"

这种情况很普遍，现代企业中一些管理者把员工的工作成果占为己有，又不能适当奖励他们，让员工觉得管理者偷取了他们的工作成绩。其实人人做事都希望被人肯定，即使工作未必成功，但终究是卖了力，都不希望被人忽视，不希望自己的果实被别人占取。

一个人的工作得不到肯定，是在打击他的自信心，所以作为管理者，切勿忽视员工参与的价值。

例如：在某大公司的年终晚会上，经理表扬了两组营业成绩较佳的团队，并邀请他们的主管上台。第一位主管，好像早有准备似的，一上台便滔滔不绝地畅谈他的经营方法和管理哲学，不断向台下展示自己在年内为公司所做出的贡献，令台下的经理及他手下的员工，听了非常不满。

而第二位主管，一上台便多谢自己的员工，并庆幸自己有一班如此拼搏的员工，最后还邀请他们上台接受大家的掌声。当时台上、台下的反应如何不言而喻。

同样的管理，不同管理者的表现却有如此大的差别，像第一位那种独占功劳的主管，不但员工对其不满，经理也不会喜欢这种人。而第二位主管能与员工分享成果，令员工感到受尊重，日后有机会自会拼搏。而经理也会尊敬、敬重这种人。其实功劳归谁老板最清楚，不是你喜不喜欢与他人分享的问题。

因此，管理者应该经常轻松地提供令员工满意的回馈，如一句简短的鼓励或一句赞美的话。然而在许多例子中，有些领导者根本不愿意提供给员工任何工作表现良好的回报。当管理者不能给予员工适当的回馈时，员工便无从设计未来，他们会问自己的贡献受到肯定了吗，他们应该继续为这位领导者贡献心力吗，他们是否需要改善工作态度或能力，怎样才能有所改善等。

正如某公司的员工所说："我不觉得受到了重视。我的领导从不会对我斥责，也不批评，即使在工作中做出了很大的贡献，他也从来不会赞美，只把功劳占为己有。有时我怀疑他是否在乎我的感觉。我不能确定工作做得好坏有何影响，只能混日子，拿死工资，这严重影响了我的工作情绪。"

可见，让员工分享企业的成功，把他们的利益与组织的成败直接联系起来，让他们对组织产生一种归属感，这是领导员工的高境界，也是每个管理者都应该遵循的原则。

培养员工的自信心

作为一名聪明的管理者，要想让自己的团队保持团结一致，高效运转，就要调动员工的积极性，就要让员工在能够培植自信心的气氛中工作。因为自信心是一个有良好素质的员工不可或缺的创造源泉，也是影响一个人工作能力高低的重要因素。

自信心是一种奇妙的东西，它的提高会在人的内心产生一种能动的力量，促使个人发展完善，并因此让人把握住一条正确的途径。一个人如果丧失了自信心，那他整个人就会显得萎靡不振、毫无活力，而且是永无长进。

安东尼是一个性格内向的小伙子，平时沉默寡言，不擅长交际。参加工作后仍然如此，不管领导给他任何工作或任务，他的表现都不尽如人意。安东尼的经理为了恢复他的自信心，在对他进行一番详尽的了解后，经常对他进行鼓励和夸赞，并用心去发掘他不易被察觉的长处。

"你很不错，只是你自己没有发觉，你以前曾做过××事，那时候你的表现真是好极了。"

"不要管别人对你的看法，只要你不感到愧对自己就行，要堂堂正正地挺起胸膛来。"

正是经理经常找出安东尼的优点，激励他勇往直前。安东尼才慢慢恢复了自信，工作也做得有声有色。

作为一名管理者，在培养员工的自信心时，最大的"阻碍因素"莫过于员工的自卑感了。不论哪个公司，总是存在着两三位有自卑感的员工。一旦自卑感作祟，他们就会丧失自信，使其本身能力降低。有自信的人会不断地提出方案，积极主动地面对工作。而有自卑感的人，因过于注重他人的言论，总顾忌着自己的一举一动是否惹人注意，会不会受到他人耻笑，因此总是不敢发表意见。他们总是跟着自信者的脚步，以他人的意见为意见，于是对自己愈来愈丧失自信，愈来愈自卑，最后竟然完全没有了个人思想。这样的员工是很难在工作上有所突破，很难干出优异的成绩来的。

因此，管理者要指导员工克服自卑心理，产生自信心。要在本单位、本部门消除上述现象，必须从以下几个方面加强训练：

（1）使其早日适应工作与团体组织。如果无法适应就无法产生自信，这点对新进员工尤为重要。

（2）赋予他较高的目标，让其独立完成。他如果成功了，从此便会信心大增。

（3）训练他们掌握自动解决问题的方法。只有依靠自己的力量解决问题才能产生信心。

（4）训练他们从事较高水准的工作。他们完成高水准的工作后，在兴奋之余就会产生自信心。

（5）称赞他。当人受到称赞时就会产生信心。当然，这种称赞应当是切合实际的，否则会起到相反的作用。

自信，可提高个人的工作意念。管理者一定要努力培养员工的自信性格，从而帮助员工时刻保持轻松的心情，敢于直面各种困难的考验和挑战。

按员工的性格秉性进行激励

在企业中，每一个员工都有自己的性格特点 —— 有外向的、喜交际，有内向的、爱独处；有的安于熟练化、按部就班的岗位，有的偏好高风险、高挑战性的工作；有的长于管理团队，有的精于技术性工作……企业的管理者在日常管理中要花精力去了解和判断员工的性格特点、兴趣爱好，在进行激励的时候，要尽量与其性格、爱好和特长相匹配。这样既能激发员工的工作兴趣和热情，又能充分发挥其所长，取得事半功倍的成效，实现员工与企业的"双赢"。

某公司的何经理采取了许多提高员工工作动力的方法，如赞扬、发奖状、为员工提供更多的休息时间、公费旅游、发放奖金等方法激励员工的干劲。虽然何经理如此煞费苦心，但是员工并没有买他的账，没有因为他的奖励而提高工作动力。主要原因就是何经理犯了激励管理中的一个通病：没有因人而异地激发员工的动力，没有考虑员工性格特点的差异。

最后，何经理专门抽出两天的时间和每一个员工面对面地交谈，详细了解每个人的兴趣爱好、性格特点，非常认真地询问每个员工希望从工作中获得什么，最后确定每个员工在工作中寻找到的最有意义的动力源泉。他发现：××辛勤工作的最大动力是能够有机会不断提高自己的技术水平，而并不是多拿100块钱的奖金；××希望有自主决定工作方式的权力，这样他才会有更大的动力，而公费旅游对他没有任何吸引力；××不仅喜欢自己从事的工作，还喜欢与工作有关的社交活动……

何经理在收集了各种信息后，就针对不同的员工制订了不同的激励计划，采取了不同的激励手段。现在，他所领导的团队具有非常高的工作动力与热情。

由此可见，管理者在对员工进行激励时，要根据他们的性格特点选择不同的激励方式。只有"对症下药"，才能事半功倍。

对于那些有主见，喜欢按自己想法做事的员工，管理者要对他们的正确意见给予积极的肯定和赞扬，并且对他们进行充分的授权，给他们广阔的、自由的空间去施展才华，从而激发他们的主人翁精神，让他们更有干劲。

对于那些自卑感比较重，很少发表自己的意见的低调员工，管理者要多给予他们一些关注和鼓励。如果管理者长期忽视他们，他们就会渐渐消沉下去，甚至觉得自己在公司是可有可无的，就更谈不上任何积极性、主动性了。所以，管理者对这一类型的员工要多多关心和鼓励，例如经常询问一下他们的工作进度，经常对他们说："你肯定能干好的！""继续努力！"

从本性来说，人是一种群居的动物，喜欢在某一个群体中生活。公司是一个群体，办公室也是一个交际的平台，在这里，管理者应该鼓励那些内向的、喜欢独来独往的员工进行交流，培养他们的团队精神，让他们产生归属感，让他们不再是寂寞的"独行侠"，从而增强他们的工作动力。

有些员工天生喜爱张扬，希望自己的知名度越高越好，对待这样的员工，管理者要积极创造机会，给他们提供展示自己的机会。例如，福特汽车与美国电报电话公司用他们的员工担任电视广告的角色；大西洋贝尔电话公司的移动电话部用优秀员工的名字，作为中继站的站名。

有些员工自恃能力过高，对上司的意见、命令常常有抵触情绪。面对这样的员工，管理者要恰当地使用反激的方式，鼓励他们去做原来自己未打算做、不情愿做的事。

诸葛亮率师平定南中叛乱时，刚到当地便受到十五万敌军的阻击。他令人把赵云、魏延喊来，可是当他们来到大帐后，他却摇了摇头，又令人把王平、马忠叫来说："现在叛军分三路而来。我本想遣赵云、魏延前往迎敌，可他二人不识地理，未敢擅用。你们俩可兵分两路，左右出击迎敌。"诸葛亮见赵云、魏延在一旁极不自在，便对他俩解释说，"我不是不相信你们，南中山险难窥，地形复杂，你们是先锋大将，若令你们涉险入深，一旦被敌军暗算，会挫伤我军元气的。你们要谨慎从事，不可乱动。"赵云、魏延俩人越想越不是滋味，心想自己是先锋，如今却让晚辈去迎敌，这岂不是太伤面子了，不如先捉几个当地人问明路径，今晚就去破敌营寨。当二将手提敌将首级向诸葛亮请罪时，诸葛亮不但没有责备他俩违反军令，反而哈哈大笑："这是我激遣你二人的计策，若不如此，你们肯细心打探路径吗？"

除了以上这种激励方式之外，还有很多方法可供管理者选择。关键是要做到因人而异，使激励方法符合员工的性格特点。

经常制造一些令人兴奋的事件

你知道为什么讨厌做家务事的孩子会在新年到来时乐意帮助做家务事吗？知道为什么员工到了快发年终奖金，或是公司举办犒赏活动时，他们的工作情绪最高，最有干劲吗？

孩子虽然平时不喜欢做家务事，但是新年到来时，他们可以拿到压岁钱，可以跟小朋友一起玩……因为有那么多有趣的事，于是平时看来烦琐的家务事也不是那么令人讨厌了。同样，在公司上班的人，会在那时工作最为起劲，当然，他们不仅仅是为了多拿点奖金，而是拿到奖金以后，也许可以去外地旅行，也许可以凑够房子首付的费用，或者可以购置几套漂亮的衣服……几乎所有的梦，所有的理想，都寄托在那个奖金上了。那份奖金，就不仅仅是钱了，而是成了梦想实现的象征，说得明确一点，与其说他们是为奖金而起劲工作，不如说他们是在为梦想而奋斗。

其实，这种发奖金、举办犒赏活动就是管理者制造的令员工兴奋的事件。这些事件会激发员工的工作积极性，极大地调动他们的工作热情。制造兴奋事件的方式比较多，例如公司举办郊游、同乐晚会、过年放假……这些都是提高员工情绪的重要动因。可能管理者在平时会经常听到员工说："主管答应让我中秋节回家，现在我工作得挺起劲的。"是的，这就是举办犒赏活动产生的效果了。可能你会有所担心，如果我给他们放假，他们会不会乐不思蜀，以至于假后上班时心不在焉呢？

答案是"否"！你知道美国的公司制度吗？一年给员工们20~30天的长假，人们可以利用长假到国外旅行、观光……而当他们再回到工作岗位时，却斗志昂扬，更加全心地投入工作。原因何在？用一位年轻人在接受记者采访时的话来回答吧："虽然我很渴望能有假期旅行，公司也确实给了我30天假期去玩儿，但是我却在旅行的时候想到我的工作……"确实如此，人工作久了便会想玩儿，玩儿过火了又会想工作，所以，你绝对不必担心你的下属。当他们玩儿够了以后，自然又会卖命地工作了。

要提高工作效率，管理者就得提高员工的情绪，并激励这种情绪维持下去。

当然，如果同样的措施一再重复，会令人觉得没有意思，也起不到激励的效果，使人高兴的方法要因人而异。所以管理者在准备某些娱乐节目之前，可以听听不同人的看法，做个调查，尽量搞得多姿多彩，使员工总是能很愉快地工作。

令人兴奋的事件有很多，甚至在员工对你有所不满时，你可以给他一些娱乐激励，也可以取得很不错的效果。

下 篇
管事要准：做对事才能基业长青

第一章　制定规则，让每一件事都有制度可依

好制度胜过一切说教

第二次世界大战中期，美国为空军提供降落伞的制造商制造的降落伞安全性能不够。后来在厂商的努力下，合格率逐步提高到99.9%，而美国军方要求降落伞的合格率必须达到100%。厂商对此很不以为然。他们认为，能够达到这个程度已接近完美，没有必要再改进。他们一再强调，任何产品都不可能达到绝对的100%合格，除非奇迹出现。

但军方却不这样想，他们认为，99.9%的合格率就意味着每1000个伞兵中，会有1个人因为产品质量问题在跳伞中送命，这显然会影响伞兵们战前的士气，是不能被接受的。后来，军方改变了检查产品质量的方法，决定从厂商前一周交货的降落伞中随机挑出一个，让厂商的负责人装备上身后，亲自从飞机上跳下。这个方法实施后，降落伞的合格率立刻就变成了100%。

刚开始厂商还总是强调难处，为什么后来制度一改，厂商就再也不讨价还价，乖乖地绞尽脑汁提高产品质量呢？原因就在于前一种制度还没有最大限度地涉及厂商的自身利益，以致厂商对那0.1%的不合格率没有切身的感受，甚至认为这是正常的，对伞兵们每千人死一人的现象表现漠然。后来制度一改让

厂商先当一个"伞兵"，先体验一下这个 0.1% 的感受，结果奇迹出现了，相信这一定是厂商"夜不能寐""废寝忘食"的结果。

管理员工离不开制度，好制度胜过一切说教。

好的制度设计对社会和企业非常重要，人性、良知、觉悟、教养、能力等有关人的一切，只要制度定得好，人都是好的，企业和社会都会兴旺发达，否则反之。

18 世纪，大英帝国向世界各地殖民之时，英国探险家到达澳大利亚并宣布其为英国属地。当时英国普通移民主要是到美国，为了开发蛮荒的澳大利亚，政府决定将已经判刑的囚犯运往澳大利亚，这样既解决了英国监狱人满为患的问题，又给澳大利亚送去了大量的劳动力。

政府把将犯人从英国运送到澳大利亚的船运工作交给私人船主承包，而政府只支付长途运输囚犯的费用。一开始，英国的私人船主向澳大利亚运送囚犯的情况和美国从非洲运送黑人的情况差不多，船上拥挤不堪，营养与卫生条件极差，囚犯死亡率极高。据英国历史学家查理·巴特森写的《犯人船》一书记载，1790 年到 1792 年间，私人船主运送囚犯到澳大利亚的 26 艘船共 4082 名囚犯，死亡 498 人。其中一艘名为海神号的船，424 名囚犯死了 158 人。

如此高的死亡率不仅在经济上造成了巨大的损失，而且在道义上也引起了社会强烈的谴责。原本罪不至死的囚犯却要在海上运输中面对一次死刑的煎熬。政府如何解决这个问题呢？

政府想到了一个方法，他们不再按上船时运送的囚犯人数来给船主付费，而是按下船时实际到达澳大利亚的囚犯人数付费。因为按上船时人数付费，船主就会拼命多装人好得到更多的钱。而且途中不给囚犯吃饱吃好，把省下来的食物成本变为利润，至于有多少人能活着到澳大利亚则与船主无关。但是当政府改变方法，按实际到达澳大利亚的人数付费时，能有多少人到达澳大利亚就变得至关重要了。这些囚犯是船主的财源，自然也就不能虐待了，正如牧羊人不会虐待自己的羊一样。这时私人船主就不会一味多装囚犯，因为要给每个人多一点生存空间，要保证他们在长时间海上生活后仍能活下来，还要让他们吃饱吃好，当然还要配备医生，带点常用药等。这些抉择与措施是极其复杂的，不过新的方法实施后，这些就变成了船主的事而不是政府的事了。

据《犯人船》一书介绍，当政府这种按到达澳大利亚人数付费的新制度实施后，出现了立竿见影的效果——1793年，3艘船到达澳大利亚，这是第一次按从船上走下来的人数支付运费。在422名囚犯中，只有1人死于途中。后来这种制度经过修改完善后普遍实施，政府按到澳大利亚的人数和这些人的健康状况支付费用，甚至还有奖金。这样，运往澳大利亚囚犯的死亡率迅速下降到1%~1.5%。

私人船主的人性没变，政府也并没有立法或建立庞大的机构与人员去监督，只是改变了一下付费制度，一切问题就迎刃而解了。这正是制度经济学强调制度重要的原因。

英国政府解决这个问题的办法非常巧妙，第一，他们没有乞求船主们发善心，寄希望于道德说教的作用；第二，他们也没有设立什么新的政府监督机构，委派什么押运官员。

而是对原有的制度进行了一个简单的创新性修改，用好制度
解决了一个原本很麻烦的问题。

企业的规章制度，归纳起来，大体分为以下 3 类：

（1）基本制度。如董事会制度、股东会制度以及各类民
主管理制度等。

（2）工作制度。即有关工作的制度，如计划管理工作制
度、市场营销工作制度、生产管理制度、人力资源管理制度、
物资供应管理制度、财务制度等。

（3）责任制度。这是规定企业内部各级组织、各类员工
的工作范围、职责和权限等的制度。

由于经济学关于人性本懒惰自私的假设在商品经济社会
里从提高管理效率的角度来说，是放之四海而皆准的。所以
在任何企业里，都需要规章制度。一套好的规章制度是管好
员工的保证，它胜过一切说教。

分粥理论：制度到底该如何设计？

从前，在一个荒岛上住着 7 个人，他们每天都需要共分
一小锅粥，但是又没有任何度量器具。一开始，他们随意指
定了一个人全权负责分粥，但很快就发现，这个负责分粥的
人总是为自己分得最多的粥。换别人负责以后，结果还是一
样，负责分粥的人总是让自己碗里的粥分得最多最好。于是，
大家决定轮流分粥，每人负责一天。

结果一个礼拜下来，每个人都只有一天可以吃饱，也就
是自己负责分粥的那一天。于是，他们又尝试采用新的办法，

即共同推举出一个大家都信得过、品德高尚的人来主持分粥。一开始他还能公平分粥，但不久大家都开始挖空心思去讨好他。逐渐地，分粥者便只给自己和溜须拍马的人多分，这样，分粥又变得不公平了。

人们只好又探索新的分粥办法，即成立分粥委员会和监督委员会，形成分权和制约。这样，公平基本做到了，但是由于监督委员会经常提出种种质疑，分粥委员会又据理力争，等到分完，粥早就凉了。最后，大家终于想到了一个最好的办法：轮流负责分粥，但是负责分粥的人在每次分好 7 碗粥后，要等到其他人都挑完，自己再吃剩下的最后一碗。于是，为了不让自己拿到最少的那一碗，负责分粥的人每次都尽量分得平均，就算不够绝对平均，负责分粥的人也就只能认了。从此以后，大家快快乐乐，和和气气，日子越过越好。

这个故事用一个浅显的道理说明了制度设计与制度管理的重要性。制度设计得不同，就会有不同的风气。为了加强管理，不少企业制定了一套又一套的制度，每个人的办公桌上都摆着厚厚的制度汇编，办公室墙上挂的是各种管理办法或规章制度，似乎时时处处都可以感觉到包罗万象的制度。但从实际效果看，依旧存在着不少由于管理上的漏洞所带来的负面影响。比如，人员工作的积极性低，没有效率，"干与不干一个样，干多干少一个样，干好干坏一个样"的现象依然存在，丝毫没有消失的迹象；部门之间推诿扯皮，办事效率低下，一点儿都没有体现出高度的责任感；个别领导凌驾于制度之上，不懂率先垂范，在分配与晋升等重要事项上，还是一人说了算；贪污腐败、形式主义等时有出现，难以杜绝。由此，制度虽然不少，然而实际情况是，制度不但没有发挥出应有的作用，反而增加了内部掣肘。

其实，企业之所以存在这一问题，根本原因就在于这些制度在设计之初就没有能够真正体现出公平公正，没有适用性和高效性，与实际需要不相符合，从而体现不出制度对各种事项进行规范的内在作用。

"分粥理论"让我们知道："先进适用而高效化、公平公正而民主化、奖惩分明而激励化"的制度，才是搞好内部管理的基础，我们需要根据实际而创新这样的制度。落后僵化、脱离实际、流于形式的制度安排，不但无助于提高工作效率，反而会成为日常管理中的一种枷锁和羁绊。就拿上述的分粥故事来说，前几种分粥办法，或造成分粥不公平的结局，影响大家的积极性；或给"掌勺者"以可乘之机，使其有以权谋私的机会；或效率不高，在一件极简单的事情上浪费太多的精力。而唯有最后一种方法，看似简单，实则适用，包含了深刻的管理内涵，具有更宽广的适用性。

不同的制度设计，就会在制度出台以后随之形成不同的企业风气。一项好的管理制度，一定是在实际的运用过程中不断修订与创新，使其逐渐合理实用、清晰高效，既有利于简便操作，又能体现制度的公平性。因此，适用的制度是根据实际的需要制定出来的，而不是生搬硬套制造出来的。它既要体现民主化、公正性，具有很强的针对性和适用性，同时还要体现奖惩分明的绩效原则，这样才能提高企业员工的积极性和创造性，做到"以奖扬长，以惩避短"。

制度的设置应兼顾公平和效率

我们生活在社会组织形式中的个人都是有趋利性的。正如西方哲学家洛克所说的那样："人的本性是趋利避害的。"然而在企业中，如果任由这种趋势发展，企业就会变得一团糟，企业内部的秩序也将无从谈起。因此，为了规范人们由于"趋利"而产生的一些不符合组织利益或他人利益的行为，制度应运而生——它的第一功能就是规范人们的行为，使人们生活在一定的秩序中。

那么，是不是企业只要有了制度就能令所有的问题全部得到满意解决呢？是不是有了制度就能遏制人类"趋利"的本质呢？回答是否定的。从历史的角度观察，制度是人制定的，往往是谁在制定制度的过程中占据了主导权，谁就有可能在制定制度的过程中为自己或自己的利益集团谋"利"，制度也就变成了某些人的获利工具。尽管如此，我们也不能否认，制度无论怎样制定、由谁制定，它都是企业所必需的，不然，企业内部的秩序就无从保障。因此，如何才能让制度充分发挥其功效就成了最大的问题。而这一问题解决的关键在于：必须为制度的设置确定最基本的原则——公平原则与效率原则。

公平是众多企业一直孜孜追求的目标，然而公平却又是一个完全无法确定的东西，不同的时期，不同的阶段，公平被赋予的意义是不一样的。但如果在"合理设置制度"这一语境里，公平似乎又是确定的，即制度的设置须为大多数人"谋利"才是合理的。换言之，制度的设置要为企业大多数人所认同和接受，并且毫无例外地被执行。那么，如何才能做到这一点呢？

首先，制度的设置必须符合企业大多数成员的意愿，这是制度公平的基础。正所谓"顺应民心者得天下"，只有制度的设置成为大家的需要，符合企业大多数员工的意愿，它的存在才有普遍而牢靠的基础——至少在精神层面上如此。

其次，制度的设置应该是一个公开、透明的过程，这是制度公平的关键。既然企业成员有了设置制度的意愿，那么，就应该让企业成员参与其中，对设置制度的过程进行监督，让企业成员有表达意愿的机会和渠道，让所有的过程在"阳光"下进行，正所谓"公道自在人心"，公平就不言而喻了。

最后，制度的设置应该是建立在为大多数人谋利并可执行的基础上，这是制度公平的核心。设置出的制度，不应该被束之高阁让人顶礼膜拜，而应该是为民众所执行，为民众谋福利。

然而，公平也存在着先天的不足：妥协性和平均性。任何的公平都是方方面面相互妥协的结果，最终这会使企业成员坐享其成而无视公平的真正含义，让他们产生平均主义的惰性。因此，合理公平的制度又必须兼顾效率。

如何才能在公平的基础上兼顾效率呢？

（1）制度要明确其运行的规则和程序。一旦制度运行的规则和程序确定了，运行时就可以按部就班，从而避免混乱和无序带来的效率低下的后果。

（2）制度的执行者要明确自己的职责。制度最终是要被执行的，执行者就成了制度是否具有效率的关键。为此，要让执行者清楚自己的职责所在，只有责任在肩，执行者才会高效地去完成其执行的任务。

（3）制度要有的放矢，清晰明了。企业制度是通过解决组织中的问题来维系秩序的，有明确的目的性和针对性。因此，制度一定要有的放矢，清晰明了地规划出解决这些问题的措施。

（4）制度要让所有员工明白和理解。制度是个互动的平台，通过这个平台，制度的执行者和被执行者之间产生互动，为了保持这种互动的通畅与效率，除了执行者要明确自己的职责外，被执行者也应该对制度熟知并理解，这样才能保证制度的效率不打折扣。

总之，制度将伴随人类前进的脚步不断发展，直至"世界大同"。无论怎样，制度是人类社会的必需，是社会秩序的保障，兼顾公平与效率的制度将在人类发展的长河中熠熠生辉。

制度不是普通货，必须量身定做

任何一个组织想要生存并且正常地运行下去，都必须有一套切实可行的制度作为保障，企业更是如此。一套好的制度，甚至比多用几个管理人员还有效。

制度的作用在于限定人的行为，并明确地告诉人什么该做什么不该做，怎么做效果好怎么做效果不好，而这些不应该成为管理者每天为之费心的事情，在这方面，管理者唯一应该费心的，就是如何让制度适合自己的企业。

世界上没有万能的制度，任何一个企业都有它独特的地方，相应地，要让制度在企业中发挥出最大的作用，那么制度本身就必须带有企业的特色。很多管理者因为不想浪费精力而选择照搬同行业其他企业的制度，他们想，反正产品一样，市场一样，制度一样应该就不会出现什么大问题。殊不知，管理者一旦有了这样的想法，把制度看成普通货，认为有一套摆设在那就可以，实在是大错特错了。

一个企业，无论制定什么样的制度，都必须满足两个方面的要求。一是必须为企业量身定做，事前详细了解实际形态，整理分析各类问题，保证制度的每一句话都对应着事实。企业的情况各不相同，如果制定了冠冕堂皇的条文，却与现实情形背道而驰，则无异于一纸空文。二是千万不要以为制度一旦制定就可以一劳永逸，世上没有十全十美的事情，所以任何制度都有改革的必要。况且计划永远没有变化快，想让制度充分地发挥效用，就必须量身定做，符合企业的需求。

一个能把管理做到位的人，首先就要善于为企业量身定做制度，而灵活运用制度管理下属，则是有了合适的制度之后才要考虑的事情，没有合适的制度，制度管人又从何谈起呢？

要管头管脚，但不要从头管到脚

管理大师彼得·德鲁克说，注重管理行为的结果而不是监控行为，让管理进入一个自我控制的状态。为了进入这种状态，管理者应该管好"头"和"脚"。"管头"最重要的是要解决"做什么"和"谁来做"的分配问题；"管脚"则是检查任务完成的结果，而不必从头管到脚，做事必躬亲的"管家婆"。

有句话说："管得少，才能管得好。"很明显，管理者过多的指点对工作毫无益处，反而让下属无所适从。太多的细节会掩盖真正的工作重点。每个人都有自己的工作方式，管理者从头到尾的啰唆，会让下属既不能完全地理解管理者的指点，又无法按照自己的行为方式去发挥。一旦执行中遇到什么挫折，他就会想到管理者，而不是自己想办法处理。同时，这也加大了管理者自身的工作量。

事实上，管理者只需把握好两个关键因素，就能高效地完成任务。

（1）搭好平台，让合适的人到合适的地方去做事。管理者只需在选"谁来做"的问题上养成对事不对人的习惯，重能力，重结果，对"做什么"的问题有自己透彻的认识，明确战略路线，为下属指明清晰的方向。当合适的人到合适的位置上做事，潜能自然就能激发出来。一旦不良结果开始出现，即使是跟组织刚成立时就开始一同打拼的元老，也得坚决调换。

（2）让工作结果成为衡量成败的唯一标准。就如同越野比赛，只要把起点、终点、比赛路径、比赛规则等确定下来，每个人都可以按自己的方式去拼搏。至于谁快、谁慢、谁动作优美、谁动作不到位，观众自然会看得明明白白、清清楚楚。所谓"管脚"，也就是检查下属完成任务的结果，而不必规定下属上午干什么，下午干什么。对于特定的任务，只要给一个完成日期，具体的过程由其自行安排。如此，把实现结果的过程交给下属，又用过程的结果来衡量下属，实在不失为一种有效的管理方法。

要尽可能地达到完美结果，管理者在"管头""管脚"的过程中还有另外两个要点应该注意：

（1）资源要到位。要想得到高效率，自然得给小组成员配置充分的资金、人员和工具等。正所谓"巧妇难为无米之炊"。身为管理者，必须给下属创造一个宽松、信任并能获得强有力支持的工作环境。

（2）教练指导。教练是不能上场的，只能在场下指导。管理者的角色就像教练一样，应该多一些组织、辅导、制衡，而不是亲力亲为。在日常工作当中，碰到紧急棘手的问题，管理者往往不敢放手让下属去干，而是把自己陷入烦琐的事务中，甚至把事情搞得更糟。殊不知，人才是锻炼出来的，越是看似难办的事情越应当让下属突破自己的思维定式，让他去体会，去感悟，才能造就更能为自己出力的下属。

管理者是制定法令以及监督员工完成工作的人，英明的管理者只要成功地驾驭员工就能管理好企业。以摇撼树木为比喻，如果一片一片地去扯树叶，即使累到筋疲力尽也难以达成目标；如果打击树干，大部分的叶子便自己掉下来。捕鱼也是如此，只要牵引网索，鱼群就会掉入网中；如果一个一个地握住网孔，鱼儿便都跑了。

下属是可以完成不同的任务的。管理者只有在"管头""管脚"的基础上，大胆放权，才能让自己举重若轻，并且调动下属的积极性，使之自觉地去做本来就该做、甚至本来不会做的事情。

但在管头管脚、明确授权之后，还有一件事情必须贯穿始终，那就是管理的有效监督。牢牢地掌握总目标，放手不撒手，要对下属进行有效的控制。

管理者授权的全部目的，就在于激励下属为实现组织的总目标而分担更多的责任。现在的组织单位多是一个多因素、多层次的有机整体，整体和局部、整体和环境、局部和局部之间都有着密切的联系，任何局部出现一点点偏差都会妨害组织目标的实现。管理者的根本任务是保证组织总目标的实现。因此，授权以后的管理者，不要过于频繁地过问下属分内的事，比如计划如何制订、工作如何安排、任务如何完成、找谁帮忙完成等，管理者要过问的是下属的目标能否如期实现或需要些什么帮助。作为管理者，要把精力放在议大事、控全局上，时时掌握全局的各个过程，及时掌握新情况，发现管理执行中出现的偏差、矛盾和问题，并对可能出现的偏离目标的现象进行调整和纠正。

管理者的授权，是让下属分担工作，要让其对各自职权范围内的事进行决策和处理，只有当下属之间不协调或发生矛盾时，管理者才出面解决。但授权不是让权，授权以后，管理者的责任还是和下属绑在一起的。不能放任自流，不管不问。如果管理者只是想图省事、享清闲，自己当"甩手掌柜"，那就大错特错了。对于那些把权力都集中在自己手里的管理者也应如此，无所为而又无所不为，在管头管脚中给下属充分展示的空间，在有效监督中牢牢把握工作的开展态势。

不妨试试"靠边站"

管理者难免会遇到一些不服从命令的下属，令人颇感棘手。作为管理者，如果遇到这样的下属，你该怎么办呢？

对待这样的下属千万不要发脾气，更不要训斥他。因为这些很难真正起到作用，你一定要保持头脑冷静，在脑子里仔细回顾一下发生了什么。

问问自己，我让他做的事情有把握吗？我能肯定他理解我所说的话了吗？他执意拒绝工作是否有某些我不知道的理由？如果你搞不清楚他为什么拒不执行你的指令，你最好直接问他："你有什么意见？你为什么不理会我的指令？"下属不执行你的指令有时也会有充分的理由，也许是他根本就没有理解。但是无论什么原因，问他一下是有必要的，至少要给他机会让他讲出理由。也许你说的某些内容或说话的方式"惹恼"了他。因而，通过询问，或许给了他一次发泄感情的机会——让他出气——然后他会心情较好地回去工作。

如果经过上面的沟通以后，他还是坚持拒绝听从你的指令，拒不合作，那你应该怎么办？

当然，如果合同允许的话，你可以处罚他或立刻将他解职。然而，这是一种惩罚性行为，必然会导致不良后果，可能影响其他员工，并难以说服受罚的员工。如果他是一位好员工，你较明智的行动应是转而求助于另一位愿意执行命令的人。这样，你可以使他"靠边站一下"，先回去工作，待他冷静之后，你再通过解释性的方法与他私下交换意见。这种"靠边站"

的方法会给予下属很大的压力，会给他传递一个这样的信号：你不服从命令，不愿意干，那我就找别人干，让别人替代你，从而迫使他冷静下来进行反思。但需要记住的是，作为管理者，你的职责是借助他人的帮助来完成工作。解雇或惩罚员工会恶化你与员工之间的关系，是不能完成工作的。你讲话要坚决，但要宽宏大度，你是在与他一起工作，而不是与他作对。

第二章　相机决策，抓大放小准确而果断地拍板

决策要"牵牛鼻子"

领导者就是要高屋建瓴、统揽大局，"抓住重点，带动一般"，"突破难点，搞活全局"，能抓住主要矛盾，找准重点问题，这样才能做出正确的决策。这种领导艺术，人们更喜欢用"牵牛鼻子"来做比喻。一头硕大的水牛，怎样驱使它？推它、打它都不灵，唯有牵着牛鼻子，牛才会乖乖地听人使唤。领导做决策也一样。

唐朝末年，浙江以东的裘甫起兵叛乱，不久就攻占了几个城池，朝廷任命王式为观察史，镇压动乱。王式一到任上，就立即命人将县里粮仓中的粮食发给饥民。众将官迷惑不解，都说："您刚上任，军队粮饷又那么紧张，现在您把县里粮仓中的存粮散发给百姓，这是怎么回事呢？"王式笑着说："反贼用抢粮仓中存粮的把戏来诱惑贫困百姓造反，现在我向他们散发粮食，贫苦百姓就不会强抢了。再者，各县没有守兵，根本无力防守粮仓，如果不把粮食发给贫苦百姓，等到敌人来了，反而会用来资助敌人。"果然，在叛军到达后，百姓纷纷奋起抵抗，不到几个月的工夫，叛乱就被平定。

王式眼光敏锐，牵住了牛鼻子 —— 粮食这个工作重点，轻而易举就平定了叛乱。

日本著名经营管理学家镰田胜说："优秀的领导者，都是把力量集中到一点上，靠全力以赴攻关才取得了一般人不能取得的卓越成果，其秘密就是如此简单。"他还说，"如果一个领导在一个岗位干了很长时间仍不知道关键的工作，那就是一个不合格的领导。"这话说得不错。领导者如果心无定性，遇到什么事情就干什么事情，不能分清工作的主次、轻重、缓急，牵不住"牛鼻子"，只知道胡子眉毛一把抓，到了最后肯定是一无所获。那么，怎样才能在做决策时牵住"牛鼻子"呢？

（1）登高望远，树立全局意识。要提高抓住问题关键的能力，必须培养领导的全局意识和大局观念，坚持在全局下思考，在全局下行动。对关键决策部署和长远目标任务等一定要了然于胸；对本组织发展面临的机遇和挑战、优势和劣势，一定要心中有数，目光要远大，对未来的发展走势判断要准确，不为局部利益所诱惑，不被暂时的困难所吓倒，要通过谋长远、抓关键来最大限度保护发展潜力，激发发展活力，并从中积聚更厚重的发展后劲，为组织和谐发展打下坚实的基础。

（2）做决策，信息工作要做足，预测是关键。领导要明确是否已经掌握了足够的信息和必要的事实。前面的工作是否严格按照科学决策的程序要求进行，是否扎实，有无漏洞，是否具有充分而可靠的信息保障。充分而可靠的信息是科学决策的基础。只有掌握了丰富、及时、准确、适用的尽可能多的材料，并在此基础上积极对组织未来发展趋向做出预测，领导才有可能抓住问题的关键，做出比较正确、全面、成功的决策。

（3）以执行为前提，抓住关键环节。对于一个组织而言，决策固然重要，关键还在落实。没有落实，再正确的决策也不会发挥其应有的作用。如果领导在做决策时没有落实的观念，忽视了落实，不抓落实，那么，再缜密的计划、再正确的政策，都只能成为一纸空文。领导做决策要以执行为前提，抓住落实这个关键环节。

从这几个关键入手，可以从最基本的大方向上规避决策失误，只有牵住了"牛鼻子"，决策才能顺利进行、顺利执行。

甩手掌柜当不得

对领导而言，岗位不仅是一种职业，更应是一种事业。领导者应该恪尽职守，勤于政事，认真对待工作。

洪秀全从四十一岁进天京（南京）城至五十二岁去世，从未迈出天京城门一步，他既不上马杀敌，也不过问朝政。十一年间仅颁布过二十五篇诏书，而且 1854–1858 年这五年竟然未发一诏，全然空白。连他的老对手曾国藩也奇怪地感叹："洪逆深居简出，从无出令之事。"摊上这样的领导者，太平天国哪有不失败的道理！

现代社会中依然有不少像洪秀全这样的人，一旦有了一官半职，精神就开始变得很松懈，很多事情都不愿意去做了，就是自己分内的事也多交派给下属去做，自己则悠闲地当起了甩手掌柜。比如有的领导，从工作报告、会议讲话到汇报材料等，不分轻重缓急、不论文章长短，从不自己动手，一律由秘书代笔，只在开会讲话时拿着稿子上台念一遍而已。

现代管理理论都重点强调"执行力"这个词，执行力是一个组织成功的必要条件，组织的成功离不开好的执行力，当组织的战略方向已经或基本确定之后，执行力就会变得更为关键。而要想保持良好的执行力，领导者的工作态度、敬业精神无疑就是一个重要因素。

土光敏夫在接管日本东芝电器公司前，东芝已不再享有"电器业摇篮"的美称，生产每况愈下。土光敏夫上任后，并不是每天都坐在办公室里办公，而是每天巡视工厂，遍访了东芝设在日本的工厂和企业，与员工一起吃饭，闲话家常。每天清晨，他总会比别人早到半个钟头，站在厂门口，向工人一一问好。员工受到这种气氛的感染，加深了相互间的沟通，士气大振，努力工作。不久，东芝的生产恢复正常，并有了很大发展。

"官不勤则事废"，如果一个领导者不尽心尽力、尽职尽责地干好本职工作，他所领导的部门或团队必定混乱不堪、弊病百出。

领导者勤于政务是德政之基，善政之要，执政之魂。如果领导者对于工作态度散漫，贪图清闲，做个甩手掌柜，又怎么能带出纪律严明、执行到位的团队呢？在其位就得谋其政，领导者也有自己的岗位职责、工作任务，应该恪尽职守，勤于政事，认真负责地干好工作。

提升领导者的决断

这是一个很旧的故事：

布里丹的驴子肚子饿得咕咕叫，于是它到处寻找吃的东西。布里丹的驴子真幸运，很快发现左边和右边都有一堆草可吃。于是它到了左边那堆草边，可审视一番后觉得没有右边那堆草多，所以饿着肚子跑到右边去。结果到了右边以后又发现没有左边那堆草的颜色青。想想，还是回到左边去吧。就这样，一会儿考虑数量，一会儿考虑质量，一会儿分析颜色，一会儿分析新鲜度，犹犹豫豫，来来回回。这只可怜的驴子，最后被饿死了。

故事虽然很旧，却给了我们一个很重要的启示：在瞬息万变的市场经济浪潮中，一个企业要想避免陷入布里丹式旋涡里，就必须有具有决断的领导者把航，让企业直驶胜利的彼岸。

所谓决断，是指拿主意，做决定，也指决定事情的魄力；而企业领导的决断，指的是企业的决策者快速判断、快速反应、快速决策、快速行动及快速修正的综合能力。它是企业领导力的主要组成部分，它具有攻击性、快速性、实战性、灵活性、复合性、关键性6大特点。对于企业而言，仅知道什么是企业领导的决断是不够的，重要的是还要知道如何提高企业领导的决断力。

1. 决断前做好5个问答，可以有效地减少决策失误

（1）"何事"即"What"。了解决策的目标。

（2）"为何"即"Why"。了解决策的方向，决策的目的，决策的价值。

（3）"何人"即"Who"。明确应该由谁来做决策，由谁负责，由谁执行，由谁监督。

（4）"何时"即"When"。强化决策的时效性，因为决策的质量与做决策的时机密切相关。

（5）"何处"即"Where"。进一步界定做决策的环境，做决策的地点。

2. 决断时要考虑 5 个因素，用以全面提高决策的质量

（1）风险（Risk）。即决策实施之后的各种不利因素，或各种副作用，要制定相应的对策。

（2）对手（Rival）。你在决断时，竞争对手也在决断。所以知己知彼，考虑对手的决策，才能确保企业立于不败之地。

（3）关系（Relation）。由于每一个决策都不是孤立的，它牵扯到方方面面的利益关系和人际关系，因此只有理顺关系，决策才能成为现实。

（4）报酬（Reward）。这是激励实干者，提高决断的一个极为重要的途径。

（5）结果（Result）。为什么要做这个决策？这个决断实施后能够带来什么结果？是否值得做这个决策？企业的决策者在决断时要强调务实和效益，不能只考虑动机愿望，只制订目标计划。

考虑了这 5 个因素，企业领导者的决策就有了系统性、预见性，就有了可操作性和现实性，领导者的决断也能得到提升。

3. 决断时要扩大选择的空间

这需要领导者具有创新的观念和开阔思维。而且决策的质量与选择的空间是正相关的。选择的空间越大，决策的质量就越高。反之，选择的空间越小，决策的质量则越低。

4. 决断时要排出标准的顺序

决断重在选择，而选择是有标准的。现代企业的任何决策都不可能是在单一标准下的选择，因此领导在决断时要考虑经济的标准、社会的标准、环境的标准等多个标准。标准多了就有一个排序的问题。按照重要性排出哪个是第一标准，哪个是第二标准，哪个是一般标准。在决断时能兼顾则兼顾多个标准，但多个标准有冲突时就要首先考虑第一标准，其次是第二标准，最后是一般标准。

本文开头讲的布里丹驴子的故事，驴子之所以最后会饿死，其问题就出在标准没有排序上面，决策的难点不是多方案选择，而是多标准选择。排序是决策的基本功，领导者须下功夫掌握排序的技能。

5.决断时要借助"外脑"

现在是知识经济时代，只依靠领导者的头脑已显然不够用，大势所趋需要借助"外脑"。

所谓"外脑"，可以是企业的管理人员，也可以是企业的普通员工；可以是本企业本系统的专业技术人员，也可以是企业外部的专家学者；可以是客户，也可以是供应商。总之，只要他对问题熟悉，有自己独到见解的就可以称为"外脑"。

一般说来，充当"外脑"的人数越多越好。多了就有代表性，有利于从多个方面多个层面开拓"内脑"的思路，提高决策的质量。借助"外脑"的智力可以有效提高企业领导者的决策力。

做决策要遵循的原则

决策是一门科学，如何做好准确的决策分析至关重要。领导者要想做出准确的决策分析，就必须遵从科学的决策原则。从实践来看，领导者要想做出准确的决策，应遵循以下几条基本原则。

1. 选准目标原则

决策目标是指要达到的目的，决策目的明确与否，直接关系到决策效果的好坏。决策目标明确了，选择就会有依据，行动就会有针对性；决策目标不明确，选择就会发生偏移，甚至还会有南辕北辙的可能。在进行决策前，领导者要善于发现问题、分析问题，找出问题的症结所在，做出准确的决策。

2. 信息准确原则

现代决策涉及各方面的因素，领导者需要取得比较广泛的准确信息。如果信息是"一鳞半爪"或"道听途说"，决策的依据就不可靠。领导者必须深入调查，获取全面的、准确的信息，才能做出符合客观规律的决策。

3. 系统的原则

这是决策的灵魂。任何决策都应从整体出发，以整体利益为重。一切局部的、暂时的利益都要服从全局的、长远的利益。然而，局部利益又包含于全局利益之中。这个全局和局部的辩证关系，是系统原则的精髓。只有坚持这个原则，才能使决策促进全局和局部的协调发展。

4. 可行性原则

决策方案必须切实可行，否则即使是完美的方案，也只是纸上谈兵。决策方案是否可行，就要对其有利因素和不利因素、主观条件和客观条件做出周密而细致的分析。对已形成的多种方案的利弊得失，必须认真地做出定量和定性的分析比较，做出评估。只有经过审定、评价、可行性分析后的决策，才能有较大的把握和可实现性。

5. 集体决策的原则

在企业的起步阶段，主要靠个人的经验决策。决策的正确与否，主要取决于决策者的个人学识、经验和胆略等。但在企业的壮大阶段，决策的内容是很复杂的，个人的经验决策已行不通了，要吸收多方面的意见。特别要听取专家的意见，进行充分的分析，然后集中正确合理的内容，才能做出科学的决策。

6. 分层次多系统决策的原则

就是根据总的决策目标，由各个层次、各个系统进行具体目标的决策，也就是把总的目标变成各个层次、各个系统的具体责任。这样最终才能实现决策目标。一般情况下，上级领导不应过多地干涉下级决策，更不能代替下级决策，而应让他们根据实际情况自主决策，这样可以增强各级组织的责任，调动他们的积极性，从而实现总目标。

明确决策的流程

科学的决策是一个过程，由一整套决策程序，即若干决策步骤所构成。领导者在决策中的作用绝不仅仅是"拍板"决策，在"拍板"的前后都有大量工作要做。因此，领导者在做出决策之前，要先明确决策的流程：

1. 发现问题，确定目标

处理事情一般包括三个环节，即发现问题、分析问题和解决问题。其中，发现问题是解决问题的起点，由于客观事物是复杂多变的，因而发现问题不是一件很容易的事，必须经过调查研究。没有调查，就没有发言权，领导者只有深入到实际中去调查，才能发现问题。发现问题之后，就要分析问题，找出问题的根源，然后提出解决问题的总体设想，即目标。

2.分析价值，拟订方案

目标确定后，要分析目标价值，就是做这件事的投入与产出是否合算，效益有多少、有没有负效益等等。确认了目标价值，就要寻求实现和达到目标的有效途径和办法，即拟订方案。在拟订方案时要准备多种方案备选，只有一种方案是很难实现科学决策的。

3.专家评估，选定方案

对于拟订的若干方案，要进行充分的评估。而正确的评估，只能由各方面的专家来实现。所谓评估，就是对方案进行定量和定性的分析，预测方案近期和远期、局部和整体、经济和社会的效益，如果同时具备这些效益则是最佳方案。但在现实中，同时具备多种效益的方案是极少的，那么就要在各种方案中进行比较，选出那种正效益较高、负效益较低，即比较满意的方案。

4.实验试行，检验效果

方案选定后就要实施，为了减少失误，在方案全面实施前，一般都要进行试点，以验证方案的可行性和实效性。在试点过程中，领导者要认真分析、总结经验和教训，找出带有普遍性的规律来，具体分析出成功与失败中的偶然因素和必然因素。如果试点成功，就可进入全面实施阶段。如果失败，则迅速反馈回去，改变决策。

5. 修改方案，普遍实施

这是决策程序的最后一环。如果在实验试行后证明：这个方案在总体上是可行的，那么在修正弊端的基础上，就要全面推广实施。由于实施方案是一个动态过程，主观和客观条件都在不断地发生变化。因此，领导者要加强方案实施过程中的监督和控制，如果出现小的偏差，那么只做微调；如果主客观条件发生了大的变化，影响了决策目标的实现，那么就必须对原定目标做根本修改。

以上决策流程，只是一般规律，在不同的决策中，各个步骤可以互相交叉进行，有时也可以合并或省略。

洞察时代形势的变化

面对当今瞬息万变的企业环境，解读及预测时代发展趋势，不仅是企业高层的责任，也是许多领导需要共同承担的研究课题。

的确，在当今这样复杂的环境下，要想成为顺利地推动公司组织发展的人，已经越来越不容易了，必须至少具备以下条件：

（1）能找出全球性时代潮流与大众动向，并加以分析。

（2）能综观整个行业，找出自己的定位，并反映在实际的工作中。

（3）能对未来加以预测，并不断顺应时势，修正不合时宜的规划。

（4）能全面考虑工作，做事有决断，能让周围的人充分了解你的见解。

（5）能拟定 3~5 年的中长期进度表。

现代企业更新换代的速度和频率之高，已经无法承受任何因为错误决定所带来的严重后果。一旦判断有误，领导不仅无法将目标与自己的行动结合起来，在实现目标的方法上，也会因为忽略了重要的指导纲领，而无法全神贯注地将精力投入到执行计划的过程中。而出现这所有现象的根源都是因为领导者无法掌握现况，对整体与自己的联系认识不清。

面对这样的状况，领导者的当务之急就是要从颓势中扭转过来。可惜现实中，许多领导者却因为不知如何应对这种状态而患得患失，在做决策时迟疑不前。常见的情况包括：

（1）因信息不足、缺乏自信，以致浪费时间，错失良机，无法做出明确判断，或是做出错误的决策。

（2）因上司经常表示不满，而导致决策力更为迟钝。

（3）一遇到需要做出正确无误的决定时，就会增加开会次数，以期能集思广益。

（4）因为过去不用心进行自我充实，所以很难迈向更高的层次。

（5）因没有养成深思熟虑的习惯，以致无法发掘事情的真相。

无论从上司还是下属的立场来看，这样的领导都是无法让人信赖的。因此一旦企业需要进行调整，他们就会最先遭到淘汰。作为领导应该高度警惕。

　　某著名企业曾在数年前执行了一项震撼管理界的决策。内容是在 200 位厂级的领导中，命令其中的 50 位"自己离开公司，在家等待机会"。

　　这 50 位领导者就是因为不能洞察时代形势，跟不上企业发展的脚步，才被命令离开公司的。

　　一般来说，观察时代的形势变化时，领导者应该注意以下几个重点：

　　（1）形势变化不一定是以非常直观的形式来表现，很多时候都可能体现在有效细微的征兆上，这就需要领导者有极其细致的观察能力。

　　（2）要能敏锐注意到会引发重大事态的形势变化，并积极从各种渠道搜集有关资料。

　　（3）搜集来的资料必须先由当事人确认无误，并客观地加以验证才能使用，以免因个人偏见或误解而庸人自扰。

　　（4）面对变化时，不能一味担心抱怨，而应针对该项变化提出应对方案，或修改应对方案，拟定更有效的决策。

　　形势的转变是稍纵即逝的，如果领导者不能尽早掌握情况，等到事发后才谋求对应之策，往往就会措手不及，造成无法弥补的损失。这样的企业既无法与其他公司竞争，内部也必定问题丛生，长此下去，必然会被淘汰出局。

第三章　着眼大局，埋头拉车还要抬头看路

走出"盲人摸象"的误区

美国哥伦比亚大学教授默顿在《社会理论与架构》一书中说："一件事情的发生，若由于错误的定义，则可促成一个错误行为变成事实。"只凭主观意识，看到事情的某一方面，最终必定会像"盲人摸象"一般，导致错误的结论。作为领导者，只有统筹兼顾，从全局着手才能在复杂的情况下做出正确的决策。

日本协和发酵会社的社长加藤辨三郎就曾因轻率决策而导致经营决策出现了重大的失误。

当时，日本啤酒界广为人知的怪杰朝日啤酒社长山本为三郎对加藤说，用地瓜制造啤酒是一个新创举，你有没有兴趣？而且他介绍这个构想源自东京农业大学教授助江金元，他已经研究了多年。这一专利权属于一家叫东洋啤酒公司的企业，东洋啤酒公司曾经打算把这个创意实行产业化，但不知什么原因失败了。

山本为三郎社长进一步说，这项专利不见天日，实在可惜。他称自己曾想让朝日啤酒株式会社买入这项专利，然后投入生产，但遭到一些股东的反对，未能形成统一的决议，只好被拖延了下来。为此，他就向加藤推荐，并许诺如果加藤真的开发该项目，他的公司会提供支持。

听了山本为三郎这位啤酒行家的介绍，加藤觉得很有道理，认为他的构想非常不错：第一，以地瓜作为原料制造啤酒，成本低廉；第二，由于制造成本低，售价当然也低，这样竞争优势就强；第三，售价低和竞争力强，销路必然就好，那么效益必定也不错。

这3个结论，从理论上似乎都站得住脚。加藤认为，根据日本酒税的规定，用地瓜制造啤酒会因为没有麦芽含量而税收大减，至于味道问题，加藤觉得日本各家啤酒公司的产品，味道大同小异，而德国生产的啤酒群雄割据，各种牌子的啤酒都有其独特之处，它们都畅销无阻，这地瓜制造的啤酒自然也就不在话下了。

加藤经过上述的理论分析，再加上迷信老行家的说法，做出了决策，从东洋啤酒公司买下了专利权，接着投入生产。为了推出"地瓜啤酒"，加藤第一件事是为产品命名，经过反复思考后，他决定命名为"拉比"，"拉比"是法语，是"生命之泉"的意思，加藤觉得很好，既有意思，又易记。第二件事就是全力投入生产，第一年生产了300万吨，第二年生产了近1000万吨。

经过两年的投资生产后，加藤发现了严重的问题。第一，生产成本并没有设想的那么低廉，各方面的成本加起来，每瓶成本为75日元，比预计的每瓶50日元高了25日元。第二，由于成本不低，所以售价也没有多大的竞争力。当时其他名牌啤酒每瓶售价仅125日元，如果地瓜啤酒每瓶售价100日元，那么既没有竞争力，而且也没有多少利润可言。第三，命名

"拉比"并没有加藤预想的那般好，当它在市场出现后，一些消费者指出"拉比"的语音很像英文中的某种寄生虫，所以众多人对"拉比"敬而远之。第四，尽管做了声势浩大的广告宣传和促销，但是销量还是很小。据酒吧、餐馆的反映，从来没有主动提出要喝"拉比"啤酒的顾客。

加藤从筹划到生产经营地瓜啤酒，最后到损失惨重而停止生产经营，共经历了 3 年多的时间，最后加藤不得不宣告失败了。这一决策导致加藤损失了设备投资费 5 亿日元，损失促销宣传费 7.8 亿日元，再加上其他一些费用，共失去了近 13 亿日元，它使加藤 20 多年的资金积累损失殆尽。

加藤的决策失败，很大程度上就是因为他对获取的信息没有认真分析甄别，没有进行调查研究和去伪存真，就片面地做出了决策。加藤从失败中吸取教训，在其日后的经营中注意在全面地了解信息之后再做出决策，才使企业获得了"春风吹又生"的机会，并逐步发展成为日本最大的啤酒公司之一。

领导者的决策直接影响到企业的发展，因此，领导者必须做到审时度势，纵观整体，即便是在执行决策的过程中，也要从全局看问题，一定要避免"盲人摸象"的现象出现。

找准自己的"位置"

俗话说：人贵自知。作为一个领导者，必须找准自己的位置，进而真正了解自己的责任。

正副职、上下级，位置不同，具体责任也有区别，但是基本责任是一致的，一是出主意，二是用干部。在企业内部，所谓"出主意"，就是出谋划策，在吃透企业文化和上级指示精神的前提下，在吃透本部门工作的基础上，广泛发扬民主，虚心听取各方面意见，集中下属的正确意见，就涉及企业全局的重大问题和关系下属切身利益的大事做出正确决策，提出实施决策的切实可行的方案和办法。决策时需避免某个领导个人拍脑袋和少数领导说了算的现象，避免以口号落实口号、以会议落实会议、以文件落实文件。所谓"用干部"，就是搞好企业内部管理人才的培养、选拔和使用工作，做到提拔使用管理人才时不求全责备，看实绩、主流和本质，玉有小瑕而不舍，木有微朽而不弃，支持实干的，处理捣乱的，教育混饭的，鼓励转变的。领导者要有容人的雅量。须知大凡人才或致力于学问，或潜心于事业的人，往往拙于玲珑处世，不肯投机钻营。他们有真知灼见，说话处世不那么"随和"，用起来似乎不那么顺手。

作为领导者，要从事业出发，从大处着眼，切不可以亲疏和个人好恶为标准。领导者在用人上要注意下属的优势互补和性格互补。对每个领导者而言，出主意和用干部两者缺一不可。只注意前者而忽视后者，再好的主意也是一纸空文；只强调后者而放松前者，下属就会方向不明，再能干的人也有劲儿无处使。所以认清自己的位置、明确自己的责任，是每个领导者做好领导工作必备的思想基础。

把准大势，放眼长远

一个领导者的发展是否有潜力，关键要看领导者自己有没有眼光。所有行业的领导都有一个共性，就是用深邃的目光找到成功的捷径，然后带领部属向着胜利的方向顺利前进。

克劳塞维茨在《战争论》中有一句非常著名的话："要在茫茫的黑暗中看到微光，带领着队伍走向胜利。战争打到一塌糊涂的时候，将领的作用是什么？就是要在茫茫黑暗中，用自己发出的微光带领队伍前进。"这段话说的就是优秀的将领必须具有长远的战略眼光。其实，不仅仅是军队，任何行业的领导都是如此，必须眼光长远，能看清成功的道路该怎么走，然后带领下属向着胜利的方向前进。

曾任联想集团微机事业部负责人的杨元庆，就有着不同于常人的战略眼光。当时的市场情况非常不好，国产微机大都溃不成军，然而在巨大的压力下，杨元庆没有丝毫慌乱，而是以一个指挥家应有的从容镇定，在"茫茫的黑暗中寻找微光"。

杨元庆对整个家用电脑市场进行详细分析之后，看出电脑市场正在向家庭渗透，越来越多的人希望能够把电脑搬回家，但当时中国老百姓的收入水平不高，而一些高档电脑的价格却出奇的昂贵。于是，杨元庆立志要做物美价廉的电脑，他将联想电脑定位为经济型电脑，以适应中国百姓的购买能力。为了尽可能地降低电脑成本，以达到廉价的目的，杨元庆不惜改变元件的供应链。他对供应商说："如果你给我的货不能又好又快又便宜，我就找别人。"后来他果然把价格昂贵的供应元件退回去不少，然后，杨元庆让技术主将刘军再接再厉地缩减成本，刘军说所有的油水都挤得差不多了。杨元庆回答："不！还有！还有机箱！还有包装箱！还有包装箱里那些泡沫塑料！"最后出来的新机箱造价只有进口机箱的 1 / 8。就这样，在这场不见硝烟的战争中，联想成为最后的赢家。

"时势造英雄"，时势给每个人的机会都是相同的，但为什么最后总是只有极少数的人才能成为英雄呢？那是因为并不是每一个人都有长远的眼光，只有英雄才能识别时势。在领着下属做的同时，还能注意往前看。杨元庆就是凭着出色的战略眼光一举成为联想的功臣，这也为其后来掌管联想的帅印奠定了坚实的基础。

1363 年，朱元璋受到陈友谅和张士诚对应天（今南京）的两面夹攻。双方血战之时，江北形势骤变。小明王韩林儿和刘福通派出的三支北伐军遭到元军反击而惨败。小明王退兵安丰后，张士诚却派大将吕珍围攻安丰，情况十分危急。小明王多次派人向朱元璋告急。为此，朱元璋召开军事会议，讨论派兵解围问题，会上众将一致反对派兵救援，就连军师刘伯温也坚决不同意。但朱元璋却力排众议，毅然派兵去救小明王。

朱元璋为什么愿冒这样的风险？因为他认为安丰是应天的屏障，安丰失守，自己的应天就暴露在敌方的攻击之下，救安丰就是保应天。至于小明王，他在红巾军和劳苦群众中影响最大，最有号召力，是一面旗帜。朱元璋尊小明王为主，打他的旗号，一来是利用小明王的影响，争取人心，二来是将元朝打击的矛头引向小明王，以便实现他的更大图谋。

事实证明朱元璋的这一步棋走对了，他利用小明王的力量遮风挡雨，自己则在江南迅速发展势力。后来等到羽翼丰满的时候，朱元璋又面临着先打张士诚还是先打陈友谅的选择。

当时张士诚和陈友谅的势力都与朱元璋旗鼓相当，究竟先攻灭哪一方势力呢？朱元璋的许多下属看到张士诚的军事实力低于陈友谅，就建议先攻张后打陈，但朱元璋却做出了与他们相反的判断。他认为张士诚缺乏进取心，陈友谅却习惯进攻，如果先攻打张士诚，陈友谅必然会全力来攻打自己，使自己腹背受敌，而如果先攻打陈友谅，依照张士诚的性格，肯定会犹豫不决，不会参与他们的战争。于是，朱元璋果断决定先打陈友谅。后来的形势发展果然与朱元璋所料不差，部下们都对他的判断佩服不已。

后来，朱元璋又根据不断变化的天下大势，制定出了"先取山东，撤其屏蔽；旋师河南，断其羽翼；拔潼关而守之，据其户槛……然后进兵元都"的一系列正确的战略决策。长远眼光是正确决策的保证，正确决策是事业成功的保证，朱元璋一路顺水顺风，在短短十六年的时间里，从社会最底层奋斗成为开国皇帝。

眼光决定成败，领导者的"看"永远比"做"更重要。领导者应该学习朱元璋，在做决策之前别忘了先把准大势，先看到事物未来的发展方向，再指挥下属一起低头拉车，坚定不移地走下去，成功也就不远了。

好的领导总有新的目标

鸟无翅不能飞，人无志不成才。一个人必须为自己树立远大的理想，确立能够为之努力的目标，才会有所成就。但凡成功的人，没有一个是没有目标而盲目努力就能成功的。一个好的领导者，时刻都有为之努力的目标，当一个目标实现之后，另一个新的目标又出现了，就这样循序渐进，最终达到成功。

　　一个领导者设立的目标要明确，不仅要将长期目标和短期目标相结合，还要懂得确立每一个工作阶段的目标，这是极其重要的。因为梦想要通过行动来完成，而行动需要目标做指引。好的领导不会忽略任何一个小目标，也不会让自己在某个阶段没有目标，在他们的工作日程上，永远都会有激励下属前行的希望——目标。

　　星巴克总裁霍华德·舒尔茨在《寻找美国最优秀的商业领袖》一书中指出："一个优秀的领袖应该对自己企业的未来有一个图景。领导者需要学会将心中对于未来发展的图景和那些希望与你共事的人分享，越具体越吸引人。当你工作时，公司未来发展的图景应该每天都在你的脑海里，而且随着时间的变换而发展。一个优秀的领导者会时时更新这个图景。这样，员工们才会感觉到他们与企业的未来休戚与共。"

　　没有伟大志向的人是不可能成功的。身为领导如果不能确定自己的工作目标，没有工作志向，那么必定会被眼前鸡毛蒜皮的事情弄得头昏眼花，也必定会成为下属的笑柄。所以领导者要树立明确的目标，这是使团队沿着正确的方向稳步前进的必要条件。但目标定得要适当，必须是经过努力才能达到的，否则它不但无法起到相应的作用，还会对下属造成负面的打击，使他们失去信心。

　　孔子说："吾十有五而志于学，三十而立，四十而不惑，五十而知天命，六十而耳顺，七十而从心所欲，不逾矩。"孔子正是为自己人生的不同阶段都立下了不同的目标，并为之努力，最终成为我国知名的教育家、思想家，也成就了自己在弟子眼中好老师的完美形象。

在今天，孔子的学说和理论早已传到了世界各地，并为一些优秀的领导者奉之为管理经典，运用于管理工作之中。一个领导者也应像孔子一样，为自己工作的每一个阶段立下一个目标，让自己的领导生涯中总有新的目标，这样才不会在工作中迷失方向，才不会带领下属误入歧途，才会向既定的方向稳步前行。

网易领导人丁磊是个言出必行的人。他曾说过："其实当你的成果受到市场欢迎的时候，就说明你快要被别人超越了，而且别人怎样超越你，你永远也不会知道。既然如此，从成果出来的那一天起，你就只有自己否定自己，开发一个更新更好的产品，永远战战兢兢，永远如履薄冰。网易之所以有今天，就是不断地在实现了一个目标以后又开始了新的征程。"他也用事实证明了：在网易，没有目标和计划的人是不会有立足之地的。

目标，是指引人不断前行的灯塔，它不但指引了前进的方向，还为努力着的人增添了前进的动力。世界上没有哪一个成功的领导者不是从树立目标开始，通过努力实现它，然后又开始向一个新目标跋涉。有目标才有动力，有了目标，下属才能尽力工作，领导者才能带领下属成就大业。

要能"走一步看三步"

只顾眼下不顾后路的领导者，迟早会出问题。走一步能看清三步，看清三步再走下一步，这是一种使未来了然于胸的高瞻远瞩的眼界，也是一种成熟睿智的领导艺术。

美国前总统理查德·尼克松曾在《领导者》一书中写道："成功者一定要能够看到凡人所看不到的眼前利害以外的事情，需要有站在高山之巅极目远眺的眼力。"这句话非常清楚地指出了高明领导与平庸领导的区别在于看问题时的眼光。

平庸的领导者由于性格狭隘、学识肤浅等原因，看问题时视野有限，只看到眼前的事物，或者只看见事物的表象。工作的时候，总是边走边看，得过且过，唯上级的命令是从，缺乏主动性；处理问题时，也只能是头痛医头，脚痛医脚，只管解决眼前的问题，却不知釜底抽薪。不仅劳心劳力，还总让自己陷入困境走不出去，最终被淘汰出局。而高明的领导者则能高瞻远瞩，放眼未来，放眼世界，能看透事物的本质，准确把握时代脉搏，预测事物的发展方向，这样的领导者工作起来就会游刃有余，如鱼得水。

鲁肃最初投奔孙权时，孙权在与之交谈后，对鲁肃的为人及见识颇为满意，当其他宾客告退时，孙权又单独留下鲁肃，同他对饮，并秘密商议时局大事。密谈中，鲁肃为孙权提出了未来发展的对策，这就是著名的《榻上策》。鲁肃说："汉室是没有希望复兴的了，曹操也是一时半会儿除不掉的，因此，作为将军的您只有立足于江东来观察天下局势的变化。目前要趁北方混战多事的良机，向西进军，消灭黄祖，攻打刘表，将整个长江流域都据为己有。到那时，将军就可以建立国号称帝，然后力图夺取天下。这正是当年汉高帝缔造的大业啊！"

现在很多人都对《隆中对》几乎顶礼膜拜，然而事实上《隆中对》不过是《榻上策》的修订版而已："曹操不可卒除"与"此诚不可与争锋"、"以观天下之衅"与"若天下有变"、"鼎足江东"与"保其岩阻"、"建号帝王以图天下，此高帝之业也"与"霸业可成，汉室可兴矣"，后者无一不是对前者换一种方式的再诠释。

《榻上策》比《隆中对》高明之处在于，它明确地看到了"汉室不可复兴"的发展趋势。要知道，这一论断是在汉室当时仍有一定影响力的建安六年（201）说出来的，再看八年之后诸葛亮还信心百倍地在说"汉室可兴"，鲁肃的战略眼光由此可见一斑。后来东吴政权的建立和扩大，正是执行了这一正确的战略决策的结果。

领导者作为团队的指引者，应该开阔视野，放远眼光，如果鼠目寸光，工作起来就会头痛医头、脚痛医脚，缺乏系统性与可持续性，难以将工作做好。领导干工作之所以顺水顺风，就在于他们能预见未来的发展趋势，能一眼洞察事物的本来面目，能准确辨别团队的前进方向，高瞻远瞩、审时度势，在着眼全局、着眼未来的大背景下去思考问题、谋划策略，领导下属开展工作。

坐在指挥的位置上，如果什么也看不见，就不能叫领导；坐在指挥的位置上，只看见地平线上已经出现的东西，那是平庸的领导；只有当清晨第一缕阳光刚刚露出海平线的时候，就能看出未来会出现的大趋势，才是好领导。走一步能看清三步，看清三步再走下一步，这是一种使未来了然于胸的高瞻远瞩的眼界，也是一种成熟睿智的领导艺术。有如此战略眼光的领导者才是企业最需要的领导。

化整为零地落实目标

任何远大的目标都要建立在实践的基础上，都必须靠一步一步的努力才能得以实现。再辉煌再宏大的野心和理想，剥去美丽的外衣之后，留下的也只是一些小而具体的目标和不懈的努力。

从某个角度而言，这并不意味我们每件事都会做得很好，也并不意味着一切事就此马上改观。因为最成功的人必然是那些懂得分寸的人，他们不会一口气承担下能力所不及的事，总能把一个大目标分割成数个可以达成的小目标，最终累积成所期望的成功。

我们都知道人类是在 1969 年首次登上月球的。但并不是所有人都知道整个计划——阿波罗登月计划有多么复杂，其总体设计有多么庞大。

这是美国有史以来最鼓舞人心的计划之一。有 120 所大学实验室、200 多家公司从事研制，至少有 42 万人参与其中。这项计划所面临的问题的复杂程度可想而知，遇到的困难不言自明。但是，该项计划通过化整为零，分解工作，然后把各部分再分配到有关单位，这样就使复杂的问题简单化，于是问题也就解决了。这听起来让人难以相信。可是，它却已经成功了。

　　领导者在工作中，会遇到很多既复杂又麻烦，有时甚至令人找不到头绪的问题。几个人，几十个人，甚至许多人也无法解决，在面临此类问题时，领导者可以尝试运用化整为零的方法，将问题进行分解，然后就会发现，问题竟然迎刃而解了。

　　化整为零其实就是对整体加以分解，一般有两种办法。第一，对于一项重大的任务，将其分解成较小的局部任务。比如大指标分解成分指标，分指标再分解，直到最终落实到有关部门或个人头上为止。第二，对于在一定时间内需要完成的重要工作，将其分解为几个阶段，再落实到有关部门或个人分阶段加以完成。经过分解之后的任务，即使失败了，也容易找到失败的原因，容易更正。因为在这种分解任务下的失败通常不是全盘皆错，而是在某个或某些环节出了差错，只要有针对性地加以更正，就能将存在的问题加以解决而不必将整件工作推倒重来。

　　领导者在运用"化整为零"的方法研究和解决企业面临的问题时，可以先把所面临的问题看作一个整体或是一个系统，弄清楚它的内涵是什么，它本身所处的大系统是什么样的，有什么性质和整体目标；弄清楚问题在大系统中具有什么样的地位和作用，它与大系统中其他各因素之间有什么样的关系等，然后就能对面临的问题做出正确的判断。

　　比如，领导者首先将全公司的目标和任务进行分解，具体落实到每一个部门。然后是部门再次进行分解，具体落实到每一小组直至员工个人。至此，整个企业的总目标、总任务都明确地划分了职责和职权，企业目标和任务的完成也就有了充分的保证。

譬如一家销售公司要销售一种产品，目标是今年要达到6000万元的利润。那么，如何来分解这个任务呢？不是把这6000万元平均分担到每个销售人员身上，这种方法不是团队的做法，也不适应现代商业运作的要求。

首先，领导者要知道这6000万元的利润是如何出来的，它由多少个区域市场的业务组成，大市场有多少，小市场有多少，中等市场有多少。

其次，领导者要了解这些市场都分布在哪些区域，都由哪些部门或者单位管理，获取这些业务的方式是竞标，团购，还是零散销售。

最后，要获得这些业务，领导者应该做多少前期市场调查工作，领导者又要做出多少个竞标方案或广告投入等等。

只有把这些工作都做好了，才有可能获得业务，从而达成利润指标。

这就要求领导者把业务划分、市场调研、方案制作、广告投入等工作分解到不同的工作小组之中去，再由这些工作小组把每一件事情分配到相关人员手中。这样做的目的只有一个，就是确保每一个环节的专业度，确保业务目标的完成。术业有专攻，每一人都有自己的专长，领导者要充分利用每个人的优势，而不是要求一个人去完成一项系统工作的所有环节，让他去做他擅长的那部分就足够了。这就是"化整为零"的核心所在。这样一来就能让一些在某些人看来是极困难的事能在另一些人那里轻而易举地完成，这也是化整为零地落实目标的优势所在。

第四章　公平考核，用统一的"尺子"衡量员工

要员工明白：想要得到最好的，就必须努力争第一

现在，以业绩为导向的绩效管理越来越受到企业组织的重视，并已经成为组织内部管理的主要内容。而绩效管理的核心之一就是激励。可以说，激励效应是提高绩效最有效的方法。人的主动性、积极性提高了，组织和员工会尽力争取内部资源的支持，同时组织和员工的技能水平将会逐渐得到提高。因此绩效管理就是通过适当的激励机制激发人的主动性、积极性，激发组织和员工争取内部条件的改善，提升技能水平进而提升个人和组织绩效。作为管理者，就要注重培养员工奋勇争先的意识，要让员工明白：想要得到最好的，就必须努力争第一。我们不妨先看看这个故事：

家庭，是一个人一生中最早接受教育的地方。一位著名心理学家为了研究家庭对人一生的影响，在全美选出了50位在各自的行业中获得了卓越的成就的成功人士和50位有犯罪记录的人，然后分别给他们写信，请他们谈谈家庭对他们的影响。在回信中，有两封给他的印象最深。一封来自白宫的一位著名人士，另一封来自监狱一位服刑的犯人。他们谈的都是同一件事：小时候母亲给他们分苹果。

那位来自监狱的犯人在信中这样写道：小时候，有一天

妈妈拿来几个红红的苹果，大小各不同。我一眼就看中了一个又红又大的苹果，十分喜欢，非常想要。这时，妈妈把苹果放在桌上，问我和弟弟："你们想要哪一个？"我刚想说想要最大最红的一个，这时弟弟抢先说出我想说的话。妈妈听了，瞪了他一眼，责备他说："好孩子要学会把好东西让给别人，不能总想着自己。"于是，我灵机一动，连忙改口说："妈妈，我想要那个最小的，把大的留给弟弟吧。"

妈妈听后非常高兴，在我脸上亲了一下，并且把那个又红又大的苹果奖励给我。我得到了我想要的东西，从此以后，我就学会了说谎。再后来，我又学会了打架、偷、抢，为了得到想要得到的东西，我不择手段。到现在，我被送进监狱。

那位来自白宫的著名人士是这样写的：小时候，有一天妈妈拿来几个红红的苹果，大小各不同。我和弟弟都争着要大的，妈妈把那个最大最红的苹果举在手中，对我们说："这个苹果最大最红最好吃，谁都想要得到它。很好，现在，让我们来做个比赛，我把门前草坪分成两块，你们两人一人一块，负责修剪好，谁干得最快最好，谁就有权得到它！"

于是，我们两人比赛除草，结果，我赢了那个最大的苹果。我非常感谢母亲，她让我明白了一个最简单也最重要的道理：想要得到最好的，就必须努力争第一。她一直都是这样教育我们，也是这样做的。在我们家里，你想要什么好东西就必须通过比赛来赢得。这很公平，你想要什么，想要多少，就必须为此付出多少努力和代价！

故事中的道理显而易见，母亲不偏不倚，让孩子通过竞争赢得苹果，不仅能培养孩子正直的人格，还能让他们明白：要想得到最好的，就要学会竞争。企业管理亦是如此。管理者要想让企业形成一种欣欣向荣的景象，就要以业绩为向导，不偏不倚，让员工通过努力竞争证明自己，获得与成绩相匹配的奖励。

找到绩效不佳的常见原因

以业绩为向导，进行绩效管理的价值在于帮助员工改善绩效、构建管理者和员工之间的绩效合作伙伴关系。那么，如何才能发现员工绩效不佳的原因，找出影响员工绩效的真正原因，并制定针对性的改善措施，是管理者必须认真对待的问题。通常，影响员工绩效不佳的常见原因往往出现在管理者和员工身上。

1. 管理者管理不当造成的

（1）管理者放任员工的行为。

郝咪担任部门主管已经 3 个月了，但她发现部门里有些员工似乎缺乏最基本的技能，有时候他们甚至不知道自己应该做些什么。自己不得不手把手地教他们，而且必须不停地督促他们。员工的表现让郝咪想到了前任部门主管张乐，郝咪认为这一定是张乐的一些管理方法出了问题。于是，郝咪在请张乐吃饭的时候聊到了这个问题。

郝咪说："请您说说您是怎么指导他们的工作的，遇到问题的时候您又是怎么处理的，或许能给我一些启发。"

"这没什么大不了的。"张乐说，"有时候他们需要有人帮他们将所有的工作组织起来，有时候他们则需要有人鼓励他们，去和该会面的顾客打交道……我就是这样，在他们需要的时候，就站在他们身边，来做那个帮助他们的人。"

听了张乐的话，郝咪知道了自己遇到的问题不在自己身上，而在前主管张乐的管理方法上。很显然，张乐以前对员工的要求太过宽松，他放任他们，和他们妥协，在他们遇到困难的时候，第一个站出来帮他们，他以为这样做会使那些员工易于管理，不会横生枝节。其实，这样对管理者和员工而言都很不利。对管理者而言，需要超负荷地工作；对员工而言，没有得到锻炼，工作技能得不到提高。最终结果是双方都费力不讨好：工作绩效不理想。

（2）缺乏和员工的沟通。

在工作过程中，管理者很少和员工沟通，任务布置下去了，就任由员工自我发展，对过程不关心、不过问，只是在最后要结果。当截止期限到来的时候，才发现工作结果和自己心中期望的结果相去甚远，但是员工这时候就不这么认为了，他认为自己一直是在按照管理者的要求做。由于缺乏工作过程中的沟通，就导致了管理者和员工对工作结果的不同理解。

所以，管理者要加强和员工的沟通，把工作任务分解为几个小阶段，在一些关键阶段上，适当地进行沟通，了解员工的进展情况，并加以辅导，调整员工的工作方向，使之朝期望的结果前进，这样就不至于造成最后的结果与预期相去甚远的尴尬了。

（3）管理者指示不明。

小张的稿子一直不被上司王玟认可，她总是不明白小张写来写去想要表达的中心思想是什么。而小张在修改稿子的时候，同样也是心情沮丧，他认为自己的稿子很完美，不需要修改，但上司王玫却一直不满意。

对小张修改后的稿子，王玫还是不能认可，所以决定自己修改，王玫的举动更是打击了小张的工作热情，直到下班，小张还一直沉浸在沮丧中。

其实，出现这种情况并不只是小张自己的原因，王玫也有不可推卸的责任。有可能是她在交代工作的时候根本就没和小张进行沟通，没有向他传达清楚稿件的主题。在面对小张稿子有问题的时候，王玫选择自己修改，而忽略了对小张的指导和帮助。要知道，王玫作为管理者的这种行为不仅不会帮助小张提高，反而会深深地打击小张的信心。

2. 员工本身的一些问题导致的

（1）员工工作方式不当。

员工是否按照规定的程序工作会影响到工作绩效。有的员工自主性很强，可是工作绩效却很低。这就可能是因为他们本身的工作方式不当引起的。尤其是一些有既定程序、工作方式的工作，如果不按照工作程序进行，就会对绩效造成影响。

（2）员工的私人问题的影响。

员工的身份都是双重的，既是有着职位的员工、经理、上司、下级，也是别人的父亲、母亲、丈夫、妻子，所以，员工绩效不佳很重要的一个原因可能是被私人问题所困扰。比如，一个员工和妻子关系不和，正在闹离婚，这个时候，员工的工作情绪自然很差，很多工作可能被拖延，至少也是无法保证质量。

（3）员工的工作态度恶劣会影响绩效。

有些员工可能工作能力很强，但绩效却很差。这有可能是因为其对别人的建议抱有抵触的情绪，并不从心里接受他人的建议，这样的工作态度也会造成员工的绩效不佳，因此不可忽视。

作为管理者，你要和员工沟通，了解员工的情况，对员工表示关心，同时，要明确地告诉员工："我很理解你的处境，我可以尽我的力量帮助你，但是，作为你，同时有两个工作，一个是公司里的事情，一个是家里的事情，这两件事情都要处理好，在工作时间里，你要把应该做好的工作完成。"这样，员工就会认识到虽然自己遇到了麻烦的事情，但工作还是要照样开展的，绩效也会因此改善。

一般来说，员工绩效不佳都不是管理者或员工单方面的原因，了解了造成员工绩效不佳的原因，可以帮助管理者有效提升员工的绩效。

重视对员工的绩效评估

公司年终的绩效考评终于结束了，张经理所带领的 A 部门的绩效比王经理带领的 B 部门的绩效差了很多。张经理怎么也想不明白，我的员工同样都是每天工作 8 小时，为什么结果会相差这么多呢？张经理为了解开这个困惑，便主动找到 B 部门王经理取经。

王经理听明张经理的来意后，笑眯眯地从抽屉里拿出一份绩效评估表递给张经理。

王经理说："我的员工之所以能够取得优异的成绩完全依靠这份绩效评估表。"

这一席话说得张经理更是一头雾水了，这份表能有这么大的作用？看出了张经理的迷惑，王经理接着说："其实这份表很重要，但更重要的是从这份表中获取的东西。每个月我都会把员工的工作情况详细地记录下来，给予评估，并每月组织员工就这一评估讨论一次。从这每一次的评估和讨论中，员工们有什么工作上的困惑都会得到解答，而且工作方法也能得到改进，更重要的是每个员工之间还能有竞争，谁也不甘落后。通过这一方法，业绩自然提升得很快。"

听完王经理的解惑，张经理也决定在 A 部门中开展绩效评估。3 个月后，张经理带领的 A 部门的业绩上涨了 30%，虽然没能赶得上 B 部门，但这一成绩已经足以令人刮目相看了。

很多企业忽视对员工的绩效评估，认为这样会打击员工的信心，给员工造成一定的心理负担。然而正是由于这种片面的想法，才使企业年终的业绩不容乐观。所以，领导者一定要重视对员工的绩效评估。不过，在对员工进行绩效评估的时候还应注意以下几个方面：

1. 评估不能只做表面文章

一些管理者对考核的重要意义没有认识清楚，以为不过是个形式，自己的意见不会起什么作用，打分自然也就不会那样慎重。

另外，中国传统的"好人主义"也严重影响了考核的严肃性和现实意义。有些管理者奉行中庸之道，凡事追求不偏不倚，对员工的评估抱着"差不多就行了"的态度，对所有员工的评估如出一辙。

还有一些企业直接将成功企业的绩效考核办法完全"拿来"为我所用，自以为找到了一个有效的管理"武器"，但在实际操作中却走了样，无法起到应有的作用，从而造成绩效考核走过场，流于形式。

这些只做表面文章的考核对企业来说没有任何实质性的作用，绩效评估不能为了评估而评估。评估是手段，不是目的，如果评估不能激发员工潜力，不能成为推动员工发展以及推动公司成长的驱动力，那就失去了其存在的意义。

因此，管理者在对员工进行评估的时候，不要只做表面文章，在评估过程中，要秉承严肃、认真的态度，只有这样才能真实反映公司员工的情况。否则，一个连真实情况都搞不明白，连员工在工作中有哪些问题都看不出来的管理者，又如何能带领员工创造更高的业绩呢？

2. 随时对员工的工作进行评估

许多管理者平时对员工们的表现不做任何评价，只是在年终回顾绩效的时候才进行绩效评估，这种毫无预警的评价要么就毫无作用，不能让大家从讨论中获得任何益处，要么会让员工感到不满。

要避免这种情况，管理者最好随时对员工的工作进行评估。正如杰克·韦尔奇所说："做出评价对我来说无时不在，就像呼吸一样。在管理中，没有什么比这更重要。我随时都要做出评价 —— 不论是在分配股份红利的时候，还是在提升谁的时候——甚至在走廊里碰到某个人的时候。"

随时对员工的绩效进行评估，这样员工既有足够的机会改善工作中不足的地方，管理者又可以顺便和员工讨论一下员工对绩效的努力目标，还能使员工在年终绩效评估时，不至于对结果感到意外，甚至怨气满天飞。

通过经常性的绩效评估，员工可以常常纠正自己工作中的缺点和不足之处，这是提高员工业绩的有力保障。

3. 不要过分在意员工是否满意

管理者在评估的时候往往神经比较"脆弱"，员工一旦有所不满就忐忑不安。虽然奖惩不是考核的目的，但是绩效评估结果的运用往往会触及部分员工的利益，没有人钱袋子瘪了还能开怀大笑，员工有所不满也属正常。这时，管理者应该做的就是要弄明白员工的不满到底来自哪个方面，是自己的工作没做好还是其他的原因，而不是一味地重视员工满不满意。只一味地重视员工的满意度，就表示管理者只是一味地承认员工的成绩而忽略员工工作中的不足，在这种一味肯定成绩的企业，员工的业绩是很难得到提升的。

考核一定要实事求是

先讲一个曾在名古屋商工会议所发生的真实故事：

日本西铁百货株式会社社长长尾芳郎，把自己特别欣赏的一个朋友介绍给名古屋商工会议所，因为该所急需一名管理分部的主任。

名古屋商工会议所主席土川元夫和这个人面谈后，立即告诉长尾芳郎说："你介绍来的这个朋友不是个人才，我很难留他。"

长尾芳郎听完以后非常吃惊，接着便有点儿生气地说："你仅仅和他谈了20分钟的话，怎么就知道他不能被留任呢？这种判断太草率，也太武断了吧！"

土川元夫解释说："你的这个朋友刚和我见面，就自己滔滔不绝地说个没完，根本不让我插嘴。而我说话的时候，他似听非听，满不在乎，这是他的第一个缺点。第二，他非常乐意宣传他的人事背景，说某某达官贵人是他要好的朋友，另一个名人是他的酒友等，向我表白炫耀，似乎故意让我知道，他不是一个一般人。第三，在谈业务发展时，他根本说不出来什么东西，只是跟我瞎扯。你说，这种人怎么能共事呢？"长尾芳郎听完土川的话后，也不得不承认土川的分析很有道理。

就这样，土川元夫没有顾及老朋友的情面，拒绝了他的推荐。后来，经过努力寻找，土川元夫终于找到了一个真正有才能的人。

这个故事中，土川元夫无疑给我们做了一个榜样——管理者在对员工进行考核时，一定要实事求是，行就是行，不行就是不行，绝对不能存有任何的私心偏念，否则，只会给企业带来损失。

赵靓从学校毕业后，应聘到某公司策划部。赵靓属于那种聪明好学，刻苦钻研，能力又非常强的人，因此很快就适应了工作。在做好自己本职工作的同时，她还经常向主管提出一些富有创意的想法。

但是，赵靓的主管并没有因此而赏识她，相反，却十分妒忌她的才能。在工作中，处处压制她，总是抓住她的一些小毛病不放。

两年过去了，当初和赵靓一起进公司而且能力不如她的同事，一个个都升了职，加了薪，而她却还是一个普通员工。无奈之下，赵靓只好辞职去了另一家广告公司。在那里，她得到了经理的重视，并且很快就能独当一面了。

正是由于赵靓的出色表现，这家广告公司的业务越做越大，和许多企业都建立了合作关系，这其中有相当一部分是赵靓原来公司的客户。后来，原来公司的老总知道了这件事，一怒之下，辞退了那个"妒贤嫉能"的主管。但是，公司由于失掉赵靓这个人才而遭到的损失却是无法弥补的。

对员工的工作进行考核是管理者应尽的职责，更是一项挑战。如果管理者能够实事求是地做好这项工作，那么对企业、管理者及员工都有利，可以达到"共赢"的效果，反之，则对各方都不利。那么，管理者怎样才能做到实事求是呢？

1. 避免光环效应

当某人拥有一个显著的优点时，人们总会误以为他在其他方面也有同样的优点。这就是光环效应。在考核中也是如此。如：某员工工作非常积极主动，管理者可能会认为他的工作业绩也一定非常优秀，从而给他较高的评价，但实际情况也许并非如此，因为积极主动并不等于工作业绩。

所以，在进行考核时，管理者应将所有被考核员工的同一项考核内容进行考核，而不要以人为单位进行考核，这样就可以有效防止光环效应。

2. 避免感情用事

人是有感情的，而且不可避免地会把感情带入他所从事的任何一项活动中，绩效考核也不例外。管理者喜欢或不喜欢（熟悉或不熟悉）被考核员工，都会对被考核员工的考核结果产生影响。人们往往有给自己喜欢（或熟悉）的人较高的评价，对自己不喜欢（或不熟悉）的人给予较低评价的倾向。

针对这种情况，管理者可以采取集体评价的方法，去掉最高分和最低分，取其平均分，避免一对一的考核。

3. 避免近因误导

一般来说，人们对最近发生的事情记忆深刻，而对以前发生的事情印象浅显，管理者对被考核员工某一阶段的工作绩效进行考核时，往往会只注重近期的表现和成绩，以近期印象来代替被考核员工在整个考核期的绩效表现情况，因而造成考核误差。如：被考核员工在一年中的前半年工作马马虎虎，等到最后几个月才开始表现较好，却能得到较好的评价。

管理者要避免近因误导就要明白，绩效考核应贯穿于管理者和员工的每一天，而不是考核期的最后一段时间。管理者必须注意做好考核记录，在进行正式考核时，参考平时考核记录方能得出较客观、全面、准确的考核结果。

4. 避免自我比较

管理者往往会不自觉地将被考核员工与自己比较，以自己作为衡量他们能力的标准，这样就会产生自我比较误差。若管理者是一位完善主义者，他就有可能会放大被考核员工的缺点，给被考核员工较低的评价；若管理者有某种缺点，则无法看出被考核员工也有同样的缺点。

这就要求管理者将考核内容与考核标准细化、明确，并要求管理者严格按照考核的原则和操作方法进行考核。

用统一的"尺子"衡量员工

这个故事发生在很久以前。

有一个很有智慧的国王，名叫"镜面"。

有一天，国王让盲人去摸象的身体：有摸着象脚的，有摸着象尾的，有摸着象头的……

国王便问他们："你们看见了象没有？"盲人们争着说："我们都看见了！"国王又问："那么你们所看见的象是怎样的呢？"

摸着象腿的盲人说："王啊！象好像柱子一样。"

摸着象尾的说："不，它像扫帚！"

摸着象腹的说："像鼓呀！"

摸着象背的说："你们都错了！它像一个高高的茶几才对！"

摸着象耳的盲人争着说："像簸箕。"

摸着象头的说："谁说像簸箕？它明明像一只笸斗呀！"

摸着象牙的盲人说："王啊！象实在和角一样，尖尖的。"

……

因为他们生来从没看见过象是什么样的动物，难怪他们所摸到的、想到的都错了。但是他们还是各执一词，在王的面前争论不休。

于是，镜面王哈哈大笑，说："盲人呀，盲人！你们又何必争论是非呢？你们仅仅看到了一点，就认为自己是对的吗？唉！你们没有看见过象的全身，自以为是得到了象的全貌。"

这个故事就好比有些管理者在对某一员工进行评价的时候，以不同的标准来衡量，就会有不同的看法。如果管理者以人品来判断甲员工，以业绩来判断乙员工，又以勤劳度来判断丙员工，那他将很难得到准确的评价，也就很难判断某一员工是不是真的适合企业发展的需要。所以，要想准确地考核一个员工，就应该用统一的"尺子"衡量。

一些著名的管理专家认为，一个统一的"尺子"应该具备以下特点：战略一致性、信度高、明确性、可接受性。

1."尺子"的战略一致性

战略一致性是指考核的标准，即"尺子"是否与企业的战略、目标和文化一致。如果某公司是一家服务业公司，那么它的考核标准就应该是对其员工向公司客户提供服务的好坏程度进行评价。战略一致性同时也强调考核标准为员工提供一种引导，使员工能够为企业的成功做出贡献。

2."尺子"的信度要高

信度的一种重要类型是评价者信度，即对员工的绩效进行评价的管理者之间的一致性程度，也就是甲管理者和乙管理者对员工评价的一致性程度。如果两个管理者对同一员工的工作绩效所做出的评价结果是一样的（或接近一样的），那么这种考核标准就具有了评价者信度。此外，对绩效的衡量还应当具有时间上的信度，即在不同时间对同一员工进行考核却得出截然不同的结果，那么这种考核标准就缺乏信度。

3."尺子"的明确性

明确性对于绩效管理的战略目的和开发目的有着很重要的影响。明确性是指"尺子"，即考核标准能够为员工提供一种明确的指导，告诉他们公司对他们的期望是什么，以及如何才能达到这些期望。如果一个考核标准没能明确地告诉员工，他们必须做些什么才能帮助公司实现战略目标，那么这一标准就很难达到其战略目的。此外，如果这一标准没能指出在员工绩效中所存在的问题，那么要想让员工去改善他的绩效就几乎成了空谈。

4."尺子"的可接受性

可接受性是指运用"尺子"，即考核标准的人是否能够接受它。许多经过精心设计的考核标准具有极高的一致性，但是由于这些标准要耗费管理者们太多的时间，因此他们拒绝使用这些标准。此外，那些要接受评价的人也可能会拒绝接受这种考核标准。如果员工认为某种考核标准很公平，那么它的可接受性就比较大。一个统一的考核标准的制定必须把管理者或者员工的可接受性放在重要的位置。

不以成败论"英雄"

一般来说，在一个企业中，那些工作表现好、业绩出色的员工往往容易受到管理者的偏爱，而对于那些有失败、过失记录的员工来说，他们会在管理者心中多少留有一些偏见。管理者的不良心态，对组织人际关系是非常有害的。它会导致员工不满情绪的产生，甚至是员工内部的对立，从而打破了企业内原有的和谐的人际关系，最终可能会导致两极分化，而且管理者也许会成为企业中"众说纷纭"的人物。

常言道：胜败乃兵家常事。没有胜负的企业竞争是纯理论的。因此，容许员工有胜负，是希望员工能"负负得正"，走向更大的胜利。这是企业领导的用人责任。

对于管理者来说，员工业绩的取得是一件喜事，也是值得管理者为之骄傲的。但这种骄傲一定要放在企业这个大家庭的基础之上，不能滋生一种强烈的个人偏好和憎恶情绪。

管理者对取得一定成绩的某个员工的偏爱，虽然是在很大程度上给了他信心与继续挑战困难的勇气，或许随之而来的还有更多的获得工作业绩的机会。但是企业是属于公司里每个成员的，每个人都应该享受同等的权利与待遇。你对某个员工的偏爱，就会让其他的员工为你们的这种亲密关系不知所措，一个个问号随之而来，在脑海中肯定了又否定，否定了又肯定。经过一段时间的折腾之后，他们与你和你所喜爱的那位员工的距离便渐行渐远。

由于待遇的不平等，机会享受的不公正，组织关系就会变得紧张，他们就会对工作产生抵触情绪，从而会使你的判断力大打折扣。如此下去，公司就仿佛变成了四分五裂的一盘散沙，企业的这股绳上结出了许多解不开的"死疙瘩"。

管理者对业绩不太出众或犯过错误的员工的成见和对业

绩好的员工的偏爱一样，无论是对工作，还是对组织的人际关系的和谐与发展都是有害的。

古人云："人非圣贤，孰能无过？"错误固然是不可逆转的，但管理者却不能从此以后就给某位员工下"他只会犯错误"或"他根本无法办好此事"的结论。

犯了错误的员工通常都有自知之明，他们在对自己的行为检讨的同时也是懊恼不已。这时管理者对他的斥责只能使他的信心再受一次打击，甚至有了"破罐子破摔"的想法。也许他本来是个很有才华的人，却因为管理者无意中的评价给扼杀了，这显然是企业安定团结的一种巨大的潜在危险。

人们常说，一个失败者的出路有两条，一是成为更辉煌的成功者，二是成为出色的批评家。不可否认，失败是教训的拥有者，管理者如果能给他们一个成功的机会，他们就会将这些教训转化为成功的财富。所以，请管理者消除心中的成见吧，别再对员工的几次失败耿耿于怀，再给他们一次机会。坐下来，与他们恳谈，帮助他们分析犯错误的原因，找到症结，恢复他们的自信心，在你的言谈举止中充分表现出你对他们的信赖。只要他们走出消极的误区，一样能为企业创造佳绩。

作为一个管理人员，你应该懂得，员工工作的好坏与他是否犯过错误，是否有过失败的经历并没有关系。失败和过失都是暂时的，不代表他一生都这样。你的任务是客观、正确地评价员工在各个阶段的工作业绩，并不断地使其能力得以提高。

第五章　降低内耗，促进组织和谐发展

左手"严刑重罚"，右手"法外施恩"

春秋时代郑国的著名政治家子产的政绩备受封建时代统治者称道。清朝人王源说："子产当国，内则制服强宗，外则接应大国，二者乃其治国大端……子产为春秋第一人。"

子产是郑国宰相，当他将死的时候，对将成为自己接班人的游吉说："我死后，你一定会被重用，你一定要严格治理人民。火的外表猛烈，所以很少有人会被烫伤；水的外表很柔弱，但是往往会淹死人。所以你必须严格执行法制，而不能懦弱。"

子产死后，游吉到底是心有不忍，于是郑国出现了好多盗贼，都躲在郑国一个大泽里，成了郑国的祸害。游吉带兵和他们打了一天一夜才得胜。游吉感叹地说："如果早听从子产的教导，就不会有今天的后果。"

在历史上，这样的故事不断出现：

南宋理宗时，衢州江山县有一伙人想占山为王，且已经商量好了暴动的时间和地点。

不料，传递消息的人被官府抓住了。知州陈埙详细了解了这些人的情况后，便有了主意。

他按兵不动，派人送肉送酒给准备当草寇的人，并带口信说："你们不做良民而做草寇，不去耕田而舞刀弄枪。这样能有什么好处呢？现在送些酒肉，希望各自珍重，如果不听劝，本官就只好杀无赦了。"

这些准备举义的人得知密谋已经泄露，官府有了准备，只好纷纷前去自首。

接着，陈埙又下令：凡献出兵器的自首者一律重赏。于是，投奔官府的人越来越多。陈埙未发一兵一卒，便从容地平息了一场即将发动的暴动。

可见，管理者既应懂得运用"严刑重罚"的威吓手段，也应懂得"法外施恩"的笼络手段。也就是说，管理者要学会视情况而采取相应的措施，对于无法宽大处理的要"严刑重罚"，而对于那些可以挽救的事情，则"法外施恩"，给予对方改错的机会。如此一来，就能最大限度地消除内耗，把力量集中在解决关键问题上，促进企业发展。

识别员工冲突的来源

有人的地方就难免会有冲突，企业中亦是如此。造成企业内部冲突的原因有很多，有些是由个性差异引起的，有些则是由工作的方式或者利益分配引起的，有的矛盾则可能是多种原因共同作用的结果。

毫无疑问，处理冲突的能力是管理者需要掌握的多项技能中最重要的技能之一。美国管理协会对中层和高层经营管理人员进行的一项调查表明，管理者平均需要花费20%的时间处理冲突；在对于管理者认为在管理发展中什么方面最为重要的一项调查发现，冲突管理排在决策、领导或沟通技能之前，这进一步支持了冲突管理的重要性。

斯蒂芬·P.罗宾斯在其所著的《管理学》一书中写道："冲突是由于某种抵触或对立状况而感知到的不一致的差异。差异是否真实存在并没有关系。只要人们感觉到差异的存在，则冲突状态也就存在。"另外，在此定义中还包含了极端的情况，一端是微妙、间接、高度控制的抵触状况；另一端则是明显、公开的活动，如罢工。

多年来，人们对于组织的冲突大致有三种不同的观点：

1. 传统观点

早期的看法认为，冲突是不利的，并且常会给组织造成消极影响，人们把冲突看作暴力、破坏和非理性的同义词。由于冲突是有害的，因此应该尽可能避免。管理者有责任在组织中清除冲突。

2. 人际关系观点

该观点认为冲突必然而不可避免地存在于所有组织之中。由于冲突是不可避免的，因此人们应该接纳冲突。这一观点使冲突的存在合理化。冲突不可能被消除，有时它甚至会为组织带来好处。

3. 相互作用观点

这是当今最流行的冲突理论。人际关系观点仅是接纳冲突，而相互作用的观点则鼓励冲突。这一理论观点认为，和平、融洽、安宁、合作的组织容易对变革和革新产生静止、冷漠和迟钝的感觉。因此，它的主要贡献在于：鼓励管理者维持一种冲突的最低水平，它能使组织单位保持旺盛的生命力，善于自我批评和不断创新。

从总体上来说，企业内冲突的来源主要有三个方面：

（1）在企业，每个人都被迫必须每天与不同性格、不同主张、不同经历、不同教育程度的人来往。由于每个人个性不同，就难免会发生冲突。

（2）企业中也常出现因对工作的态度、与同事合作的意愿，以及工作技术上的不同而出现的冲突。这种冲突经常发生在当工作需要与他人密切合作的时候，当同事对于工作方式有不同的看法，或是对于完成工作的时限有不同的观点时，即便这是一点点的分歧，也会造成巨大的冲突。

（3）缺乏沟通也是造成员工间产生巨大冲突的原因。专业术语、表达不清楚、语言障碍等都可能导致冲突。例如程序设计人员与技术人员所使用的专业术语总是让主管和业务员难以理解，而管理者常用的术语也经常让这些专业技术人员摸不着头脑。除此之外，也还有不同专业的人经常对同一种东西使用不同的术语，而对不同的东西却使用同一种术语的情况出现。如果员工们在这些方面存在差异，又没有进行有效的沟通，那么发生冲突也就难免了。

当同事之间、主管与员工之间，或不同部门的成员之间发生冲突时，介入冲突并寻求和平解决的人通常是管理者。解决冲突的办法并不是只雇用同一类型的员工，管理者应该想办法让不同类型的员工能够团结一致，完成工作。

及早拆散"小圈子"

小圈子一词中的"小"不是指其能量小，人数少，而是针对它只为少数人谋私利，在组织上排斥大部分人，只注重自己群体的利益，不管全局的利益而言的。有时候，"小"圈子实际上人数众多，其成员大多占据要位，活动能量很大。

企业中搞小圈子，结党营私，党同伐异往往形成这样的现象：一群人为了使自己的小圈子更壮大，就只选用自己的亲信，只选择"靠得住"的人，而排除"外人"。对于有德有能，又不是自己同党的人不但一律弃之不用，还要百般压制。他们用人的标准不是凭个人的才干，也不是通过"公平竞争"，他们看中的是对方是否是"自己人"，是否能认同小圈子中的信念，是否维护小圈子的利益。

企业常容易存在着这种不正常的"小圈子"。而作为管理者最忌讳的就是组织里有这样的小圈子。因此，管理者唯有及早打破这种小圈子，才能冲开管理困境，让企业运行畅通。

英国的劳埃德保险公司历史悠久，人员众多，为"小圈子"的形成和发展提供了不少有利条件。20世纪70年代后，该公司的规模又扩大了3倍，内部的贪污和舞弊行为激增。

1982年，劳埃德公司遭遇豪顿事件，使公司内部的贪污事件公之于众。劳埃德公司声誉日下，令公司的高层领导极为震怒，当即下令辞掉豪顿经纪公司的5名主管，有关经理也受到相应处罚。同时，经过进一步追查，发现劳埃德的另几家联合体也牵涉在内。可见，劳埃德的"小圈子"弊病已经危及公司的生存。

总经理戴维森下定决心要进行内部彻底整治，强化财务规章制度。公司的第一项措施就是进行严明的分工，相应地建立具有革新意义的内部规章制度，并且严格制定保密制度、责任制度、偿付能力，以取代非正常的"小圈子"。劳埃德公司采用了现代化的经营管理方式，力图冲破内部的各种阻力，使公司摆脱内部"小圈子"的困扰和豪顿事件的负面影响，使公司庞大的保险业务获得生机。但是戴维森认为，这只是改革的第一阶段，下一步是将小圈子的外围组织打破：起诉保险商和联合组织的一些经理人，让他们为其非法行为承担刑事责任。他强调，在公司内部想牟取私利，将是不能容忍的。经过戴维森的一番彻底"诊治"，劳埃德公司内部呈现出一种生机盎然的新气象。

劳埃德保险公司的转折让我们相信，打破"小圈子"是管理者拯救危险状态的组织的必然行为，管理者一旦纵容"小圈子"的发展，任其势力膨胀而不加干预的话，那它就会变大，或割据一方，搞独立王国，或藐视领导，或公然向最高领导挑战。这种尾大不掉之势一旦形成就很难处理了。有时管理者即使发现了"小圈子"的存在，由于气候已成，处理时也不免投鼠忌器，难以下手。

"小圈子"之于整个公司，就如肿瘤之于人体，一旦肿瘤恶性膨胀，就有吞噬整个机体的危险，就会形成癌症，威胁人的生命。所以管理者决不能容忍"小圈子"的存在。管理者不能纵容姑息，要坚持把它破坏。具体做法就是要么去掉"小圈子"中的头目，要么把整个"小圈子"一并拔除。总之，决不能坐视不理，要及早发现，及早拆散。

让"横茬"变成"竖茬"

阮总手下有 8 名电脑程序开发员，他和他的部属相处得很愉快，唯独与柯易例外。柯易总是能够解决令大家头疼的难题，而且其工作业绩也很好，这使他在公司非常出名。

本来这是件值得庆幸的事情，因为大多数主管都希望自己的下属能干。可问题在于柯易把迟到早退当作家常便饭，甚至还没有到下班时间就找不到人了。但是他又总能在有限的时间内将工作做完，而且还做得比别人好。

尽管如此，阮总仍然认为有必要改变柯易的行为方式，因为他的行为已经影响到了其他人的工作。于是阮总约他面谈，阮总首先肯定了柯易很强的工作能力及其出色的思维，接下来问他为什么总是迟到早退，并指出这样随意变动工作时间对大家来说是不公平的，因为这已经影响到了其他人和整个部门的工作。

但是自以为是的柯易认为，既然别人跟他在能力上有差距导致了问题的产生，那么应该改变其他人的工作，或者是他自己换一份工作。他抛给阮总一个带有威胁意味的难题。

阮总并不想把事情搞得那么僵，他委婉地让柯易明白这家公司的电脑部门很有发展前途，而且他在这家公司刚做不久，离开这家公司未必会有他施展才能的舞台，频繁跳槽对他来说很不利，因此不是一种明智的选择。

于是柯易说出了自己内心的真实想法，他想得到提升，如果他的职位比现在高，那么别人就不会抱怨他的工作时间了。他认为自己的工作实际上已经合乎提升的条件，现在提升更加名正言顺。他认为阮总应该看到这一点，而且也有权力这样做。最后他还建议阮总不妨给自己个不同于其他人的称呼。

阮总虽然感到很意外，但仔细一想觉得柯易的话也很有道理，因为事实上他的确是优于其他程序开发员。但阮总还是担心这是对柯易的放纵。更何况在企业中不仅仅是技术能力强就可以做企业领导，自己连按时上下班这些公司的基本规定都无法自觉遵守，怎么可能给其他员工起表率作用呢？

因此阮总认为，如果按照柯易的意思来改变他的工作职位或是予以晋升，这样做只会强化他恶劣的态度及行为，并鼓励其他同事群起效尤。但他还是必须对柯易的要求做出答复，因为处理不当很可能对柯易造成挫折，使事情变得更棘手。

阮总再一次找柯易谈话。这次，阮总更加仔细而又平静地倾听柯易所说的话，终于察觉到了他经常性迟到早退的不良工作行为之后的工作态度。

实际上柯易是那种需要上司额外关注的员工，原因很简单，因为柯易总是能够比其他员工更好地完成工作，他觉得自己没获得应有的权利，心里不公平，最后他的不满便以违纪的形式表现出来。因此，自认为不受上司特别的关注是柯易这种行为背后的原因。

为此，阮总向柯易保证，柯易对公司的贡献上司们都心中有数，并拿出他对柯易的工作记录证明自己所说的话是真

实的，并一再强调柯易对公司的贡献是非常有价值的。同时
再次提醒他，正因为他的工作有价值，所以他经常性的迟到
对整个部门的运作产生的负面影响也是巨大的，会使其他员
工仿效而导致效率降低，其后果是不利于全体部门的。这次
谈话之后，柯易的行为便有了改变。此后，阮总继续不定期
地跟他交流，以便巩固上次谈话的结果。最终柯易因卓著的
工作业绩受到了公司的嘉奖。

像柯易这样的员工在许多公司中都存在，有人称之为"横
茬"员工。他们有着自己的见解，以自己的想法工作时，冲劲
十足。会遵从他认定有权威的人所说的话，但遇到某些场合时，
他不会完全遵守，总会加入自己独特的想法。漠不关心同事与
工作部门的状况，也不加入他们的行列，不擅长社交。简言之，
在自己一人就足以完成深感兴趣的工作范围内，他是很出类拔
萃的。但在与他人协力完成，或领导他人工作时，就变得很不
合群，从而给企业的管理造成了一定的影响和障碍。这就要求
管理者对这类员工采取一定的方法，进行适当的引导。

管理专家们认为，要将"横茬"变成"竖茬"，同时又
不影响其特殊才能的发挥，可以从以下几个方面努力：

（1）研究他本人所具备的特征。"横茬"的特征未必皆
如上所述，所以首先要仔细研究现实的"横茬"的特征，包
括优点和缺点。接着，研究较易对他施展管理权的部分。如
前所述，"横茬"会遵从他认定有权威的人说的话。所以，
管理者要根据他的判断基准，研究如何才能使权威获得认可。

（2）经常和他谈话。谈话的重点如下：首先，要真诚地

褒奖他的业绩，恰当的评价能使他的心向管理人员打开。其次，要求他遵照管理者的指示。他如果能了解组织应有的状态等基本常识，心中多少会觉得内疚。不要只采取正面迎击的突破方法，也要想出能应对各种状况的方法。就像在十字路口，如果有车辆不遵守警察指挥，应该要采取什么应变措施。

（3）建立系统。分派给对方必须获得同事协力的任务，或是必须留意整个部门的任务。让他体验无法获得成员的协力时，管理者是如何忧心忡忡。他被分派了这些任务，即使心里不愿意，也不得不与管理者密切接触，于是就养成遵守管理者指示的习惯。

（4）以管理业务来提高实绩。"横茬"的价值基准大多为工作，管理者如能以管理业务来提高实绩，则能令对方刮目相看，自然能赢得对方的尊敬。

（5）管理者要严格地自我反省。某位职员会变成"横茬"，一定有其脉络可寻。在演变成"横茬"的初期阶段，只要简单的对策就可使其恢复原状。"横茬"之所以会存在，不是管理者束手无策，就是没有实行有效的对策。因此，管理者必须严格反省与检讨自己的管理行动。如果管理者不能反省与检讨，改正自己的弱点，则无论什么对策，恐怕也无法产生太大的效果。

（6）变更负责的业务。"横茬"最大、最强的基盘，就是以负责的业务来提高实绩。只要他的这个最大据点没有崩溃，他也会安分守己的。变更"横茬"所负责的业务，也会导致其他员工负责的业务变更，暂时使得工作部门整个生产力降低。此时，包括"横茬"在内，员工的适应力会发生问题。因此，这个处置是最后的一张王牌。

不过，需要注意的是，管理者对于各种惩戒措施，如停职、停工或是解雇等各种处分方式即使是在职权之内，最好还是在这些惩戒方式施行前，能确定是否合乎公司的政策，并寻求公司上层的支持。如果是整个团体都涉及惩戒，管理者也还是有必要贯彻公司的规定。因此，不到非常时刻不要采取惩戒措施。开篇的案例显示，认真、充分的面谈是解决问题的好途径。因为成功的面谈可以给双方创造一个合适的环境。要使面谈成功，不但要做充分准备，还必须掌握一定的技巧。

管理者要有容才的肚量

管理者要容忍人才的缺点其实并不困难，很多管理者都能做到。但管理者要想做到不忌妒下属的才能，就比较困难了。

在企业，特别是大企业里面，总是不乏优秀的人才。有趣的是，那些"锋芒毕露"的人，通常只有两条路可走：上位或者出局。除非碰到特别宽容的环境，否则多数锋芒毕露的人都难逃出局的结果。

为什么有才能的人职场之路会如此坎坷呢？就是因为心胸狭窄的管理者最耿耿于怀的并不是人才的缺点，而恰恰是人才的长处。这种管理者往往心里认定自己是所在部门或者公司的老大，下属的能力一定不能超过他。然而既是人才，必有自己的真知灼见，对自己的见解充满自信，不肯对管理者的意见唯唯诺诺，随声附和，自然为管理者不容。

　　还有一种情况就是人都好面子，管理者很容易把个人尊严看得比工作更重要。一个下属，业绩出色固然是好事，但能把与上司之间的关系处理好可能会更有用一点儿。反过来，如果一个下属给管理者留下了"骄傲自满""目无领导"的印象，即使他的工作成绩再好，也未必有用，管理者仍然会无视他。

　　关于这一点，阿霖就有着切身的体会。35 岁的阿霖是一家信息技术公司的技术部经理，2002 年 5 月，他的部门新进了两个大学毕业生，小张和小李。小张毕业于某名牌大学，知识面比较全面，综合素质很高，当初面试的时候就给阿霖留下了深刻的印象。正式开始工作以后，小张的工作效率和效果更是出色，与同时加入公司的小李相比，就像是一个有过几年工作经验的人一般。同时，在公司的经营管理方面，小张也能提出一些很不错的提议。很快，小张不仅在部门内风光，就连公司老总都注意到了他，并且在部门经理会议上表露出重点培养小张的意思。

　　这下阿霖开始坐不住了。他也知道小张的确有点儿能力，但是这个下属平时那种自信的模样就让他感觉不爽，不就是一个名牌大学毕业生吗，有什么了不起？阿霖更不能接受的是，现在老总竟然要培养他，说不定什么时候这家伙就把自己给顶走了。不行，得找个机会弄走他。反观那个小李，虽然能力一般，但是特别听话，还是他用起来省心一点。

　　怎么说也是职场老手了，阿霖知道这事不能着急，这个小张虽然没有背景，但毕竟是在老总那里有备案的，再加上他的工作能力的确出色，想一下把他弄走，必须有一个很好的机会才行。

一眨眼半年就过去了，到公司开年会的时候了。照例，每个员工都要在年会上作一个个人总结以及对公司或者部门第二年工作的计划和建议。会上小张的发言很长也很具体，看得出来费了不少心血，却让很多管理层听得有些恹恹欲睡，公司老总反而听得津津有味。

阿霖正听得昏昏欲睡，然而小张的一句发言却一下子让他精神起来了，这句话是这样的："我建议公司明文规定禁止办公室恋情，公司是做事的地方，同事之间就应该仅仅是同事关系，处理问题不能把私人感情色彩带上，恋人或夫妻也不应该在同一公司工作。"

平心而论，阿霖也认为这句话有一定道理，但是这句话却恰恰戳中了老总的痛处。这个老总工作能力没话说，就是在和自己的秘书谈恋爱。现在小张提到了这一点，就算不是针对老总，老总心里大概也会很不舒服吧。果然，阿霖看到老总的脸色有点不自然，阿霖心里大叫一声：机会终于来了，这下我不把你搞死才怪。

果然，没过几天，阿霖就找了一个由头向老总申请重罚一下小张，老总问了事情的经过之后，便主动提出直接让小张走人。而那个和小张一起进入公司的小李，则因为服从管理，用着省心被阿霖提拔起来。看起来事情进行得很顺利，却没想到才过一年，这个平时看起来很听话的小李就闯了大祸，还把他的顶头上司阿霖也牵连了进去。阿霖想着自己还年轻，也不等降职命令，直接辞职，准备寻找个同行企业东山再起。

很快，一家大型信息技术企业通知他去接受人力资源部经理和技术部经理的共同面试。"两位经理你们好，我是……"第二天，阿霖敲开这家公司人力资源经理办公室的门，刚刚拿出简历要递过去，忽然失声叫道："小张？怎么是你！"原来，他发现坐在桌子后边面试他的两个人中，竟然有一个是一年多以前被他排挤走的小张。这可真是应了那句老话，三十年河东三十年河西。阿霖仿佛被人敲了一记闷棍，一下子就蒙了，大脑里一片空白，之后的面试究竟说了些什么都不知道，好在小张对他的做事能力比较清楚，录用了他。

阿霖的尴尬局面可谓给所有心胸不够宽阔的管理者敲响了一声警钟。嫉贤妒能，容不得能力比自己强的人，是管理者非常不专业的表现。管理者一定要有宽容的气量，要清楚领导不必在各方面都要胜过被管理者。要知道，真正高明的管理者正是那些善用比自己强的人才的人。

高情商管理

胜在制度
赢在执行

连山◎编著

红旗出版社

图书在版编目（CIP）数据

胜在制度　赢在执行 / 连山编著 . -- 北京：红旗
出版社 , 2020.4
（高情商管理 / 张丽洋主编）
ISBN 978-7-5051-5147-5

Ⅰ . ①带… Ⅱ . ①连… Ⅲ . ①企业管理 – 团队管理 –
通俗读物 Ⅳ . ① F272.9–49

中国版本图书馆 CIP 数据核字 (2020) 第 042178 号

书　　名	胜在制度　赢在执行		
编　　著	连　山		
出 品 人	唐中祥		
总 监 制	褚定华	责任编辑	朱小玲 王馥嘉
选题策划	三联弘源	地　　址	北京市丰台区中核路 1 号
出版发行	红旗出版社	编 辑 部	010-57274504
邮政编码	100070	发 行 部	010-57270296
印　　刷	天津海德伟业印务有限公司		
成品尺寸	138mm×200mm	1/32	
字　　数	400 千字	印　　张	25
版　　次	2020 年 7 月北京第一版	印　　次	2020 年 7 月北京第一次印刷
IBSN	978-7-5051-5147-5	定　　价	168.00 元（全五册）

前　言

　　企业制定制度，就是要求员工在职务行为中遵照相关的制度来一致地行动、工作、办事。让公司员工都按制度办事，就是要把 70%~80% 的工作都变成标准化的、制度化的、流程化的东西，使整个流程具有可扩展性和可复制性，使整个公司组织变成学习型组织，使这种制度和流程所描述的运行方式成为公司固有的能力。这样即使出色的领导人离开了，公司的能力却仍然存续。

　　按制度办事，有利于增强企业的核心竞争力。企业的核心竞争力，就在于执行力。而执行是以制度为前提的，管理制度设计得合理，才能让执行事半功倍，甚至获得自动执行。所谓"木受绳则直，金就砺则利"。企业有完善的制度，员工真正按制度办事，在企业内部能做到政令畅通、令行禁止，才能保证有序地开展工作，团队有战斗力、凝聚力。企业整体越是能够按照制度化、流程化的方式运作，就越能够提高自己的核心竞争力，灵活地应对市场，处处占得先机。这就类似于人的身体，之所以能够行动自如，就是因为身体内部是高度协调性的整体。

　　纵观世界上成功的企业你会发现，按制度办事必定是它们成功的共同原因之一。现在许多企业已经意识到企业制度化建设和按制度办事的重要性，但是，许多企业有制度却形同虚设，制度化建设也只是停留在口头阶段。为了帮助企业建立科学有效的制度，提高其生产效率和竞争力，使企业人员真正按制度办事，我们组织专业人员编写了这本《胜在制度 赢在执行》。

本书从企业管理者的角度出发，充分考虑到管理的方方面面，聚焦在企业管理最为关键的环节，借鉴国际通用的管理制度和现有的成形制度，详细地论述了企业管理中普遍涉及的制度及执行问题，并提供了具体工作的相关理论知识、执行方法或流程，使之具有可操作性，从而使企业管理工作者可以得到最实用的考评依据和培训蓝本，在实践的层面上提高企业效率，使企业真正做到事事有人管、人人有专责、办事有标准、奖罚有依据。

目 录

第一章

制度是基业常青的守护者

制度不是最好的，但制度却是最不坏的

彼得·德鲁克曾说："一个不重视公司制度建设的管理者，不可能是一个好管理者。"俗话说："没有规矩，不成方圆。"这句古语也很好地说明了制度的重要性。一个企业想不断发展，永续经营，有一个比资金、技术乃至人才更重要的东西，那就是制度。

施乐公司老板曾自豪地说："施乐的新产品根本不用试生产，只要推出，就有大批订单。"这是为什么呢？原来，他们开发的每个新产品都采用统一的管理模式。这种模式以用户需求为核心，共有产品定位、评估、设计、销售4个方面近300个环节。通过反馈信息以及对大量数据的不断调整，产品一经面市就能满足用户的需求。凭着一整套行之有效、科学严密的管理程序，百余年来，施乐公司始终是世界文件处理行业的领头羊。

制度和标准就是竞争力。一个企业，假如缺乏明确的规章、制度和流程，工作就很容易产生混乱，造成有令不行、有章不循的局面，使整个组织缺乏协调精神、团队意识，导致工作效率低下。

制度对于企业来说，其根本意义在于为每个员工创造一个求赢争胜的公平环境。所有员工在制度面前一律平等，他们会按照制度进行工作，在制度允许的范围内努力实现企业效益和个人利益的最大化，从而使企业在良好的竞争氛围中实现突飞猛进的发展。企业管理者要善于把制度引发的竞争乐趣引入到管理工作中去，让团队中的每一个人都对工作保持激情。

英国前首相丘吉尔曾说："制度不是最好的，但制度却是最不坏的。"远大空调董事长张跃说："有没有完善的制度，对一个企业来说，不是好和坏之分，而是成与败之别。没有制度是一定要败的。"在竞争日益激烈的商业社会，制度才是克敌制胜的根本之道。对于任何企业管理者而言，要创一番大业，成一代企业家，一定要多琢磨一下那句老话，"没有规矩，不成方圆"；一定要完善制度和标准，锻造企业制胜的"秘密武器"。

把"自由"之屋搭建在"限制"的围墙里

有这样一则寓言：河水认为河岸限制了它的自由，一气之下冲出河岸，涌上原野，吞没了房屋与庄稼，给人们带来了灾难，它自己也由于蒸发和大地的吸收而干涸了。

河水在河道里能掀起巨浪，推动巨轮，而当它冲决河岸以后，就只能造成灾害，既危害他人，又毁了自己。

人人都向往自由，但超越限度的自由具有破坏性。所以，制度或规则既是对自由的限制与规范，也是对自由的捍卫与保护。

汽车在高速公路上奔驰，火车在轨道上自由行驶，轮船在航道上破浪前进，飞机在航线中航行。可是，如果离开了公路、铁轨、航道、航线，它们就失去了行动的"自由"。它们取得行动"自由"的前提，就是交通规则的限制。

一个城市，如果没有交通规则，你骑自行车乱闯红灯，他驾驶汽车横冲直撞，我步行随意穿越马路，那么，这个城市的交通状况必定是一片混乱，交通事故的不幸就会频繁地降临到人们头上。

如果有严格的交通规则，尽管人多车杂，但行人车辆各行其道，红灯停绿灯行，穿梭有序，就会有条不紊，畅通无阻。

人类的一切活动都受到规则的限制，规则保证了人类活动的顺利进行，也保证了人类活动能够产生有意义的结果。

新加坡以制度制约不文明的行为而闻名。任何小事都有相关的法律，比如家中滋生蚊子，一旦罪名成立，要坐牢 3~6

个月，或处以 5000~10000 新加坡元的罚款。如果夫妻打架，把物品扔下楼，就犯了"鲁莽行事罪"。为了禁止在电梯中小便的行为，电梯内都装有尿液侦察器，一旦有人小便，电梯会自动停止，困住肇事者。乱扔垃圾的人，要穿上印有"劳改"字样的黄背心，不仅罚其打扫卫生，还要通知媒体曝光。

新加坡人要遵守的法律和规定很多，这么多制度悬在头顶，会不会很麻烦？是不是限制了人身自由？有外国记者在新加坡当地随机询问，所有人都笑着说："不做'不可以'的事就行了。"

"不可以"是新加坡人的口头禅，做好公民，不做"不可以"的事，是他们的基本原则。

"限制"作为自由的对立面，是自由赖以存在的基础，这符合哲学对立统一的观点。完全没有"限制"的自由不可想象，没有了"限制"也就无所谓自由，更谈不上争取和享受自由。

人们常说："断线的风筝会落地。"不错，风筝在空中的自由，是受到长线的束缚而得到的。一旦系着它的线断了，风筝就会一头栽到地上，失去飞翔的自由。

同样的道理，企业要想做强做大，就不能由着性子胡来，必须要有一套有效可行的规则保证发展顺利进行。野台唱戏、游击作风可能得逞于一时一事，但绝逃不出饥一顿饱一顿直至消亡的结局。能人治理，可以使企业从无到有，从小到中，但绝不会到大到强，经久不衰。有了统一的制度标准，企业的发展目标才会明确，员工的行为才会一致，各项工作才能有序开展。

不讲规则的聪明不是真聪明

羚羊和乌龟赛跑，羚羊嗖的一声飞奔出去。跑了一会儿，羚羊扬扬得意地回头问："乌龟你跟上来了吗？"只听前面草丛中的乌龟答道："我在这儿呢！"羚羊觉得很奇怪，怎么乌龟在我前面呢？羚羊继续往前跑，跑了一会儿，又问："乌龟你跟上来了吗？"前面草丛中的乌龟又回答："我在这儿呢！"这时羚羊觉得不可思议了，继续往前跑，又跑了一会儿，问："乌龟你跟上来了吗？"前面草丛中的乌龟又回答："我在这儿呢！"羚羊彻底没了士气，很沮丧地跑到了终点，可是乌龟还是在前面的草丛中说："我在这儿呢！"

大家一定会想：乌龟怎么可能比羚羊跑得快呢？其实乌龟知道第二天要和羚羊赛跑后，在比赛途中，隔一段距离就安排一只乌龟蹲守。这样，一路上都会有乌龟"跑"在羚羊前面！

这个寓言故事的结论是：实力固然重要，但是聪明更重要！

真是这样吗？

乌龟的"聪明"是什么？是瞒天过海！是弄虚作假！我们应该学习这种"聪明"吗？任何比赛都要讲规则，讲究公平竞争。而乌龟凭借兄弟姐妹外貌相似，利用羚羊对它的信任，玩弄阴谋诡计，获得了虚假的胜利。这样的胜利有什么实质意义？它能证明什么？除了说明乌龟狡猾和羚羊憨厚外，什么也不能说明。在这场比赛中，没有裁判和观众，也没有制度和程序，与其说是一场比赛，不如说是一场儿戏。如果今后乌龟要和兔子、狐狸再来一次比赛，它还能取胜吗？

如果这个寓言的结论成立，那么一个毫无实力的考生，可以依靠舞弊获得好成绩，他不但不应受到批评和处罚，反而要被称赞"聪明"。依此推论，企业做假账的会计是"聪明"，官员虚报政绩是"聪明"，法庭做伪证的律师是"聪明"，在竞技场上注射兴奋剂的选手也是"聪明"。只要达到目的，可以不择手段，世上一切制造假、恶、丑的人，都成聪明与智慧的化身了。

然而，令人叹息的是，很多人都在学习这种"聪明"。比如打牌，很多人都认为偷牌是很正常的，还觉得这个家伙聪明、反应快，弄虚作假者本人也会为自己的"聪明"而自豪。

一个在国外留学的学生因为经常逃学，考试未能通过。有人问他："通不过是不是要重修？"他得意地说："别人要重修，我才不那么傻。学校的规则是，考试没有通过的学生，如果有医生证明该生在考试期间生病了，可以在一定时间内参加补考。补考的卷子和原来的卷子基本一样，大概只有 20% 的新题。我可以让考完试的同学把题告诉我，这样至少可以拿60分。"别人又问："你怎么才能拿到医生的证明呢？"他说："去找个医生，送他个小礼物就行了。"

这种"聪明"不禁让人心里涌上一股悲哀。学校的制度想必是经过充分论证的，其前提是假设每个没有通过考试的学生都是诚实的，给诚实的学生一个补救的机会，这是教育制度的合理性之一。这个制度在这所有着百年历史的世界名校使用多年，在这个学生身上竟然失效了。

现代社会是建立在规则之上的。把一切规则都打破，靠耍小聪明、玩小技巧取胜，那还为什么艰苦奋斗？最终我们拿什么与国际接轨？

不讲规则的聪明，绝对不是真正的聪明，充其量是一种让人不齿的"狡猾"而已，甚至是一种邪恶。它可能会得逞于一时，却始终上不得台面，进不了大场合，得不到真正的光荣。

生意场上也是这样。俗话说"商场如战场"，企业在激烈的竞争环境中为了保持有利的竞争地位，不断想办法增强竞争力本来无可厚非。可是如果这些"办法"明显破坏了商业规则，就绝不可能拥有持久的客户，最终还会受到法律的制裁。

真正的聪明人懂得掌握规则，然后在规则允许的情况下尽可能地发挥自己的能力。

第二章

规范的管理，来自健全的制度

组织架构是制定制度的重中之重

组织架构是企业赖以存在的骨架，是制定其他制度的基础，也是命令得以传布的渠道。任何企业的建立，首先面临的是组织架构的建立。

建立一个完整的组织架构本身即为一种管理程序，是任何有效的管理制度中不可或缺的一环。

建立一个什么样的组织（集团）？怎样建设这个组织？前一个问题，是讲这个组织的性质；后一个问题，是讲用什么样的制度保证这个组织目标的实现。所以，研究企业制度，不能不研究企业的组织架构问题。适当的组织架构不仅是企业长青的基础，也是企业壮大的基础。

组织架构究竟是什么？组织架构是一种基本的管理程序，也可以说是一种规划程序。组织架构的建立包括下列步骤：首先，决定为了执行计划，必须实施哪些工作或活动，那些应做的事或应执行的任务，即为职务。然后，将这些活动分成各种职位，以便分派给各个员工，成为他们的职责。接着授予每个职位职权，使居于该职位的人可各行其责，或命令他人执行。随后，决定各职位间的职权关系，即决定谁该向谁汇报，以及身居各职位的人拥有何种职权，如此可确保大家辨明隶属关系，以及各人的职权种类与范围。最后应该决定，胜任各个职位必须具备的资格。

组织制度一般有以下几种形式：

一、直线型组织制度

直线型组织制度是最早、最简单的一种组织制度形式。这种组织制度把职务按垂直系统直线排列，各级管理者对所属下级拥有直接职权，组织中每一个人只能向一个直接上级报告，即"一个人，一个头儿"。它的优点是：各级领导对下属单位而言是唯一的行政负责人，保证了统一的领导和指挥，各职能部门对下一级组织在业务上负有指导的权力和责任，这样能充分发挥各职能部门的积极作用，让其直接参与管理和领导。但这种组织方式也有不足，如各职能部门在某一下级单位开展工作时，发生的矛盾和冲突无法自己解决。

二、职能型组织制度

职能型组织制度内部除了直线管理者外，还相应设立了一些组织机构，分担某些职能。这些职能机构有权在自己的业务范围内，向下级下达命令和指示。下级直线管理者除了接受上级直线管理者的制度管理外，还必须接受上级其他职能机构的制度管理。

三、直线参谋型组织制度

直线参谋型组织制度结合了以上两种组织形式的优点，设置了两套系统。一套是按命令统一原则组织的指挥系统，另一套是按专业化原则组织的制度管理职能系统。直线部门和人员在自己的职责范围内有决定权，对其所属下级的工作实行指挥和命令，并负全部责任，而职能部门和人员仅是直线管理者的参谋，只能对下级机构提供建议和业务指导，没有指挥和命令的权力。

四、直线职能参谋型组织制度

直线职能参谋型组织制度结合了直线参谋型组织制度和职能型组织制度的优点，在坚持直线指挥的前提下，充分发挥职能部门的作用，直线管理者在某些特殊任务上授予某些职能部门一定的权力，例如决策权、协调权、控制权等。

五、事业部制组织制度

事业部制组织制度是指在总公司制度管理下设立多个事业部，各事业部有各自独立的产品和市场，实行独立核算，在经营制度管理上拥有自主性和独立性。这种组织制度的特点是"集中决策，分散经营"，即总公司集中决策，事业部独立经营。

六、矩阵型组织制度

矩阵型组织制度把按职能划分的部门和按产品（项目或服务等）划分的部门结合起来组成一个矩阵，使同一员工既与职能部门保持制度管理与业务上的联系，又参加产品或项目小组的工作。为了完成一定的制度管理目标，每个小组都设负责人，在组织最高领导的直接管理下工作。

七、多维立体型组织制度

多维立体型组织制度是矩阵组织制度和事业部组织制度的综合体。其中按产品（项目或服务）划分的部门（事业部）是产品利润中心，按职能（如市场研究、生产、技术、质量制度管理等）划分的专业参谋机构是职能的利润中心，按地区划分的制度管理机构是地区利润中心。

八、多种标准的综合应用

若深究每个成功大型公司的团队系统，会发现上述几种组织形式分别应用于不同的管理层面，而中小型的公司，也可能使用两种或三种组织形式。所以硬把公司团队组织形式划分为单纯的"直线型"或"职能型"，并不能反映实际情况，顶多只能说明某一层次或某一公司的主要标准而已。

比如，有些公司，老板之下就是一级部门（有的公司，老板与一级经理间还设有副手或协理），设立一级经理的主要目的，在于帮助老板以"分工"及"专门化"的优点完成公司的目标。在一级部门之下，再依实际需要，分设二级、三级部门，以至最基本的个别作业人员（或称"技术"人员，以区别于各级"管理"人员的职责）。

事实上，有的公司用"机能"来分一级部门；用"地区"来分二级行销部门，用"产品"来分二级生产部门；再用"过程"来分三级某些生产部门，用"机能"来分三级行销、财务、总务及其他部门。

类似这种组织制度，综合运用了前述几种组织形式，根本无法归类为某一种形式的团队结构，不妨称之为结合式。

事实上，除规模极小的公司外，很少有公司只采用一种组织形式。所以，当设计组织结构时，要根据公司需要，不可只重其外形不重其实质。

实现制度化管理的步骤

实现制度化管理，是现代企业的发展趋势，也是企业提升自身管理水平与竞争力的必由之路。但同时我们也应该认识到，制度化管理的实现不是一蹴而就的，制度的建设与实施是一个循序渐进的系统工程，需要稳步推动。那么，企业该如何进行制度化建设和管理呢？

一、确定企业的"根本大法"

企业要有类似于国家宪法的"根本大法"，对制度进行指导和制约，其他制度一旦与它冲突都应该宣布无效。

制度都是由人来制定的，在很多时候，一旦管理层发生变动，制度也往往会跟着变。但是如果有"根本大法"的制约，要改就难多了。成熟的企业应该有一个章程来明确哪些规定应该由谁来制定，由谁来审查，由谁来通过；如果修改，应该是什么程序等问题。制定这样一个"根本大法"以后，"朝令夕改"就没有那么容易了。

二、确立制定一般规章制度的程序

制度是否能达到预期目的，在一定程度上取决于制定制度的程序是否民主化，制定者是否具有务实精神。一般情况下，制度的制定过程应当充分体现制定者或企业的民主意识和务实精神，这就需要制定规章制度时必须遵循这样一个过程：调查——分析——起草——讨论——修改——会签——审定——试行——修订——全面推行。这就是说，规章制度的制定要经过充分调查，认真研究，才能起草。草稿形成以后，要发到有关职能部门反复讨论，缜密修改。经过有关会议审定后，小范围试行，并对试行中暴露的问题，认真进行修订。其中，重要的规章制度还要提请董事会、党委会或职代会通过，再报上级管理部门批准。只有遵循上述基本程序，所制定的管理制度才能切合实际，才能在管理过程中达到预期效果。

三、确定参与制定规章制度的人员

在许多企业里，规章制度绝大多数都是由几个高层领导来制定的，甚至具体到某一业务标准也是由他们制定的。这种现象似乎已成为一种惯例，但高层领导可能对现场作业流程并不了解。因此，需要从企业中抽调一些不同部门、不同层次的人参与制定规章制度，并选定将来执行规章制度操作管理的人，共同参与其中，必要时还可请管理咨询专家和企业同人共同设计。这样制定的规章制度就比较规范且具有可操作性。

四、确定规章制度的内容

不同的企业因其生产性质和行业背景不同，规章制度的内容也应有所不同。但是，如果企业的规章制度是符合当今时代发展潮流的，其中就必然包括结合企业自身实际情况的内容，主要包括：企业的民主管理制度；集中管理与分散经营相结合，即集权与分权相结合的运行机制；以参与国际竞争、占领国际市场为目标的经营战略体系；企业的文化生活制度；配套的营销管理、产品研究与开发管理、生产管理、财务管理、人力资源管理等具体制度。

五、有专门的部门负责企业制度的管理工作

这个部门的具体职能是：在制定制度时负责各个部门制度的协调；对企业的制度进行汇编；发现新旧制度有冲突时要及时废止旧制度，确保新制度的执行。

健全的制度应具备的主要特征

健全的制度对任何组织而言都非常重要。社会的发展是如此，企业要生存、要发展，也离不开好的制度。

那么，什么才是健全的制度？它应该具有哪些特征呢？

一、利益相关性

好制度着眼于将目标与执行者的切身利益最大限度地结合在一起，利用人的理性和趋利避害的本性去制约人的弱点，以制度规范管理体系为基本，谋求制度化与人性、制度化与活力的平衡。当员工认识到制度是在保护自己的利益时，就会积极地维护制度，愿意为制度付出；即使违反了制度也非常明确自己将会受到怎样的惩罚。这样，就实现了制度约束与员工自我约束的有机结合，充分激发员工的自我管理意识，引导员工主动地服从，愉快地付出，创造性地工作。

二、权威性

好制度必须体现至高无上的权威性。任何人、任何组织都必须服从制度。必须坚持制度面前人人平等，违反者必须接受制度的惩罚，就算他们是为了组织或团体的利益，亦不例外。好制度就是高压线，它的威慑力，使生产经营活动有条不紊地进行，使复杂的管理工作有法可依，有章可循，使企业万千之众步调一致。

三、公平性

好制度不因性别、年龄、学历、人情、背景和种族的不同而不同，只因效率高低决定贡献大小，以防止有人不劳而获。

四、具体性

好制度对员工在什么岗位上要做什么都规定得很清楚，能够清楚地指导员工趋利避害，限制员工的主观随意性、做事的隐蔽性，加强相互监督，保证企业正常有序发展。

五、可操作性

好制度定位准确，与企业自身的情况和员工现有的接受能力及素质水平相匹配，使大多数员工不至于因达不到要求而失去信心，也不至于因标准过低而产生懈怠心理。

六、简明性

好制度表述简明扼要，使执行者一看便知道怎么执行，员工一看便明白如何遵守。因此，我们在制定制度时要防止行文过于复杂，避免意思表达含糊。

七、严密性

好制度应当在出台前充分考虑在实施过程中可能遇到的各种情况与因素，尽量做到措辞严密，无懈可击。

八、预防性

建立制度的目的不仅仅是"纠错"，更是为了"预防"：预防其他企业曾经的教训，预防可能发生的错误和可能造成的损失。制度一旦建立，必须力求完整全面。对于可能发生的事情，必须提前想到并做出相应的应对措施，如果等到员工发生不合理的行为后再做出规定，那是不公平的，而且也是很没有效率的制度。

世易时移，变法创新

许多成功的企业，都将自己的成功归因于拥有成熟的制度模式。所以，在竞争局面发生变化的情况下，有些企业的管理者依然信心满满，从不怀疑和否定原有制度继续存在的价值。然而由于墨守成规，造就企业昔日辉煌的制度慢慢蜕变为企业谋求生存道路上的障碍，成为可怕的组织惯性。

有一个关于猩猩的试验能够形象地说明这一问题。研究者把 3 只猩猩关进一个大笼子，然后在笼子中间吊上一根香蕉。但是只要有猩猩伸手去拿香蕉，研究者就拿高压水枪去喷它们，直到所有的猩猩都不敢再去够那根香蕉为止。接下来，研究者用 1 只新猩猩替换出笼子中的 1 只猩猩。新来的猩猩并不知道笼中的"规矩"，所以一进去就伸手拿香蕉。它的这种行为是不符合笼中规则的，于是另外 2 只"老"猩猩就对它进行了严厉的惩治，直到它屈从为止。原本该由研究者实施的惩罚任务，现在竟然由 2 只老猩猩"亲自"执行了。

研究者用同样的方法，不断用新猩猩将经历过高压水枪惩戒的老猩猩换出来，直到笼子中的猩猩都是后进入者，但是它们同样对那根香蕉心存畏惧。研究表明，高压水枪威慑出的"组织惯性"束缚着每一只进入笼子的猩猩，使它们将本是腹中美餐的香蕉束之高阁。

这个试验形象地揭示了组织惯性的形成过程。在风云变幻的市场竞争环境中，企业要想赢得优势，就必须随着时代的发展变化迅速调整制度，否则就只能像试验中的猩猩一样，因一时的挫折而故步自封，错失获得成功的大好机会。企业的衰退并不是它面对变故束手无策，而是它所采取的行动已经不能顺应时代了。

企业确定了其经营管理模式后，企业成员就会在实践中熟悉这套模式，并逐渐习惯运用这套程序去解决问题，之后，管理者与员工就很少再去思考这些方法是否依然合理有效了。

曾有一家大型公司计划招聘 25 名新员工。招聘制度明确规定，只有笔试成绩在前 25 名的应聘者才有资格被录取。有一个候选人，人品和性格都很好，并且拥有丰富的关系资源，这些关系资源能给公司发展新业务提供很多机会。但是他的考试成绩并不理想，排在第 26 名。面对这种情况，人事部门很困惑：是录取他，还是放弃他？公司领导权衡再三，最后还是决定忍痛割爱。原因只有一个：公司的招聘制度不能违反！

该公司的行为引起社会上很多人士的质疑，什么才是公司"铁的纪律"？"铁的纪律"至少应该具备两个基本条件：首先是制度的时效性，就是说该制度必须符合企业与时俱进的发展要求，符合企业应对同业竞争的市场现状；其次是制度的前瞻性，公司的制度在时效性的基础上，更要能够引领企业走在其他企业前面，顺应时代潮流的发展方向。

可以说，时效性、前瞻性是企业制度缺一不可的两大特质，是其生命的根基。为了使企业真正拥有"铁的纪律"，领导者就必须对所有丧失时效性和前瞻性的规章制度及时进行全面的梳理、修订，这样才能使企业朝着先进、科学的方向发展。

第三章

领导是制度首要制定者，
更要做制度第一执行人

建立群体运行机制，绝不能搞个人英雄主义

个人英雄主义主导的团队必然会失败。当年，刘邦与项羽经营着两个不同的"民营企业"。汉高祖刘邦有一句经典名言："夫运筹帷幄之中，决胜于千里之外，吾不如子房（张良）；镇国家，抚百姓，给饷馈，不绝粮道，吾不如萧何；连百万之军，战必胜，攻必取，吾不如韩信，此三者，皆人杰也，吾能用之，此吾所以取天下也。"与其相反，项羽凭着个人英雄主义，势力一度膨胀，但最终无颜见江东父老，自刎而亡。

客观地说，个人英雄主义在项羽"创业初期"确实发挥了很大的作用。但关键是在其势力壮大、地盘扩大后，面对纷繁复杂的战争形势，他应该及时培养人才，授之以权，通过团队的力量而不是个人的骁勇来夺取胜利。项羽的失败，是个人英雄主义的失败，而刘邦的高明正是善于发挥团队优势。一胜一败揭示了企业运营的真相：团队协作才能成功。

现代企业制度建设很完善，部门分工明确，多数工作都需要相互协作才能完成。如果员工不能融入团队，以个性主导团队运行规则，这样的员工即使再优秀，也不足以委以重任。因为现代企业更重团队协作精神，拒绝个人英雄主义。因为地位的特殊性，企业的领导者更容易成为企业的"个人英雄"，所以，企业管理者更应该注意，不能为逞个人英雄而使企业的长期发展陷入困境。

惠普公司原总裁格里格·梅坦曾说："企业的领导不能成为团队的主宰者，尽管企业的领导具有超强的能力，是团

队中的英雄级人物。"他还说："作为领导者，我对该组织的构想当然重要，但是仅仅有我的构想还不够。我的观点是我最重要的领导资产，同时也给我带来了最大限度的限制。我认为，老板是轮毂，员工是轮辐，员工之间的谈话以及人际关系的质量是轮边。如果因为同事之间不能解决相关问题，所有的决策都需要通过轮毂，那么这个组织创造价值的能力就会受到老板个人明智程度以及时间的限制。这显然不能造就高效运营的团队。为了创造一种'轮边'会谈，老板就必须有意识地说明什么事情应该由轮毂来解决，什么事情应该由轮辐来解决。"他还举例说明：那些来自世界各地的员工在伦敦相聚，作为老板的他并不参与，因为他们正在寻找解决一个复杂并且有争议的问题的方法，他已经为他们创造了"轮边"会谈的条件，他不希望因为自己的出现而使会谈没有结果。后来，果不其然，他们的会谈很成功。

曾几何时，"万家乐，乐万家"的广告语响彻大地，空调行业对拥有热水器行业龙头品牌背景的万家乐空调寄予了厚望，期望万家乐带领民族企业在国际市场上创造奇迹。在万家乐空调 2002 年 3 月 15 日上市之后，广大经销商就投入到了销售万家乐空调的队伍中。然而，好景不长，万家乐空调在国内空调市场上销售了一年多之后，于 2003 年年底爆出被珠海市中级人民法院查封的消息。

一颗冉冉升起的品牌之星瞬间陨落。万家乐的失败就是典型的因为个人英雄主义主导团队而造成的。由此带来的影响是，企业文化不成体系，缺乏企业精神和足够的凝聚力，中下层员工缺乏归属感，最终落得失败的下场。

　　所有的老板都不应该让个人英雄主义主导团队，不应该过分强调个人的效能，应该更加重视人与人合作所产生的效能。现代社会、现代组织，仅凭一个人的能力和经验已经不能应对所有工作。在任何一个成功的团队里，即使你不是一个受大家敬重的英雄，也会是一个成功者。

领导者应身体力行，带头遵守制度

柳传志有一句名言："爬喜马拉雅山，可以从南坡爬，也可以从北坡爬。联想一旦决定从北坡爬，大家就不要再争了，哪怕北坡看似更远、更陡、更危险。"他的意思是：企业里所有的制度不是用来讨论的，而是用来执行的。

业务员小张，被公司派往联想集团工作一段时间。第一天刚进公司的时候，一位部门经理接待了她。寒暄之后，他郑重地告诉小张："你虽然是公司之外的人，但你既然来到本公司，在你工作的这段时间里，一切都按联想公司的人员看待，因此也希望你遵守公司的一切规定。"小张说："那是自然，入乡随俗。这样大的公司，没有制度不成席嘛。"部门经理介绍了一些规定之后，最后提醒小张："联想成立以来，有开会迟到罚站的制度，希望你注意。"他的语气很严肃，但小张没有太在意。

一天下午，集团办公室通知所有中层干部开会，也包括小张这些驻外业务代表。小张临时接了个电话，忘了时间。等她想起来时，已经迟到了3分钟。她刚走进会场，就发现大家出奇地安静，这让她有点不自在。会场后面有个座位，她打算轻手轻脚地进去，以免打扰大家。

"请留步，按规定你要罚站1分钟，就在原地站着吧！"会议主持人站在会议台上，向她认真地说道。小张的脸顿时一片潮红，只好原地站着。总算是熬过了世上最难熬的1分钟，主持人说："时间到了，请回到座位上去。"接着大家继续开会，就像什么也没发生似的，而小张却如坐针毡。

会后，部门经理找到她："小姑娘，罚站的滋味不好受吧？其实你也别太在意了，以后注意就行了，我也罚站过，柳总也曾经罚站过。"

"老总也罚站啊？"她有点惊讶。

"自从联想创建后，10多年来，无一人例外地遵守这个规定。有一次电梯出了故障，柳总被关在里面，那时手机还不普及，没有人知道他被困在电梯里，他叫了很长时间才有人把他弄出来，他也只好认罚。'开会迟到罚站1分钟'也算是联想一种独有的企业文化吧。"部门经理对她说。

柳传志在很多场合说过："企业做什么事，就怕含含糊糊，制度定了却不严格执行，最害人！""在某些人的眼里，开会迟到看起来是再小不过的事情，但是，在联想，这是不可原谅的事情。联想的开会迟到罚站制度，20年来，没有一个人例外。"柳传志认为，立下的制度是要遵守的。他还说："在我们公司有规定，一定规模的会议，就是二十几人以上的会议，开会迟到的人需要罚站1分钟，这1分钟是很严肃地站1分钟，不是说随随便便的。"

没有规矩，无以成方圆。所有的企业组织，都有自己的制度，制度不是定来给人看的，而是需要遵守的。无论是谁，只要是这个企业组织的成员，就应该受这个制度的约束，这样才能发挥制度的作用。

要想让员工遵守制度，管理者首先要管好自己，为员工们树立一个良好的榜样，言教再多也不如身教有效。正是柳传志以身作则，联想的其他领导人都以他为榜样，自觉地遵守着各种有益于公司发展的"天条"，才使得联想的事业蒸蒸日上。

领导应处于下属的监督之下

联邦快递是一家集邮政快递、物流等于一体的跨国集团公司。弗雷德·史密斯是其中的一任 CEO（首席执行官）。在他 20 多年的经营之下，联邦快递已变成了高科技、集约化、全球化的国际运输集团。在对待员工方面，他有一个独特的做法，就是让员工监督经理。

史密斯对待员工的措施之一是让每个员工都受到公平待遇，为此，联邦快递的管理者们总是必须经过严格的训练并受到密切的监督。每一位管理者上任之后，每年都要接受老板和员工的评估。如果一位管理人员连续几年所受的评估都低于一个预定的数值，那么等待他的只能是解雇。

联邦快递员工每年都会收到包含 29 个问题的调查问卷。前 10 题是与个人有关的工作团队气氛，如："主管尊重我吗？"接下来的问题主要调查直属上司的管理态度，以及关于公司的一般情况。最后一题则与公司去年的表现有关。将调查结果按不同团队做成一览表，并列出各主管成绩。前 10 题的综合得分则形成领导指标，该指标关系到 300 位高级主管的红利，而红利通常为资深主管底薪的 40%。若领导指标没有达到预定目标，就拿不到红利。

所以，这项规定对主管而言，意味着他们要与部下融洽相处且善待他们；对员工而言，意味着他们的行为可能影响公司。

联邦快递的主管收到自己以及其他部门主管的成绩一览

表后，便召开部门会议。其目的在于让团队（主管和部属）探究问题并提出改进设想，作为下一年度的主要工作计划和目标。

位于孟菲斯的联邦快递收款部门，在 2 年前的调查结果中，领导指标只得了 70 分，远比预期低，却一直没有改善行动。员工抱怨年年情况一样，而且没有人聆听他们说话。直到后来部门经理汉森注意到，"我的上司供应我们所需的支援吗"一题中，他只得了 14 分。

汉森立刻召开会议，深入探讨。他回忆说："他们直谏我过去两年的不当行为。老实说，我怕得要死，因为他们现在要评我的分数。我足足听训 7 个小时。"

汉森发誓改变情况，部属也允诺帮忙。他开始常在部门内走动，听取员工心声。他之下的各级中层干部也和自己的团队开会，并且草拟早上 5 点到晚上 10 点的弹性工作时间的实施办法。另外还有一项比较特别的办法，就是让因小孩生病而临时不能上班的员工，能在日后弥补意外的旷工时间。这些办法实施后，不仅提高了士气，也提高了生产力。据估计，实行弹性上班时间而减少加班所节省的人力，在两年内为公司省下 200 万美元。而且，收款部门员工还研究出一套统计评比系统，以更科学、更精确的方法公平评价员工的表现。

总之，事情有了戏剧性的变化。收款部门的领导指标在 3 年内增加至 90 分！

管理中有一个著名的"鱼缸"法则，说的是鱼缸是用玻璃做的，透明度很高，不论从哪个角度观察，里面的情况都能看得一清二楚。"鱼缸"法则运用到企业管理中，就是要增加单位各项工作的透明度，将领导者的行为置于全体下属的监督之下，有效地防止领导者享受特权、滥用权力，从而强化领导者的自我约束机制。

让员工监督上司，一般人肯定觉得难以理解："我是管他的，他倒反过来管我，到底是谁管谁？"

其实，员工监督上司只是对管理者的行为进行监督，使其权力的行使有利于工作进程，并不是要干涉上司的具体事务。"鱼缸"法则在管理中的运用，可以充分地监督管理者，并使上下形成合力，更有利于工作的完成。

第四章

用法治取代人治，
将自我意识从执行中清除

对滥用权力最有效的约束就是制度

在我国传统文化中，儒家学说无疑占主导地位，其关于人的核心理念是"人性本善论"。由此出发，在涉及治国方略时，性善论认为，既然人性是善的，就没有必要建立、健全各种法律制度，只要加强道德感化即可；只有在道德感化无法奏效的情况下，才辅之以法律，即所谓"德主刑辅"。这样，法律就成了道德的附庸。在权力与法律的关系问题上，性善论支持权大于法。由于他们过分相信掌权者的道德自律，迷信"圣君贤相"，放松了对掌权者的警惕，忽视了对权力的法律制约，导致权力凌驾于法律之上。

相反，西方占主导地位的是"人性本恶论"文化。柏拉图由早年典型的人治论者转变为晚年的法治论者，其重要原因就是他认识到人的统治中混有"兽性因素"。因此，人类必须有法律，并且必须遵守法律。否则，他们的生活就像最野蛮的兽类一样。西方对人性的不信任产生了法治思想，大概始于此。柏拉图的学生亚里士多德在《政治学》一书中指出，人类具有罪恶本性，失德的人会贪婪无度，成为最肮脏、最残暴的野兽，这是城邦幸福、生活和谐的莫大祸害。西方基督教的"原罪说"更加剧了对人性的不信任。性恶论为法治思想奠定了文化根基，既然人性是恶的，就必须努力健全法律制度，防止人性中的贪婪成分恶性膨胀。

然而，对于权力，我们长期以来侧重于道德制约，忽视了加强法律和制度制约的重要性，没有认识到制度建设的根本性、长期性和全局性，以致出现了严重的个人专断和个人崇拜现象。这个教训不可谓不深刻。

一个地方存在一个至高无上的权威并不奇怪，但如果公众心目中的最高权威不是法律，而是所谓的"人格魅力""权力道德"，那么这个社会肯定不是法治社会，即便不是"赤裸裸的人治社会"，也只能是"法治面纱下的人治幽灵"。在权力高于法的地方，法都是随执掌权力的人的意志而被随意塑造的。这种环境下的法是"人格化"的，没有理性而且多变，人们无法信赖法律，也无法依靠法律，只能转而投向"人身依附"或"权力依附"，其结果就是"权钱交易""权力寻租"等贪污腐败现象横行于世。当法律的权威远不及一人之言时，国家就有倾覆的危险。马克斯·韦伯在其著名的官僚制合理性设计理论中也认为，个人魅力型统治，是建立在某个具有非凡气质的领袖人物的人格魅力之上的，行政职务不是一种稳固的职业，也没有按正常途径升迁，全凭领袖个人意志的直接指定，其行政体制的特点是反复无常性。所以，所谓的"人格魅力""权力道德"并不理性，只靠人的内心自律而没有外在的刚性制度、法律加以约束，是极其危险的。

一切有权力的地方都需要对权力进行制约，否则就会造成权力的滥用，这是一条被人类历史反复证明了的客观规律。

权力滥用产生的根源在于权力失去了监控和约束。制度使各项工作程序化和透明化，强化对权力的监控和约束，滥用权力的可能性就会减小；同时，制度中对滥用权力行为的严厉制裁，会使权力滥用的风险和成本增大，从源头上防止滥用权力行为的发生。

　　追根溯源，权力起源于维护社会公共利益和社会公共生活秩序的需要，就其本质而言，权力乃是一种公共意志，是人类社会和群体组织有序运转的指挥、决策和管理力量。人类的政治发展史表明，权力，作为一种充满魔力的社会客观现象，曾给人类带来过巨大的利益，也给社会造成过深重的灾难，其关键在于权力的运行是否受到合理有效的制约。

人治会影响企业发展的延续性

经济学家研究发现，华人企业是领袖中心型企业，而跨国公司是制度中心型企业。华人企业大都是企业家比企业有名，如企业家李嘉诚；但跨国公司往往是企业比企业家更知名，如可口可乐。

在中国，很多人存在着这么一种看法：一个出色的领导必须具有较强的个人魅力，一个管理水平较高的组织——不管是一个大集团还是一个小组，也肯定是被一个个人魅力较强的人管理着。换句话说就是：要想把一个组织管理好，个人魅力是一个重要因素，它对管理工作起着决定性的作用。

人治的问题并不在于任何领导者都可能犯错误，而在于无法长期有效，无法保证制度、政策的稳定性和可预期性，在现代高度分工的社会中更是如此。

只有良好的企业制度才能够保证企业的持续发展。在引进西方管理理论的时候，应注意这一关键的因素，而不应过多地关注领袖和手段等因素。

改革开放以来，中国的企业发展壮大起来的虽然不少，但是能成功地完成领导人交接，并使企业保持持续发展的却凤毛麟角。因为其从根本上将保证企业持续发展的原动力搞颠倒了，人们将希望寄托在一个"有本事""有魅力"的企业领袖身上，以为他在其中起着决定性的作用，但是事实上起作用的是制度。

不可否认，管理者的个人魅力在管理中起着积极作用，然而个人魅力是难以模仿和传承的。可以看到，改革开放以来，国内许多企业取得了不错的发展，涌现了一批知名企业和企业家，他们或因杰出的才能、非凡的人格魅力，或因"时势造英雄"而成为企业的绝对主宰和精神领袖，当这个人因某种原因离开后，这家公司的状况也大不如前。这种脆弱的人治直接影响企业长远、稳定的后续发展。

对一个组织来说，有一个个人魅力大的领导是好事，但要把这种好事延续下去却较难。因为一旦某个人的个人魅力大，就会对自己的魅力过于自信，管理过程中也会特别重视个人魅力的作用，从而忽略了系统的管理制度以及管理文化的确立，时间长了就会演变为人治。一旦这个人离开该位置，那么这个组织就可能风光不再了，除非再出现一个个人魅力极大的人，或是一位出色的、具有先进管理思想的领导。

某位董事长曾说："为什么我们第一代企业领导人一旦退休，或者突然发生意外的时候，这个企业就垮了？原因就在这里，它没有制度化。因而，只有为企业建立了一套制度的企业家才能算是成功的企业家。比如说美国'开国之父'华盛顿，他制定了美国宪法和民主的选举制度，他的伟大在这里，而不在于他是开国总统。实际上对企业来说，成功与否关键在制度。就是我不在，公司还能很好地发展下去，这才是最大的成功。"

只要制定了相应的制度并切实执行，不管是谁当领导，都能将公司经营好，这才是持久的管理。

假如一个有特殊本领的人，不论白天或黑夜，只要看一下太阳或星星，就能准确地告诉你时间，我们可能会对他肃然起敬。然而，如果这个人不只是告诉我们时间，而是发明时钟，让它永远向我们报时，即使他去世了也不怕，那么，这个人不是更加伟大吗？

同样，作为一个企业的领导人，如果没能建立一套行之有效的机制，那么无论他的个人领导力和魅力多么出色，他所扮演的也仅仅是"报时者"的角色，企业一时的兴旺仅仅是建立在他个人能力之上。但如果企业建立了一套运行机制，可以使企业在任何人的领导下，经历多次产品生命周期后仍然欣欣向荣，这就是"造钟"者了。从这种意义上讲，企业能否持续发展，不能仅仅依赖于某个好领导、好班子。古语说"授人以鱼，不如授人以渔"，持续发展的关键在于制造一台运转良好的"时钟"，即建立一套行之有效的机制。

被誉为"企业管理之神"的台塑集团创办人王永庆，从建立台塑，到带领台塑走上巅峰，多年来，一步一个脚印地建立和完善着企业的制度。令人称奇的是，屡次经济波动，台塑都没有受到多大影响，一直保持着稳健的发展势头，可以说，完善的制度功不可没。

罗宾斯指出，当组织开始制度化以后，它就有了生命力，独立于组织建立者和任何组织成员之外。它具有稳定性和连续性，不会因为领导的更换而发生变化。

一个组织的长生不老绝不仅仅依赖于其英雄人物的"超凡卓识"，在更大程度上应依赖于规章制度体系。在组织中，人是暂时的，制度是永恒的。企业在不同的阶段面临着不同的问题，需要不同的领导才能，不可能有哪一个人完全具备不同阶段所需要的所有才能。没有人能永远充当成功的管理者，只有好的制度才可以永远发挥作用。这样，在一代代管理者的传递中，企业的精华非但没有丢失，反而被丰富了，企业也得到了更好的发展。

当企业形成完整的制度体系后，不仅企业领导，就连一般员工的工作也有了延续性。某员工离开某岗位时，接管其工作的后来者可以依照原有的"制度"迅速展开工作。这就是长青企业职员可以频繁流动或较长时间休假，但公司照样能有效运转的奥秘。

总之，规范的制度，能使企业的各项事业按照同一机制和程式发展，从而具有了自主发展壮大的能力，有效地解决了人治情况下延续性缺失的问题。

用制度化管理减少决策失误

无论是一个国家，还是一个企业，都会涉及决策问题。曾获诺贝尔经济学奖的美国著名管理学家西蒙有句名言："管理就是决策。"由此可见决策在管理过程中的重要性。

对国家而言，一个错误的决策可能给民族带来无法弥补的损失，如二战时期希特勒统治下的德国；而对企业而言，一个错误的决策可能葬送该企业，如巨人集团准备投资 12 亿元建造 70 层大厦的宏伟计划，最终造成了企业的倾覆。

调查显示，大多数企业失败在于投资失误，投资失误缘于决策失误，决策失误往往是企业领导独裁即"人治"所造成的。

大部分成功企业是由一两个领导人物执掌大权，主导企业的命运，这种现象可以看作企业的"人治"，实质上是主观的、感性的、一个人说了算的企业管理模式。

应当说，创办和管理一个企业，在一定时期、一定条件下，一个人说了算有一定的合理性，国内外也有不少成功的事例。但是，这种成功是相对的，一般仅存在于企业创业的初期或早期。那时，企业的规模比较小，条件也比较差，创业者害怕失败，不敢乱来。在这样的心态下，就算是一个人说了算，在决策之前也比较注意听取别人的意见。因此，在创业早期，一个人说了算还有其正面而积极的作用。

但是，一个人说了算在特定条件下的效率与科学意义上的效率不能画等号。在没有科学民主的决策程序的情况下，企业的前景和发展趋势是很难预测的。如果将企业的命运寄托在领导者个人身上，把一个人说了算看成是科学的管理方法，一直坚持下去，早晚要走到尽头。

市场主体的独立性、自主性、平等性、竞争性，要求制度起到引导、规范、调整、制约、保障的作用，这就决定了市场经济只能是法治经济。随着我国市场经济的发展和企业自身利益的需要，从人治走向法治是一种必然趋势，企业只有深刻解读制度化管理的内涵，减少人为不确定因素的影响，才能真正走上稳健的发展道路。

制度化管理从根本上排斥"一言堂"，排斥没有科学依据的决策。企业的决策过程程序化、透明化、科学化，可以使决策结果经得起实践的检验和市场的考验。

制度化管理可以纠正个人错误，即使领导者决策失误，也有一套纠错机制扭转失误。坚持依法治企，建立一套完善的现代企业制度并加以贯彻实施，由"能人治理"变为"制度治理"，是企业实现基业长青的必由之路。

第五章

没有铁的纪律，
就没有高效执行的团队

纪律是高效执行力的重要保证

看一个企业的执行力如何，可以从 3 个层面判断：纪律、效率和细节。其中，纪律排在第一位，是执行力当中最重要的环节。

在国内企业中，海尔可以说是执行力较卓越的一个。从一个濒临倒闭的小厂成为世界知名品牌，是什么改变了海尔？答案就是：纪律！当年，张瑞敏接手那个濒临倒闭的小电器厂时，就是从纪律着手的。

那时，张瑞敏颁布了著名的"13 条"，包括不许打骂人、不许在工作时间抽烟喝酒、不许在车间大小便等。现在看起来像荒唐的笑话，却是当年工厂实实在在的情形，由此可以想象那时海尔员工的整体纪律状况。

随后，张瑞敏编写了 10 万字的《质量保证手册》，制定了 121 项管理标准，49 项工作标准，1008 个技术标准。在张瑞敏眼里，海尔作为由众多大公司集合起来的集团，要想正常运作，需要一套纪律协调各个机构的计划和行动，以便各机构统一面对市场，实现卓越经营，所以海尔从创立之初就非常强调员工的纪律意识。现在，海尔的员工很少出现上班迟到的现象。为了不迟到而打的去上班，这被看作是天经地义的事情，因为如果不及时赶到，便是违反了纪律。

纪律是执行力的重要保证。什么是纪律？纪律首先是服从，下级服从上级、部门服从公司、公司服从集团。令行禁止，决定的事和布置的工作必须有反应、有落实、有结果、有答复。

喜欢足球的朋友都知道，德国国家足球队向来以作风顽强著称，因而在世界赛场上成绩斐然。他们成功的因素有很多，但有一点很重要，那就是德国足球队队员在贯彻教练的意图、完成自己位置所担负的任务方面执行得非常有力，即使在比分落后或陷入困境时也一如既往，没有任何借口。

你可以说他们死板、机械，也可以说他们没有创造力，不懂足球艺术。但成绩说明一切，至少在这一点上，作为一个团队，他们是优秀的，因为他们身上具备执行力文化的特质。

无论是一个团队，还是团队中的一名成员，如果没有完美的执行力，就算有再强的创造力也不可能取得多么好的成绩。

执行力就是有纪律。没有纪律就没有执行力，也就没有战斗力。

对企业而言，没有执行力，就会失去生存空间。相当一部分企业发展缓慢，业务萎缩直至最后被淘汰出局，主要原因之一就是缺乏纪律，从而导致缺乏执行力。

执行力是决定企业成败的一个重要因素，是企业核心竞争力形成的关键。如果你的团队和员工都具有强烈的纪律意识，在不允许妥协的地方决不妥协，不需要借口时绝不找任何借口，你会欣喜地发现，你的团队已经具备了非凡的执行力。

对员工进行严格的纪律训练

西点军校是美国历史最悠久的军事学院，它曾与英国桑赫斯特皇家军事学院、俄罗斯伏龙芝军事学院以及中国黄埔军校并称为世界"四大军校"。建校200多年来，西点军校一直被称为美国陆军军官的摇篮。它培育了一代又一代军事人才，其中2人成为美国总统（格兰特和艾森豪威尔），还有4000名将军、数万名中级军官。

除了善于"制造"政界、军界领军人物，西点军校更是培养商界领袖的摇篮。二战后，世界500强企业中，共有1000多位董事长、2000多位副董事长、5000多位总经理来自西点军校。这样看来，西点军校又堪称美国最优秀的"商学院"！

是什么造就了这种辉煌？是纪律训练！

西点军校非常注重对学员进行纪律训练。为保障纪律训练的实施，西点有一整套详细的规章制度和惩罚措施。比如，如果学员违反军纪军容，校方通常惩罚他们身着军装，肩扛步枪，在校内的一个院子里正步绕圈走，少则几个小时，多则几十个小时。类似的纪律训练要整整持续一年，纪律观念由此深深根植于每个学员的大脑中。纪律训练同时还增强了学员们的自尊心、自信心和责任感，这些都是让人受益终身的精神和品质。

一位企业董事长在西点军校接受了严格的纪律训练，他深有感触地说："它帮助我成为了一名合格的陆军指挥官。在后来为企业服务的职业生涯中，我成功地把这种纪律观念灌输给我的每一个下属，它又帮助我获得了不凡的成功。我发现，纪律的作用和重要性，比人们通常所想象的还要大。"

万科总经理郁亮曾详细解释过西点模式。他说："在万科看来，所谓西点模式，首先，意味着一种精神，一种强调'责任、国家、荣誉'的精神。放在今天的企业里面，则意味着一种强调'责任、团队、荣誉'的精神，意味着纪律与服从，团队与协作，以及一种坚韧不拔、自强不息的顽强意志。其次，意味着一套体系。西点军校学员自入校之日起，就要进行严格的检验与筛选，优胜劣汰。每个学员在考入西点军校前都要做好被淘汰的思想准备。第一学年新生淘汰率为23%，最终能学完4年毕业的学员只占入学总人数的70%左右。完善的教学体系，严格的日常管理，高度的竞争精神，自觉的约束机制，为西点军校200多年来人才辈出提供了保障。最后，意味着一套成熟的管理模式。战场之上，情况瞬息万变，一点小小的疏忽，都有可能铸成大错。商场如战场，同样必须经常面临'滑铁卢'。因此，强大的领导管理能力、快速灵活的应变能力、准确高效的执行能力、配合默契的协同作战能力，不仅在战场上行之有效，在企业中同样不可或缺。"

郁亮还曾在文章《万科向西点学什么》中这样写道："很多时候，我们说，万科就像一支足球队。强调团队，但不反对创造；强调纪律，但不反对想象；有秩序但不呆板，有活力但不冲动。他们是理想的，也是现实的；他们是开放的，也是学习的；他们是快乐的，也是年轻的。相当长一段时间里，万科一直被认为是中国房地产业的'黄埔军校'。万科年轻的职业经理团队以其独特的团队精神、职业精神和张扬的个性，在中国新兴企业的发展历程中独树一帜，形成了独特的理想主义品格。"

巴顿可以说是美国历史上个性较强的四星上将，他在纪律问题上，态度毫不含糊。他深知，军队的纪律比什么都重要。他认为，纪律是保持部队战斗力的重要因素，也是士兵们发挥最大潜力的基本保障。所以，纪律应该是根深蒂固的，它甚至比战斗的激烈程度和死亡的可怕性质还要强烈。纪律只有一种，这就是完善的纪律。假如你不执行和维护纪律，你就是潜在的杀人犯。巴顿如此认识和执行纪律，并要求部属也必须如此，这是他成就事业的重要因素之一。

乔治·福蒂在《乔治·巴顿的集团军》中写道："1943年3月6日，巴顿临危受命为第二军军长。他带着严格的铁的纪律驱赶第二军，就像摩西从阿拉特山上下来一样。他开着汽车辗转于各个部队，深入营区。每到一处都要啰啰唆唆地训话，诸如领带、护腿、钢盔和随身武器及每天刮胡须之类的细则都要严格执行。巴顿由此可能成为美国历史上最不受欢迎的指挥官。但是第二军发生了变化，它变成了一支顽强、具有荣誉感和战斗力的部队……"

有位著名的田径教练，经常苦口婆心地劝运动员把头发理短。据说，他的理由是：问题并不在于头发的长短，而是在于他们是否遵守纪律、服从教练。

此事与"洗脑教育"颇有异曲同工之妙。所谓"洗脑"不外乎长期向受教者灌输一条规则，即使受教者心存反感，但强制性灌输使他们丧失了思考能力，只好服从。

这与训练军事人员的方法也有类似之处。新兵入伍时，往往采取"斯巴达式"的各种训练。这种做法的优点在于，使下属的身体疲惫不堪，没有提出反对的余地，渐渐形成无条件服从上司的心理定式。这种行为如果积累下来，便可形成绝对服从的团队纪律。

企业员工也同样处在一种命令系统之中。例如，在一个团队中，若下属不能服从上司的命令，那么在执行任务、达成共同目标时，就可能产生障碍。反之，如能完全发挥命令系统的机能，此团队凡事必可胜人一筹。

这并非要企业将其员工以军队方式加以训练，而是从团队战斗力和执行力的角度，促使下属养成遵守纪律的习惯。

说到底，企业的基础是员工，"基础不牢，地动山摇"。如果把企业比作一部机器，那么无论是管理人员、技术人员，还是操作人员，都是机器的零部件，只有零部件运作正常，整台机器的运行才能正常。一个团结合作、富有战斗力和进取心的企业团队，必定是一个纪律严明的团队。对于企业和员工而言，敬业、服从、协作等精神永远比其他任何东西都重要。但这些优良品质并不是与生俱来的，所以，不断加强纪律训练和思想灌输就显得尤为重要。

强化纪律，赏罚分明

自古以来，管理国家、军队、企业都有一条有效铁律，那就是"赏罚分明"。在企业里，管理者只有赏罚分明，才能不断强化正确的行为、抵制错误的行为。"赏"是对员工正确行为的肯定，帮助管理者旗帜鲜明地表明，员工哪种行为是自己所赞同的；"罚"是对员工错误行为的否定，表明哪种行为是被管理者禁止的。

纵观历史，但凡有名的军事家，在治军上都是法纪严明的。比如诸葛亮，作为三国时期最著名的军事家之一，他管理所有军政事务的手段之一就是赏罚分明。对有功者，他施以恩惠，不断激励；对有过者，他严肃法令，秉公执法。

有两件事可以反映诸葛亮的赏罚分明：第一件事，诸葛亮首次北伐时，马谡大意失街亭，致使诸葛亮北伐之旅彻底失败。诸葛亮退军后，挥泪斩了马谡。同时，对在街亭之战立下战功的大将王平予以表彰，擢升了他的官职。第二件事，作为托孤重臣的李严，一直为诸葛亮所器重。但在北伐时，李严并没有按时将粮草提供给前线，反而为了逃避责任，在诸葛亮和刘禅之间两头撒谎，诸葛亮不明就里，只得退军。后来诸葛亮了解到真相，立即将李严革职查办。

街亭一战，可以说是诸葛亮平生最为狼狈的一次战役。街亭战后，诸葛亮对马谡的罚以及对王平的赏，都充分体现了他恩威并施的不凡智慧，不仅使军纪得到了整肃，士气也得到了极大的鼓舞。在现代企业管理中，管理者也应该像诸葛亮一样，有奖有罚，恩威并施，这也是对员工很重要的一种激励手段。形象一点来说，就是要管理者用好手中的"棒棒糖"和"狼牙棒"，要使员工明白，努力工作就能尝到"棒棒糖"的甜，犯了错误就要感受"狼牙棒"的痛。

赏罚分明，就是要做到有理有据。摩托罗拉就是赏罚分明的代表。摩托罗拉年终评估以及业务总结会一般都是在次年元月进行。公司对员工个人的评估是每季度一次，对部门的评估是一年一次，年底召开业务总结会。根据一年来对员工个人和部门的评估报告，决定员工个人来年薪水的涨幅，并决定哪些员工可以获得晋升机会。每年的2-3月，摩托罗拉都会挑选一批优秀员工到总部去考核学习，5-6月会定下哪些人成为公司的管理职位人选。

摩托罗拉员工评估的成绩报告表很规范，是参照美国国家质量标准制定的。摩托罗拉员工每年制定的工作目标包括两个方面：一个是宏观层面，包括战略方向、战略规划和优先实施的目标；另一个是业绩，它可能包括员工在财政、客户关系、员工关系和合作伙伴之间的一些作为。摩托罗拉员工的薪酬和晋升都与评估紧密挂钩，虽然评估的目的绝不仅仅是为员工薪酬调整和晋升提供依据，但是，在这一过程中，评估确实体现了摩托罗拉赏罚分明的管理制度。

企业和军队一样，都是组织。一支军队赏罚分明，可以提高战斗力；一个公司赏罚分明，可以提高市场竞争力。如果赏罚不明，一切制度都成了虚设；赏罚分明，制度就容易得到巩固和完善。企业管理者在赏罚分明方面要注意3个问题：第一是有过必罚。一个组织必须讲究制度和纪律，团队事务是公，不能因为个人感情而有过不罚。有过不罚，就等于企业管理者自动放弃了惩罚机制。第二是有功必赏。下属有功劳而不能获得奖赏，其工作便会失去主动性和积极性。第三是奖罚一定要双管齐下。下属取得成绩，及时给予奖励和肯定，以此来激励下属取得更大的成绩；下属犯了错误，给予批评和惩罚，以此来警醒其改正错误。另外，赏罚一定要公平，否则会引发员工的抵触心理。

不杀鸡，就唬不了猴

《左传》记载：孙武去见吴王阖闾，与他谈论带兵打仗之事，说得头头是道。吴王心想："纸上谈兵管什么用，让我来考考他。"于是，便出了个难题，让孙武替他训练姬妃宫女。孙武挑选了 100 个宫女，让吴王的两个宠姬担任队长。

孙武将列队训练的要领讲得清清楚楚，但正式喊口令时，这些宫女笑作一堆、乱作一团，谁也不听他的。孙武再次讲解了要领，并要两个队长以身作则。但他一喊口令，宫女们还是满不在乎，两个当队长的宠姬更是笑弯了腰。孙武严厉地说："这里是演武场，不是王宫；你们现在是军人，不是宫女。我的口令就是军令，不是玩笑。你们不按口令训练，两个队长带头不听指挥，这就是公然违反军法，理当斩首！"说完，便叫武士将两个宠姬杀了。

演武场上顿时一片肃静，宫女们吓得谁也不敢出声。当孙武再喊口令时，她们全部步调整齐，动作规范，老老实实地训练起来。

在现实生活中，管理者也时常会遇到这样的情况：无视纪律，人心浮躁，甚至还有派系纷争，整个公司都被搞得乌烟瘴气。要想进行治理，就必须当机立断，对为首者加以严惩，而且事不宜迟，越快越好。倘若管理者还顾念人际关系，避免人事冲突，任由局势继续恶化，那么最后还要承担失职的责任。如果姑息养奸，只能说明他缺乏魄力，是一位不称职的管理者。这种情况下，管理者有必要抓住一个典型，开一开"杀戒"，使千万人为之警惕畏惧。这是维护纪律的一种有效方法。

古人云："劝一伯夷，而千万人立清风矣。"要规范组织的正常秩序，惩罚必不可少。如果对待严重违反纪律的人"心太软"，必定会给自己和组织带来更大的伤害。要知道，规章制度不是用来摆样子的，是必须动真格的。但惩罚毕竟只是手段而不是目的，虽然不能迁就大多数，不能有法不责众的观念，但也并不代表要处罚大多数。实际上，一方面，这个大多数很可能是"伪众"；另一方面，之所以人们有法不责众的思想，往往是因为最初没有好好执行制度，违反者并未受到惩罚，甚至能得到利益，于是违反者越来越多，最终成了"真众"，让管理者骑虎难下。

无论是哪种情况，杀一儆百这一招都是不错的选择。对于"伪众"，由于很多人是受了某种迷惑，所以严惩为首者即可；而对于"真众"，就要在制度推行时杀一儆百，维护制度的威严，防止"真众"的形成。

在任何团体中，皆有扮演"被杀"角色的人存在。但这个角色绝非每个人皆能胜任，该角色的最佳人选一定要开朗乐观、不钻牛角尖，并且不会因为受到惩罚而意志动摇。

"杀一儆百"策略，对树立制度的威严、增强员工的纪律性具有十分显著的效果。但是，在具体运用时也要注意以下几点：

一、严打出头者

如果办公室里已经暴露了失序的苗头，管理者就该注意观察，抓住第一个以身试法者，并从速从严予以处置。这样做有两个好处：第一，第一位只有一个人，容易处置；第二，第一位胆量大、影响坏，若不及时处理，便会有效仿者紧随其后。

二、敲击情节严重者

如果同时出现好几位违纪者，应当缩小打击面，重点惩处情节严重、性质恶劣、影响最坏者，其他人给予适当的批评教育。如果不加选择，一律照打，可能会产生不良影响：第一，由于打击面过宽，使大家产生每个人都有错误之感，达不到"警"的目的；第二，会影响工作；第三，树敌太多，影响管理者的威信。

三、惩处资深人员或中层干部

如果违纪者中有资深人员或肩负重任的中层干部，对其进行惩处，效果会更好，更能对普通员工起到警告作用。试想，有实绩的人或部门主管都被惩处、指责，其他职员能不感到紧张而加倍努力工作吗?

四、惩处要使对方心服口服

既然是惩罚，肯定都是无情的。作为管理者，在使用这一手段时，也要考虑到对方的情绪。应当注意：第一，惩处方式不能过于偏激，要留有余地，能被对方接受；第二，惩处要有理有据，根据纪律规定来执行，使被惩处者心服口服，无话可说。

五、惩处要恩威并用

"抓典型"只是管理的一种手段，但不是唯一的手段，它不是以打击报复为目的。所以，还须辅之以"恩"，软硬兼施。

这样，被惩处者在被"杀"的同时，又感受到了一些关爱。管理者也能因此树立起一个可畏可敬的形象。

六、要注意频率和次数

此法不能用得太频繁，否则会引起下属们的不满，甚至认为管理者只会处罚人，缺乏管理能力，从而从心里看不起管理者，影响管理者的形象。

第六章

搭建规范的竞争平台，
才能人尽其才

机制的最大意义是保证人尽其才

　　企业实现执行力的关键是需要建立一种协同个人贡献的机制，即"群体运行机制"。企业的管理者为了提高公司业绩和执行力，已经越来越重视人才的使用。但大量事实证明，单纯关注个体员工使用的管理者并不能保证一个组织高效运行。

　　保证人尽其才，并使这些人才协同一致，以此来提升团队的运行效率。迪克·布朗就是设计这种制度的高手。他在1999年1月当上了IT（互联网）服务业的巨人——电子数据系统公司（EDS）的CEO（首席执行官）。在他上任之前，公司庞大的规模和全球化经营使EDS陷入了繁杂的事务中。EDS试图调整业务，但结果很不理想——业务大幅萎缩，连续几年未能达到预期赢利。

　　布朗创立了群体运行机制，以保证业务的成功。其中最重要的一项是每月一次的"执行会议"——一个包括来自全球约100个EDS业务主管的电话会议。在会议中，每个单位的月成果和自年初的累积成果都要被讨论到。这样很快就可以知道谁做得好，谁需要帮助。这使每个部门不得不高效工作，避免居人之后。另外，在与业绩不理想的主管对话的过程中，布朗会刨根问底式地询问，使落后者感到压力，从而迎头赶上。

　　布朗设计的群体运行机制以其公开、公平、透明的特点赢得了公司上下的赞誉，每个主管都会根据业绩的需要自觉调整自己的团队，力求每一个人都是在他最合适的岗位上工作。布朗每两周都要给全体员工发一份电子邮件，让他们了解公司的一些特别成就，同时讨论公司在优先业务里所处的状态，这种做法使公司的共同目标得到加强，决策得到传达。到 1999 年年底，EDS 群体运行机制的效果明显体现出来了，公司各级主管把关注点转移到吸引和留住人才上，促使人尽其才。同时，公司里的每一个员工对公司自身的成长、客户满意度以及责任感的关注也日益增强。EDS 的业绩由此直线上升。

随着组织成员越来越多，协同一致就成了更大的挑战。为了分摊责任，公司往往会创建一种组织构架。建立这种构架时，也就是组织内部的社交互动发生改变的时候。通常，一个部门到另一个部门的信息流动会遇到障碍或者被歪曲。公司规模越大，人们分享信息、做出一致决策和调整其优先业务的难度就越大。决策的速度变慢，执行力的优势就会被削弱。因此，企业运行机制的最大意义是保证公司各项信息流动的便捷性、有效性和准确性。

没有伯乐，也能发现千里马

　　世界各国中，第一个使用客观标准来选拔人才的国家是中国，这就是我们平常所说的科举制。虽然这个制度有其一定的历史局限性，但它毕竟用了一个相对客观的标准来选拔评判人才。因此科举制也得以漂洋过海，成为西方文官制度的鼻祖。当然，由于受人治的影响，科举制不可避免地存在很多局限性，而且科举制是政府选拔人才的方法，并不是用市场的标准来评判人才。

　　人才选拔的标准多种多样，不过基本上可以归纳为两个标准：主观的和客观的。

　　现代社会，全球实行市场经济制度的国家越来越多，使用市场的标准来选拔人才也被越来越多的机构认可。特别是一些跨国公司，都有一些如市场占有率、利润增长率等经营业绩的硬指标来评判一个企业的领导人才，而较少用主观标准。企业人才的选拔必须客观指标多于主观指标，就像选好马就必须到赛马场一样，要比成绩，而不是比外观。

　　"赛马"的好处很多，它可以避免伯乐单独相马而导致的人治问题，可以解决伯乐相马一眼定终身而使群马不求上进的问题，可以解决因伯乐数量不足、精力不够带来的群马可能机遇不等的问题，它有利于好马戒骄，次马防馁，大多数马时刻处在跃跃欲试的备赛状态。

　　"赛马"机制的广泛推广，必然会对育马、养马、驯马提出新的要求，从而产生更多的好马。

当然，提倡"赛马"，并不是要否定伯乐的作用。"赛马"仍然包含着相马的工作，只不过是要将这项工作放到更广阔的空间里去做，并使之建立在实践基础和群众基础之上。在"赛马"过程中，需要伯乐当好组织者和裁判员。同时，实行"赛马"还要求伯乐扩大职业范围，把发挥所长和更新知识结合起来，去研究和参与育马、驯马、养马工作。从另一方面看，在"赛马"中，由于吸引群众参加了相马工作，无形之中就扩大了相马者的数量，伯乐的队伍就大得多。这对那些专门从事伯乐工作的人也是一种促进，这对改变他们原先孤身"奋战"、疲于奔命的状况，也颇有裨益。

"赛马"坚持实践第一，重量化指标和客观效果，而"相马"往往凭经验定性，带有浓重的主观主义和人治色彩；"赛马"是公开透明的，让人一目了然，而"相马"往往是少数"伯乐"的"决定"，容易引起非议，也容易导致腐败。

"赛马"中人才是主动参与者，他们能够主宰自己的命运，而在"相马"中，人才是被动的。

"赛马"都有明确的"赛马"规则，量化的"赛马"条件，而且多在大庭广众之下进行，赛的结果比较真实，容易让人信服。而"相马"不仅要受到"伯乐"眼界的局限，还容易被其他因素左右，其结果往往会引来争议。

"赛马"的参与者因为是凭借自己的实力脱颖而出的，因此更加珍惜到手的成果。而因"相马"受到任用的人，很容易对"相"中他的"伯乐"感恩戴德，只对其负责，在工作中很难做到公私分明。

"赛马"凭借的是真才实学和过硬的业务水平，而"相马"很容易诱导那些参与者去做表面文章，助长人们相互猜忌、明争暗斗的歪风邪气。

　　"赛马"机制改革了传统的选人方法，使人尽其才，才尽其用，人人都在公平的基础上进行竞争。这种竞争机制的引入有利于克服企业中人浮于事、干部能上不能下的人事矛盾，经常保持人事相宜，带给企业的好处是很多的。

　　"赛马"和"相马"都是人才的选拔手段，其宗旨都是为人才创造脱颖而出的条件，而执行起来的结果却大相径庭。可以说，"赛马"机制是符合市场经济发展规律的一种人才选拔方法，值得我们学习借鉴。

用规范的程序保证薪酬制度的质量

制定健全科学的薪酬制度，是企业制度建设的一个重点，也是推行制度化管理的核心内容。企业薪酬制度是诱导员工行为因素集合于企业目标体系的最佳连接点，即达到特定的组织目标，员工将会得到相应的奖酬。因此，需要有一套完整而正规的程序来保证其质量。

一、确定企业薪酬的原则与策略

这是企业文化的一部分内容，是以后诸环节的前提，对后者起着重要的指导作用。在此基础上，确定企业的有关分配政策与策略，如分配的原则、拉开差距的标准、薪酬各组成部分的比例等。

二、职位分析

职位分析是确定薪酬制度的基础。结合企业的经营目标，企业管理层要在业务分析和人员分析的基础上，明确部门职能和职位关系，规范职位体系，编制企业的组织结构系统图。人力资源部和各部门主管合作编写职位说明书。关于这方面的著作较多，在此不再赘述。

三、职位评价

职位评价重在解决薪酬的内部公平性问题。它有两个目的：一是比较企业内部各个职位的相对重要性，得出职位等级序列；二是进行薪酬调查，建立统一的职位评估标准，消除不同企业间由于职位名称不同，或即使职位名称相同，但实际工作要求和工作内容不同所导致的职位难度差异，使不同职位之间具有可比性，为确保薪酬的公平性奠定基础。它是职位分析的自然结果，同时又以职位说明书为依据。

职位评价的方法有许多种，比较复杂和科学的是计分比较法。它首先要确定与薪酬分配有关的评价要素，并给这些要素定义不同的权重和分数。在国际上，比较流行的如 HAY 模式和 CRG 模式，都是采用对职位价值进行量化评估的办法，从三大要素、若干个子因素方面对职位进行全面评估。

大型企业的职位等级有的多达 17 级以上，中小企业多采用 11 ~ 15 级。国际上有一种趋势是"减级增距"，即企业内的职位等级逐渐减少，而薪酬级差变得更大，呈现出宽幅化的特点。

四、市场薪酬调查

市场薪酬调查重在解决薪酬的外部公平性问题。薪酬调查的对象，最好是选择与自己有竞争关系的企业或同行业的类似企业，重点考虑员工的流失去向和招聘来源。薪酬调查的数据，要有上年度的薪酬增长状况、不同薪酬结构对比、不同职位和不同级别的职位薪酬数据、奖金和福利状况、长期激励措施以及未来薪酬走势分析等。

五、确定薪酬水平

通过薪酬结构设计为不同的职位确定的薪酬标准，虽然在理论上是可行的，但在实际操作中，若企业中每一职位都有一种独特的薪酬，就会给薪酬的支付和管理造成困难和混乱，也不利于对员工进行管理与激励。所以，实际上总是把众多类型的薪酬归并组合成若干等级，如 200 分以下的职位薪酬水平为第一级，200 ~ 400 分的为第二级，依此类推。

薪酬等级数目应视企业的规模和行业的性质而定，其多寡并没有绝对的标准。但若级数过少，员工会感到难以晋升，缺少激励效果。相反，若数目过多，则会增加管理的困难与费用。

另外，还要给每一等级都规定一个薪酬变化的范围，或称为薪幅，其下限为等级起薪点，上限为顶薪点。各等级的薪幅可以一致，但比较常见的是随等级上升而呈累积式的扩大。相邻等级的薪幅之间会出现重叠，这不仅是不可避免的，也是必要的和有益的，可以使员工在某一等级内获得较高的薪酬，从而激发他们的工作热情。但重叠的部分不宜过多，否则可能会出现员工在晋升后薪酬反而降低的现象。

六、薪酬的实施与修正

薪酬制度一经建立，就应严格执行。在保持相对稳定的前提下，还应随着企业经营状况和市场薪酬水平的变化做相应的调整。

在激励员工的过程中，管理者要给员工提供一套令他们满意的薪酬体系，这对全面使用各种激励方法具有奠基作用。

灭恶性竞争之风，立良性竞争之气

人对于美好事物都有羡慕之情，这种羡慕之情来源于对别人拥有而自己没有的好的东西的向往。关系亲密的人，这种羡慕之心尤为显著。

很多人羡慕别人的长处，就会鞭策自己，努力工作，刻苦学习，赶超对方。这种人会把羡慕渴求的心理转化为学习、工作的动力，通过与同事的竞争来缩短彼此间的差距。这种行为引发的竞争就是良性竞争。

良性竞争对企业有很大的好处，它能促使企业员工之间形成你追我赶的学习、工作气氛，每个人都积极思索如何提高自己的能力，掌握更多的技能，从而取得更大的成就。这样一来，企业的整体水平就会不断提高，充满生机与活力。

但并不是所有的人都明白良性竞争的道理，有些人由羡慕转为忌妒，甚至是嫉恨。这种人不但自己不思进取，还会想出各种见不得人的花招打击比自己强的人，拉先进的后腿，让大家扯平，以掩饰自己的无能。这种恶性竞争只会影响先进者的积极性，使员工之间戒备心变强。如果整个企业长时间处在这样的气氛中，那么员工的大部分时间与精力都会耗在处理人际关系上，就是身为管理者的你也会被如潮涌来的相互揭发、抱怨湮没，这样的组织你还能有什么指望呢？

在这样的公司里，大家相互抗拒，工作不能顺利完成，怕打击报复，谁也不敢冒尖。人人都活得很累，但是公司的业绩却平平。

如果你是一个组织的管理者，平日一定要关心员工的心理变化，在公司内部采取措施，从制度和实践两方面入手，防止恶性竞争，积极引导员工参与到有益的良性竞争中来。让大家心往一处想，劲儿往一处使，公司的工作才能越做越好。

竞争中任何一点不公正都会使竞争的光环消失，如竞选某一职位，员工知道领导早已内定，还会对竞选感兴趣吗？如进行销售比赛，对完不成任务的员工也给奖，能不挫伤先进员工的积极性吗？失去了公正，竞争就失去了意义，只有公正才能达到竞争的目的。

具体来说，防止恶性竞争、引导良性竞争需要注意以下8个方面：

第一，要有一套正确的业绩评估机制。要多从实际业绩着眼评价员工的能力，而不能根据其他员工的意见或者是管理者自己的好恶来评价员工的业绩。总之，评判的标准要尽量客观。

第二，进行团队精神塑造，让大家明白竞争的目标是团队的发展，而不是"内耗"。

第三，创造一个附有奖励的共同目标，只有团结合作才能达到。

第四，对竞争的内容、形式进行改革，剔除能产生彼此对抗、直接影响对方利益的竞争项目。

第五，在组织内部创建一套公开的沟通体系。要让大家多接触、多交流，有话摆在明处讲、有意见当面提。

第六，找出一个共同的威胁或"敌人"，如同行业的另一家公司，以此淡化、转移员工间的对抗情绪。

第七，不能鼓励员工搞告密、揭发等小动作。不能让员工之间进行相互监督，不能听信个别人的一面之词。

第八，处罚彼此暗算、不合作的行为，指出从现在开始，只有合作才能受到奖励；批评不正当竞争者，表扬正当竞争者；坚决惩罚那些为谋私利而不惜攻击同事、破坏组织正常工作的员工。

总之，企业要为员工创造良性的竞争环境，让每个人都有正确的竞争意念并投入到竞争之中，组织的活力才永远不会衰竭。

第七章

完善沟通渠道，
员工的执行力是"谈"出来的

沟通可以解决一切问题

　　管理者在工作中，时常会听到员工这样或那样的抱怨：认为个人的工作成绩没有得到应有的承认和肯定；其合理化建议没有得到应有的重视和采纳；工作环境压抑、人际关系紧张，甚至一个办公室内彼此间不相往来……其实，这些抱怨都会严重影响员工的工作积极性和工作热情，从而影响到企业的效率和效益。这些抱怨究其根源均在于沟通不够、沟通无效或沟通存在障碍。

　　诺基亚公司董事长兼首席执行官沙玛·奥里拉在自己的管理箴言中这样写道："我觉得有两个技能很重要。第一是沟通能力，第二是人才管理能力。如果没有好的沟通能力，一切都无从谈起。"日本松下电器公司创始人松下幸之助也认为："企业管理过去是沟通，现在是沟通，未来还是沟通。"

　　沟通是信息交流的重要手段，是管理的生命线，因此，对于企业管理者来说，沟通能力极为重要。管理者每天所做的大部分决策事务，都是围绕沟通这一核心问题展开的。管理者必须经常依赖员工的大力支持和合作，才能完成任务。有两个数字可以很直观地反映沟通在企业管理中的重要性，就是两个70%。

　　第一个70%是指企业的管理者有70%的时间用在沟通上。开会、谈判、谈话、做报告是最常见的沟通形式，撰写报告实际上是一种书面沟通的方式，对外各种拜访、约见也都是沟通的表现形式，管理者大约有70%的时间花在此类沟通上。

第二个 70% 是指企业中 70% 的问题是由于沟通障碍引起的。比如，企业常见的效率低下的问题，往往是有了问题后，大家没有沟通或不懂得沟通引起的。另外，企业里执行力差，领导力不强的问题，归根到底，都与沟通能力的欠缺有关。比如说管理者在绩效管理的问题上，经常对下属恨铁不成钢，年初设立的目标没有达到，工作过程中的一些期望也没有达到等。为什么下属达不到目标的情况会经常出现？在很多调研中都发现，下属对管理者的目的或者期望事先并不清楚，当然无法使其满意，也导致对年度的绩效评估不能接受。这无论是管理者表达的问题，还是下属倾听领会的问题，都是沟通造成的问题。

因此，卓越的沟通能力是管理者必备的素质之一。但是，现实中却有很多企业管理者不重视沟通管理，他们认为，管理者与被管理者之间不能有太多的平等，没有必要告知被管理者做事的理由。"民可使由之，不可使知之。"他们片面强调被管理者应无条件地服从，"理解的执行，不理解的也必须执行"，从而认为除了告知对方做什么、做到什么程度之外，再告知其他相关信息都是多余的，更不用说就对方的态度、情感，通过沟通达成理解和认同。

没有充分有效的沟通，员工不知道做事的意义，也不明白做事的价值，因而做事的积极性也就不可能高，创造性也就无法发挥出来。不知道为什么要做这个事，所以他也就不敢在做事的方式上进行创新，做事墨守成规，按习惯行事，必然效率低下。

一个希望有所作为的管理者，绝不会轻视管理沟通的工作。

　　总结起来，沟通在管理中的作用主要有以下三点：

　　一、良好的沟通是保证员工做好工作的前提。只有通过沟通让员工明白了他的工作目标要求、所要承担的责任、完成工作后的个人利益之后，才能使他确知做什么、做到什么程度，自己选择什么态度去做。

　　二、良好的沟通是激发员工工作热情和积极性的一个重要方式。管理者与员工经常就其所承担的工作，以及他的工作与整个企业发展的联系进行沟通，员工就会受到鼓舞，就会使他感觉到自己受到的尊重和他工作本身的价值。这也就直接给员工带来了自我价值的满足，他们的工作热情和积极性就会自然而然地得到提升。

　　三、良好的沟通是员工做好工作的一个保障。只有通过沟通，管理者才能准确、及时地把握员工的工作进展、工作难题，并及时为员工工作中的难题的解决提供支持和帮助。这有助于他的工作按照要求及时、高质量地完成，进而保证整个单位、部门，乃至整个企业的工作协调进行。

　　良好的沟通能让人与人之间的了解变得畅通无阻，聪明的管理者会巧妙地利用沟通来增进对员工的了解。

走动式管理：创造沟通机会和平台

麦当劳快餐店创始人雷·克洛克不喜欢整天坐在办公室里，而是把大部分工作时间都花在到所有分公司和各部门走一走、看一看、听一听、问一问上。

麦当劳公司曾有一段时间面临严重亏损的危机，雷·克洛克发现其中一个重要原因是公司各职能部门的经理有严重的官僚主义，习惯躺在舒适的椅背上指手画脚，把许多宝贵时间耗费在抽烟和闲聊上。于是一个大胆的想法在他的脑海中形成了，那就是：将所有经理的椅子靠背锯掉，并立即实施。

开始很多人骂雷·克洛克是个疯子，但后来不久，大家就体会到了他的一番"苦心"。经理们纷纷走出办公室，深入基层，及时了解情况，现场解决问题，终于使公司扭亏为盈。

这种管理模式就是走动式管理。该管理理念最早是由彼得斯提出的，它的核心是管理者要融入员工之中，而不是在员工面前摆谱。走动式管理不是待在办公室里翻阅各种数据和报告，而是走到员工中间、客户中间以及供应商中间去，和他们面对面地进行交流沟通。在走动过程中，管理者的主要角色是倾听者。通过倾听，管理者可以从员工、客户和供应商那里得到准确的第一手信息。在面对面的交流中，管理者可以用现场解答和阐述的方式，把公司的价值观念传递给员工、客户和供应商，促使他们认同和接受公司的价值理念。

走动式管理不是视察活动。它的目的是要了解员工的工作进展以及他们在工作中都遇到了什么样的麻烦，通过询问来指导员工做一些重要的事情。可见，走动式管理的前提假设是预想到员工在工作中可能会有一些东西妨碍他们完成任务，因而需要管理者通过走动去了解、帮助员工解决困难，指引员工而不是命令、干涉、剥夺员工的自主权来解决问题。

走动式管理不是管理者越俎代庖，剥夺员工的权利，而是提供一些有助于扩大员工自主空间的建议。它也不是命令员工应该干什么，应该采取什么样的具体措施，而是提高员工的自信心和自制力。在走动式管理中，管理者不是担任指挥者的角色，而是参谋的角色。总之，优秀的走访者会在公司愿景下扩大员工的自主权，而不是使之缩小。

在企业中，应把走动式管理作为一种经常性的管理活动，而非"国是访问"。它不需要提前通知被走访者，不需要做准备，因为它就是针对那些有意无意隐蔽起来的真实情况而来的。要使走动式管理者听到组织的真实声音，最好的办法就是管理者经常性走动。这样做可以有效地消除"礼节性拜访"或者"恩赐式关怀"的缺陷，达到与员工面对面交流的目的，也是获得真实信息、强化公司共同愿景的良药。要扩大走动式管理的效力，不在于宣传，而在于管理者身体力行。只有管理者养成走动的习惯，让员工了解管理者会随时到自己身边来，员工才能感觉到管理者一直与自己同在，也才能让员工对管理者产生信赖，进而愿意与之沟通。

多一些鼓励，少一些批评

　　无论年龄长幼，贫富贵贱，爱听鼓励的话是人的天性。然而在企业中，当员工工作执行不到位、消极怠工或者犯错误时，不少管理者都喜欢通过批评员工来树权威、耍威风，更有甚者，还喜欢在员工犯错误时发脾气，殊不知这样会弊远大于利。一味用批评和尖锐的意见面对员工，很多时候会扼杀员工的创新性，使员工产生挫折感。批评往往会使自己情绪恶化，员工会因此而产生逆反心理，会消极怠工，更会破坏工作场所的氛围。而且对于管理者而言，他们也会被认为是不合群、人际关系有问题。批评只是管理的手段而不是目的，光靠批评不仅无助于问题的解决，还会使问题恶化，员工在接受批评后会产生紧张感、挫折感，而这些负面情绪都不利于问题的最终解决。

　　一天，公司赵总突然接到刚工作不久的员工妮妮的电话："我买了机票，我要去旅行，现在想向你辞职。"赵总接到这样的电话不免感到惊讶，但他还是尽量平和地说："我给你两周的时间，旅行完之后再回来上班。"妮妮说："不用了，即使回来，我也不想回到这里上班。"

　　赵总听到这样的回答感到很气愤，但他依然没有忘记反思问题出现的原因。他终于想起，前几天妮妮曾经交给他一份企划案，当时他看了十分不满意，还训斥她："你怎么可以做出这样的东西，竟然还好意思交给我，你是大学毕业生吗？"

妮妮因为赵总的一句严厉的批评而辞职了。妮妮工作时间不长，很明显，妮妮抗挫折的能力比较差，赵总在跟她打交道时，有必要使用一定的技巧。员工犯错后，管理者应该做的是向员工提出解决问题的建议，避免他们以后再犯。很多时候，新进员工犯错误都是由于管理者没有给他们正确的建议。

例如，某员工说："我不想做了，实在是没有什么前途。"这说明他正处于情绪不稳定的状态，此时管理者最好的做法是采用迂回的策略，先让他的情绪稳定。管理者可以先把员工的话润色加以重复："你的意思是，你觉得在这里的表现或者发展不是很满意，是吗？"然后稍等片刻，暗示对方你已经明白了他的意思。如果，员工的情绪依然低落，对你说："是呀，我觉得这里很糟糕。"那么这时候管理者可以继续跟他聊，直到他平静下来。最后，员工可能会询问你该怎么办。这时管理者就掌握了谈话的主动权，可以询问员工的想法，如果通过沟通发现他之所以会如此沮丧是因为对自己太过悲观的缘故，那么管理者有必要举例让他知道其实他已经做得非常好。

当然，这里说管理者应多些鼓励和建议，并不意味着对员工的错误视而不见。有时候，批评也是必需的，只是批评也要有艺术。

比如，如果一个员工之前的工作表现都很好，但是后来却怎么都没有办法达到管理者的要求。这时候批评就有必要了，但是作为一名管理者，如何批评才不会起反作用呢？

作为管理者，如果质疑员工说："你是怎么搞的，为什么没有把事情做好？"那在员工看来，就很可能会认为管理者讨厌自己，而不能就事论事。所以，一名优秀的管理者，在批评时一定要注意以下四点：

1. 要跟员工讲清楚事实，比如："你这份企划书，为什么没有按时交给我？"

2. 要明确告诉员工你自己的感觉，比如告诉员工："我对你现在的表现很失望。"

3. 管理者要明确自己的管理目标，让员工接收到肯定的词汇，而不是否定的词汇，比如：不要说"你以后交企划不要迟到"，而是说"我希望你以后能按时交企划"。

4. 要运用"说服的艺术"，也就是用建议的方法而不是用意见。要说服员工做事，要让员工有自己判断的机会，所谓"晓之以理，动之以情"就是这个道理，要让员工知道你的建议是正确的。你不是在对员工的行为挑刺，指出他的错误，要用"诱之以利"的方式让员工认识到自己的问题，并选择正确的方式解决问题。

在企业管理中，管理者要做的是多些鼓励与建议，少些批评与意见。如果管理者能用真诚的鼓励和正确的建议对待员工，特别是一些有知识、有文化、有思想的员工，那么企业的管理水平肯定会有一个质的飞跃，员工在这种激励下能增强工作的信心，就可以在保证质量的情况下超额完成任务。一个聪明的管理者会从员工的立场出发，采用最恰当的方式，让员工接受并乐于服从自己的建议。

广开言路，听取反对呼声

　　"智者千虑，必有一失；愚者千虑，必有一得。"再精明能干的管理者，也难免有失误的时候。因此，作为一个管理者，统率一个集体，管理一群人时，不能独断专行，大家的事要发动大家想办法，大家来做。这样，管理者不能总是听"好话"，更多的时候要听听周围人的反对呼声。反对的话虽然刺耳，但其中往往蕴含着真理，蕴含着合理化的建议，于人生有补，于事业有益，一如带刺的仙人掌，摸之刺手，用之却有巨大的药效。所以，对于管理者来说，正面意见要听，反面意见也要听。

　　脚踏实地的管理者应不为"好话"所陶醉，"好话"虽然好听，但听过之后便于事无补了；至于"恶言"中的那些反调，听起来虽然不太顺耳，但极有益处，亦如良药，虽然苦口却能治病。一个组织在不断前进的道路上，往往有绊脚石和荆棘，只有与集体休戚与共的人，才会思索如何回避这前进路上的障碍，他们的反对呼声，更多时候是出于对管理者的爱戴、对集体的赤诚与关心。明白了这点，管理者就应给唱反调的人予以保护，而不应当厌弃。

　　然而，现实工作中有些管理者，却对那些反对呼声不屑一顾，甚至还没听完就火冒三丈。这种现象不仅反映了一个管理者的素质和作风，而且对做出管理决策极其不利。他们容易被表面现象所迷惑，不容易发现工作中存在的问题，长期下去，势必会助长下属们报喜不报忧的不良风气，影响整个工作。其实，"兼听则明，偏听则暗"，支持和反对意见总是决策的左膀右臂，听听不同的意见，从反面思考一下，把问题考虑得更周全一些有什么不好呢？

常言道："忠言逆耳，良药苦口。"反对呼声尽管听起来不顺耳，但只要仔细分析一下，就会发现有的确实反映了工作中存在的某些问题，有的可能是一种偏见，但无论怎样，只要以有则改之、无则加勉和宽容、大度的态度认真对待，对工作是有益无害的。因此，作为管理者，正确、明智的做法是不能总听好话，要善于听取反对呼声，全面地看问题。

广开言路，听取反对呼声，是防止片面性的一个重要方法，也是做出正确决策的必要之途。众所周知，人们对于真理的认识总是受多种条件的制约，很难在短时间内穷其究竟。听取反面意见能增加考虑问题的角度和参照系数，也就更接近真理。

柳宗元在《敌戒》中讲了这样一件事：鲁国的大夫孟孙平时很憎恶同为大夫的臧孙，后来孟孙死了，照常理臧孙是颇可庆贺一下的，从此自己少了一位提反面意见的人，可是臧孙却很悲痛地说："孟孙死后，我如同丧失了治病的药，活着的日子也不会长了。"

一个组织的建设也是如此，管理者只有重视身边提反对意见的人，营造出"不唯上、不唯书、只唯实"的良好氛围，才能有畅所欲言的民主气氛，从而保证决策的科学性。

反对意见无非有三种情况：一种是正确的反对意见，这就要用虚心和求实的态度去加以接受；再一种是错误的反对意见，这种意见听听也是有好处的；更多的情况是，反对呼声中包含了多少不等的正确的和错误的成分。真理和错误往往并不是截然分开的。关键是决策过程中如何吸收反对意见中的合理成分，最终让反对者转变看法，在化弊为利上达成共识。正如文学大师泰戈尔所说："如果把所有的错误都关在门外，真理也要被关在外面了。"高明的领导者对待反面意见，总是采取冷静的、客观的、虚心的态度。

《史记·商君列传》中说："千人之诺诺，不如一士之谔谔。"敢于提反对意见的人，往往善于思考，敢于挑错，不能一概认为是"对着干"和"拆台"。春秋时期的齐景公宠幸梁丘据，并称："唯有梁丘据与我和好。"国相晏婴则说："你与梁丘据只不过'同'而已，哪能称得上'和'。"晏婴认为，"同"就像做菜调羹那样有水有油、有酒有酱、有盐有醋，用以烹鱼烧肉，增加了美味；而"和"却像演奏音乐那样，相互协调，达到和谐。君说"可"，梁丘据也跟着说"可"，反之亦然，则不"和"。如果做菜调羹只是往菜里加水，谁愿意吃呢？如果弹琴奏乐只是发出一个声音，谁愿意听呢？晏婴用做菜调羹和演奏音乐的比喻来说明"同"与"和"的区别，给人以启迪。

一个单位或一个组织，尤其对管理者而言，若是没有反对呼声，表面上看起来"团结"，实则"同"而已，很难达到"和"的境界。所以说，反对呼声虽不总是正确的，但乐于听取反对呼声却总是正确的。任何一个决策的诞生，在其出台之前，当其酝酿之时，反对呼声都是难能可贵的。既然有反对呼声，就必然有其反对的理由和根据。这些反对呼声不论最终是否被采纳，都像一面镜子，映照出决策是否有瑕疵，是否符合客观实际，是否具有科学性和生命力。如果某个决策提出后，没有任何不同意见，这本身就不正常，它预示着决策中潜藏着一种隐性危机。

下属之所以会对管理者寄予希望，不只是对个人生活的关心，还希望管理者能广开言路，倾听和接纳自己的意见与建议。

如果一个企业员工反映，"领导从不让我们讲话""我们只有干活的义务，没有说话的权利"，那意味着问题就很严重了。所以管理者应当注意，在制订计划、布置工作时，不要只是自己单方面发号施令，而应当让大家充分讨论，发表意见。在平时，要创造一些条件，开辟一些渠道，让大家把要说的话说出来。如果不给员工发表意见的机会，久而久之，他们就会感到不被重视，郁郁寡欢，工作也感到索然无味，丧失主观能动性。

有些人把企业内部的和睦定义为不吵不闹，没有反对意见，开会一致通过等表面现象。他们一般不愿看到下属员工之间发生任何争端，同样，这种管理者也不喜欢下属反对他的意见。如果一次出现多种不同的意见，他们就会感到不知所措，解决的办法也不过是说："今天有很多很好的意见被提出来了，因为时间关系，会议到此结束，以后有机会再慢慢讨论。"想尽办法去追求表面的和睦，这里的管理者恰恰忘了很重要的一件事：一致通过的意见不见得是最好的。

假如下属对方案没有异议，并不等于此项方案就是完美无缺的，很有可能是下属碍于情面，不好意思当面指出。因此，这时管理者切不可沾沾自喜，应该尽量鼓励下属发表不同的意见。

　　对于下属的反对意见，最重要的是倾听，并尝试猜测他接下来要说什么。管理者有必要让自己潜意识的情感指出大脑漏掉了哪些信息。如果下属说的某些东西让自己强烈地感到"错了""非常正确"或其他感受，而没有留意他究竟说了些什么，那么请仔细回忆一下一两分钟前发生了什么，很可能大脑并没有注意到。下属提出反对意见，管理者不妨这样应对：

一、当对方提出反对意见时，首先应辨清它属于哪一种形式

　　区别对方反对意见最简单的办法是提问。如"你这样讲的根据是什么呢"？对方提出的反对意见理由越不充足，就越会觉得你的问题难以回答。你从他的回答里了解的情况越多，就越可能发现他提出反对意见的真正目的，并及时对症下药，予以消除。

　　如果下属的反对意见是从偏见或成见出发，那你就不必急于反驳，尽量寻找形成其偏见的根源。然后，以此为突破口，证明他的见解不符合客观实际。如果他只是一般性地反对你的提议或者找借口，你也不要过于认真，只要恰如其分地解释就可以了。

二、把握好回答反对意见的最佳时机

　　在应对下属的反对意见时，时机是一个非常重要的因素。这不仅有利于避免矛盾冲突，还会增加说服效果。当对方在仔细审议某项条款，可能提出某种意见时，你可以早一步把问题指出来。这样，就可以避免在纠正对方看法时可能发生争论，并引导对方按你的想法、思路去理解问题。如果对方提出的问题有一定难度，或是不适合立即回答，那么你也可以把问题岔开，待你准备好了或感到时机成熟时，再给予回答。否则，匆忙反驳对方的意见，会使对方再提出其他意见。当然，也会有一些意见，会随着业务的进展逐渐消失，这时，你可以不必回答。

三、冷静、谨慎、平和地回答下属的反对意见

如果你带着愤懑的口吻回答下属的问题，那么下属就会认为你讨厌他的意见，对他有不好的看法。这样，你要想说服他就更困难了。所以，回答下属时，平和、友好、措辞得当是十分必要的。

四、回答问题时要简明扼要，不要离题太远

如果你回答得啰唆烦琐，就很可能会引起对方的反感。一般情况，你回答了下属提出疑问的疑点就行了，必要时，再加适当的解释和说明。

五、间接反驳下属的意见

有时直截了当地驳斥下属容易伤害到他，使他丢面子，所以间接反驳、提示、暗示都比较好。在任何情况下，避免正面冲突，采取迂回前进的办法都是可取的。

何时需要说服，何时需要命令

管理者在工作交流过程中对下属用得最多的方式，一是说服，二是命令。

说服就是恳切地引导对方按自己的意图办事的过程。说服有两种不同的结局：一是"说而服之"，二是"说而不服"。命令则是上级通过直接对下属发出行政指令的方式来完成工作部署和安排，具有强制性，没有商量的余地。

说到"命令"，人们很容易就会想起"军令如山"这个词。管理者下了命令，下属就不得不从。这一方式直截了当，有可能带来高效率。首先如果管理者认为某一项工作或决策必须得到贯彻执行，没有讨论的余地，则必须直截了当地发出"命令"，要求下属按章执行；其次，如果针对某一事项的讨论陷入僵持，无法达成统一意见时，通过命令的方式来结束讨论或许会是一个合适的选择。

再说说"说服"。生活中，人们看待问题的角度、解决问题的方法不尽相同，管理者要让下属重视自己的建议和忠告，就必须说服他理解和接受自己的观点，这样下属才能全心全意地去完成工作。

其实，"说服"和"命令"反映的是管理者两种不同的管理风格。一般来说，管理者针对下属成熟度的四种情景，即不成熟、初步成熟、比较成熟和成熟分别采用四种不同的管理风格。

1. 不成熟——命令式：这种管理方式的要点是进行详细

的指示和管理。告诉下属应该干什么、怎么干以及何时何地
去干。

2. 初步成熟——说服式：在传达指示之后进行说服并让
下属思索具体方法，但重要部分必须按指令执行。

3. 比较成熟——参与式：和下属交换意见，充分协商，
共同决策，推动下属执行。

4. 成熟——授权式：明确表示期望的结果，具体执行方
案全部交给下属去办理。

在管理过程中，当下属的成熟水平不断提高时，管理者
可以不断减少对下属行为和活动的控制，不断减少干预行为。

从上面的模式中可以大致看出命令与说服的分水岭，但
"说服"与"命令"并不是绝对对立的，而是同一过程的两
个阶段，一般情况下是先有"说服"后有"命令"，但"沟通"
环节不可以省略。要达成这两个过程的统一，寻求一种"中庸
之道"，也绝非易事。说服，自然有"服"与"不服"两种结果，
在与下属进行"一对一"的沟通时，经常会碰到意见相左的
时候，这时候再"命令"下属去执行可能就会适得其反，这
样不但不能树立领导"民主、兼听"的形象，反而会在下属
心中打上"专横"的烙印，更为严重的是会破坏双方的默契。
管理者应有包容和接纳下属不同意见的胸怀。非得这样的话，
与其在"说而不服"时发出"命令"，还不如一开始就直接"命
令"，毕竟执行命令是下属的天职。

没有哪个管理者不希望高效地实现自己的目标，但是强
迫手段带来的只能是"被动地服从"而已。被动地服从导致
实施决策目标时，带来的结果只能是低效，甚至无效、负效。

只有"主动地支持"，才能充分发挥下属的主动性、创造性，获得高效益。

比如著名的"南风法则"，就形象地说明了温和的方式比强力更容易被人接受。温和的态度、友善的方式意味着对下属的尊重，必然会得到相应的回报。在日常工作中，领导应尽量少命令，多商量，尊重下属的人格尊严，使之乐于接受，并积极主动、创造性地完成工作。

有一个秘书曾这样评价自己的领导：他从来不直接以命令的口气来指挥别人。每次，他总是将自己的想法讲给对方听，然后问道："你觉得这样做可以吗？"在口授一封信之后他经常说："你认为这封信如何？"如果他觉得助手起草的文件需要改动时，便会以一种征询、商量的口气说："也许我们把这句话改成这样，会比较好一点。"他总是给别人动手的机会，从不告诉下属具体如何去做事。

可以想象，在这样的管理者身边供职，该会多么地轻松而愉快！常言道："与人说理，须使人心中点头。"心平气和，步步引导，耐心商讨，使别人易于接受。

在领导说服下属的过程当中，有许多值得注意的地方：

一、调节气氛，动之以情

在说服时，要想方设法调节谈话的气氛。和颜悦色地用提问的方式代替命令，并给人以维护自尊和荣誉的机会，气氛就会是友好而和谐的，说服也就容易成功；反之，在说服时不尊重他人，摆出一副盛气凌人的架势，那么说服多半是要失败的。

二、善意威胁，消除防范

很多管理者都知道用威胁的方法可以增强说服力，而且还不时地加以运用。威胁能够增强说服力，但是，在具体运用时要注意态度友善，讲清后果，说明道理，适度威胁，消除防范。

三、投其所好，以心换心

站在下属的立场上分析问题，给他一种为他着想的感觉，这种投其所好的技巧常常具有极强的说服力。要做到这一点，"知己知彼"非常重要，唯先知彼，而后方能从对方立场上考虑问题。

四、寻求一致，以短补长

习惯于顽固拒绝他人说服的人，经常都处于"不"的心理状态之中，对付这种人，要努力寻找与对方一致的地方，先让对方赞同你远离主题的意见，从而使其对你的话感兴趣，而后再想法将意见引入话题，最终达到求得对方同意的目的。

但至今许多领导者仍认为以命令方式去指挥下属办事最快、效率最高，习惯于向下属发出各种各样的命令。人对命令的态度多是反感的，一个经常用命令语气说话的领导容易被大家列入讨厌者的行列。但当确实需要用命令来向下属分配任务时，要注意几个方面：

首先，要注意下达命令的时候寻找最合适的气氛，比较重大严肃的任务要在庄重的场合下提出；

其次，要注意下达命令的合理性，命令表达要清楚、明确；

最后，在给下属下命令的时候要给下属提问的时间，让下属多问几个为什么，让他们对于新的任务有更多的了解，从而有益于任务的完成。

　　在工作中，让全体成员都围绕共同、明确而清晰的目标而努力是非常重要的。管理者需要有目的地引起组织成员思想的共鸣，比口号更重要的也许是灌输目标的方法和过程，这需要管理者多动脑筋，在实践中不断提高说服和命令的技巧。

第八章

让员工自己奔跑，
用激励机制激发执行力

最有效的 13 条激励法则

员工是企业生存与发展的基石，企业要发展，就必须依赖员工的努力。因此，激励员工发挥所长，贡献其心力，是管理者的首要责任。

以下介绍 13 种激励法则，帮助员工建立信任感，激励员工士气，使员工超越巅峰，发挥他们的创造力、热情，全力以赴地工作：

1. 不要用命令的口气。好的管理者很少发号施令，他们都以劝说、奖励等方式让员工了解任务的要求，并去执行，尽量避免直接命令，如"你去做……"等。

2. 授权任务而非"倾倒"工作。"授权"是管理的必要技巧之一。如果你将一大堆工作全部塞给员工去做，便是"倾倒"，这样员工会认为你滥用职权；而授权任务则是依照员工能力派任工作，使他们得以发挥所长，圆满地完成。

3. 让员工自己做决定。员工需要对工作拥有支配权，如果他们凡事都需等候上司的决策，那么他们就容易产生无力感，失去激情。不过员工通常并不熟悉做决定的技巧，因此管理者应该告诉员工，不同的做法会有哪些影响，然后从中选择。

4. 为员工设立目标。设立目标比其他管理技能更能有效改善员工的表现，不过这些目标必须十分明确，而且是可以达到的。

5. 给予员工升迁的希望。如果公司缺乏升迁机会，管理者最好尽量改变这种情况，因为人如果有升迁的希望，可激励他努力工作。假如你不希望以升迁机会提高人事成本，起码也要提供一些奖励办法。

6. 倾听员工的意见，让他们感觉受到重视。尽可能每周安排一次与员工聚会，时间不用很长，但是借此机会员工可以表达他们的想法与意见，而管理者则应用心记录谈话内容，以便采取行动。

当然，你未必同意每位员工的要求，但你不妨用心倾听，因为员工会因为你的关心而努力工作，表现更好。

7. 信守诺言。好的管理者永远记得自己的承诺，并会采取适当行动。如果你答应员工去做某些事，却又没有办到，那将损失员工对你的信赖。

因此，你不妨经常携带笔记本，将对方的要求或自己的承诺写下来，如果短期内无法兑现，最好让员工知道，你已着手去做，以及所遇到的困难。

8. 不要朝令夕改。员工工作需要连贯性，他们希望你不要朝令夕改，因此如果政策改变，最好尽快通知，否则员工会觉得无所适从。

9. 及时奖励员工。每当员工圆满完成工作时，立刻予以奖励或赞美，往往比日后的调薪效果好。赞美与惩罚比例，应该是 4 ∶ 1。

10. 预防胜于治疗，建立监督体系。每天检视公司动态与员工工作进度，以便在出现大问题以前，预先了解错误，防患于未然。

11. 避免轻率地下判断。如果管理者希望员工能依照自己的方法工作，必然会大失所望。因为，每个人处理事情的方式不同，你的方法未必是唯一正确的。所以，最好避免轻率地断言员工犯错误，否则会影响对他们的信任感，甚至做出错误的决策。

12. 心平气和地批评。批评也是激励的一种方式，然而批评必须掌握方法，激烈地批评只会让员工感染到你的怒气，并产生反抗情绪，只有心平气和地批评才能让员工了解自己的失误，并感受到你对他的期待，才能对员工产生激励的效果。

13. 激励员工办公室友谊。让员工们在工作中有机会交谈，和谐相处。因为许多人愿意留在一个单位工作，是他们喜欢这个环境与同事。因此，不妨经常办些聚会，增进员工间的感情。员工们在人和的气氛下工作，必然会更有创造力，更有活力。

建立完善有效的激励机制

强化工作动机可以改善工作绩效，诱发出员工的工作热情与努力。这里强调的是管理者所做的一切努力只是一个诱发的过程，能真正激励员工的还是他们自己。

要想冲破员工们内心深处这道反锁的门，你必须要好好地谋划一番，为你的激励建立一个有效的机制。那么，一个有效的激励机制应该具备哪些特征，符合什么样的原则呢？

1. 简明。激励机制的规则必须简明扼要，且容易被解释、理解和把握。

2. 具体。仅仅说"多干点"或者说"别出事故"是根本不够的，员工们需要准确地知道上司到底希望自己做什么。

3. 可以实现。每一个员工都应该有一个合理的机会去赢得某些他们希望得到的东西。

4. 可估量。可估量的目标是制订激励计划的基础，如果具体的成就不能与所花费用联系起来，计划资金就会白白浪费。

一个高效激励机制的建立，企业的管理者需要从企业自身的情况，以及员工的精神需求、物质需求等多方面综合考虑，更新管理观念与思路，制定行之有效的激励措施和激励手段。具体来说，应该做到以下几点：

一、物质激励要和精神激励相结合

管理者在制定激励机制时，不仅要考虑到物质激励，同时也要考虑到精神激励。物质激励是指通过物质刺激的手段来鼓励员工工作。它的主要表现形式有发放工资、奖金、津贴、福利等。精神激励包括口头称赞、书面表扬、荣誉称号、勋章……

在实际工作中，一些管理者认为有钱才会有干劲，有实惠才能有热情，精神激励是水中月、镜中影，好看却不中用。因此，他们从来不重视精神激励。事实上，人类不但有物质上的需要，更有精神方面的需要，如果只给予员工物质激励，往往不能达到预期的效果，甚至还会产生不良影响，美国管理学家皮特就曾指出："重赏会带来副作用，因为高额的奖金会使大家彼此封锁消息，影响工作的正常开展，整个社会的风气就不会正。"因此，管理者必须把物质激励和精神激励结合起来才能真正地调动广大员工的积极性。

二、建立和实施多渠道、多层次的激励机制

激励机制是一个永远开放的系统，要随着时代、环境、市场形式的变化而不断变化。因此，管理者要建立多层次的激励机制。

多层次激励机制的实施是联想公司创造奇迹的一个秘方。联想公司在不同时期有不同的激励机制，对于20世纪80年代的第一代联想人，公司主要注重培养他们的集体主义精神和满足他们的物质需求；而进入90年代以后，新一代的联想人对物质要求更为强烈，并有很强的自我意识，基于这种特点，联想公司制定了新的、合理的、有效的激励方案，那就是多一点空间、多一点办法，制订多种激励方式。例如让有突出业绩的业务人员和销售人员的工资和奖金比他们的上司还高许多，这样就使他们能安心现有的工作。联想集团始终认为

只有一条激励跑道一定会拥挤不堪，一定要设置多条跑道，采取灵活多样的激励手段，这样才能最大限度地激发员工的工作激情。

三、充分考虑员工的个体差异，实行差别激励的原则

企业要根据不同的类型和特点制定激励机制，而且在制定激励机制时一定要考虑到个体差异：例如女性员工相对而言对报酬更为看重，而男性员工则更注重提升能力、得到升迁；在年龄方面也有差异，一般 20~30 岁之间的员工自主意识比较强，对工作条件等各方面要求比较高，而 31~45 岁之间的员工则因为家庭等原因比较安于现状，相对而言比较稳定；在文化方面，有较高学历的人一般更注重自我价值的实现，他们更看重的是精神方面的满足，例如工作环境、工作兴趣、工作条件等。而学历相对较低的人则首先注重的是基本需求的满足；在职务方面，管理人员和一般员工之间的需求也有不同。因此，企业在制定激励机制时一定要考虑到企业的特点和员工的个体差异，这样才能收到最大的激励效力。

四、管理者的行为是影响激励机制成败的一个重要因素

管理者的行为对激励机制的成败至关重要。首先，管理者要做到自身廉洁，不要因为自己多拿多占而对员工产生负面影响；其次，要做到公正不偏，不任人唯亲；再次，管理者要经常与员工进行沟通，尊重支持员工，对员工所做出的成绩要尽量表扬，在企业中建立以人为本的管理思想，为员工创造良好的工作环境。此外，管理者要为员工做出榜样，通过展示自己的工作技术、管理艺术、办事能力和良好的职业意识，培养下属对自己的尊敬，从而增加企业的凝聚力。

建立有效的、完善的激励机制，除了做到以上几点之外，还要注意两方面的问题：

1. 要认真贯彻实施，避免激励机制流于书面

很多管理者没有真正认识到激励机制是其发展必不可少的动力源，他们往往把激励机制的建立"写在纸上，挂在墙上，说在嘴上"，实施起来多以"研究，研究，再研究"将之浮在空中，最终让激励机制成为一纸空文，没有发挥任何效果。管理者一定要避免这种情况的发生，将激励机制认真贯彻实施。

2. 要抛弃一劳永逸的心态

企业的激励机制一旦建立，且在初期运行良好，管理者就可能固化这种机制，而不考虑周围环境的变化和企业的变化，这往往会导致机制落后，而难以产生功效。管理者应该根据时代的发展、环境的变化不断改革创新激励机制。

人才是企业生存与发展的关键，如何在企业有限的人力资本中调动他们的积极性、主动性和创造性，有效的激励机制是必不可少的。因此，管理者一定要重视对员工的激励，根据实际情况，综合运用多种方式，把激励的手段和目的结合起来，改变思维模式，真正建立起适应企业特色、时代特点和员工需求的有效的激励机制，使企业在激烈的市场竞争中立于不败之地。

靠"竞赛机制"说话

在管理员工时，适当运用"竞赛机制"，可以调动员工的积极性。毕竟每个人都希望自己的价值能得到大家的肯定，而竞赛这种机制给员工提供了一个可靠的平台，在这个平台上，任何一个员工，只要他有能力，都可以得到相应的奖励，同时大家的尊重和敬佩还会强化其工作成就感。竞赛透明度越高，员工的公平公正感就越强，所受到的激励也就越强。

对于管理者来说，使用竞赛这种机制，不但可以调动员工的情绪，还可以解决一些平时想解决的发展"瓶颈"问题。

2008 年年底，深圳某公司受金融危机影响，在 9–12 月生产任务不足，工人们若不减员就得减薪。公司董事长一筹莫展，裁员和减薪都是他不愿意走的路，怎么办呢？最后，他决定开办一场节能降耗的劳动竞赛。竞赛举办期间，生产成本骤降。董事长又决定改革劳动竞赛的形式和竞赛奖金发放办法，将劳动竞赛纳入行政管理中，竞赛奖金半个月一发放。这一劳动竞赛机制不仅解决了企业面临的问题，推动了企业发展，也为一线职工增加了收入，可谓一举多得。

竞赛机制的作用由此可见一斑。但并不是所有的竞赛都能起到激励作用，这就要看管理者制定的竞赛条件如何。那么，作为一名管理者，应该如何制定一种合理的竞赛规则呢？

一、竞赛要得到大多数下属的认同

竞赛要能体现组织目标与个人目标的统一，使下属真正从思想上接受，从而激励他们为达到目标的要求而努力奋斗。因此，竞赛条件要交给下属去讨论，使之得到大多数人的认同。

二、竞赛条件要具有可比性，参与竞赛的人的条件应大致相同，这样才能反映出各自的努力程度，才能起到激励作用

在体育竞赛里，举重比赛按参赛运动员的体重不同来分级，女子为 7 个级别：48 公斤级、53 公斤级、58 公斤级、63 公斤级、69 公斤级、75 公斤级、75 公斤以上级等几个级别。同样，组织里的竞赛机制也需要在一定的级别内进行比较，以免让下属觉得不公平而不愿意参加。比如，没有任何经验的新员工如果被安排与经验丰富的老员工一起竞赛，那么就有失公平。

三、竞赛条件要定得适当合理，使人们通过一定的努力就可以达到

竞赛要符合以下条件：每一位有能力的人都可以奖励，即使暂时没有能力的人，只要通过努力同样可以得到相应的奖励。这样，所有的人都会信任这样的竞争，而不会心里有不平衡的感觉，不会抱怨"不给我机会，却怪我没有本事"。

为了满足这个条件，管理者可以适当多开展一些竞赛活动，因为每个能够进入组织的人肯定都有自己的一技之长，如果每个人在经过努力之后都能得到奖励，那么这种激励就会大受欢迎，而且同时会促进下属的工作积极性。管理者还可以拉长某项竞赛活动的时间，比如，前面说的节约成本竞赛，

可以作为一个长期的项目，每个月按照相应的标准进行考核，按奖金方式进行发送，这会在下属中间形成一种节约成本的风气。

四、根据形势的变化随时改变竞赛的条件，要能随着社会的进步而提高，从而使其能持续地发挥激励作用

总之，竞赛机制是管理者调动下属工作积极性的一种有效手段，只是要想让其有效地发挥激励作用，提高整个团队的工作效率，管理者还需要不断地研究改革举办竞赛所需要满足的条件，以便把所有的下属都团结在自己的工作观念里。

"竞赛机制"是目标激励的一种具体形式。竞赛在任何一个组织内部或组织之间都是客观存在的，它所包含的利益驱动可以极大地调动下属的工作积极性。当然，这种利益驱动必须要建立在下属的劳动智慧和热情之上，而不是下属无法达到的其他的条件之上，否则，竞赛机制就会失去其特性。

与员工共享成果

人人都有名利心，这是无可否认的事实，管理者也是凡人，也会向往名利，这也无可厚非。关键是在追求名利的过程中不要超过"度"，不要把员工的功劳据为己有。

管理者向上请功时，正确的做法是与员工分享功劳，分享成功的幸福和喜悦，而不应该独占功劳。假如管理者是个喜欢独占功劳的人，相信他的员工也不会为他卖力。因为喜欢独占功劳的人，往往会忽视员工的利益，让他的员工一无所获。这样的管理者，其行为可能会激起民愤。

有人常会在私下里说管理者："功劳是他的，荣誉是他的，好房由他住着，而我们什么也没有得到。"

这种情况很普遍，现代企业中一些管理者把员工的工作成果占为己有，又不能适当奖励他们，让员工觉得管理者偷取了他们的工作成绩。其实人人做事都希望被人肯定，即使工作未必成功，但终究是卖了力，都不希望被人忽视，不希望自己的果实被别人占取。

一个人的工作得不到肯定，是在打击他的自信心，所以作为管理者，切勿忽视员工参与的价值。

例如：在某大公司的年终晚会中，经理刻意表扬了两组营业成绩较佳的团队，并邀请他们的主管上台。第一位主管，好像早有准备似的，一上台便滔滔不绝地畅谈他的经营方法和管理哲学，不断向台下展示自己在年内为公司所做出的贡献，令台下的经理及他手下的员工，听了非常不满。

　　而第二位主管，一上台便感谢自己的员工，并庆幸自己有一班如此拼搏的员工，最后还邀请他们上台接受大家的掌声。当时台上、台下的反应如何不言而喻。

　　同样的管理，不同管理者的表现却有如此大的差别，像第一位那种独占功劳的主管，不但员工对其不满，经理也不会喜欢这种人。而第二位主管能与员工分享成果，令员工感到受尊重，日后有机会自会拼搏。而经理也会尊敬、敬重这种人。其实功劳归谁老板最清楚，不是你喜不喜欢与他人分享的问题。

　　因此，管理者应该经常轻松地提供令员工满意的回馈，如一句简短的鼓励或一句赞美的话。然而在许多例子中，有些领导者根本不愿意提供给员工任何工作表现良好的回报。当管理者不能给予员工适当的回馈时，员工便无从设计未来，他们会问自己的贡献受到肯定了吗，他们应该继续为这位领导者贡献心力吗，他们是否需要改善工作态度或能力，怎样才能有所改善等。

　　正如某公司的员工所说："我不觉得受到了重视。我的领导从不会对我斥责，也不批评，即使在工作中做出了很大的贡献，他也从来不会赞美，只把功劳占为己有。有时我怀疑他是否在乎我的感觉。我不能确定工作做得好坏有何影响，只能混天度日，拿死工资，这严重影响了我的工作情绪。"

　　可见，让员工分享企业的成功，把他们的利益与组织的成败直接联系起来，让他们对组织产生一种归属感，这是领导员工的高境界，也应该是每个管理者都遵循的原则。

巧用激将法点燃员工的好胜心

很多时候,管理者都有这样的体会,那就是请将不如激将,也因此中国古来就有"激将法",而且屡试不爽。《三国演义》中有这样一个例子:

马超率兵攻打葭萌关的时候,诸葛亮对刘备说:"只有张飞、赵云二位将军,才能战胜马超。"

这时,张飞听说马超前来攻关,主动请求出战。

诸葛亮佯装没有听见,对刘备说:"马超智勇双全,无人可敌,除非去荆州把云长找来,才能退敌。"

张飞说:"军师为什么小瞧我?我曾单独抗拒曹操百万大军,难道还怕马超这个匹夫?"

诸葛亮说:"你在当阳拒水桥,是因为曹操不知道虚实,如果知道虚实,你又怎么能安然无事呢?马超英勇无比,天下的人都知道,他渭桥六战,把曹操杀得割须弃袍,差一点丧命,绝非等闲之辈,就是云长来也未必能战胜他。"

张飞说:"我今天就去,如战胜不了马超,甘受军令!"

诸葛亮看"激将法"起了作用,便顺水推舟地说:"既然你肯立军令状,就让你做先锋!"

在《三国演义》中,诸葛亮常常针对张飞脾气暴躁的性格采用"激将法"来说服他。每当遇到重要战事,先说他难当此任,或说怕他贪杯,酒后误事,激他立下军令状,增强他的责任感和紧迫感,激发他的斗志和勇气,扫除他轻敌的思想。

自古以来，人就有好面子，怕丢面子的特点，也正因此，激将法才在某些人身上屡试屡验。员工本来觉得一件事很难办，但是只要你拿话一激，稍稍碰一碰他的面子，他的自尊心就会使他一跃而起去争面子。所以，作为一名管理者，一定要善用激将法，这样不仅能使你的员工圆满完成任务，有时还会发掘出员工身上原来未曾显现的才能。

运用激将法也要巧妙，用嘲讽、污蔑、轻浮的语言激将，是愚蠢的办法。一个优秀的管理者所用的激将法是聪明的激将法，可以运用以下几种手段：

一、巧妙的激将法

管理者在运用激将法时要看对象，年轻人的弱点是好胜，"激"就是选在这一点上，你越说他害怕，他就越勇敢。老年人的弱点是自尊心强，此点一"激"就灵，你越说他不中用，他越不服老，越逞强。所以当别人指责他放弃责任、隐退不出，嘲笑他不负责任、胆怯后退时，他身上的能量就很难被激发出来了。

二、煽情激将法

煽情激将法需要用具体的有感染力的描述，用富有煽动性的语言激起人们心中的激情、热情。所用的可以是严酷的现实，也可以是轻松的远景，不拘一格。

三、对比激将法

对比激将法是要借用与优秀员工对比的反差来激发人的自尊心、好胜心、进取心。

用对比法激人，选择对比的对象很重要。一般来说，最好选择被激对象所比较熟悉的人，过去情况与他差不多，各方面条件与其差不多的人。而且对比的反差越大，激将的效果就越好。

四、身先士卒激将法

一个企业的管理者发现必须加班才能按时完成任务，而组长对加班一事颇有微词。于是他换下组长，亲自督战。从此之后，碰到加班的时候，这位组长再也没有任何抱怨。

战场上主帅是不宜亲自出战的，而主帅出战则意味着部将无能或失职，这个行动本身就是一种"激将法"。

激将法有高下之分，管理者掌握好其分寸、尺度，灵活发挥，机智应用，可以在需要员工拿出他们最大的力量拼死效力时，派上绝妙的用场。

第九章

以考核制度为准绳，
用业绩促进执行提升

业绩目标：让员工跳一跳，够得着

大多数人可能都有过打篮球的经历，也都知道与踢足球相比，进一个球要容易很多。这其实与篮球架的高度有关。如果把篮球架做两层楼那样高，进球就不那么容易了。反过来，如果篮球架只有一个普通人那么高，进球倒是容易了，但还有人愿意去玩吗？正是因为篮球架有一个跳一跳就够得着的高度，才使得篮球成为一个世界性的体育项目。它告诉我们，一个"跳一跳，够得着"的目标最有吸引力，对于这样的目标，人们才会以高度的热情去追求。因此，要想调动一个人的积极性，就应该设置一个"跳一跳，够得着"的目标。在企业管理中，领导者要想提高企业绩效，就要好好地利用这些特点和优势，为员工制定一个跳一跳就能够得着的目标。

俄国著名生物学家巴普洛夫在临终前，有人向他请教如何取得成功，他的回答是："要热诚而且慢慢来。"他解释说"慢慢来"有两层含义：一是做自己力所能及的事；二是在做事的过程中不断提高自己。也就是说，既要让人有机会体验到成功的欣慰，不至于望着高不可攀的"果子"而失望，又不要让人毫不费力地轻易摘到"果子"。"跳一跳，够得着"，就是最好的目标。

有这样一个故事：

在很久很久以前，有一位导师带着一群人去远方寻找珍宝。由于路途艰险，他们晓行夜宿，十分辛苦。当走到半途时，大家累得发慌，便七嘴八舌地议论开了，纷纷打起了退堂鼓。

导师见众人这样，便暗施法术，在险道上幻化出一座城市，说："大家看，前面是一座大城！过城不远，就是宝藏所在地啦。"众人看到眼前果然有座大城，便又重新鼓起劲头，振奋精神，继续前行。就这样，在导师的苦心诱导下，众人终于历尽千辛万苦，找到了珍宝，满载而归。

作为一名管理者，我们也要学会"化城"的艺术，不断地给员工"化"出一个个看得见而且跳一跳就够得着的目标，引导集体不断前进。

某县一个再生资源公司的经理，在刚上任时，接手的是一个乱摊子，企业连年亏损，员工士气低落。上任伊始，他就给每一个分支机构定了一个力所能及的月度目标，然后在全公司开展"月月赛"。每到月末，他都亲自给优胜部门授奖旗，同时下达下个月的任务。这样一来，全体员工的注意力都被吸引到努力完成当月任务上来了，没有人再去谈论公司的困境，也没人抱怨自己的任务太重。半年下来，全公司竟然扭亏为盈。如今，这家公司已经成为在市内小有名气的先进企业了。

由此可见，在管理工作中，管理者要为员工制定一系列"跳一跳，够得着"的阶段性目标。要是这些都完成了，成功也就不远了！

找到绩效不佳的常见原因

以业绩为向导，进行绩效管理的价值在于帮助员工改善绩效、构建管理者和员工之间的绩效合作伙伴关系。那么，如何才能发现员工绩效不佳的原因，找出影响员工绩效的真正原因，并制定针对性的改善措施，是管理者必须认真对待的问题。通常，影响员工绩效不佳的常见原因往往出现在管理者和员工身上。

一、管理者管理不当造成的

（一）管理者放任员工的行为

郝咪担任部门主管已经3个月了，但她发现部门里有些员工似乎缺乏最基本的技能，有时候他们甚至并不知道自己应该做些什么。自己不得不手把手地教他们，而且必须不停地督促他们。员工的表现让郝咪想到了前任部门主管张乐，郝咪认为这一定是张乐的一些管理方法出了问题。于是，郝咪在请张乐吃饭的时候聊到了这个问题。

郝咪说："请您说说您是怎么指导他们的工作的，遇到问题的时候您又是怎么处理的，或许能给我一些启发。"

"这没什么大不了的，"张乐说，"有时候他们需要有人帮他们将所有的工作组织起来，有时候他们则需要有人鼓励他们去和该会面的顾客打交道……我就是这样，在他们需要的时候，就站在他们身边，来做那个帮助他们的人。"

听了张乐的话，郝咪知道了自己遇到的问题不在自己身上，而在前主管张乐的管理方法上。很显然，张乐以前对员工的要求太过宽松，他放任他们，和他们妥协，在他们遇到困难的时候，第一个站出来帮他们，他以为这样做会使那些员工易于管理，不会横生枝节。其实，这样对管理者和员工而言都很不利。对管理者而言，需要超负荷地工作；对员工而言，没有得到锻炼，工作技能得不到提高。最终结果是双方都费力不讨好，工作绩效不理想。

（二）缺乏和员工的沟通

在工作过程中，管理者很少和员工沟通，任务布置下去了，就任由员工自我发展，对过程不关心、不过问，只是在最后要结果。当截至期限到来的时候，才发现工作结果和自己心中期望的结果相去甚远，但是员工这时候就不这么认为了，他认为自己一直是在按照管理者的要求做。由于缺乏工作过程中的沟通，就导致了管理者和员工对工作结果的不同理解。

所以，管理者要加强和员工的沟通，把工作任务分解为几个小阶段，在一些关键阶段上，进行适当的沟通，了解员工的进展情况，并加以辅导，调整员工的工作方向，使之朝期望的结果前进，这样就不至于造成两者最后的结果相去甚远的尴尬了。

（三）管理者指示不明

小张的稿子一直不被上司王玫认可，她总是不明白小张写来写去想要表达的中心思想是什么。而小张在修改稿子的时候，同样也是心情沮丧，他认为自己的稿子很完美，不需要修改，但上司王玫却一直不满意。

对小张修改后的稿子，王玫还是不能认可，所以决定自己修改，王玫的举动更是打击了小张的工作热情，直到下班，小张还一直沉浸在沮丧中。

其实，出现这种情况并不只是小张自己的原因，王玫也有不可推卸的责任。有可能是她在交代工作的时候根本就没和小张进行沟通，没有向他传达清楚稿件的主题。在面对小张稿子有问题的时候，王玫选择自己修改，而忽略了对小张的指导和帮助。要知道，王玫作为管理者的这种行为不仅不会帮助小张提高，反而会深深地打击小张的信心。

二、员工本身的一些问题导致的

（一）员工工作方式不当

员工是否按照规定的程序工作会影响到工作绩效。有的员工自主性很强，可是工作绩效却很低。这就可能是因为他们本身的工作方式不当引起的。尤其是一些有既定程序、工作方式的工作，如果不按照工作程序进行，就会对绩效造成影响。

（二）员工的私人问题的影响

员工的身份都是双重的，既是有着职位的员工、经理、上司、下级，也是别人的父亲、母亲、丈夫、妻子，所以，员工绩效不佳很重要的一个原因可能是被私人问题所困扰。比如，一个员工和妻子关系不和，正在闹离婚，这个时候，员工的工作情绪自然很差，很多工作可能被拖延，至少也是无法保证质量。

（三）员工的工作态度恶劣会影响绩效

有些员工可能工作能力很好，但绩效却很低。这有可能是因为其对别人的建议抱有抵触的情绪，并不从心里接受他人的建议，这样的工作态度也会造成员工的绩效不佳，因此不可忽视。

作为管理者，你要和员工沟通，了解员工的情况，对员工表示关心，同时，要明确地告诉员工："我很理解你的处境，我可以尽我的力量帮助你，但是，作为你，同时有两个工作，一个是公司里的事情，一个是家里的事情，这两件事情都要处理好，在工作时间里，你要把应该做好的工作完成。"这样，员工就会认识到虽然自己遇到了麻烦的事情，但工作还是要照样开展的，绩效也会因此改善。

一般来说，员工绩效不佳都不是管理者或员工单方面的原因，了解了造成员工绩效不佳的原因，可以帮助管理者有效改善员工的绩效。

考核一定要实事求是

先讲一个曾在名古屋商工会议所发生的真实故事：

日本西铁百货公司社长长尾芳郎，把自己特别欣赏的一个朋友介绍给名古屋商工会议所，因为该所急需一名管理分部的主任。

名古屋商工会议所主席土川元夫和这个人面谈后，立即告诉长尾芳郎说："你介绍来的这个朋友不是个人才，我很难留他。"

长尾芳郎听完以后非常吃惊，接着便有点生气地说："你仅仅和他谈了 20 分钟的话，怎么就知道他不能被留任呢？这种判断太草率，也太武断了吧！"

土川元夫解释说："首先，你的这个朋友刚和我见面，自己就滔滔不绝地说个没完，根本就不让我插嘴。而我说话的时候，他似听非听，满不在乎，这是他的第一个缺点。其次，他非常乐意宣传他的人事背景，说某某达官贵人是他要好的朋友，另一个名人是他的酒友等，向我表白炫耀，似乎故意让我知道，他不是一个一般人。最后，在谈业务发展时，他根本说不出来什么东西，只是跟我瞎扯。你说，这种人怎么能共事呢？"长尾芳郎听完土川的话后，也不得不承认土川的分析很有道理。

就这样，土川元夫没有顾及老朋友的情面，拒绝了他的推荐。后来，经过努力寻找，土川元夫终于找到了一个真正有才能的人。

这个故事中，土川元夫无疑给我们做了一个榜样——管理者在对员工进行考核时，一定要实事求是，行就是行，不行就是不行，绝对不能存有任何的私心偏念，否则，只会给企业带来损失。

赵靓从学校毕业后，应聘到某公司策划部。赵靓属于那种聪明好学，刻苦钻研，能力又非常强的人，因此很快就适应了工作。在做好自己本职工作的同时，她还经常向主管提出一些富有创意的想法。

但是，赵靓的主管并没有因此而赏识她；相反，却十分妒忌她的才能。在工作中，处处压制她，总是抓住她的一些小毛病不放。

两年过去了，当初和赵靓一起进公司而且能力不如她的同事，一个个都升了职，加了薪，而她却还是一名普通员工。无奈之下，赵靓只好辞职去了另一家广告公司。在那里，她得到了经理的重视，并且很快就能独当一面了。

正是由于赵靓的出色表现，这家广告公司的业务越做越大，和许多企业都建立了合作关系，这其中有相当一部分是赵靓原来公司的客户。后来，原来公司的老总知道了这件事，一怒之下，辞退了那个"妒贤嫉能"的主管。但是，公司由于失掉赵靓这个人才而遭到的损失却是无法弥补的。

对员工的工作进行考核是管理者应尽的职责，更是一项挑战。如果管理者能够实事求是地做好这项工作，那么对企业、管理者及员工都有利，可以达到"共赢"的效果，反之，则对各方都不利。那么，管理者怎样才能做到实事求是呢？

一、避免光环效应

当某人拥有一个显著的优点时，人们总会误以为他在其他方面也有同样的优点。这就是光环效应。在考核中也是如此。如：某员工工作非常积极主动，管理者可能会认为他的工作业绩也一定非常优秀，从而给他较高的评价，但实际情况也许并非如此，因为积极主动并不等于工作业绩优秀。

所以，在进行考核时，管理者应将所有被考核员工的同一项考核内容进行考核，而不要以人为单位进行考核，这样就可以有效防止光环效应。

二、避免感情用事

人是有感情的，而且不可避免地会把感情带入他所从事的任何一项活动中，绩效考核也不例外。管理者喜欢或不喜欢（熟悉或不熟悉）被考核员工，都会对被考核员工的考核结果产生影响。人们往往有给自己喜欢（或熟悉）的人较高的评价，对自己不喜欢（或不熟悉）的人给予较低评价的倾向。

针对这种情况，管理者可以采取集体评价的方法，去掉最高分和最低分，取其平均分，避免一对一的考核。

三、避免近因误导

一般来说，人们对最近发生的事情记忆深刻，而对以前发生的事情印象浅显，管理者对被考核员工某一阶段的工作绩效进行考核时，往往会只注重近期的表现和成绩，以近期印象来代替被考核员工在整个考核期的绩效表现情况，因而造成考核误差。如：被考核员工在一年中的前半年工作马马虎虎，等到最后几个月才开始表现较好，但却能得到较好的评价。

管理者要避免近因的误导就要明白，绩效考核应贯穿于管理者和员工的每一天，而不是考核期的最后一段时间。管理者必须注意做好考核记录，在进行正式考核时，参考平时考核记录方能得出较客观、全面、准确的考核结果。

四、避免自我比较

管理者往往会不自觉地将被考核员工与自己比较，以自己作为衡量他们能力的标准，这样就会产生自我比较误差。若管理者是一位完善主义者，他就有可能会放大被考核员工的缺点，给被考核员工较低的评价；若管理者有某种缺点，则无法看出被考核员工也有同样的缺点。

这就要求管理者将考核内容与考核标准细化、明确，并要求管理者严格按照考核的原则和操作方法进行考核。

适当加压，促进业绩的提升

压力是促进员工提高业绩的有效方法之一。例如，微软公司内部实行的就是独树一帜的达尔文式管理风格："适者生存，不适者淘汰。"微软公司不以论资排辈的方式来决定员工的职位及薪水，员工的提拔升迁取决于员工的个人成就。这一点给员工带来了压力，也带来了很大的动力，促使他们更加努力地工作。

科学家验证，人的脑细胞利用率至少可开发到20%，但实际上，一般人终其一生也只能用掉10%的脑细胞。究其原因，就是因为缺少足够的压力，所以人们自然都不愿主动释放出更多的精力和能量。

于是，许多管理者都认为培养人才是一件非常困难的事情，然而事实并非如此。因为人才都是逼出来的，越多的挑战、越重的任务，就越是能够加速逼迫下属成为有用的人才。因此，不利的环境、繁重的任务反而是最佳的人才培育所。

在美国西海岸的一处山脚下有一家为军方及民间的飞行员制造氧气面罩及其他救生设备的小公司，全公司只有350名员工。商海沉浮，这家公司的营运突然间就陷入了困境，主要原因是它的工资较高，所有按钟点计酬的工作、加班费也比同行业多出一倍。但最大的问题还是在公司上下每个人都用"平常心"做事。从经理到工人，各人做各人的事。如果公司有麻烦，那是别人的事，他们只要做好分内的工作，或者是他们自认为做好就是了。后来，公司陷入困境。没有了现金，也就无法生产，最后连薪水都发不出来，各种问题纷至沓来。这家公司的管理层到处找有这方面经验的能手，希望能使这家公司起死回生。但有谁愿意负这么大的责任？又有谁有这种高度的自信，敢保证在这种恶劣的条件下成功呢？最后，好不容易找到一位名叫艾隆·布鲁姆的年轻人。

布鲁姆接受了新的任务后，第一件事就是辞退300名员工，然后就是召集剩下的50名员工训话，他宣布："每天自上午8时至下午5时，各人做自己分内的事。你是秘书，就做秘书的事；你是经理，就做经理的事；你是设计工程师，就做设计的事。但在5点以后，从秘书到我自己，全都加入生产线，协助装配工作。你们和我都得听生产线领班的命令。没有加班费，只有一块三明治当晚餐。"

一些员工后来询问布鲁姆，为什么会接受这样一个眼看就要破产的企业的邀请。布鲁姆说："我们的意愿是要使这家公司恢复正常，生产救生设备拯救生命，以合理的价钱销售良好品质的产品。另外，我们也需要我们的工作。我知道我们做得到，否则我也不会来了。"

仅过了两年的时间，这家小太空装备公司就又恢复了正常，甚至营运得比以往还要好，员工的士气为之大振，公司也开始赚钱了。

令人感兴趣的问题是：为什么在布鲁姆的领导下，虽然没有加班费，每个人却都愿意辛勤加班？

另外一个更有趣的问题是：为什么在公司未走上破产之路以前，大家不会这样做？假如大家早这样做的话，公司也许就不会周转不灵了，为什么要等300名员工离开以后，让公司压力达到前所未有的程度时，他们才肯这样做？又为什么 50 个人能比以前 350 个人做更多的事？

这些问题很值得我们分析。因为之前的 350 名员工并不明白他们可以改变困境，同时他们也不在乎要不要改变。而布鲁姆来了之后，他让剩下来的 50 位员工明白了这一点，使他们在乎——如果不这么做，我们也必须像那 300 名员工一样离开。因此，他们完成了看似不可能完成的任务。

作为管理者，一定要善于运用自己所掌握的权力，对员工适当施加压力，从而使其充分发挥潜能，成长为出色的人才。一个管理者，应该有胆有识，不拘泥于条条框框的限制，敢于放手使用员工。这时他会发现，生产部的人一样也可以担当谈判大任，而秘书科的人也未必只会端茶倒水或者只是打打字而已。

如果管理者能让员工都有一试身手的机会，就可以从中择优而更好地达到人才利用效率的最大化。

第十章

用对人做对事，
执行制度要有得力人选

请合适的人上车，不合适的人下车

"如果你有智慧，请你拿出来；如果你缺少智慧，请你流汗；如果你既缺少智慧，又不愿意流汗，请你离开！"这是蒙牛集团始终坚持的一种用人观，也是任何一个企业都在追求的一种用人观。毕竟任何一家企业，需要的员工都是能创造效益的有价值的员工。

企业要发展，就必须提高自身的竞争能力，而团队职业化的高低直接影响竞争能力的强弱，团队的整体职业素质是制约团队发展、团队业绩提升的瓶颈。要想突破这个瓶颈，就要确保每一个员工的素质都要达到一定的水平。这就要求企业从一开始就要做好员工的选拔工作。

有一群虫子在草地上开联谊会，它们一边兴奋地聊着天，一边开心地吃着可口美味的食物。不久，就把准备好的汽水喝了个精光。

聊了很久，大家口渴难耐，于是就商量要派一个代表跑腿帮大家买汽水，而卖汽水的地方离这里有一段很长的路程，小虫子们认为，要解决口干舌燥的急事，就一定要找到一位跑得特别快的代表，才能胜任这样的任务。

大伙你一言我一语，终于一致推选蜈蚣为代表，因为它们认为蜈蚣的脚特别多，跑起路来，一定像旋风那么快。

蜈蚣在所有小虫子们的期待下，起身出发为大家买汽水，小虫子们则放心地继续嬉闹欢笑，一时忘记了口渴。

过了好久，大家东张西望，焦急地想蜈蚣怎么还没回来。

情急之下，螳螂跑去了解究竟发生了什么事。它一推开门，才发现蜈蚣还蹲在门口辛苦地穿鞋呢！

有的领导者往往会根据外表来判断一个人的能力或人格。然而，实际上看走眼的概率是相当高的。毕竟，一个人的能力或人品实在无法单凭外表来评判。此外，人们也常常产生先入为主的偏见，以为只要腿长或脚多，就一定跑得快。然而像故事中的蜈蚣一样，虽然脚多，却不见得跑得快。所以，客观地评估一个人的优缺点对于选择人才是很有必要的。尤其对人事主管而言，在招聘或任用时，更应站在不偏不倚的角度，去除个人的偏见，甚至发展或建立一套客观的评估标准来选择合适的人才，才不会造成人力资源的虚耗。

在选拔人才时只将合适的人请上车还不够，还要定期将不适合企业的人请下车。老鹰是所有鸟类中最强壮的种群，根据动物学家所做的研究，这可能与老鹰的喂食习惯有关。

老鹰一次孵出四五只小鹰，由于它们的巢穴很高，所以猎捕回来的食物一次只能喂食一只小鹰，而老鹰的喂食方式并不是依平等的原则，而是哪一只小鹰抢得凶就给哪一只吃。在此情况下，瘦弱的小鹰吃不到食物都死了，最凶狠的存活下来，代代相传，老鹰一族愈来愈强壮。

这个故事告诉我们：适者生存，公平不能成为组织中的公认原则，组织如果没有适当的淘汰制度，常会因为一些小仁小义而耽误了进化，在竞争的环境中将会遭到自然淘汰。

一般而言，企业里往往有三种人：

第一种是为国家创造财富、为企业增加积累的人；

第二种是不思进取但求无过的人；

第三种是职位低、权力大的人。

对于第一种人，领导者应该积极鼓励；对于第二种人，领导者要稳定；对于第三种人，领导者则有必要进行教育。

然而，如果教育之后，他们仍旧是停滞不前，不思进取，那就应该采取果断措施——辞退。企业里的人才要有进有出，绝不能像死水一潭，要让员工有危机感，坚信人无压力，便无动力。

疑人不用，用人不疑

"疑人不用，用人不疑"的核心就是"信任"。作为一个合格的领导者，具备这样的用人之道，毫无疑问是其最基本的素质之一。但是，在具体运作的时候，很多人会觉得真正做到这一点是十分困难的。

与员工建立良好的信任关系，是领导者试图达到的一种理想的用人状态。所谓"疑人不用，用人不疑"，讲的就是这个道理。问题的关键是：你如何在用权的时候赢得下属的信任，或者如何使下属对你的权力支配心甘情愿呢？一些领导者之所以紧抓住权力，其中一个重要的原因就是不信任下属，怕下属把事情办砸了。因此，领导者放权的一个前提就是信任下属。没有信任，上下级之间很难沟通，很难把一件事处理好，这样，领导用起人来，就很困难，甚至受到阻碍。

信任下属 —— 要做到这一点，必须用人不疑，疑人不用！这就是说，必须是在可以信任的基础上用人，否则要坚决弃而不用。因为没有信任感的用人，即使委以重任，也形同虚设，起不到应该起的作用。"疑人"是必要的，但不是"用人"的前提。假如一个员工某些方面存在严重不足，已经属于"疑人"范围，要么弃而不用，要么等到条件成熟后再用，不必非要冒险，这是常识。

日本人曾盛誉松下公司创始人松下幸之助为"用人魔鬼"。他在用人方面，就很有手腕。

松下幸之助是一位在日本企业界，乃至全世界的企业家中大名鼎鼎的人物，被誉为日本的"经营之神"。在日本现代企业经营史上，获得成功的大小企业家数不胜数，但只有松下幸之助一人被誉为"经营之神"。之所以如此，是因为他不仅是一个白手起家的成功者，而且是一个优秀的企业经营思想家。

松下幸之助的成功，与他的用人之道分不开。松下幸之助可以称得上是用人不疑，疑人不用的企业家的典范。他的秘诀之一，就是充分相信自己的下属，最大限度地调动他们的工作热情和积极性。

在松下幸之助还只是个20岁的小伙子时，对人的理解就已经达到了相当高的水准。当时日本流行一种用沥青、石棉和石灰等构成的烧制材料。为了维护各自的利益，一般的企业都把这种烧制材料的制作配方作为企业的秘密严加保护，除了亲属绝不外泄。

但是，年轻的松下幸之助却一反常规，他不仅不对自己的员工保守秘密，而且还毫不犹豫地将技术传授给刚招进厂的新职工。有些人很为他担心，松下幸之助却不以为然地说："只要说明原委，新职工是不会轻易背信弃义随便向外泄露秘密的。重要的是相互信任，否则不仅事业得不到发展，也无法造就出人才。"结果，他的工厂不仅没有发生泄密的事情，而且还收到了良好的效果，职工因受到信赖而心情舒畅，生产热情十分高涨。

这件事也让松下幸之助初次尝到了用人不疑的甜头。后来松下幸之助为了扩大市场，需要在西海岸的金泽市开办一家营业所，推销产品，为此必须派出一名主任领导这项工作。

在营业所主任的人选上，他看中了一名初中毕业参加工作才两年的年轻人。别人认为这个小伙子没有经验，资历也不够，但松下幸之助坚持己见，破格提拔他为主任。

松下幸之助对这个年轻人说了这样一段话："你已经20岁了，这个年龄在古代已是武士到阵前取回敌方大将首级的年龄了。你也有了两年的工作经验，一定可以胜任这个职位。至于做生意的方法，你认为怎样做是对的，你就怎样去做。你一定会干好的，你要相信自己。"

结果，这个年轻人因为松下幸之助的充分信任而激动万分。他信心十足地率领派给他的两个学徒在新的地点拼命工作，不仅很快打开了局面，而且获得了极大的成功。

这件事一直是松下幸之助最为自豪的往事。松下幸之助从这件事得出了这样的结论："人只要有了自觉性和责任心，就有力量去完成乍看起来好像不可能完成的困难任务。"

松下幸之助的用人之道至今在日本的企业界被到处传诵着。他的成功，除了具有胆识和魄力以外，还主要缘于他对人的了解。只有充分了解各种各样的人，才有可能从中发现人才，并将其放到能发挥作用的地方，合理使用人才。银行界大亨摩根把他无数的钱财全部交给属下分别掌管，这并非是他不重视这些钱财，而是他已经训练出他的属下具有了确实负起责任而无疏忽大意的能力。当然，摩根的信任绝非盲目，他先将小的责任交给手下人，待手下人陆续用事实证明自己确实可信任时，再委以重任。

可见企业领导者最好的用人办法是给员工充分的信任和鼓励，大胆起用人才，做到疑人不用，用人不疑。

善于用人之长，避人之短

《淮南子·道应训》中有记载：

楚将子发非常喜欢结交有一技之长的人，并把他们招揽到麾下。当时有一个其貌不扬、号称"神偷"的人，子发对此人也是非常尊敬，待为上宾。有一次，齐国进犯楚国，子发率军迎敌。由于齐军强大，三次交战，楚军三次败北。正当子发一筹莫展的时候，那位其貌不扬的"神偷"主动请战。当天夜里，在夜幕的掩护下，"神偷"将齐军主帅的帷帐偷了回来。第二天，子发派使者将帷帐送还给齐军主帅，并对他说："我们出去打柴的士兵捡到您的帷帐，特地赶来奉还。"那天晚上，"神偷"又将齐军主帅的枕头偷来，然后又于次日由子发派人送还。第三天晚上，"神偷"又将齐军主帅头上的发簪子偷来，次日，子发照样派人送还。齐军士兵听说此事，甚为恐惧，主帅惊骇地对手下们说："如果再不撤退，恐怕子发要派人来取我的人头了。"于是，齐军不战而退。

一个企业需要的人才是多种多样的，同时，每个人也只能够在某一方面或某几个方面比较出色，不可能在各个方面都非常出色。高明的领导者在用人时，不会盯住人才的缺点，而是发现人才的长处，让他的某方面特长能为团队的事业做出贡献。

明代永乐皇帝朱棣是一位很有作为的皇帝。他当皇帝二十多年，摸索出了"君子与小人"的一套用人经验。有一次，他和内阁辅臣聊天时谈到用人，对现任的六部大臣逐一评价，说了一句："某某是君子中的君子，某某是小人中的小人。"这两个人当时一个是吏部尚书，一个是户部尚书。

用"君子中的君子"我们很容易理解，举国上下那么多人，为什么朱棣还要让一位"小人中的小人"担任那么重要的职位呢？这正是朱棣用人高明的地方：让"君子中的君子"做吏部尚书，不会结党营私，把自己的门生、亲戚和朋友全部安排到重要岗位上，而是以国家利益为重，为国家、朝廷选拔人才；而"小人中的小人"做户部尚书，能为了把财税收起来不择手段。朱棣每年的军费开支非常大，正常的财政收入根本无法应付，除了常规的赋税外，每年还必须要有大量的额外收入来支撑军费。所以他必须找一个会给他收钱的"小人"。

有人说：没有平庸的下属，只有平庸的领导。每个人都是长与短的统一体，任何人只能在某一领域是人才，一旦离开他精通的领域，人才就会变成庸才。因此领导者在用人时，只能是择其长者而用之，恕其短者而避之。任何人的长处，大都有其固有的条件和适用范围。长，只是在特定领域里的"长"。如果不顾条件和范围，随意安排，长处就可能变成短处。

有那么一位颇具盛名的女园艺工程师，专业上很有造诣。不料被上司选中，一下子提为某局局长。结果，女工程师的业务用不上了，对局长的工作呢，既不擅长，又不乐意干，两头受损失，精神很苦恼。这就叫作"舍长就短"。举人者也是出于好心，想重用人才，但由于不懂用人的"长短之道"，反而浪费了人才，造成了新的外行。

领导者应以每个下属的专长为思考点，安排适当的位置，并依照下属的优缺点，做机动性调整，让团队发挥最大的效能。最糟糕的领导就是漠视下属的短处，随意任用，结果总是使下属不能克服短处而恣意妄为。一个成功的领导者，在带领成员时，并不是不知道人有短处，而是知道他的最大任务在于发挥他人的长处。

　　然而，如果一个人的短处足以妨碍其长处的发挥，或者妨碍到团队组织的纪律、正常运作与发展时，那么领导者就不能视而不见，而且必须严正地处理了。尤其是在品德操守方面，正所谓：人的品德与正直，其本身并不一定能成就什么，但是一个人在品德与正直方面如果有缺点，则足以败事。所以，领导者要容忍短处，但也要设定判断及处理的准则。

敢于用比自己强的人

敢不敢用比自己强的人？这恐怕是领导者在用人中对自己最大的考验，同样也是老板最容易犯的错误。

"他都比我强了，那在别的员工眼里，他是老板还是我是老板？"有些领导者认为：

1. 别人比他强就意味着自己不称职，同时意味着会在员工心目中丧失威信，而后就做不了老板。

2. 员工中有比自己强的人，那他一定会对自己的位置虎视眈眈，总想取而代之，不能养虎为患。

3. 有能力的人或多或少都是有野心的，明知等他强大后会自立门户，为何却还要给他营造个发展的机会，多个强劲的对手呢？

4. 在企业，我称老二就不能有人敢称老大……

在这类心态的支配下，领导者往往就希望别人无限放大他的才能，而他自己却无限缩小别人的才能。当员工工作取得比领导者好的成绩，获得更多的支持时，领导者就会觉得他们是在树立自己的威信并且威胁到他的领导权。领导者在这种心态支配下，势必会严重挫伤这些员工的积极性。

其实，一个优秀的领导者，想获得成功，不是要处心积虑地去压制属下，而是要想方设法雇用比自己优秀的人，并且让他们受到重用，让这些比自己更优秀的人来效忠。

全球零售巨头沃尔玛的总裁李·斯科特，就是一位敢于聘用比自己更优秀的人的领导者。

1995年，斯科特雇用了一个员工迈克·杜克负责物流工作，向自己汇报。到现在，迈克已经是沃尔玛的副主席了。

在迈克被提升接管物流部门的同时，斯科特自己也升职了。那一天他正在法国，忽然收到了一封传真，调任他做新的销售部总经理。

这让斯科特有点吃惊，之前他一直负责物流和仓储运输，从来没有从买方的角度来工作。于是他就问老板为什么要自己来负责全球最大零售商的销售，得到的答案是：因为斯科特可以找到一个雇员，做得比自己还好。即使斯科特把销售部搞得一团糟的时候，至少还有迈克可以让物流部保持原样！

正因此，斯科特一直认为是因为他雇用了比自己更强的人，他才能够走到今天这一步。

凡是想要成大事的人，都应该像斯科特一样，能把比自己强的人招揽到自己旗下，并诚心相待。

美国的钢铁大王卡内基的墓碑上刻着："一位知道选用比他本人能力更强的人来为他工作的人安息在这里。"卡内基的成功在于善用比自己强的人。在知识经济时代，领导者就更需要有敢于和善于使用比自己强的人才的胆量和能力。

领导者要想成功，除了敢用比自己强的人外，还要做到以下三点：

1. 领导者要具备足够的胆量。因为，任用比自己强的人，往往会产生一种"珠玉在侧，觉我形秽"的危机感。作为一名领导，要想做到乐于用比自己强的人，就必须有胆量去克服嫉贤妒能的心理。那些生怕下级比自己强，怕别人超过自己、威胁自己，并采取一切手段压制别人、抬高自己的人，永远不会成为有效的领导者。所以，领导者敢用和善用比自己强的人，一定要有足够的胆量。

2. "强者"并不等于"完人"。优秀的人才最可贵的地方就在于他有主见、有创新能力，不随波逐流，不任人左右。真正的人才需要具备很强的创造力，能为组织带来绩效及为领导开创局面，甚至其能力超过领导者。然而，他们也并不是完人，所以领导者还要具备容人之雅量。

3. 要允许失败。失败乃成功之母。在创造性的工作中，失败是常有的事，不能因为他们强就剥夺他们失败的权利。

领导者只有在敢用比自己强的人的基础上做到以上3点，才能真正保证企业在市场上保持持久的竞争力，获得成功。

用人不拘一格，不论资排辈

闻鼙鼓而思良相，人才的重要地位和作用，在一切团队管理中都是举足轻重的，善于用人是领导者必备的素质之一。团队要想在竞争中获胜，就要有大批真才实学的人才。而要想群贤毕至，就需要领导者在选任人才时不要有固定不变的模式，敢于打破文凭、资历、年龄这些条条框框，任人唯才，唯才是用，只要有才就应为我所用。

一、不计年龄

据统计，人的一生中 25~45 岁之间是创造力最旺盛的黄金时期，被称为创造年龄区。如果领导者不敢重用年轻人才，既耽误年轻人才的前程，也会不利于自己的事业。当然，用人不计较年龄并不是说"唯小是举"，还是要唯才是举，只要有才，都可为我所用。

领导者用人千万不能以年龄为标准一刀切，假如你制定一个 53 岁就不能再提拔的规则，那么 50 岁出头的人工作态度肯定要大打折扣。"年龄是个宝，能力做参考"就是讽刺用人唯年轻化的现实，领导者不能不引以为戒。

二、不拘小节

领导者用人用的是才，只要这个人能帮你做好事情，就不应该求全责备。人才的那些高傲、偏执、好强的性格缺点以及邋遢、懒散等行为习惯完全可以忽略不计，至于那些嗜酒、好色、贪财的毛病，也应该予以宽容，但要注意将其控制在一定的范围内，不至于酿出大祸。

著名将领吴起在离开鲁国后，听说魏文侯很贤明，就想去投奔他。魏文侯问大臣李克："吴起这个人为人怎么样？"李克说："吴起贪心而好色，但是他用兵的能力连司马穰苴也不能超过他。"于是魏文侯就任命吴起为将军，率军攻打秦国，果然，他骁勇无比，连克五座城池。

但凡优秀的领导者都懂得人无完人的道理，在识人用人的时候不拘小节，看重才干。如果要想发展，则必须依靠有才干的人来冲锋陷阵。

三、不看外貌

人有美丑之分，但长得丑不是一个人的错，更不能说明这个人无才。《三国演义》中的张松、庞统，虽然人丑但是很有才。如果一个领导者只因为一个人看起来不顺眼，"咔嚓"一下把此人的才能否决了，那绝对是识人的错误。

一个人才既有好看的外表，又有满腹才略当然最好，然而相貌丑陋，才华横溢的也于大局无妨。比如曾国藩的两个幕僚，罗泽南"貌素不扬，目又短视"，骆秉章"如乡里老儒，粥粥无能"。领导者用人是要用他的才，而非他的貌，千万不可本末倒置。

四、不分亲疏

不任人唯亲，要唯才是举，这样的话说起来简单，但领导者要真正做到又是何等地艰难。只有具有顽强的意志和极高的情操，才能克服私心、私欲，真正做到任人唯贤。卡尔诺将军在拿破仑执政前，曾竭力反对拿破仑当"第一执政"和皇帝。几年后，当他愿为拿破仑效力时，拿破仑即任命他为安特卫普总督，之后又任命为内务大臣。知人善任，不拘一格，使拿破仑成了统率劲旅、横扫千军的旷世伟人。

五、不藏私心

领导者要避免用人唯亲的错误，就要做到"内举不避亲，外举不避仇"，要有公正之心，不能藏有私心，不能为了立山头、拉帮派或者打击异己而失去了公正。领导者能否做到公心选才，既关系到人才的命运，也关乎自己的命运。如果领导者只凭个人好恶、亲疏、恩怨、得失来识人用人，一方面会使德才平庸、善于投机取巧的人得到重用，另一方面又会埋没一些德才兼备的人。

六、不管门第

"英雄问何处，当初皆贫寒。"大凡贤能之士多产生于卑贱贫苦人家，只有独具慧眼的领导才能发现、提拔、任用他们。

比如汉代的朱买臣，家里很穷，靠砍柴卖柴来维持生活，他妻子吵着要离婚，这在封建社会对一个男人而言，实在是莫大的耻辱。但朱买臣不以为然，继续背他的书。后来严助向皇帝推荐了朱买臣，他被召见，同汉武帝谈论《春秋》《楚辞》，汉武帝十分赏识他，提拔他当了会稽太守。

七、不迷表象

真正具有真才实学的人才往往是大智若愚的，而那些多少有点才的人往往善于言谈，这让领导者很难辨别谁是真正的人才。赵孝成王重用纸上谈兵的赵括，诸葛亮轻信志大才疏的马谡，都是因为被其光鲜的外表所迷惑了，犯了识别人才时的一个常见错误——"耳目之误"。

领导者在识别人才时，千万不能被表面现象所迷惑，要从工作实践中去观察其能力，从工作业绩中去判断其水平。

八、不重资历

没有出名的"小人物"一开始总容易被人看不起。

如法国年轻的数学家伽罗华 17 岁时写出关于高次方程代数解法的文章，进到法兰西科学院，没有受到重视。20 岁时，他第三次将论文寄去，审稿人渡松院士看过之后的结论是："完全不可理解！"又如美国科学家贝尔想发明电话，他将自己的想法说给一位有名的电报技师听，那位技师认为贝尔的想法是天大的笑话，还讥讽说："正常人的胆囊是附在肝脏上的，而你的身体却在胆囊里，少见！少见！"

龚自珍认为，论资排辈的用人制度阻碍了人才的发掘，导致了"朝廷无才相、地方无才吏、边关无才将、田野无才农、集市无才商、山林无才盗、陋巷无才偷"的荒唐局面，所以他疾呼"我劝天公重抖擞，不拘一格降人才"。尽管一百多年过去了，龚自珍老先生的声音犹旋在耳！

第十一章
掌握授权的艺术，
执行起来四两拨千斤

通过授权提升领导力

授权是现代领导的分身术。南希·奥斯汀说："它（授权）是人人都是企业家的现象，这能使每个人都成为经营战略信息流当中的一员，使每个人都成为主人翁。"现代社会，领导者面临政治、科技、经济、社会协调等千头万绪的工作，纵使有天大的本事，光靠自己一个人也是绝对不行的，必须依靠各级各部门的集体智慧和群体功能。这就要根据不同职务，授予下属以职权，使每个人都各司其职，各负其责，各行其权，各得其利，职责权力相结合。如此一来，就能使领导者摆脱烦琐事务，以更多的时间和精力解决全局性的问题，提升领导力。所以与职务相应的权力不是领导者的恩赐，不是你愿不愿意给的问题，而是搞好工作的必需。

如何更有效地发挥下属的积极性、创造性，是现代企业管理中令企业领导十分感兴趣的问题，并且，不少企业进行了卓有成效的尝试。当今巴西最负盛名的企业集团——塞氏工业集团，创造出了一种旨在最大限度地发挥员工积极性、创造性的全新管理模式。

塞氏企业是一个生产多种机械设备的大型集团。几年前，理查德·塞姆勒从父亲手中接下塞氏时，它还是个传统的企业。刚开始，塞姆勒也深信拥有纪律的高压管理能创造效益，以统治数字为武器的强干也能主导业务。但在一次生病后，塞姆勒的这种想法发生了彻底的改变。

塞姆勒先是取消公司所有的规定。因为他认为规定只会使奉命行事的人轻松愉快，却妨碍弹性应变。原本在塞氏，每位新进入的员工都会收到一本 20 页的小册子，重点提醒大家用自己的常识判断解决问题。

而现在，塞氏企业的员工已经可以自定生产目标，不需劳驾管理人员督促，也不要加班费。主管们也享有相当大的自主权，可以自行决定经营策略，不必担心上级会来干预他。最特别的是，员工可以无条件地决定自己的薪水。因为塞氏主动提供全国薪水调查表，让员工比较在其他公司拥有相同技术和责任的人所拿的薪水数目，塞姆勒毫不担心有人会狮子大开口。

员工们也可以自由取阅所有的账册，公司甚至和工会一同设计了专门课程，教全体员工如何看各种财务报表。

每当要做真正重大的决定时，例如要不要兼并某公司等，塞氏将表决权交给公司全体员工，由全公司员工的投票结果决定。

塞氏没有秘书，没有特别助理，因为塞姆勒不希望公司有任何呆板的而又没有发展的职位。全公司上上下下，包括经理在内，人人都要接待访客、收传真、拨电话。塞氏曾做过试验：将一沓文件放进作业流程，结果要 3 天才送进隔壁办公室对方手里，这更坚定了塞姆勒要精简组织的决心。

塞姆勒不像别的老板那么勤于办公。早上他多半在家里工作，因为他认为那样比较容易集中精神。他甚至还鼓励公司其他经理也像他一样在家里工作。此外，他每年至少出外旅行两个月，每次旅行都不会留下任何联络的电话号码，也不打电话回公司，给塞氏其他领导充分的职权，因为他希望塞氏的每个人都能独立工作。

塞氏继对组织进行变革后，也改变了部门之间的合作方式。比如某个部门不想利用另一个部门的服务，可以自由向外界购买，这种外界竞争的压力使每个人都不敢掉以轻心。塞氏还鼓励员工自行创业，并以优惠的价格出租公司的机器设备给创业的员工，然后再向这些员工开设的公司采购需要的产品。当然，这些创业的员工也可以把产品卖给别人，甚至卖给塞氏的竞争对手。

塞姆勒一点都不担心这样会弄垮塞氏，他说：这样做使公司反应更敏捷，也使员工真正掌握了自己的工作——伙计变成了企业家。

此外，塞氏还进行工作轮调制。每年他们有 20% ~ 25% 的经理互相轮换。塞姆勒认为，人的天性都是闲不住的，在同一个地方待久了，难免会觉得无聊，导致生产力下降，唯一的方法就是轮调。同时由于塞氏的各项工作速度及频率都太快了，这给员工造成了相当大的压力，塞氏非常重视专业再生充电，也就是休假制。因为这可以让员工借此机会重新检讨个人的工作生涯与目标。

令人称道的是，在经济不景气、经济政策混乱的大环境中，塞氏近 12 年来的增长率高达 600%，生产力提高近 7 倍，利润上升 5 倍。无数应届毕业生表示自己有到塞氏工作的意愿。

如果领导者对下属不放权，或放权之后又常常横加干预、指手画脚，必然造成管理混乱。一方面，下属因未获得必要的信任，便会失去积极性；另一方面，这也会使下属产生依赖心理，出了问题便找领导，领导者就会疲于奔命，误了大事。因此，企业领导者要下属担当一定的职责，就要授予相应的权力。这样有利于领导者集中精力抓大事，更有利于增强下属的责任感，充分发挥其积极性和创造性。

接受的工作越重要，员工越有干劲

对于人才培养，最重要的是委以重任。要逐渐拓宽被培养者处理工作的范围，这是促其成长的动力。

通常而言，员工都有一种强烈的欲望，希望被别人重视，想多担负一些责任。因为担负了责任，自己就有责任感，换句话说，给了某人责任与权限，他就可以在此权限范围内有自主性，以自己的个性从事新的工作，一旦员工尝到了在重要的工作中获得成就的甘果后，就能调动自身的内在潜力和干劲，迸发出更强烈的进取欲望。

所以，领导者要让所有的员工都明白，你希望他们能完成艰巨的工作任务，希望充分发挥他们的水平。

一个人的精力虽然不是无穷无尽的，但是有时候也能发挥出超越自身极限的力量来。员工在困难中的紧张感，对自己的信心，对困难工作的坚决果断，以及坚持到底的热情，不怕苦难必须成功的毅力，这一切融合在一起的时候，就会爆发出巨大的威力，做出原先想不到的成就。

如果员工认为自己的工作不重要，就会在很大程度上影响他的积极性。曾经有一个员工说："现在的工作分工越来越细，也越来越单调，如果长期如此，就会越干越没兴趣。"也有员工说："我根本不知道干这份工作有什么意义，简直太乏味了！"可见，如果员工认为自己的工作并不重要，或者对工作的重要性认识不足，那他就看不到工作的价值，也就激发不起他们工作的热情，更无从激发其潜力了。

工作的重要性有两重含义：一是在企业内部，全体员工公认是一项重要的工作；二是从整个社会来看是一项重要工作。

在企业内部，将工作细分之后，其个人承担工作的重要性也就削弱了。领导者要善于授权，并赋予工作以重要意义，从而增强员工的荣誉感和使命感。

一位旅馆经理吩咐一位男服务生去关一间房间的窗户，在这位男服务生可能埋怨只让他做这份本该由女服务员做的简单工作之前，经理就以一种非常慎重的态度告诉他："那间房间的窗帘非常昂贵，你现在必须赶快去把窗户关好，否则待会儿刮风下雨，窗帘一旦损坏，就会出现重大损失。"

这位男服务员听完之后，立即飞奔去关窗户了。

这位饭店经理的高明之处在于，他让那位男服务生认为自己担负的责任不仅仅是关窗户而已，还需要他去保护价值昂贵的窗帘。

因此，领导者有必要谨记一点：让对方知道他必须如此做的理由；让对方知道他所担负的某项任务的重要性。

一个人一旦有了成就，就会产生一种满足感，为了获得更大的满足感，他就会做出更大的成就，这就是一种良性循环。

集权不如放权更有效

在现代企业中，优秀的领导者是那些有能力使他的下属信服而不是简单地控制下属的人。这就要求，想成为优秀的领导者，就必须善于分派工作，就是把一项工作托付给别人去做，下放一些权力，让别人来做些决定，或是给别人一些机会来试试像领导一样做事。

当然，有的工作并不是人人都乐意去做。这时候，领导者就该把这些任务分派一下，并且承认它们或许有些令人不快，但是无论如何这个工作也必须完成。

这种时候，领导者千万不要装得好像给了被分派这些任务的人莫大的机会一样，一旦他们发现事实并非如此的时候，也许就会更讨厌去做这件事。这样一来，想想看，工作还能干得好吗？为什么总有些领导会觉得把工作派给别人去做是件如此困难的事情呢？下面这几点就是可能出现的原因。

1. 如果领导者把一件可以干得很好的工作分派给下属去做了，也许他达不到领导者可以达到的水平，或者效率没有领导者那么高，或者做得不如领导者那么精细。这时，求全责备的思想就会以为把工作派给别人去做，不会做得像自己做得那么好。

2. 领导者害怕自己一旦把工作交给别人做了之后，就会无事可干。所以那些手握小权的领导者，哪怕是芝麻大的事也不舍得放手让别人去干。

3. 如果让别人去做领导者自己的工作，领导者可能会担心他们做得比自己好，而最终取代自己的工作。

4. 领导者没有时间去教导别人该如何接受工作。

5. 没有可以托付工作的合适人选。

其实，如果领导者确确实实想要把工作分派下去，那上面列举的这五个问题都不会成为真正的问题。因此领导者要对付的第一件事就是自己对此事所持的推诿态度。

如果领导者确实有理由担心，因你的员工在工作上出了差错之后，领导者就会丢掉自己的工作；或者在领导者工作的地方，氛围很差，领导者担心工作不会有什么起色，这时候，领导者就有必要和自己的上司谈谈这些情况，从而在分派工作的问题上获得他的支持。

如果确实还没有可以托付工作的人选，而领导者自己又已经满负荷运转，那么，也许领导者就有必要考虑一下是不是应该再雇一个人。

当然，放权也要有个度。其中，"大权独揽，小权分散"是现代企业中实行的一项既可以授权又能防止权力失控的有效办法。

法国统盛·普连德公司是一个生产电子产品、家用电器、放射线和医疗方面电子仪器的大型电器工业企业。该公司属下各分公司遍布全球，为了对这个年销售额达到数十亿美元的大企业进行有效的管理，公司实行了"大权独揽，小权分散"的管理制度。

总公司紧握投资和财务方面的两大关键权力。而且公司所属的分公司，每年年底都要编制投资预算报告，并呈报总公司审核，总公司对预算报告进行仔细分析，如果发现有不当之处，就让各公司拿回去进行修改。当投资预算获得批准后，各公司都必须照办。当然，这些预算也不是不可变更的，只要在预算总额内，各分公司的主管还可以对预算内的金额进行调整。通常，分公司的经理拥有对每一个预算项目增、减10%的权力，如果数目超过10%，那就必须经过高一级的主管批准。

该公司建立了一项十分有效的管理控制员制度，对下属公司的生产，尤其是财务方面进行监督。这些管理控制员在执行任务时，都得到了总公司董事会的全力支持，他们对各公司的间接制造费用、存货和应收款等特别注意，一旦发现有任务不正常的迹象，就立即报告总公司，由总公司派人进行处理。各分公司每个月的财务报表都必须由管理控制人员签字，才能送交董事会。

我们看到，该公司在投资和财务两方面牢牢掌握住大权，但是在别的方面却实行了分权。该公司的领导者认为，大的企业，其领导者不可能事必躬亲，分权制度可以减少领导者的工作压力；即使是小企业，其领导者也不可能事无巨细，包揽每一项工作，也必须给下属分权，让下属发挥其聪明才智，为企业出谋划策，促进企业的发展。

因此，该公司的每一家分公司都自成一个利润中心，都有自己的损益报表，各事业部门的经理对其管辖的领域都享有充分的决策权，同时他们也尽量把权力授予下级，充分发挥分权制度的最佳效果。

自从实行分权管理制度后，统盛·普连德公司就成功调动了各分公司的积极性，生产蒸蒸日上，利润年年增加，获得了相当大的成功。统盛·普连德公司"大权独揽，小权分散"
的成功经验，也给现代企业管理提供了很好的借鉴。公司的
要害部门要直属，公司的关键大权要掌握在自己手里，其余
的权力能放就放。这样，上下级就能劳逸平均，各得其所，
各安其职，每个人的积极性、创造性都得到了充分的调动，
同时又不至于发生权力危机。

授权要讲究策略和技巧

领导者面对的是一个个有思想的人，授权时如果不分对象、不看情势会造成领导者对权力的失控。因此，授权必须讲究策略和技巧，在对权力的一收一放之间找到运用权力的正确节奏。

一、不充分授权

不充分授权是指领导者在向其下属分派职责的同时，赋予其部分权限。根据所给下属权限的程度大小，不充分授权又可以分为以下三种具体情况：

1. 让下属了解情况后，由领导者做最后的决定；让下属提出所有可能的行动方案，由管理者最后抉择。

2. 让下属制订详细的行动计划，由领导者审批。

3. 下属采取行动后，将行动的后果报告给领导者。

不充分授权的形式比较常见，由于它授权比较灵活，可因人、因事而采取不同的具体方式，但它要求上下级之间必须确定所采取的具体授权方式。

二、学会弹性授权

这是综合充分授权和不充分授权两种形式而成的一种混合的授权方式。一般情况下，它是根据工作的内容将下属履行职责的过程划分为若干个阶段，然后在不同的阶段采取不同的授权方式。这反映了一种动态授权的过程。这种授权形式，有较强的适应性，也就是当工作条件、内容等发生变化时，领导者可及时调整授权方式以利于工作的顺利进行。但使用这一方式，要求上下级之间要及时协调，加强联系。

三、掌握制约授权

这种授权形式是指领导者将职责和权力同时指派和委任给不同的几个下属，让下属在履行各自职责的同时形成一种相互制约的关系。如会计制度上的相互牵制原则。这种授权形式只适用于那些性质重要、容易出现疏漏的工作。如果过多地采取制约授权，则会抑制下属的积极性，不利于提高工作的效率。

四、尽量避免授权的程序错乱

一个企业即便人员不多，授权也应该注意一定的程序，否则，授权的结果只会带来负效应，在实际工作中，领导者的有效授权往往要依下列程序进行：

1.认真选择授权对象。如前所述，选择授权对象主要包括两个方面的内容：一是选择可以授予或转移出去的那一部分权力；二是选择能接受这些权力的人员。选准授权对象是进行有效授权的基础。

2.获得准确的反馈。领导者授意之后，只有获得下属对授意的准确反馈，才能证实其授意是明确的，并已被下属理解和接受。这种准确的反馈，主要以下属对领导授意进行必要复述的形式表现出来。

3.放手让下属行使权力。既然已把权力授予或转移给下属了，就不应过多地干预，更不能横加指责，而应该放开手脚，让下属大胆地去行使这些权力。

4.追踪检查。这是实现有效授权的重要环节。要通过必要的追踪检查，随时掌握下属行使职权的情况，并给予必要的指导，以避免或尽量减少工作中的某些失误。

当然，在授权时，还应注意以下四点：

1. 领导者授权时要注意激发下属的责任感和积极性。授权的目的，是要下属凭借一定的权力，发挥其作用，以实现既定的领导目标。但如果领导者有权不使，或消极使用权力，就不能达到这个目的。因此必须制定奖惩措施，对下属进行激励，引入竞争机制。

2. 领导者要给下属明确的责任。要将权力与责任紧密联系起来，交代权限范围，防止下属使用权力时过头或不足。如果不规定严格的职责就授予职权，往往成为管理失当的重要原因。

3. 领导者要充分信任下属。与职务相应的权力应一次性授予，不能放半截留半截。古人云："任将不明，信将不专，制将不行，使将不能令其功者，君之过也。"领导者给职不给相应的权，实际是对所用之人的不尊重、不信任。这样，不仅使所用之人失去独立负责的责任心，严重挫伤他们的积极性，一旦有人找他们，他们就会推："这件事我决定不了，去找某领导，他说了才算。"

4. 领导者授权时要注意量体裁衣。要根据下属能力的大小，特别是潜在能力的大小来决定授职授权，恰到好处地让每个下属挑上担子快步前进，避免有的喊轻松，有的喊累死。

领导者管人是否得当，就是看授权的策略和技巧是否用到位。下属可根据所授予的职权，在实际工作中能否恰到好处地行使权力，胜任职务来判断。领导者务必慎重、认真地授权。

权力与责任必须平衡对等

下属履行其职责必须要有相应的权力，但同时，授予下属一定的权力时必须使其负担相应的责任，有责无权不能有效地开展工作；反之，有权无责则会导致不负责地滥用权力。责大于权，不利于激发下属的工作热情，即使只是处理一个职责范围内的问题，也需要层层请示，势必会影响工作效率；权大于责，又可能会使下属不恰当地滥用权力，最终会增加领导管理和控制的难度。所以，领导者在授权时，一定要向被授权者交代清楚事项的责任范围、完成标准和权力范围，让他们清楚地知道自己有什么样的权力，有多大的权力，同时要承担什么样的责任。总的来说，要实现权力与责任平衡对等，应灵活掌握以下基本原则：

一、明确

授权时，领导者必须向被授权者明确所授事项的责任、目标及权力范围，让他们知道自己对哪些人和事有管辖权和利用权，对什么样的结果负责及责任大小，使之在规定的范围内有最大限度的自主权。否则，会使被授权者在工作中摸不着边际，无所适从，贻误工作。

二、下属参与

让下属参与授权的讨论过程，这样可以增加授权的效率。首先，只有下属对自己的能力最了解，所以让他们自己选择工作任务可能会更有好处；其次，下属在参与过程中，会更好地理解自己的任务、责任和权力；最后，下属参与的过程是一个主动的过程，而一个人对自己主动选择的工作往往会尽全力将它做好。

三、适度

评价授权效果的一个重要因素是授权的程度。授权过少往往造成领导者的工作太多，下属的积极性受到挫伤；过多又会造成工作杂乱无章，甚至失去控制。授权要做到授出的权力刚好够下属完成任务，不可无原则地放权。

四、责权相符

权力与责任务必相统一，相对应。这不仅指有权力也有责任，而且指权力和责任应该平衡对等。如果下属的职责大于他的权力，那么下属就要为自己一些力所不及的事情承担责任，这样自然就会引起下属的不满；如果下属的职责小于他的权力，那么他就有条件用自己的权力去做职责以外的事情，从而引起管理上的混乱。

五、要有分级控制

为了防止下属在工作中出现问题，对不同能力的下属要有不同的授权控制。比如对能力较强的下属可以控制得少一些，对能力较弱的下属控制力度可以大一些。然而，为了保证下属能够正常工作，在进行授权时，就要明确控制点和控制方式，领导者只能采用事先确定的控制方式对控制点进行核查。当然，如果领导者发现下属的工作有明显的偏差，可以随时进行纠正，但这种例外的控制不应过于频繁。

六、不可越级授权

越级授权是上层领导者把本来属于中间领导层的权力直接授予下级。这样做会造成中间领导者在工作上处于被动，扼杀他们的负责精神。所以，无论哪个层次的领导者，都不能将不属于自己权力范围内的事情授予下属，否则将导致机构混乱和争权夺利的严重后果。

七、可控原则

授权不等于放任不管，授权以后，领导者仍必须保留适当的对下属的检查、监督、指导与控制的权力，以保证他们正确地行使职权，确保预期成果的圆满实现。权力既可授出去，也可以收回来。所有的授权都可以由授权者收回，职权的原始所有者不会因为把职权授予出去而因此永久地丧失了自己的权力。

总之，领导者在授权时一定要注意权力与责任必须平衡对等，把权力和责任"捆绑"下放，做到权责相应。唯有如此，才能真正发挥授权的效用。

带队伍要掌握的关键法则

连山◎编著

红旗出版社

图书在版编目（CIP）数据

带队伍要掌握的关键法则 / 连山编著 . —— 北京：
红旗出版社 , 2020.4

（高情商管理 / 张丽洋主编）

ISBN 978-7-5051-5147-5

Ⅰ . ①带… Ⅱ . ①连… Ⅲ . ①企业管理－团队管理－
通俗读物 Ⅳ . ① F272.9-49

中国版本图书馆 CIP 数据核字 (2020) 第 042178 号

书　　　名	带队伍要掌握的关键法则		
编　　　著	连　山		
出 品 人	唐中祥		
总 监 制	褚定华	责任编辑	朱小玲 王馥嘉
选题策划	三联弘源	地　　址	北京市丰台区中核路 1 号
出版发行	红旗出版社	编 辑 部	010-57274504
邮政编码	100070	发 行 部	010-57270296
印　　刷	天津海德伟业印务有限公司		
成品尺寸	138mm×200mm	1/32	
字　　数	400 千字	印　张	25
版　　次	2020 年 7 月北京第一版	印　次	2020 年 7 月北京第一次印刷
IBSN	978-7-5051-5147-5	定　价	168.00 元（全五册）

前　言

对于管理者来说，用职权管人不是本事，通过人格服人才是本事；颐指气使不是本事，"不令而从"才是本事；用惩罚使人害怕不是本事，凭魅力赢得追随才是本事；自己有本事不是本事，让有本事的人为己所用才是本事。管理是一门学问，是一门艺术，更是一种高深的谋略。你不能因为自己是"官"就对人吆五喝六，又不能与所有人称兄道弟失去威严；你不能玩弄权术，让人觉得你城府很深，又不能心中不藏事啥都往外说；你既不能疑神疑鬼又不能偏听偏信……超级管理者身上的那种气质和影响力，绝非掌握一些机械的管理方法或技巧就能达到的，而是长期自我修炼的结果。真正有魅力的管理者，站在那儿就是一种无声的号召。

给你一个团队，你能管好吗？作为团队的管理者，你要如何更好地领导下属和管理员工？如何建立优秀的团队？如何做到知人善任、人尽其才？如何实现与下属的无障碍沟通？如何用简单的管理取得大的收获？管理一个团队将面临各种各样的问题和挑战，当你面对这些问题时，你是否会产生困惑或有力不从心之感？是否需要用新的管理知识和技能武装自己的头脑？是否想进一步提升自己的管理技能，以便更好地应对管理过程中出现的各种难题和挑战？作为一名中层领导和普通员工，如何通过自我修炼来提高当前的工作业绩？如何在工作和实践中提升自我？如果有一天你被任命为团队的管理者，你知道该做什么，不该做什么吗？如果将你从普通员工提升为中层管理者，你如何走好第一步？你具备管理者的基本素质和能力吗？……

　　为帮助各类组织的管理者掌握最切合实际的管理方法，从而在管理过程中少走弯路，使管理更顺畅，游刃有余地开展工作，成为卓有成效的管理者，我们编写了这本《带队伍要掌握的关键法则》。本书针对团队管理者的工作任务，从领导风格、领导力打造、权力运用、用人之道、激励手段、决策方略、沟通艺术、解难艺术、晋升之道等方面系统介绍了管理者应具备的领导素质和应掌握的领导艺术，是每一位有心取得成就的管理者必备的日常管理工具书。全书体系规范、科学，内容全面、实用，为管理者提供了一份全方位的细致周详的工作手册，帮助管理者提高理论水准和管理素养，有效解决各类管理实务问题。

目 录

第一章
描绘愿景：为员工植入团队梦想

"梦"：团队愿景的力量

马丁·路德·金在林肯纪念堂前发表的著名演说《我有一个梦想》为千千万万呼吁种族平等的人们描绘了美好的愿景，引导和激励无数的人为这个梦想而奋斗；比尔·盖茨从在车库里敲打"basic 语言"起步，但他坚信让每家每户的每张桌子上都有一台个人电脑，20 年的时间他带领微软成为互联网的霸主。

这就是愿景的力量。愿，就是心愿；景，就是景象。这个景象存在脑海里，是看不到的。愿景是在个人脑海中的意象，团队愿景就是团队所有成员共有的意象。对于一个团队而言，团队愿景是这个团队为之奋斗所希望达到的目标，愿景就像灯塔一样，始终为团队成员指明前进的方向，鼓舞和激励着所有人为共同的目标而奋斗。

管理者作为团队的领头人，必须学会用愿景引导团队。一个团队有了自己的愿景，就会对员工产生吸引力，就会让员工具有认同感。在追求团队愿景的过程中，员工相信他们所做的事是值得的，如果他们相信自己能够实现团队的"梦想"，进而实现自己的"梦想"，那么他们一定会认同团队，并且积极努力地行动。

稻盛和夫创办日本京都制陶公司之后，业务发展非常迅速。在迅猛发展的过程中，稻盛和夫经常要求年轻的员工每天加班到深夜，即使星期天也不休息。慢慢地，一种不满的情绪在员工中间蔓延。一次加班之后，一群员工决定用强硬的手段向公司提出要求，并以集体辞职相威胁，并且提出了诸如加薪、增加奖金的要求。稻盛和夫经历了创业以来的一次大危机，虽然他没有同意他们的要求，但是此后却花费了三天三夜做说服工作，才使得这批人留了下来。

京都制陶公司发展过程中的这个插曲深深地刺激了稻盛和夫，他陷入了痛苦的思考："本来创立京都制陶是为了让我的技术闻名于世，现在看来，应该还有更为重要的事情。公司究竟是什么？公司的目的和信念是什么？要争取什么？"在思索的过程中，他的结论渐渐明晰："让技术闻名于世其实是低层次的价值观，是次要的事情……经营公司的目的是为全体员工谋求物质和精神方面的幸福，为人类社会的进步贡献力量。"

从此以后，"为全体员工谋幸福，为社会发展贡献力量"成为京都制陶公司的追求目标，也成为公司发展的愿景。企业发展越来越好，员工的忠诚度也越来越高。

作为团队的领头人，管理者要告诉员工，他们是什么？他们为什么？他们干什么？愿景要让员工能够和企业一起分享对未来的憧憬，让员工对未来有更高的期待，让员工获得一种强大的使命感。

好的愿景起到的作用不仅如此，它宛如一幅巨大的画，也会给人以压力和挑战。对于员工来说，有没有共同愿景绝不是表面微小的差别。员工的奉献精神和奋斗动力，便与组织的共同愿景息息相关。如果没有共同愿景，奉献的行为不仅不会产生，连真正遵从的行为也不可能。

愿景能凝聚起团队中每个人的力量，使人产生整体感。当团队遭受混乱和阻力时，愿景能够引导团队继续遵循正确的路径前进。随着团队的发展，愿景会变得越来越重要，没有什么比一种清晰的愿景更吸引人的了。

愿景对于一个团队来说具有神奇的力量，因为它并不只是一个想法，它是人们心中一股令人深受感召的力量。它能感召一群人，让这群人为之奋斗，愿景也就不再是一种抽象的东西。

建立团队愿景不是一蹴而就的工程，它的建立和完善需要细致的工作和漫长的过程。但是，梦想必须建立在现实的基础上，没有现实支撑的愿景最终往往成为水中月、镜中花。

愿景作为一种未来的景象，产生于领导者思维的前瞻性。如果管理者希望其他人能加入到团队的共同前进路径中，那么他必须知道要带领团队往何处去。有前瞻性并不意味着要先知先觉，而是要脚踏实地地确定一个企业的前进目标。愿景能激励企业一步步迈向未来。

每个优秀的管理者都应具备为团队"造梦"的能力，当一个梦想足够强大，会调动跟随者们的能动性、进步性、创造性，进而去构建一座从此岸到彼岸的桥梁。

让个人目标融入团队愿景

团队愿景是一个团队努力奋斗希望达到的目标，它不仅是企业发展的方向，也是所有员工努力的目标，更是整个企业奋斗的动力。有时，我们在打造成功团队时，可能觉得为团队确定愿景还是比较容易的，但要将团队愿景传达给团队成员并取得共识，可就不是那么容易的事情了。

在一个团队的发展征程中，团队的愿景就相当于帆船的领航作用，它直接影响着团队这艘船的航行速度和航行距离。但若只有船帆，就算掌握好了方向，而船身行驶得太慢，团队也无法驰骋在市场的海洋中。如何让团队运转跟得上团队目标？就是要将员工的个人目标融入团队愿景。

一个团队要做到可持续发展，不仅要树立正确的发展目标，更需要员工与团队同心同德，方向一致。比如，几匹马拉一辆车，如果它们朝着不同的方向前进，这辆车根本就不会前进；如果步调不一致，还会导致马倒车翻。只有所有的马朝着一个方向，步调一致地奔跑时，这辆车才能快速地前进。

管理者要设法将员工个人目标融入团队目标，使个人将注意力投向公司及部门的整体业绩，而不是自己的报酬和升迁。

团队成员各自会持不同的观点，但为了追求团队的共同愿景，各个成员就得求同存异并对大家的共同目标有深刻的一致性理解，要做到这一点，对于管理者而言并不是轻松容易的事。管理者希望员工能够敬业和服从，把团队的未来当成是自己的未来；对于员工而言，他们希望得到更多的回报，满足生活的需要，实现个人的价值。因此，管理者必须引导员工个人的目标融入团队发展的愿景中。

西点军校培养学员将个人目标融入团队目标，这是西点军校学员训练的重要内容。

在西点军校巴克纳野战营，经常举行一个活动，让各组学员在几个小时之内完成组合桥梁的任务。

值得说明的是，这种活动用的组合桥，每一块桥面和梁柱都有几百公斤重，要抬起一块桥面，似乎是不可能的事。

于是教官启发大家，在战场上搭建这类的组合桥的目的多半都是具体、迫切的，或是恢复重要物资的运输，或是逃避敌人的追击，或是进攻歼灭敌人，这个时候桥面能否搭起来就是一个生死攸关的事情。

这个时候，同一组的学员们便建立了一个共同的目标：一起搭好桥，不仅是为了集体荣誉感，也是出于战场上紧急情况的迫切感。

于是学生们把个人目标融入了团体目标，真的发挥出了最大的潜力搭好了桥。要是没有这样生死攸关的共同目标，要激发学生的潜力，合力搬起三四百公斤的大桥墩，并不是很容易的事情。

对团队而言，一个人的成功并不是真正的成功，团队整体的成功才是最大的成功。

在许多国际知名企业中，比如美国通用电气公司、美国宝洁公司等，当一批新员工入职后，需要接受相当长的一段时间的培训，并且在一段时间后还会不断地强化公司的理念。其目的就是让员工随时清楚地知道自己目前所处的位置，并且随时检查自己是否与企业的目标一致。

"能够将个人目标融入公司目标"已成为企业在招聘员工时，衡量其素质的重要指标。如果一个人不能把自己的个人目标融入公司的目标，就很难受到管理者的青睐。

员工也应该把个人目标融入公司愿景，这样可以充分地利用团队的力量，提高自己的工作效率。那些只工作不合作，宁肯一头扎进自己的工作之中，也不愿与同事有密切交流的人，最后收获的只有低绩效的工作。很可能他们自己费了九牛二虎之力才达到工作上的突破，而通过团队的共同努力会很容易实现。只顾着个人目标，忽视将个人目标融入团队目标，很多心血很可能会白白浪费。

吴华大学毕业后应聘到某公司上班。上班的第一天，他的上司就分配给他一项任务：为一家知名企业做一个广告策划案。

　　既然是上司亲自交代的，吴华不敢怠慢，就埋头认认真真地做了起来。他不言不语，一个人费劲地摸索了半个月，还是没有眉目。显然，这是一项让他难以独立完成的工作。但是，吴华没有去寻求合作，也没有请教同事和上司，只是一个人蛮干，甚至忽略了客户的时间要求。最后，他也没有拿出一个合格的方案来。

　　吴华没有将自己的目标融入到团队发展中，结果导致了失败。其实，一旦团队成员的思想统一到组织的整体思想体系中，团队成员认同组织的目标，把个人目标和团队愿景牢牢地结合在一起，那么，工作也就不会走弯路了。

　　当员工的目标与企业的目标保持高度一致时，管理者自然无须为他们不会努力工作而发愁。作为一个管理者，只有将团队与员工的共同目标结合起来，才能激发员工最大的积极性和工作动力。

为团队制定共同目标

　　确立团队目标是管理者最重要的工作任务之一。企业的成功都是相似的，而企业的失败各有各的原因。成功的企业的一条重要经验就是，他们有明确的奋斗目标，并且能将这种目标转化为员工向上的动力。

　　心理学家认为，一个人在团队中工作，最怕的就是自己的力量被抑制，得不到发挥，原因有很多，在团队中缺少归属感是其中最重要的。缺乏归属感的人，丧失了做事的目标，只会为工作而工作，丝毫体会不到在团队中大家为着共同目标奋斗的工作激情。

倘若团队有自己的共同目标，那么每个人都会以此找到自己该做的事，从而真正提高团队效率。如果团队成员追逐着与团队总目标不一致的个体小目标，造成的后果是可悲的。

有三只老鼠一同去偷油喝，到了油缸边一看，油缸里的油只剩了一点点，并且缸身太高，谁也喝不到。聪明的老鼠想出办法：一只咬着另一只的尾巴，相互吊着下去喝，第一只喝饱了，上来，再吊第二只下去喝……第一只老鼠最先吊下去喝，它在下面想："油只有这么一点点，今天总算我幸运，可以喝个饱。"

上面的老鼠看油越来越少，就不住地催促它赶快上来，但下面的老鼠却不理睬，照喝不误。上面的老鼠生气了，就放开了下面老鼠的尾巴。结果那只老鼠落在油缸里，由于永远逃不出来而饿死了。

下面的老鼠只想着自己的利益，却忽视了团队的目标，最终造成了这样的结果。作为管理者，不仅要确定团队的共同目标，还要在执行的过程中保证团队成员的目标不偏离。

团队的共同目标是一个有意识的选择并能表达出来的方向，它运用团队成员的才能和能力，促进团队的发展，使每个团队成员都有一种成就感。共同目标表明了团队存在的理由，能够为团队运行过程中的决策提供参照物，同时能成为判断团队进步的可行标准，而且为团队成员提供一个合作和共担责任的焦点。

倘若对大家的共同目标达成一致并获得承诺，就不需要命令、监督，用自己的执行力去行动，是团队取得成功的关键。

作为团队的管理者，必须重视为团队成员树立共同的目标，才能更有效地开展团队工作，以达到团队协同效应。要形成团队共享目标，管理者必须从以下几个方面着手：

1. 对团队进行摸底

对团队进行摸底就是向团队成员咨询对团队整体目标的意见，这非常重要。一方面，这样做可以让成员参与到团体整体目标的达成过程中来，使他们觉得这是自己的目标，而不是别人的目标；另一方面，可以获取成员对愿景的认识，即团队目标能为组织做出别人不能做出的贡献，团队成员在未来应重点关注什么事情，团队成员能够从团队中得到什么，以及团队成员个人的特长是否在团队目标达成过程中得到有利发挥等。

2. 对获取的信息进行加工

在对团队成员进行摸底收集到相关信息以后，不要马上确定团队目标，应就成员提出的各种观点进行思考，留下一个空间——给团队和自己一个机会，慎重考虑这些提出的观点，以缓解匆忙决定带来的不利影响。

3. 与团队成员讨论目标表述

　　管理者与团队成员讨论目标表述是将其作为一个起点，以成员的参与而形成最终的定稿，以获得团队成员对目标的承诺。虽然很难，但这一步确实不能省略，因此，团队领导应运用一定的方法和技巧。比如，启发引导法，确保成员将所有观点都讲出来；找出不同意见的共同之处；辨识出隐藏在争议背后的合理性建议；从而达成团队目标共享的双赢局面。

4. 确定团队目标

　　通过对团队的摸底和讨论，修改团队目标表述内容以反映团队的目标责任感。虽然，让全体成员都同意目标表述的内容很难，但求同存异地形成一个成员认可的、可接受的目标是重要的，这样才能获得成员对团队目标的真实承诺。

5. 对团队目标进行阶段性的分解

　　由于团队在运行过程中难免会遇到一些障碍，比如组织大环境对团队运行缺乏信任、成员对团队目标缺乏足够的信心等。管理者在决定团队目标后，尽可能地对团队目标进行阶段性的分解，树立一些过程中的里程碑式的目标，使团队每前进一步都能给组织以及成员带来惊喜，从而增强团队成员的成就感，为一步一步完成整体性团队目标奠定坚实的信心基础。

　　只有团队成员对团队愿景有了清楚、共同的认识，才能在成员心中形成成就感，才能增加在实施过程中的紧迫感。同时，达成共识的团队愿景，一定能赋予成员克服障碍、激发能量的动力。

为员工指明前进的方向

在打造成功团队的过程中，有人做过一个调查：问团队成员最需要团队领导做什么，约 70% 的人回答——希望团队领导指明目标或方向；而问团队领导最需要团队成员做什么，约 80% 的人回答——希望团队成员朝着目标前进。从这里可以看出目标在打造成功团队过程中的重要性，它是团队所有人都非常关心的事情。

值得关注的是，团队中并非每个人都有目标和方向，有很多人并不知道自己需要什么，不知道内心真正的追求。这让人不禁想起法布尔与毛虫的故事。

法国博物学家让·亨利·法布尔做过一项关于某种毛虫的习性的研究。这些毛虫在树上排成长长的队伍前进，有一条带头，其余的跟着向前爬。法布尔把一组毛虫放在一个大花盆的边上，使它们首尾相接，排成一个圆形。这些毛虫开始动了，像一个长长的游行队伍，没有头，也没有尾。法布尔在毛虫队伍旁边摆了一些食物。但这些毛虫想吃到食物就必须解散队伍，不再一条接一条前进。

法布尔预料，毛虫最终会厌倦这种毫无用处的爬行，而转向食物，可是毛虫没有这样做。出于纯粹的本能，毛虫围着花盆边一直以同样的速度爬行了 7 天 7 夜，它们一直爬到饿死为止。

一个重视目标管理的管理者，应该清楚自己和自己的团队该往哪个方向走，并能在工作中不断地带领员工实现既定的目标，并朝更远的方向发展。管理者为员工指明前进的方向，也是一件很重要的事情。如果员工在工作中不能实现目标，对其自身、对管理者、对整个企业都会造成影响，甚至会让企业付出代价。

管理者要对员工负责，帮助每个员工实现个人的目标。团队的成员有没有自己的前进方向，关系到他们对工作投入的热情与兴趣。如果他们的个人目标不能逐步实现，就有可能对自己和企业的未来产生怀疑。

担任项目经理的第三个月，小陈突然发现自己这个经理相当失败：办公桌上散乱地堆放着文件，自己每天忙得焦头烂额，但进度表上显示的全是无法按预期完成的工作，整个团队陷入了深深的困境。

症结究竟在哪儿呢？小陈找到团队中的几个骨干，与他们共同讨论。结果令他大吃一惊，每个人似乎都有自己的想法，然而每个人的想法又似乎　　很不成熟，讨论会变成了一场争论会。小陈似乎发现了问题的所在，他说："我觉得我们最大的问题，是想法不统一。我们必须找到团队的共同目标，再依照这个目标将每个人的目标细化。"大家对小陈的建议表示赞同。半个小时后，他们确定了本月内必须完成的项目目标，并迅速进行了分工。

仅仅半个月，小陈就带领团队顺利完成了当初制订的项目计划。

管理者为员工指明的个人奋斗目标，是建立在团队目标的基础之上的。基于此，管理者为员工指明了前进的方向，员工就能在执行的过程中体现自己的积极性和创造性，最终实现团队的目标。这样一来，既实现了团队的目标，也完成了员工的目标，员工因此而充满干劲儿，继续为团队的发展奉献自己的力量。

那么，把任务目标安排给员工，让他们去努力完成，是不是就意味着管理者自此高枕无忧，等着收获就行了呢？自然不是这样。一个优秀的管理者，一定要注意非常重要的两个环节：一个是为员工指明目标，另一个便是为员工的工作提供协助。

为员工指出前进的方向，首先需要管理者帮员工认清自己的目标。目标不能只是由管理者个人制定，而应该由管理者和员工共同拟定，至少要让员工明白自己努力的具体目标是什么。

有些管理者在分派完任务后，便忽视了对员工工作情况的关注，结果导致他们中有的人在错误的道路上越走越远，离目标也就越来越远。这就要求管理者对员工的执行过程进行一定的控制。

让梦想变得现实可行

一个团队能走多远，能取得怎样的业绩和成就，很大程度上取决于管理者的梦想有多大。优秀的企业管理者大多具备一些共同特点：建立在现实基础上的梦想是他们自己乃至团队奋进的不竭动力。

很多人并不是没有梦想，只是他们总是抱着无所谓的态度去工作和生活。他们看起来工作努力，学习勤奋，但他们自己却不明确团队的愿景和自己的目标，因而他们的行动大部分是盲目的，他们的努力多半也成了无用功。

有一个最终取得成功的梦想会使人的天赋得到充分的发挥，使心中的激情喷薄而出，推动着自己马不停蹄地向梦想迈进。但是如果梦想建立在不切实际的基础上，还不如没有梦想，因为这种梦想并不能起到激励和引导的作用，只能让自己漫无目的地四处游荡，做事拖沓低效。

许多优秀的企业家在刚开始创业时面临着艰苦的条件，却总能将优秀的人才聚集在自己的周围，而这种魅力来自追随者们相信团队的梦想终能实现。

百度公司刚刚创建的时候，员工的工作、生活条件非常简陋，作为只有几名员工、在业内没有任何名气和地位的初创公司，在各种条件都非常艰苦的创业初期，该如何搭建团队，吸引人才？公司创始人李彦宏所做的是给员工描绘美好的理想和远大的抱负，让员工相信在这个公司大有可为。胸怀远大理想，有执着追求、乐于艰苦创业的人共同努力，最终成就了今天的百度公司。

每个团队都应树立自己的目标，在不同的发展阶段，设定的目标也是不一样的。管理者首先要从明确企业的发展目标入手，不然极有可能带领企业走入迷途。但是，脱离实际发展的梦想容易让员工失望，唯有让员工相信企业的目标，才能最终提升团队效率。

实实在在的梦想，对员工而言就是实实在在的看得见的目标。人们都有这样的生活经验：给你一个看得见的靶子，你一步一个脚印去实现这些目标，你就会有成就感，就会更加信心百倍，向高峰挺进。

1952年7月4日清晨，世界著名的游泳好手弗洛伦丝·查德威克从卡德林那岛游向加利福尼亚海滩。她的想法并非不切实际，她曾经横渡过英吉利海峡，如果这次她成功了，她会因此再创一项纪录。

这天的雾非常大，连护送的船只她都看不见。时间一小时一小时地过去，当她在冰冷的海水里泡了15个小时后，远方仍旧是雾霭茫茫，查德威克感到难以坚持，她再也游不动了。艇上的人们劝她不要向失败低头，要她再坚持一下。浓雾使她难以看到海岸，她不知道自己的目标还有多远。最后，冷得发抖、浑身湿淋淋的查德威克被拉上了小艇。

在这次挑战失败之后，她总结说，如果当时她能看到陆地，她就一定能坚持游到终点。事实上，妨碍她成功的是一眼望不到边的大雾，她因此无法确定具体的目标。

两个月后，查德威克又一次挑战。这一次她没有放弃，终于一口气游到了美国西海岸。

梦想要看得见、够得着，才能成为可追求的梦想，才会形成动力，帮助人们向着目标努力，获得自己想要的结果。管理者应该得到这样的启示：千万不要让形形色色的雾迷住了员工的眼，要让员工相信你的梦想。

作为一个管理者，让员工能够明确团队的愿景和自己的梦想都是可实现的，就能让员工最大限度地发挥他们的能力。很多时候，员工没有工作的动力，显得懒散无力，并不是他们不想努力，只是缺乏明确具体的梦想，让他们没了奋斗的方向，不知从何处着手。

只有定下实实在在的目标，并制订相应的行动方案，在不断实践的过程中慢慢地接近目标，才能有助于员工理解企业的期望，并获取自身发展的动力，克服一切困难，最终取得成功。

具体说来，作为管理者，如何让自己的梦想和目标变得现实可行呢？以下几个步骤可以借鉴：

1. S—Specific：要具体

"做一个优秀的员工"，这并不是一个具体的目标。"学习更多管理知识"更具体一些，但是还是不够具体。"学习更多财务管理知识"又更具体了一些，但是还不够具体。怎样才具体，要加上第二点：M。

2. M—Measurable：要可衡量

要可衡量，往往需要有数字，把目标量化。"读三本财务管理的经典著作"就更具体了，因为它有数字，可衡量。

3. A—Actionable：要化为行动

"做一个优秀的员工"不是行动，"读三本财务管理的经典著作"是行动。但是，实际上"读"还只能算是一个比较模糊的行动。怎样读？读了10页算不算读？匆匆翻了一遍算不算读？所以，还可以继续细化为更具体、更可衡量的行动，"读三本财务管理的经典著作，并就收获和体会写出三篇读书笔记"。

4. R—Realistic：要现实

如果你从来没有学习过财务管理的相关知识，或者从来没有写过任何一篇读书笔记，那么上面的目标对你不现实。如果你是个刚接触财务知识的基层领导，现实的目标应该是先读三篇财务管理的文章。

5. T—Time-limited：要有时间限制

多长时间内读完三本书？根据你的实际情况，可以是3个月，可以是6个月。因此，加上时间限制后，这个目标最后可能变成："在未来3个月内，读三本财务管理的经典著作（每月一本），并就收获和体会写出三篇读书笔记（每月一篇）。"

使员工相信梦想并为之努力

在这个世界上有这样一个现象，那就是没有梦想的人在为有梦想的人达成目标。因为没有梦想的人就好像没有罗盘的船只，不知道前进的方向，有具体的梦想的人就好像有罗盘的船只，有明确的方向。在茫茫大海上，没有方向的船只只能跟随着有方向的船只航行。

优秀者之所以在成功的路径上较旁人走得更快更稳，因为他们总能找到"直线"的捷径。在努力的过程中，将梦想作为行动方向，让他们少走了很多弯路。

在行动前，管理者就要尽最大努力让员工相信梦想并为之努力。树立必胜的决心，在结果面前必须有"一定要赢"的心态，这也是团队获得成功的最强大的动力。团队在管理者的带领下能够走多远，在某种程度上取决于管理者。目光远大的管理者从全局出发，制定远大的目标，让员工能看得见、够得着，激励员工勤奋努力，从而引领企业向更高远的方向发展。

沃尔玛帝国的创始人山姆·沃尔顿也为人们做出了榜样。这个商业帝国的建立得益于他的梦想——他要为社会底层人群服务的梦想改变了这个世界。他当时的梦想很简单，就是希望帮助美国小镇和乡村居民过上跟大城市居民一样质量的生活。在当时，人们都忙于在市里开店，因为在小乡村开店挣不到钱。然而，基于这样的理想，沃尔顿把超市开在了乡村，他成功了。如果没有这样伟大的初衷，他的企业就不会发展到今天的规模。但凡取得成功的人，都有一个伟大的梦想。只有伟大的梦想，才能激起无穷的力量，才能在广阔的舞台上施展才华。

作为管理者，一定要设法让员工相信梦想，唯有如此才能形成奋斗的动力。如果目标设置脱离了实际，便成了荒诞的妄想，让员工无法接受。像这样的目标，超过了企业的现状和员工的实际能力，只会导致团队的涣散。

下班之前，看到公司内部网上关于本部门的业绩公告后，部门同事瞬间就炸开了锅。小胡把自己桌上的文件一摔，站起身来说："1000万元的单子，他以为自己是神仙啊？他定这么高的目标讨好老总，完不成挨罚的还是我们。"

"事先也不跟我们说一下，把这么高的业绩指标抛给我们，我们哪有这么大的本事。"小刘也在愤愤不平。

"我们部门这么几个人这个季度要是达到1000万元的任务目标，那可真是太阳打西边出来了。"角落里的小叶这样说道。

"上个季度累死累活，最后也只完成了600万元。反正是完不成目标，也不用努力了。"平时一向沉稳的老李也抱怨了起来。

原本在公告之前准备加班的人，瞬间都飘出了办公室。办公室变得空空荡荡。

如果这个目标没有实现的可能，也就没有了意义。更为严重的是，它还会重挫员工在执行过程中的积极性与自信心。如果目标对员工产生激发作用的话，那么对于员工来说，这个目标必须是可接受的、可以完成的，并且具备一定的挑战性，这样才可以激发员工的工作潜力。对一个目标完成者来说，如果目标超过其能力范围，则该目标将最终只会成为摆设。领导者在团队建设中的首要任务，就是为组织成员设定一个具体、明晰、有挑战性的目标。

一天，在百度公司的内部会议上，李彦宏问大家当年竞价排名的销售收入目标应该定多少，而当时百度的竞价排名业务刚刚起步。有人说50万元，有人说100万元，对于这些目标，李彦宏一直摇头。有一个人胆子最大，站起来说："那就定到200万元，翻它几番！"此言一出，现场的人都一片唏嘘——从前一年的12万元一下子增长到200万元，这个目标太有挑战性了。

但是，对于这个数字，李彦宏还是摇头。随后，他告诉大家，2002年竞价排名的销售目标是600万元！这个数字一出，几乎所有人都被震住了，竞价排名业务组的员工几乎都傻了——按照600万元的目标，平均每天的收入得18000元，而当时每天的收入最多才2000元，要实现600万元的目标，岂不是天方夜谭？

其实，李彦宏制定这个目标并非天方夜谭，而是建立在科学分析的基础上。尽管除了李彦宏，其他人都无法相信能够达到这样的目标，但在李彦宏的坚持下，这个目标还是定下来了。结果，2002 年 12 月，康佳、联想、可口可乐等国际知名企业都成了百度竞价排名的客户。当年，百度的竞价排名销售达到了 580 多万，基本实现了预定目标。

如果将梦想和目标比作桃子，在将目标定得太高时，连跳数次仍然摘不到桃子，员工会认为努力也是白费，最终丧失信心；但是目标太低时，无须费力就能摘到桃子，人们便会失去努力的动力，不利于发掘潜能。所以目标太高或太低都不利于激发员工的干劲儿。

如何把握制定目标的"度"呢？目标需要"跳一跳"才能"够得着"。制定企业目标的时候，不能让目标过低、轻易便能实现。管理者一定要从企业长远的发展规划出发，使目标尽量高远，但不能远远超过企业可提供的条件或者员工的能力，超过可实现的范围。

作为管理者，要让团队的愿景和个人的目标都建立在切实可行的基础上，并且让员工跳起来才能触碰到它，这样的团队一定会生机勃勃。

第二章
制定规则：
让人人都敬畏纪律和制度

以铁的纪律打造铁的团队

曾任英特尔公司副总裁的虞有澄认为："在战争中，严谨的纪律是制胜的关键。在商场上，纪律同样重要。"只有严明的纪律和规则才能使企业具备坚强的战斗力。

著名教育家陶行知和历史学家唐德刚先后谈到了这么一个故事：

甲午战争之前，经过洋务运动，清朝海军的硬件条件跻身世界前列。比起日本来，清朝海军力量强了很多，军舰曾气势汹汹地开到日本去展示自己的实力。但强大的大清舰队并没有将日本人吓住，有一个叫东乡平八郎的横须贺钲宁府参谋长说，日本军队完全有可能战胜清朝海军。人家问他何以见得，他回答说，清朝兵船的大炮上晒着裤子，纪律如此，士气可知，虽有一二名将，何能为力？

这个日本参谋长的眼光果然独到，而陶行知也对此评价道："兵船的大炮上晒裤子，这就反映着主帅糊涂，将士放恣，全军紊乱。甲午战争日本所以胜，清军所以败，这并不冤枉。"

从某种意义上说，对于一个团队而言，纪律和规则比任何东西都重要，没有了纪律和规则，便谈不上成功。当一个团队和他的成员都有了强烈的纪律意识，在不允许妥协的地方绝不妥协，在必须遵守规章制度的地方坚决遵守时，团队才会朝健康的方向发展，员工的个人素质也会得到相应的提升。

在现实生活中，我们会发现很多有才华的人，因为没有纪律的意识，最终一事无成。作为团队的一分子，就要不折不扣地追随团队的目标，遵守团队的制度。为了团队的利益和需要，每一位老板都会保留和提拔那些能严守纪律的优秀员工。

海尔集团是世界第四大白色家电制造商。独特的海尔纪律文化对今天海尔成就的取得可谓功不可没。

1985年，张瑞敏到海尔任厂长时，正值当初的海尔"病入膏肓"。张瑞敏首先从整顿员工的纪律开始，他规定的第一条纪律竟是"不准在车间大小便"。除此之外，还有工作时间不准抽烟喝酒，不准打牌聊天。这些在今天看来比较好笑的纪律，在当时并不好笑。海尔和那时大多数的工厂一样，人浮于事。人人似乎都在工作，然而人人确实又不在工作，工厂的绩效一天不如一天，这就是当时工厂的状况。

海尔制定工作的纪律简单明了：升职加薪全靠竞争，条件就写在食堂的黑板上。几年后，赛马机制、三工并存、动态转换，在位要受控、升迁靠竞争、届满要轮岗……这一整套已经不再是写在纸上的制度了，而成为员工张口即来、小心遵循的行为规范。

如今在海尔，每个人都有明确的岗位职责，一个人如果连续几次对自己的职责搞不清楚的话，就有可能被降职或辞退。严明的纪律使得海尔形成了有条不紊的工作流程，助推了海尔的飞速发展。

当然，严守纪律的企业文化对于每一个员工都有重要的约束作用，但这并不是限制和剥夺员工的自由。纪律不是枷锁，严谨的态度和优良的作风来源于对纪律的严格遵守。正是这样鲜明的纪律文化使得一个个企业脱胎换骨，展现出生机勃勃的发展势头。

在战争中，纪律严明的部队更有可能战胜队伍涣散的敌人。历史上的"岳家军""戚家军"能拥有非凡的战斗力，不能不说和部队的纪律严明有着密切的关系。市场虽然与战场不同，但是要在市场竞争中存活下来，必须审视自己的团队组织，确定自己的团队是否具有严明的纪律、是否人人都敬畏纪律。因为严明的组织纪律是提升企业组织战斗力的重要保证。

人人敬畏团队的规则，是优秀团队的重要特点。要想成为一名优秀员工，希望获得长远的发展，这种品质是不可缺少的。规则的最终目的就是让人们在不被管理者监视和控制的情况下，也懂得什么是正确的。

一个优秀的员工必定是个严守纪律的员工，一个优秀的团队必定是个严守纪律的团队。倘若员工不守纪律，不仅会因为自己的过失给团队带来直接的损失，也会影响其他员工的工作热情和纪律意识，破坏整个企业的风气。

管理者的重要任务之一，是要在团队内营造纪律氛围，形成人人敬畏规则的风气。

团队的"热炉法则"

管理学中有个著名的"热炉法则"，它由管理学家麦格雷戈提出，"热炉法则"包含这几个要点：

（1）预警性——炉子火红，一般情况下不用手摸也都知道是烫的。

我们在执行任务的过程中，要在心里拉条尺，要知道做什么会越过企业"天条"规定，做什么才能维护企业的严格纪律与权威。

（2）惩罚性——每当你碰到热炉，肯定会被灼伤。

执行过程中一旦触犯企业的规章制度，就一定会受到惩处。

（3）及时性——只要碰到炉子，灼痛就马上发生。

任何惩处都会在错误行为发生后立即执行，不会留给我们悔过的时间和机会，因此，执行中要提醒自己，将触犯纪律的失误减至最少。

（4）公平性——不管谁碰到炉子，肯定会被烫伤。

在团队管理的过程中，团队的规章制度适用于每一个人，不管是谁，违背了规章制度一定要受到惩处。即使自己身为

27

管理层，又或者做出过大贡献，触犯了团队的规章制度都不能幸免地受到惩罚。这是"热炉法则"的核心精神所在。

在一个团队里，规则规范对于员工来说，就是不可触摸的"热炉"。一个好的员工视规章制度如生命，把严格遵守规章制度当成工作的一部分。团队管理者必须训练员工重视"热炉规则"，让员工敬畏规则。

一个有原则、守纪律的员工必定是个让人放心、受人尊重的人，能够自觉地维护团队的利益。这样的员工能够跟随团队一起成长，永远受人信赖。

2010年8月，张智敏一毕业就顺利进入一家外企在北京设立的办事处，不菲的薪水、较大的发展空间，令很多同学羡慕不已。公司不大，人尽其才，张智敏渐渐成长为一个合格的销售助理，辅助销售人员做一些货运、文档方面的工作，可以独当一面。

然而，张智敏也渐渐骄傲起来，对销售人员乃至部门经理安排的事情，要么就是有选择性地做，要么就是忘在脑后，态度甚至有点傲慢。好在张智敏是公司唯一的女性，有时跟同事产生矛盾，只要不违背原则，总经理总是以"男士要有绅士风度，不要跟女孩子计较"为由，让男同事礼让张智敏几分。

有一次，张智敏和四个同事一起去参加展会。开展当天，由张智敏负责的好几个文档都落在家，虽说事后公司同事通过邮件救了场，但也对工作小有耽搁，几个同事就因不满说了她几句。回去后，张智敏竟赌气递上辞呈。总经理为稳定团队，挽留了她，张智敏因赢得"胜利"而得意扬扬。可没想到，此后递辞呈竟成了张智敏的撒手锏，一有不如意就赌气辞职。2010年底，总经理终于在辞职信上签名准许，竟然弄假成真，张智敏这才后悔莫及。

张智敏被辞退，是"罪"有应得，谁让她把企业的制度视若尘土，把纪律看成儿戏呢？

一个不尊重企业制度、不遵守企业纪律的人，根本不可能是一个有团队精神、对企业负责的好员工。巴顿将军说过："纪律只有一种，就是完善的纪律。假如你不执行、不维护纪律，你就是潜在的杀人犯。"诚然，目无制度、不守纪律者的言行不仅会害了企业，还会给他人、给社会带来严重的灾难。

让员工认同企业，首先要让员工服从企业的制度和纪律。员工应该将遵守纪律规则作为自己的行动原则，将纪律和规则作为自己的行动指南。因此，应该避免出现一系列违背团队纪律和规则的行为。

有些人明明很聪明，却没有获得成功，这是为什么呢？很大一部分原因就在于他们习惯于违背规章、投机取巧，并且不愿意付出与成功对等的辛勤汗水。他们渴望到达顶峰，却又不愿走艰难的道路；他们渴求胜利，却又不愿做出任何牺牲。投机取巧和违背规章都会让人退步，只有勤奋踏实的工作，才能给自己带来成就感，并为个人的职业发展打下良好的基础。一个想获得空间自由的人，是必须以严格遵守纪律为前提的。

另外一些人之所以会犯错，是因为他们粗心大意、莽撞草率。许多员工做事没有把纪律放在心上，也不严格要求自己，将半成品、成品、废品随意摆放，将个人用品和办公用品胡乱堆放，对团队的规章制度抱有应付思想。久而久之，形成懒散、马虎的做事风格，一个人一旦养成这种坏习惯，就会对执行力、执行结果造成极大的伤害。

曾经有人说过："无知和好高骛远是年轻人最容易犯的两个错误，也常常是导致他们失败的原因。"许多人怀有高远的理想，充满工作激情，一心成就一番丰功伟业。然而当他们面对平凡的岗位和平静的生活时，就会显得漫不经心，工作中容易出现疏忽，酿成错误。

任何人都不能忽视团队的制度和纪律，否则，就会给企业和个人带来损失。

一个认同自己职业和团队的员工，必定是一个具有强烈规范观念的员工。这样的员工因为有着强烈的规范意识，对于工作的理解也是深刻的，他会严格遵守团队的规章制度。

不要与规章制度对抗

在部队里，服从是军人的第一天职，无论你立下多少赫赫战功，都必须一切服从指挥。但是，我们从这个"第一天职"里面知道，遵守"服从第一"的效率是最高的，否则就可能在战场上流血牺牲。

在西点军校，小心谨慎的学员们必须严格遵守学校的规章制度，无论这些制度看起来是否符合人性。如果想与权威的规章相对抗，结果便十分不妙。即使不被开除学籍，也要背着许多包袱走向工作和生活。

有位学员胆子很大，无视校规，硬要表现得与众不同。有一次，他对军校的某项强制性规定提出疑问，尽管提问题的方式完全合法，但他忽视警告，坚持自己的观点，不断质疑，因此受到提交军法审判的威胁，还有人提出不予其毕业的建议。他的寝室遭到非法搜查，并被没收了一些私人书籍和信件。

这位学员向检察长提出申诉，骚扰才告终止。但是，处罚并没有减轻，这位学员在3周内走了80小时，其中接连6天扛枪连续走6小时。为此他的右髋部得了慢性病，医生说别的器官可能也受到了损伤。问题是在罚走期间去看医生，情况会更糟，处罚不会因为医生关于伤痛的结论而减轻。如果不能在规定时间内完成处罚项目，正常的休假将被取消；即使宣布毕业也要留下来，直到执行完惩罚才能离开。对这位学员的最后意见，是当时的校长塞缪尔·科斯特少将拟定的。后来，该问题又反映到了部队，影响了这位学员正常的发展和晋升。

部队根据军校意见，一开始推迟任命其具体职务，后来推迟了其正常的自动晋升中尉的时间。无奈，这位学员以少尉军衔愤然复员。但西点的原则依然不变，合格军官的准则任何人不可动摇，无论是否有人为此付出了巨大的代价。

西点军校的这些做法虽然苛刻，甚至不近人情、不可理喻，但西点是"金字招牌"，容不得一点怀疑。每个西点学员都必须以发扬西点精神为己任。如果在军校学习期间不能牢固树立这种观念，真正开始军事生活后就会缺乏坚定的理性基础，很难成为对部属、对军队乃至对国家负责的军人。

企业虽然不会像军校那样苛刻，但团队的纪律仍然是不容侵犯的。因为强化责任最直接的方式就是强化纪律观念，通过对纪律的认识、理解和遵守执行，来加深对责任的理解。违反纪律就是藐视规则，亵渎职责，推卸责任，会妨碍团队的管理与正常运行。因此，千万不要触碰纪律的"热炉"，自觉做到遵守纪律。

世界上没有任何事情是绝对的，自由也是。没有法律的约束，自由就会沦为堕落。团队建设亦如此。古语曰："工欲善其事，必先利其器。"公司要达到商业目的，就必须先构建有纪律的、团结有力的、无坚不摧的团队。团队想完成任务，就必须磨砺每个成员无比坚强的信念，要求每个成员用严明的纪律来约束自己。许多员工把纪律视为洪水猛兽，其实它并不那么恐怖。

英国克莱尔公司在新员工培训中，总是先介绍本公司的纪律。首席培训师总是这样说："纪律就是高压线，它高高地悬在那里，只要你稍微注意一下，或者不去碰它的话，你就是一个遵守纪律的人。看，遵守纪律就这么简单。"

在纪律问题和对上司的服从上，军人的态度是毫不含糊的。我们深知，部队的纪律比任何要求都重要，军人的服从是职业的客观要求。"企业"号舰长哈西尔曾说过："纪律是保持部队战斗力的重要因素，也是士兵们发挥最大潜力的关键。所以纪律应该是根深蒂固的，它甚至比战斗的激烈程度和死亡的可怕性质还要强烈。"在哈西尔的倡导下，"企业"号的士兵们就是如此认识纪律，也是如此执行纪律，并且一贯如此。

必须让员工明白这一点：遵守纪律很简单，不遵守纪律的后果却是很麻烦的，一旦违背了纪律，就会受到严重惩罚。塞尼加说："只有服从纪律的人，才能执行纪律。纪律至高无上，更无可替代。"所以，任何一位想在工作中有所作为的员工都要坚决杜绝这些无纪律意识的产生，自觉地遵守公司的纪律，做好自己的本职工作。这是一个员工应该遵守的最基本的法则。作为一个服从纪律的员工，不仅应该自身遵守和服从纪律，更应该监督其他员工服从纪律。这样，才有利于公司和个人的共同发展。

培养员工的规矩意识

"没有规矩，不成方圆"，这句古话如今依然闪耀着光芒。任何一个团队，如果没有规矩的约束，就有可能是一盘散沙。有人质疑过多的规矩意识会导致团队的行政化倾向，但是没有规矩将会导致建立团队的基础不牢靠。对团队管理者来说，培养员工的规矩意识是必要的。

我们知道，团队是人的组合，而每个人都有自己的思想和行为。但是在团队里，需要尽量避免突出的个人思想和行为，要求整体步调一致，所以纪律的约束不能缺少。

团队的管理基础不应该是随时、随地、随意由个人处置，无章可循。建立企业管理制度，让每个人树立规矩意识，在制度的轨道下做事，团队才能得以长久发展。

在每个团队的建立之初，管理者首先要做的就是指定明确的纪律规范，为自己的团队画出规矩方圆。制度也包括很多层面：财务条例、保密条例、纪律条例、奖惩制度、组织条例等。这些规章制度有利于员工规则意识的养成。

"90后"员工李浩大学毕业后很顺利地到一家科技公司做市场销售的工作。本来这是一份前景很乐观的工作，李浩却因为细节上出了一些问题，和老板同事的关系弄得非常紧张，令他沮丧万分。

上班时，李浩无视制度的规定，依旧左面口袋里揣着 PSP

游戏，右边口袋里揣着手机，讲起电话来没完没了，云山雾罩，唾沫横飞，玩起游戏也是不分场合。

一天，李浩正在打电话，讲到高兴处哈哈大笑起来，被下来检查工作的上司逮了个正着，上司当场就发了火，勒令他遵照公司的制度办事，不要在上班时间打私人电话，影响其他同事的工作，并且给他一道选择题，如果保留他的随性，请另谋高就，如果要继续为公司服务，那么请剪掉他"漠视制度"的小尾巴。

在企业中，有些员工不懂"规矩"，不断挑战公司制度的底线，扰乱工作秩序，导致团队工作效率下降。

规矩是什么？规矩有什么用？用直白的话说，规矩就是一把尺，告诉员工什么该做、如何做、什么不该做。防止员工办错事，惩罚办错事的人。

看看这些已经有百年历史的企业：IBM、花旗银行、默克制药……我们可以发现，有规矩的企业才能有机会成为真正的百年老店。再往前追溯，春秋时期的军事家孙武就懂得"立规矩"的重要性。

一次，孙武去见吴王阖闾，吴王问他能不能训练女兵，孙武说："可以。"于是吴王便拨了一百多位宫女给他。孙武把宫女编成两队，用吴王最宠爱的两个妃子为队长，然后把一些军事的基本动作教给她们，并告诫她们要遵守军令，不可违背。

不料孙武开始发令时，宫女们觉得好玩，一个个都笑了起来。孙武以为自己话没说清楚，便重复一遍，等第二次再发令，宫女们还是只顾嬉笑。这次孙武生气了，便下令把队长拖去斩首，理由是队长领导无方。

吴王听说要斩他的爱妃，急忙向他求情，但是孙武说："君王既然已经把她们交给我来训练，我就必须依照军队的规定来管理她们，任何人违反了军令都该接受处分，这是没有例外的。"结果真的把队长给杀了。

宫女们见孙武的纪律严明，都吓得脸色发白。第三次发令，再没有一个人敢开玩笑了。训练也终有所成。

现代企业家杰克·韦尔奇力推"六西格玛管理"，张瑞敏发怒砸掉了不合格的冰箱，这其实都是在立规矩。规矩立起来了，大家就有了准则，有了行动的标杆。从更深的层次讲，企业之间的竞争实际上也是规矩之争，作为制定规矩的企业领导者来说，谁的胸怀和气度大，谁就能立起有效的规矩，谁的企业才能随之发展和壮大！

对于管理者而言，如何使规则意识在员工中生根发芽，得到他们的认同，这是一个值得深思的问题。

不能破坏制度的"刚性"

在既定的规章制度面前，没有职务高低、关系亲疏，也没有特权，一旦制定了规章，就必须坚决地执行下去。

对于团队成员而言，每一条规章制度都具有一定的刚性。

春秋时期，晋国有位叫李离的狱官。有一次，在审理一件案子时，李离由于误听了下属的一面之词，结果将一个犯人错判致死。后来案情真相大白后，李离决定以死赎罪。

晋国国君很看重李离，就劝说他："官有贵贱，罚有轻重。这件案子主要错在下面的办事人员，又不是你的过错。"李离回答道："作为国家的狱官，要保证国家法律的公正。既然我犯了错，就是违反了法律。为了保证以后法律的有效实行，我不能打破这个规矩。"说完之后，李离就自杀了。

李离以死赎罪，体现了其对国家法律制度的刚性支持。晋国法律得到了有效维护，晋国的国力也因此大为增强。只有保证已有制度的贯彻执行，才能有效进行管理。

制度的建立，是为了保证团队日常管理的规范。有制度，就要有执行。企业的管理中，保证制度的刚性是根本。

既然制度是如此讲求公平，那么就要求所有的团队成员在执行规章制度的过程中，能认识到制度的刚性，不触碰制度的禁区，做一个时刻行走在团队轨道上的优秀员工。

有些员工处理不好严格服从制度与开拓创新的关系，把严格服从纪律同企业的改革发展对立起来，认为企业要发展，改革要深化，纪律就要"松绑"。因此认为企业的纪律是束缚企业发展的条条框框，应当冲破，可以变通。这种认识是绝对错误的。正是因为行走在纪律之上，员工才能拧成一条绳，共同为企业改革和发展出力。

当然，从管理者的角度来说，有一点更为重要：在纪律面前，必须做到人人平等，一视同仁，任何人都必须遵守、执行纪律，特别是一个团队的中高层管理者，尤其要带头执行，不然的话，整个团队的规章制度将成为一纸空文，成为粉饰自己的花瓶。

不论你身居何职，有一点是始终不变的，那就是服从纪律永远是第一位的。千万别以为你立功受奖或者升职了，纪律意识就可以松懈。在纪律面前，大家都是平等的。谁破坏了纪律，谁就要受到处罚。

想当年，企业家柳传志为了整顿团队纪律，规定每次开会迟到的人都要罚站。不料第一次被罚站的人竟然是他的老朋友、老领导——原计算所科技处的一个老处长。但纪律当前，谁也不能享有豁免权，柳传志最终还是硬着头皮让他罚站了。柳传志说："罚他站的时候，他站了一身汗，我在这儿坐着也一身汗，后来我跟他说：'今天晚上我到你们家去，给你站一分钟。今天，你非得在这儿站一分钟不可。'当时真的很尴尬，但是也就这么硬做下来了。"领导以身作则，上下一律平等，这样的纪律执行得相当彻底，十多年来无一人例外。柳传志自己就被罚过三次，有一次还是因为被意外地困在电梯里面，叫天天不应，叫地地不灵，但没办法，纪律摆在那儿，一样罚站。

所以，柳传志领导的联想公司发展到今天这样辉煌的程度，跟它严明的纪律有着莫大的关系。

其实，何止知名公司如此，运动团队、政治场合、学术圈子……做得好的团队都是那些纪律严明、不徇私舞弊的优秀团队。

一个团队如果允许有人因为职位高、能力强和功劳大而凌驾于纪律之上，那么纪律的威严便丧失了。"上梁不正下梁歪"，上面的人都不遵守纪律，又怎么可能叫下面的人认真执行呢？

事实上，聪明的管理层绝不会爱人才胜过爱制度，那会因小失大，导致个人威信的丧失、整体纪律的涣散。因此，聪明的员工还是不要拿制度开玩笑。

钢铁纪律不容打破

一个团结协作、富有战斗力和进取心的团队，必定是一个有纪律的团队。同样，一个积极主动、忠诚敬业的成员，也必定是一个具有强烈纪律观念的成员。可以说，纪律永远是忠诚、敬业、创造力和团队精神的基础。

日本伊藤洋货行就是一个很好的例子。尽管岸信一雄是个经营奇才，但他居功自傲，不守纪律，屡教不改，董事长伊藤雅俊最终还是下决心将其解雇，以一儆百，维护企业的秩序和纪律。

功绩赫赫的岸信一雄突然被解雇，在日本商界引起了不小震动，就连舆论界也以尖刻的口气批评伊藤。

人们都为岸信一雄打抱不平，指责伊藤过河拆桥，将三顾茅庐请来的一雄解雇了，是因为他的能力给全部榨光了，已没有利用价值了。

在舆论的猛烈攻击下，伊藤雅俊理直气壮地反驳道："秩序和纪律是我的企业的生命，不守纪律的人一定要处以重罚，即使因此暂时降低企业的战斗力也在所不惜。"

事件的真相到底是怎样的呢？

原来，岸信一雄是由东食公司跳槽到伊藤洋货行的。伊藤洋货行是以衣料买卖起家，食品部门比较弱，因此才会从东食公司挖来一雄。"东食"是三井企业的食品公司，对食品业的经营有比较丰富的经验，于是有能力、有干劲儿的一雄来到伊藤洋货行，为伊藤洋货行打了一针强化剂。

事实上，一雄的表现也相当好，贡献很大，十年间将食品部的业绩提高数十倍，使得伊藤洋货行的食品部门呈现一片蓬勃的景象。

从一开始，伊藤和一雄在工作态度和对经营销售方面的观念即呈现出极大的不同，随着时间流逝，裂痕愈来愈深。一雄非常重视对外开拓，常多用交际费，对部下也放任自流，这和伊藤的管理方式迥然不同。

伊藤走的是传统保守的路线，一切以顾客为先，不太与批发商、零售商们交际、应酬，对员工的要求也十分严格，要他们彻底发挥自己的能力，以严密的组织作为经营的基础。伊藤当然无法接受一雄这种豪迈粗犷的做法，因此要求一雄改善工作态度，按照伊藤洋货行经营方式去做。

但是一雄根本不加理会，依然按照自己的方法去做，而且业绩依然达到水准以上，甚至有飞跃性的成长；充满自信的一雄，就更不肯修正自己的做法了。他说："一切都这么好，说明这路线没错，为什么要改？"

为此，双方的分歧愈来愈严重，终于到了不可收拾的地步，伊藤只好下定决心将一雄解雇。

松下幸之助一向重视"人情"，主张尽量不解雇团队成员。但他也指出："这件事情不单是人情的问题，也不尽如舆论所说的，而是关系着整个企业的存亡问题。"对于最重视纪律、秩序的伊藤而言，食品部门的业绩固然持续上升，但是他却无法容许"治外权"如此持续下去，因为这样会毁掉过去辛苦建立的团队体制和经营基础。从这一角度来看待这件事情，伊藤的做法是正确的，严明的纪律的确是不容忽视的。

在这个竞争激烈的年代，成员的纪律观念更加重要。成员若没有服从纪律规定的意识，就会像一盘散沙一样，这样的团队就很难发展；只有成员们团结一致，高质量地完成团队的任务，为共同目标而奋斗，团队方能基业长青。所以，纪律观念必须深植于每个人的大脑中，遵守纪律不仅是每个人生存的基本需要，也是事业成功的关键因素。

团队是否遵守纪律在最终的表现上会有本质区别。管理者必须切实重视团队的纪律建设，不要让团队的纪律成为摆设，而应成为团队成员心中的行动准绳。

尊重并服从团队规章

我们知道，任何一家企业的制度和战略的形成，都是无数商战和管理者智能、经验、教训的结晶，都经过了充分的前期调研和论证。应该说，从理论上企业的决策都是可行的，能够给企业的生存和发展带来巨大的经济效益和良好的社会效益。但是，这些看起来非常不错的战略和制度，却常常因为员工的不理解和不服从而宣告失败。

正是基于这一点，优秀的团队管理者对团队规章应十分重视。如有些企业严格规定，企业制度和战略一经形成，任何人都必须无条件地服从，即使是管理者也不能寻找任何借口违背企业的制度，偏离企业的发展战略。

现在的企业普遍存在着有令不行、有禁不止、阳奉阴违的现象，这使得管理者感到头疼。不服从纪律的员工是潜在的危害公司生产力的杀手，迟早会被企业扫地出门，他们使老板觉得自己形同虚设，权威受到藐视，还影响公司全体成员的协调性。

相反，以服从组织纪律为天职的员工则会为企业带来竞争力，这样的员工也能带给员工无限的前景。

尊重并服从团队的规章制度是一种美德，职场人士必须以服从组织的纪律为第一要义，没有服从观念，就不能在职场中立足。每一位员工都必须服从上司的安排，就如同每一个军人都必须服从上司的指挥一样。大到一个国家、军队，小到一个企业、部门，其成败很大程度上就取决于是否完美地贯彻了服从的观念。

服从命令的习惯不仅能让个人变得敬业，还能强化整个团队的工作能力。团队有如一部联动机，只有当所有的部件都忠实地履行自己的职责，整个机器才能运转自如，而当各个部件都有超常表现时，整个机器的性能就会成倍地提高。

建立问责机制

一个组织或团队，要做到"万里长城永不倒"，就必须将各个成员的责任落实下去。落实效果如何，必须有一个监督追究责任的机制，这种问责制是有效执行的重要保障。

问责制是一种现代管理制度，每个人的行为和业绩都要受到监督。每个人必须落实自己的责任，为自己的言行举止、工作方法和效果负责，并接受来自上级和下级的多种方式的评判。简言之，它是对企业成员的责任追究制度。

问责制是和责任密不可分的，它的逻辑基础就是有责任就必须落实，只要是在责任落实范围内出现事故，就必须有人来为此承担责任。严格意义上的问责制的前提是拥有清晰的权责，合理配置划分管理责任以及合理的进退制度。

建立合理的问责制是构建强大落实力的最有力的保障。

如何将问责制落实到企业每一个成员身上呢？主要可以按下面四个方面去落实：

（1）领导要树立负责任的榜样力量，并对其所管辖的范围及所领导的下属进行教育、管理和监督制约。

首先，在问责过程中要讲究方法。所有管理工作事先多花些时间，研讨设定好考核标准，到时间期限时，就可实施问责制，营销计划目标问责，事事问责，人人问责。没有做到和完成工作任务的应该受到处罚，完成好的应该得到奖赏。

其次，领导负责等于没有负责人。这是问责制的一个重要原则——不要什么事情都是领导负责，要善于授权和分解压力，要让每个人都有权力，这样才便于问责，否则就会出现没有权力就不承担责任的问题。

最后，边缘工作首接负责制。一件事如果还没有界定应该由哪个部门负责时，谁先遇到、接触到或者碰到就得负责到底。

（2）问责的基本方式有两种：一是自我问责。主动承担责任，如自我检讨、道歉、请求辞职等。二是组织问责。问责应根据没落实责任所造成的后果规定具体的问责档次，如责令做出书面检查、公开道歉、通报批评、调离工作岗位、辞职等。

（3）建立问责制要与绩效评估结合起来。绩效评估是引导领导者和其他工作人员树立正确导向、尽职尽责落实好各项责任的一项重要制度，也是实行问责制的前提和基础。有了绩效评估的结果，问责才有可靠的依据。

（4）问责制的真正落实，还需要加强相关配套制度的建设。首先，要建立科学的考核评价制度，运用多层次、多角度、多渠道的评价方法，对组织成员的综合素质和落实责任的情况做出正确客观的评价，才能为问责制的实施提供有力依据。其次，要建立健全的舆论监督。最后，要建立被问责人员的跟踪机制，对于主动承担责任、改进工作的人员要给予提拔任用。

第三章
提升自我：
让自己成为团队的"灵魂"

成为团队的"主心骨"

优秀的团队管理者必须成为团队的"顶梁柱""主心骨"，他必须成为团队的灵魂。管理大师路易斯·B.蓝伯格奉行的哲学是："不要退而求其次。安于平庸是最大的敌人，唯一的办法是追求卓越。"要想带领你的团队不断走向优秀，必须把自己训练成团队的"主心骨"，用能力和结果证明自己。

适者生存，要么成为最优秀者，要么被淘汰出局。如果自己不是团队成员心目中的主心骨，团队就会失去支撑，团队的凝聚力也会大为降低。

管理者成为团队的主心骨，是团队和个人能够保持生存优势、缔造常青基业的根本保障。放弃了这些，就是放弃了生存的根本。

管理者作为团队的主心骨，必然会得到下属们的认同和跟随。不被认同的领导者是可悲的，这样的领导者得不到下属心甘情愿的认同和追随，也会让管理工作变得寸步难行。从实际工作经验中可知，被领导者一旦认同了领导者的人格和人品，就很容易认同领导者的决策，接受领导者的工作安排。此时，被领导者在不知不觉之中，也能心甘情愿地服从领导者的意图和安排。

电影《斯巴达克斯》的最后一幕是这样的：奴隶们被罗

马军队俘获，当罗马将军告诉奴隶们，如果他们能把斯巴达克斯交出来，就能免他们一死。这时，反对罗马政权的起义领袖斯巴达克斯挺身而出，告诉罗马将军："我就是斯巴达克斯。"可难以置信的是，他身边的奴隶紧接着也说自己是斯巴达克斯，随后，另一个奴隶也站出来说同样的话。

一个接一个，最后整个奴隶军团的人都说自己是斯巴达克斯。

正是由于斯巴达克斯是这个团队的主心骨，他的个人影响力感染着其余的奴隶们，才获得了他们的拥戴和认同，他们甚至愿意为了这份认同，为了对自由和平等的诉求，主动称自己是斯巴达克斯，哪怕面对的是死亡也在所不惜。

无论你从事哪一行，都必须用自己的能力证明自己是团队中的优秀分子。每个人必须有这样一个简单而重要的观念——成为团队的中坚力量，这样才能成为带领团队前进的人。

在中国还没有出现"打工皇帝"的时候，就先出现了一个"打工皇后"。吴士宏从一个普通护士一路奋斗到微软中国区总裁的位置，这个故事的传奇性令人叹服。

当时还是个年轻护士的吴士宏，抱着台收音机学了一年半许国璋主编的《英语》，就壮着胆子到 IBM 去应聘。她站在长城饭店的玻璃转门外，足足用了 5 分钟来观察别人怎么从容地步入这扇神奇的大门。

成功进入 IBM 后，吴士宏最初从最基层办事员做起。她沏茶倒水，打扫卫生，完全是体力劳动。她曾感到非常失落，连触摸心目中的高科技象征——传真机都是一种奢望，她仅仅为身处这个安全而又解决温饱的环境而感到一丝宽慰。

为了改变这种状态，吴士宏做出了巨大的努力。为了达到专业打字员的水平，她没日没夜地苦练，很长一段时间手指拿不住筷子；为了通过计算机语言考试（否则要"下岗"），她用两个星期的夜晚啃完一尺半高的教材；为了能够锻炼口才以适应推销业务，她把自己关在家里对着墙壁反复练习绕口令，练习专业术语快读，导致咽喉充血不能进食。

她觉得只要坚持做好自己手头的工作，上级一定会给她更多的锻炼机会，直至为她提供崭新的奋斗平台。果然不出吴士宏所料，上级开始注意到她的辛勤与敬业，进而发现她的才华，逐渐交给她一些更有挑战性的任务。终于，吴士宏得到了一项最大的任务，便是承担 IBM 中国公司华南地区的全部销售工作！

吴士宏在 IBM 公司工作了 12 年，以苦干实干著称，终于从一名勤杂人员成长为高层管理人员。

吴士宏的奋斗历程，给更多的人带来启示：优秀的人才是"真刀实枪"干出来的。没有背景、没有资历、没有经验，只要努力，照样能成为一个团队的领导者。

在工作中，每个管理者都应该常常这样问自己：如果现在的团队没有你，对于团队来说是不是一个很大的损失？你的潜力、你的价值能不能够大到让部下在任何时候都不舍得放弃你？如果你的答案是肯定的，那你就已经是团队的主心骨了。

要生存和发展，必须要成为主心骨，这应该成为所有管理者的座右铭。

带领下属"跟我冲"

埃德加·斯诺在《西行漫记》中评述过红军与白军作战方式的不同。他认为，红军的作风是"跟我冲"，白军的作风是"给我冲"。两种不同的领导方式，却能带来天壤之别的效果，"跟我冲"也成为红军屡战屡胜的法宝。

"跟我冲"能让下属感到领导者时时和自己站在一起，每个员工都有强大的后盾支持着他们，也能带领他们奔赴正确的奋斗方向。这种以身作则、率先垂范的优秀领导者，还具备一种令人信服的精神力量，能让下属从心中萌生出敬佩与信赖之情，进而产生一股强大的凝聚力、感召力。

行动往往比语言更有说服力，让下属"跟我冲"，更容易博得下属的信任与认同。即使没有声色俱厉地发号施令，下属也会心甘情愿地奋勇跟上。因为在他们眼里，领导者没有自绝于团队之外，领导者就是团队的"灵魂"。

有一次，王经理走访一处物流中心时，发现了一些极其凹凸不平的面团。他很清楚这些面团属于劣质品，不能出厂。但是他并没有说什么，而是卷起袖子和那里的工作人员一起解决这一质量问题。在场的工作人员都很受感动，并保证以后不会再有同样的事情发生。

这位王经理以实际行动让下属跟自己"冲"，而不单单是说教。喊"跟我冲"的管理者会把团队成员视为相濡以沫的朋友，而不仅仅是唯命是从的下属。这样的管理者往往会像拥有强大的磁场一样，将整个团队紧紧地吸附在周围。

所谓"跟我冲"，是指在团队利益将要遭受损害时，能够主动站出来维护组织的利益。

带领下属"跟我冲"，无论遇到怎样的困难或是发生什么意想不到的情况，都能与大家并肩作战，共渡难关。

有一次，飞机上发生了这样一件事情，一名年轻的空乘不小心把水洒在了旅客的身上。旅客穿着湿漉漉的衣服当然非常难受，就开始发火，质问这名空乘是怎么回事。

看到旅客的愤怒之后，这名年轻的空乘更加紧张了。她其实很想用毛巾给旅客擦拭一下，但是又害怕遭到旅客更严厉的呵斥，所以，就很客气地对顾客说："先生，对不起，刚才我不是故意的。"

听到空乘说自己不是故意的，这让旅客更加生气了，他开始发牢骚，说："我穿着湿漉漉的衣服有多难受，你一句'不是故意的'，我难道就该老老实实地活受罪？"这时，年轻的空乘又开始道歉，可是这时候说什么，这名旅客也听不进去了，他的心情越来越糟糕，并且扬言一定要投诉这名空乘。

在这样的情况下，乘务长并没有因为惧怕顾客的指责而躲起来，而是马上快步走了过来，主动尝试帮助同事化解窘况。她俯身对旅客说："先生，真对不起，把您的衣服弄湿了，这是我们工作的失误，您先消消气，我可以帮您擦一下湿衣服吗？"

然后，乘务长马上对旁边惹祸的空乘说："你去帮我拿块热毛巾，先给旅客擦一下。"年轻的空乘马上转身离去，快步去取毛巾。看到两名空乘已经有了具体的补救行动，这名旅客愤怒的情绪慢慢地平息了，毕竟他不能对着一个代人受过的乘务员发脾气。他也明白眼前这个殷勤的乘务长并无过错，而且关键时刻能站出来，帮助自己的同事解决工作中出现的问题。

在旅客下飞机时，乘务长继续道歉说："对不起，今天给您的旅途添麻烦了。"这时候的旅客不但不生气，还笑着说："我发脾气也不对，谢谢你们周到的服务！"

就这样，一件看上去很棘手的事情，在乘务长的调解下得到了圆满的处理，并且为集体赢得了服务周到的美誉。

美国国务活动家韦伯斯特有一句名言："人们在一起可以做出单独一个人所无法做出的事业，智慧、双手、力量结合在一起几乎是万能的。"一个人的力量是有限的，但是很多人组成的群体却可以移山填海，可以飞越太空，这并不是什么奇迹，而是团结的力量！

管理者必须具备带兵打漂亮仗的能力，要能够从自身做起，树立能够让下属参照的工作形象，把每一份工作都努力做到尽善尽美。只有敢于担当，身先士卒，才能带好团队。

喊破嗓子，不如做出样子

"喊破嗓子，不如做出样子。"管理者必须真真切切地去做，才会吸引员工追随。拿破仑常常用他那叱咤风云的豪迈气概，鼓舞部队的士气和提高战斗力，他坚定地认为，在千钧一发的时刻，将帅本人的坚毅决心和模范行动，是拉动"火车"前行的"火车头"，是取得战斗胜利的巨大精神支柱。

管理者作为上司，理所当然地要起到模范、表率作用，形成上下同心协力的工作局面。美好的形象能产生一种形象效应，给下属以信心、勇气和力量，鼓舞他们勇往直前。管理者的顽强意志与人格魅力，指引着下属的工作方向。

提到海尔公司，人们就会想起张瑞敏，海尔的发展与张瑞敏的努力密不可分。而张瑞敏在谈及海尔时，除了称赞全体员工外，总会格外称赞他的助手、海尔集团的总裁杨绵绵。

1984 年 12 月，时任青岛市家电公司副总经理的张瑞敏组建青岛电冰箱厂。张瑞敏上任之后，决定引进德国利勃海尔电冰箱的生产线，实际上是购买利勃海尔的电冰箱生产技术。

在张瑞敏的真诚邀请之下，杨绵绵参与了项目的引进，并成为张瑞敏的主要助手。

几乎所有人都不看好这个项目。用杨绵绵的话说，当时的情况是：一分钱没有，就那么几块地，几间破房子，要把那些没有见过也看不懂的设备引进来，谁心里都没底。

但既然决定引进这个项目，那就必须做好。既然决定生产冰箱，那起码得对冰箱的生产过程有一个基本的了解。于是，张瑞敏便让杨绵绵去了解一下情况。

打听之下，杨绵绵才发现，国内并没有真正懂得冰箱生产的技术人才，而她自己对冰箱的印象还停留在小时候看到的古黄冰箱。

这么大的一个引进项目，总不能由一群门外汉来操作。于是，她专门去图书馆苦读关于冰箱制造的书籍。她发现一本名叫《电冰箱》的书，写得非常详细，便专程去上海向此书的作者请教，把他请过来做企业顾问，让他把冰箱制造的基本原理详细讲了一遍。通过这样强化式的"学习"，杨绵绵才初步掌握了相关知识。

此后，她又派人向国内的同行学习，回来之后结合自己之前掌握的知识，设计出了图纸，从此开始了电冰箱的制造和研究。

本来，张瑞敏只是希望杨绵绵去了解一下情况，换作别人或许就会走走过场，或者干脆交给手下去做。毕竟，如果对冰箱的制作一无所知，哪能那么快就成为这个领域的专家。何况，自己是管理者，具体的研发完全可以交给技术人员去做。

但杨绵绵却不这么想，既然决定转产做冰箱，那自己就得成为这方面的专家不可，不这样做，怎么抓好管理？所以，她不仅自己买书看，还亲自去拜访专家，了解冰箱的制作原理，甚至自己去画图设计。正是凭借着这股要做就做最好的劲头儿，才有了今天的海尔。可以说，如果没有当年杨绵绵那种超乎寻常的努力钻研，就没有海尔后来那么迅速的发展。

杨绵绵用自己的经历给管理者们上了一堂生动的职业课：在工作中，只有走在员工们的前面，成为员工们的榜样，才会成为优秀的管理者。

想在公司有所作为，就必须带领员工解决企业发展过程中的各种问题。如何解决问题，除了有想干的意愿、能干的资质，更要有实干的魄力。

曾经有这样一个濒于"脑死亡"的小厂。新来的厂长修涞贵要召开全厂工人大会，到下午人才陆陆续续到齐。新厂长带来了上级领导的关心："医药局的领导很关心大家，希望这个厂能够很快地扭亏为盈，给大家发工资，让大家有饭吃。"大家只是静静地望着他，没什么反应。他又继续说，"如果完不成，我就把我这后半生扔在这儿，跟大伙一块儿受苦、受穷……"

不管修涞贵说什么，下面始终没有掌声，也没有喝彩。这种近乎麻木的反应，已经在无言地回答他：这已是一个彻底瘫痪了的厂子。

彻底瘫痪了又能怎样呢？只有一个字——干。修涞贵不仅带头多干，并且把结果干实。

那时，营销上大家都用广告来打市场，一天、两天、十天、三十天，要求广告支持的呼声一浪高过一浪。修涞贵的答复是：没有广告，继续坚持！

时间是对每个人的最大考验，三个月过去了，还是没有广告支持，一部分人已经熬不住了，纷纷离开。

那时，修涞贵也已经认定，和这批充满活力但又急于赚快钱、挣大钱的年轻人"分手"是在所难免的。但是，做市场就是要踏踏实实，靠广告轰炸起来的市场是泡沫，一捅就破。反之，越没有广告的支持，打下来的市场才越坚实，越是经过大浪淘沙下来的营销队伍，才越能在未来打硬仗，越能决胜于未来的市场。

经过半年多的整合，人员大体稳定了下来，各地区市场纷纷回款。修涞贵审时度势，认为用广告推动销售的时机已经成熟。这时，才有了后来家喻户晓的斯达舒广告，销量几倍、几十倍地开始增长。当年那个小厂彻底翻身了，并以1876%的速度高速成长。

面对问题的时候，再多的感慨也无济于事，实干的管理者，凭着一股"一定把工作做好"的劲头儿，会高质量、高效率地带领员工完成工作。许多问题不是轻而易举就可以解决的，当遇到难题时，是临阵退缩还是主动查找原因、寻求解决问题的办法？优秀的管理者选择后者，只要你肯行动，总能找到解决问题的办法。

管理者的形象在下属这里产生折射反应，会产生极好的效果。作为管理者，真正做到以身作则，才能成为下属在工作中的一个榜样。从来"强将手下无弱兵"，你有真实力，你有切实的行动，就能形成榜样的力量，带领下属一起前进。

要做到以一当十

"以一当十"的概念来源于《史记·项羽本纪》。"楚战士无不以一当十，楚兵呼声动天，诸侯军无不人人惴恐。"公元前208年，赵王歇被秦将王离率20万人围困在巨鹿，无奈之下向诸侯求援。项羽奉楚怀王之命率楚军主力3万人渡河，下令全军将士破釜沉舟，每人只携带三天的干粮，以示决一死战的决心。破釜沉舟的勇气极大地鼓舞了将士们的士气，楚军个个以一当十，奋勇死战，九战九捷，大败秦军。这就是历史上著名的"巨鹿之战"。3万楚军之所以能击败20万秦军，是因为项羽激发了楚军的战斗力，楚军个个具备以一当十的战斗力。

在战争中需要士兵以一当十，同样，团队中优秀的管理者也需要以一当十。在这个竞争时代，末位淘汰已经成为普世原则，要么做到最好，要么就出局。职场如战场，不具备以一当十的能力，很有可能面临被淘汰出局的命运。

事实上，整个世界都是竞技场，每一个人从出生那天起，就投入到比赛中了。比学习成绩，比工作成果，比事业成就，比家庭幸福……成功的人，总是那些永争一流的人。

国际商用机器公司的第二任总裁小沃森，是一个不甘平庸的人。大学时他不喜欢那些枯燥的课本知识，成绩很差，以至于不得不多次转学。他的父亲有一家从事打孔机事业的公司，他不得不继承了父亲的公司。当他敏锐地感觉到电脑的发展前景时，他毅然将父亲奋斗一生的打孔机事业转向了电脑，从而造就了 IBM（国际商业机器公司）这个蓝色巨人。他豪迈地宣称：无论是一大步，还是一小步，总是带动世界的进步。

正是不甘于平庸成就了小沃森的辉煌人生。永远不要有满足的感觉，要忘掉已经取得的成绩，一切都要朝着队伍的最前方看。满足现状意味着退步。一个人如果从来不为更高的目标努力的话，就永远都无法超越自己，永远只能停留在自己原来的水平上，甚至还会倒退。

唯有真正做到以一当十，才能让自己成为团队的灵魂，带领团队在竞争中取得先机。要成为以一当十的领导，就要打造自己的"金刚钻"。如何打造自己的"金刚钻",对于管理者而言,最基本的就是要提升业务能力。

全国劳动模范窦铁成只有初中学历,但他凭着自己的努力,最终成长为新时期中国的"金牌员工",向人们展示了他的超强战斗力。窦铁成这个名字对于很多人来说并不陌生,他被认为是现代产业工人的楷模。

在铁路电气和变配电施工的技术方面,窦铁成是"问题终端解决机"。有技术难题,大家只要拨打老窦的手机号码,难题往往迎刃而解。许多问题,他不需要去现场,只要听人讲解大概情况,就能很快找出"症结"所在。

窦铁成能练成这样出神入化的技术本领,与他的努力与刻苦是分不开的。他文化基础很薄,却自学掌握了大量电力学知识。60余本、百余万字的工作学习日记,是他孜孜不倦学习的见证。而从一个普通的电工成长为高级技师,其间付出了多少努力,也许只有窦铁成自己才清楚。

在工作中,窦铁成更以实际行动证明了他的卓越战斗力。由他负责安装的45个铁路变配电所,全部一次性验收通过,一次送电成功,全部获得"优质工程"称号。参加工作30年间,他提出实施设计变更6次,解决技术难题52个,排除送电运行故障310次,为企业挽回经济损失及节约成本1380万元。

要成功、要做出骄人的成绩,要成就事业、创造财富,就必须最大限度地发挥自己的才能,使出全部力量,尽最大努力把事情做好。只有这样，管理者才能形成以一当十的战斗力。

永争一流，总是站在队伍的最前面，从根本上说，是为了自身不断进步、不断进取的过程，更是重塑自我的过程。当运动员们尝试跳得更高一点儿时，他们实际上就是要重新塑造自我。这个新的自我所处的位置更高，必将有更杰出的工作表现。

让自己"不可替代"

企业有企业的品牌，产品有产品的品牌，那么，个人有品牌吗？当然有！我们经常听说某能力出众、很得人心等，这就是个人的品牌。事实上，不只是企业、产品需要建立品牌，个人品牌同样是一个人宝贵的无形资产，其价值甚至高于一个人的有形资产，是无法估量的。

著名篮球运动员姚明由于球技精湛而被选入NBA（美国职业篮球联赛）2003年全明星首发阵容，为休斯敦火箭队带来了空前的商机和人气。火箭队在姚明身上获得了巨大利益。姚明在NBA（美国职业篮球联赛）的生涯中，个人实际收入达到或超过18亿美元，相当于6万工人一年的工业增加值。若用于投资，可创造5万多个就业机会，而围绕姚明的产业开发，超过11亿美元。这里讲的就是个人品牌的价值。

建立个人品牌，是每一个团队领导者都应有的职业追求，同时也是立身之本。个人品牌将为你贴上"卓越"的标签。个人品牌知名度越高，给团队带来的凝聚力就越强。

作为团队的领头人，必须让自己表现得不可替代，才能成为下属心目中最重要的人，愿意时刻跟随。

电影《青春制造》是根据王洪军的真实故事改编的。王洪军是谁？他是中国一汽大众汽车有限公司的高级技工，他和车间里的普通工人没有什么两样。的确，王洪军身材不高，貌不惊人，他参加工作10多年，一直在一汽大众焊装车间一线工作。然而，就是这样一位普普通通的工人，却有令人想不到的一番作为。

王洪军1990年毕业于一汽技工学校，毕业后在一汽大众焊装车间做钣金整修工。钣金整修工作技术含量非常高，最初，公司的钣金整修主要是由4个德国专家负责，中方员工打下手，递递工具，干点小活。王洪军一边打下手，一边练"手"。他跑图书馆翻阅相关资料，到书店买专业书，自学热处理、机械制图、金属工艺等专业知识，对照书本反复操练。经过几个月苦练，终于修好了一台车。经检测，钢板厚度、结构尺寸等方面完全符合标准。王洪军琢磨自己做工具，先后制作了Z形钩、T形钩、打板、多功能拔坑器等整修工具40多种、2000多件，满足了各种车型各类缺陷的修复要求。王洪军在发明制作工具的同时，着手总结快捷有效的钣金整修方法，创造出了47项、123种非常实用又简捷的轿车车身钣金整修方法——"王洪军轿车表面快速修复法"。

可以说，王洪军在平凡的岗位上做出了不平凡的成绩，而这不平凡的成绩来自他认真负责的精神。

很显然，王洪军用他卓越的表现为自己树立了个人品牌，他也成为带动团队发展的关键力量。作为团队的掌舵人，为了让自己成为团队的顶梁柱，就要努力提升自己的价值，使自己成为那个不可或缺的人。我们在平时工作之余，不妨问问自己："我是不是不可或缺的人？在这个团队里我有什么安身立命的资本？"如果回答不是特别肯定的话，那我们就要加油，赶快给自己充电、回炉，赶快成为团队不可替代的人。

作为管理者，一定要让自己不可替代，只有具备了精湛的专业技能、独具特色的工作风格和高尚的人品，团队成员才会不离不弃，那样就一定能带领团队不断向前跨越。

第四章
树立威信：
让员工心悦诚服地跟随

权威是每个领导必不可少的法宝

如果一直以来，员工都不听你的，或跳槽、或罢工、或怠工，尽管你想尽了办法，但你在团队中的地位始终可有可无，团队的运营效率也一直不见提升，那么作为管理者就必须反省自己的权威哪里去了。

管理权威不是依靠组织权力产生的，是管理者的思想、行为实践在团队成员的心中得到认知、接受，并且转化为成员自我思想与行为体现的生存力与竞争力。

中国当代的企业管理者，权威式的管理模式必不可少，在对下属下命令时，下属必须对自己的一切意见"无违"，这样才能建立团队的管理基础。权威是企业和团队的神经中枢，规则是权威的一种具体表现。只有让每个成员有尊重权威的意识，并依照权威的规则办事，才能有利于任务的执行和管理工作的进展。

管理者要带领好自己的团队，就要在员工心中树立权威。这种权威不仅仅来自职位本身的权力，有时候也来源于管理者自身的魅力，有时候它比职位权力更重要。拿破仑发动"百日政变"，不发一枪一弹就夺回了法国。这对于别人是不可思议的事情，可拿破仑却做到了，原因之一就是他在士兵心中具有崇高的威望。

领导权威对管理者而言，具有十分重要的作用。它是每个组织实施统御的必备条件，是领导者身上的无形光环，是领导者力量的化身，也是成就事业的基础。管理者如果没有威望，组织就不会有一致的行动，最终会使其走向衰亡。

员工听你的，不管你在与不在都能够把你的决策或命令落实到位，说明你具有实实在在的权威；若员工表面听你的但实际上不听你的，你在的时候个个好像都表现得很好，可是当你离开后就不一样了，这说明你的权威只停留在表面，员工只是害怕你的权力而暂时听你的。更可怕的是，有的员工表面上听你的话，你在的时候唯命是从，你一离开就来了180°的转弯，而且还在背后说你的不是，这说明你在员工心中完全没有威望。

一个利用职权来行使管理权的管理者，只会让下属行动上服从；而一个靠自身威望来行使管理权的管理者，会让下属心服口服地服从管理，达到良好的管理效果。可以说，威望能比权力达到更好的管理效果。

聪明的管理者，都会想方设法建立权威，从而最终收到事半功倍的管理效果。作为管理者，能够发号施令使下属依己之意行事，而下属也是言听计从，这当然是一件好事，但能够立权树威却不是一件简单的事情，必须从小事做起，在管理工作中注意细微小事，从点滴之中树立自己的权威。

当然，树立权威并不意味着管理者要终日板着脸，作为下属还是希望多看到一些上司的笑脸。实际上，这并不矛盾。在日常的工作中多给下属"温情管理"，给下属家庭般的情感安抚，才能让他们对团队和企业产生更多的依赖感和归属感，培养他们对团队的忠诚度。

权威能确保团队的正常运行，平衡好职位和威望，并将二者有效运用于管理之中，你的行为与思想的影响力就能够造就一支战无不胜的队伍。

适时地表明"我是领导"

作为团队的管理者，如果具备威严感，就能带给下属一种威慑力。管理者可以态度温和，可以在非工作场合与下属打成一片，但你一声令下之时，下属要表现出令行禁止的态度。

做到这些，需要在平时以严格的规定来约束下属，适时地表明"我才是领导"，以威慑力来给下属施加影响。在中国历史上，不少皇帝都深谙此道，让臣子明白自己才是君主，以维护其统治的威严。

在宋朝以前，上朝时宰相是有座位的。宰相上朝没有座位，据说始于宋太祖赵匡胤。有的说法是赵匡胤陈桥兵变，黄袍加身、正式登基的第二天，从后周继承下来的宰相范质上朝奏事，开始还坐着讲，正讲着，赵匡胤突然打断他说："你先不用讲了，把文稿拿给我看看。"范质遂起身把文稿捧给他看，赵匡胤说："我老眼昏花，你再拿近一点。"范质就又凑近了一点。等皇帝看完了，范质再想坐下，却发现椅子已经没了。

原来趁范质站起来的时候，皇帝悄悄让宦官把椅子搬走了。范质没有办法，只好站着。从此以后，宰相上殿就再也没了座位。

雍正二年四月，雍正皇帝因平定青海一事受百官朝贺。刑部员外郎李建勋、罗植二人君前失礼，被言官弹劾，属大不敬，依律应该斩首。雍正说："大喜的日子，先寄下这两人的脑袋。后面的仪式，再有人出错，就杀了他们。那时候，可别说是朕要杀人，而是不守规矩的人要杀他们。"也就是说，这两个人死不死，取决于别人犯不犯错误，而犯错误的人不但自己要受处分，还要承担害死别人的责任。

雍正皇帝通过借题发挥，给下属以颜色，树立起了自己的威严，达到震慑下属的目的。

一般情况下，领导给我们的形象就是要做到令出必行、指挥若定，必须保持一定的威严，这就是"王者风范"。道理很简单，在管理者与下属关系上，没有令对方与下属感到畏惧的震慑力，是不容易行使职责的。只有一张和蔼的脸、一番美丽动听的言辞，有时起的恰恰是反作用。

当然，威严不是恶言相对，破口大骂，整日板着面孔训人。而是要在工作时对下属说一不二，发现了下属的差错，绝不姑息，立即指出，限时纠正，不允许讨价还价。只有让下属产生敬畏之心，才会使你驾驭领导的风范，在万马千军冲锋陷阵的激烈竞争中游刃有余。

在当今世界摩托车、赛车和汽车的王国里，有一个如雷贯耳的名字，他就是本田车系的创始人——本田宗一郎。本田对日本汽车和摩托车工业的发展做了贡献，先后获得日本天皇颁发的"一等瑞宝勋章"，获得美国底特律汽车殿堂"悬挂肖像及光荣事迹"的殊荣。

本田宗一郎之所以有如此辉煌的成就，和他持有的处世原则——铁面无私是分不开的。但是，虽然备受下属敬重，本田宗一郎却并不是一个睁一只眼、闭一只眼的老好人。本田公司的技术干部都曾受过本田的严格训练。如果他们不注意，违背了本田的方针，那就会随时遭遇一场暴风雨的袭击。前董事长杉浦在任技术研究所所长的时候，在其部下面前被本田揍了一顿，本田很有做事原则。

一天，杉浦正在办公室工作，突然一位部下通知他说董事长找他。杉浦急忙赶到本田那里，以为有什么好差事要指派给他。本田二话不说，出乎意料地伸出右手，打了杉浦一巴掌。杉浦不知何故，忙问："董事长，到底出了什么事？"

"谁叫他们这样马虎地设计？是你吧！"杉浦还没来得及开口为自己辩护，又挨了本田一巴掌。杉浦很气愤："董事长，您怎么不听解释就动手打人？"他心想，设计问题，自己固然有责任，但自己是有 1000 名部下的研究所所长，至少有一点权威，没必要当众受羞辱，如此一来以后在部下面前如何立足。于是他想辞掉这个职务。

杉浦正要提出辞职的时候，猛然发现本田的双眼湿润——他有些怀疑，难道董事长也会自责？还是恨铁不成钢？似乎都有。杉浦顿时领悟到，董事长是诚心诚意要帮助他，哪怕一个零件也不能粗心大意，必须严谨、认真、细致，防止任何差错的出现，否则，不可能生产出顾客信赖的商品。这是董事长的"机会教育法"，打他是为了要大家了解技术、质量的重要性。一想到这儿，杉浦的怨恨情绪也烟消云散了，于是对本田说："对不起，我错了！我要好好改过……"

"我也有错，不该随便打人。"本田脸上现出坦率的歉疚，并拍拍杉浦的肩膀。

本田利用王者风范，既保护了自己的形象与威严，又教育了下属，更主要的是挽救了公司的声誉与利益。

领导要保持自己的威严，最重要的就是给自己找好定位，不能靠下属太近也不能太远。过于亲密就可能淹没你的职位，过于疏远则可能让人不敢靠近。对下属们软硬兼施，打一打，拉一拉，让下属忠心为领导服务，共创效益。

适时表明自己才是领导，不和下属靠得太近，你个人的威信才有可能提升。

不要无原则地过分亲密

管理学中有这样一则寓言：

曾经有两只困倦的刺猬，由于寒冷而挤在一起。因为各自身上都长着刺，它们离开了一段距离，但又冷得受不了，于是又凑到一起。几经折腾，两只刺猬终于找到了一个合适的距离，既能互相获得对方的温暖又不至于被扎。

"刺猬法则"就是人际交往中的"心理距离效应"。领导者要搞好工作，应该与下属保持亲密关系，这样做可以获得下属的尊重。但也要与下属保持心理距离，以避免下属之间的嫉妒和紧张，这样可以减少下属对自己的恭维、奉承、送礼、行贿等行为，防止在工作中丧失原则。

孔子曾说："临之一庄，则敬。"意思是说管理者不要和下属过分亲密，要保持一定的距离，给下属一个庄重的面孔，这样才可以获得他们的尊敬。有些管理者认为，越平易近人，越能和下属打成一片，赢得下属的尊敬。但结果却往往正相反。

有些管理者认为，与下属打成一片、称兄道弟，这种融洽的关系最好。这种想法不仅是错误的，而且是可笑的。在管理方面，管理者必须树立权威，如果在工作中还是"兄弟"，一定会影响到工作效果。

如果你是个管理者，你可以反思一下：你是否想要把下属团结成你的"哥们"？你是否对某一位知心的下属无话不谈？你的下属是否当着其他人的面与你称兄道弟？如果上述几种情况已经在你身上出现，那么就应该引起你的警惕了，你需要立即采取行动，与你的下属保持一定的距离。

"近则庸，疏则威"，与下属保持一定的距离，可以树立并维护领导者的权威。适度的距离对管理者是有益的。即使你再民主，再平易近人，也需要有一定的威严。

"仆人眼里无伟人"，这是法国历史上的伟人戴高乐的一句名言。所谓伟人，他的一点一滴，甚至每个毛孔都呈现在你眼前时，你不仅会发现他只是个凡人，而且你会发现他也有那么多可耻的、不为人所知的缺点。

你可以是下属事业上的伙伴、工作上的朋友，但你千万不要成为他的哥们。当众与下属称兄道弟只能降低你的威信，使人觉得你与他的关系已不再是上下级的关系，于是其他下属也开始对你的命令不当一回事。

领导者与下属保持一定的距离才能树立威严。适度的距离对于领导者管理工作的开展是有好处的。

一位男领导，家离一位女下属的家比较近。有时为了工作上的事，他就到女下属的家里去谈。虽然谈的都是工作上的事，但时间一长，在单位里竟然有风言风语传出来。

不知不觉间，风言风语竟然传到男领导的夫人和女下属的丈夫耳朵中。这两人的后院不约而同地"起火"了，而坏事传千里，后院起火的消息又传到单位。一时间，单位里各种谣传四起，两人在单位成了人人议论的对象。

这位男领导为了表明自己的清白，开始主动疏远这位女下属，甚至刻意不交给她重要的工作。最后，这位女下属只好自己打报告调到另一家单位。

在这一事例中，男领导不注意保持适当的上下级距离，结果使得自己和下属都受到了不应有的伤害。

管理者要明白，领导者与下属等级还是有区别的，扮演的角色更是截然不同。作为一名上级，最不讨好的事情就是纠正下属的行为，尤其是在工作进展不顺利时。如果你一方面想当下属的好朋友，另一方面又想当好管理者，同时想扮好这两个角色只会让你吃力不讨好。你的下属会对你的"两面派"行为怀恨在心，而你的上司则会怪你办事不力，你只好两头受气。

俗话说得好，距离产生美。作为管理者，必须摆正自己的位置。与下属保持适当的距离，不即不离，亲疏有度。

无私才能扬威

管理者在管理活动中，处理各种各样的事情时如果有一点儿不公正，必然会影响到团队的团结，也直接反映了管理者的管理水平，影响管理者的自身形象。

《吕氏春秋》中曾记载了这样一个故事。晋平公要祁黄羊推荐南阳县令的人选，祁黄羊推荐自己的仇人解狐。这让晋平公十分不解，以为他在搞什么花样，便把祁黄羊召过来，责问其真实意图。祁黄羊回答道："国君，您只是问我谁可以担当这个职位，并不是问我的仇人是谁。"晋平公觉得他说得很有道理，便用了解狐当县令，举国上下都很称赞这个任命。不久后，晋平公又问祁黄羊谁可以担任太尉一职，祁黄羊这次推荐了他自己的儿子祁午。平公一听，又觉得不解，认为他在贪私心，立即询问他为何会推荐自己的儿子，祁黄羊回答："您只是问我谁可以担任太尉一职，并不是问谁是我儿子。"晋平公很满意祁黄羊的回答，于是派祁午当了太尉，后来祁午果然成了能公正执法的好太尉。

孔子听说这个故事后称赞说："好极了！祁黄羊推荐人才，对别人不计较私人仇怨，对自己不排斥亲生儿子，真是大公无私啊！"

后来，人们就用"大公无私"这个成语，形容完全为集体利益着想，没有一点私心，也可以指处理事情公正，不偏向任何一方。

作为管理者，应该向祁黄羊学习，千万不要因为某人和你不熟就不重用他，更不可由私人交情是否深厚来判断要不要重用一个人，一旦私心作祟，往往就会落人口实，影响自己的声誉和公信力。

每一个管理者在自己的岗位上，都希望能对下属公平、公正、无私无畏。公平、无私是管理的一个要诀，无私才能扬威、才能使自己在下属中树权立威，这个问题单靠理论说明是无法弄明白的，下面举一实例说明。

稻盛和夫在日本鹿儿岛出生，后来在东京创业，老家的亲朋好友听说稻盛和夫创业后，有不少亲戚来投奔他。亲戚投奔他，他当然也不好拒绝，不过给他们的待遇和其他工人一样，并无任何优待。

有一次，稻盛和夫的外甥来投奔他，稻盛和夫给安排了工作。这个年轻人整日趾高气扬，他的傲慢气焰引得周围的不少人颇多微词。最后，竟逼得不少员工离职。

稻盛和夫一时间并没有注意到公司内部的异动。直到有一次，他见到副社长一脸愁容，于是问起工厂内部的管理情况。副社长在他的一再追问下，说起了他外甥的所作所为，这让他十分生气。

第二天，稻盛和夫在公司大会上严厉批评了自己的外甥，最终依照公司的规章制度将其开除。他还到离职员工家中拜访，请他们重新回到公司。

后来，稻盛和夫的父亲打电话斥责他，他亲自向父母做出解释，最终消除了来自家庭的压力。此后，在稻盛和夫的公司里，员工真心实意为他卖命，稻盛和夫在员工心目中的权威更高。

如果团队制定规章制度，用制度说话，于人于己都一样，让下属心悦诚服，这样树立领导者权威才能立竿见影。

领导者不能徇私情，尤其是与一些走得近的下属之间，即使交情很好也要遵守规矩办事，因为群众都在盯着看。如果你对任何人都秉公办事的话，别人也挑不出理来，反而会敬佩你。

对于私心，很多管理者还存在误解，认为只要不贪污、不受贿、不走后门，就可称得上没有私心。其实，私心往往存在于无形中，不易察觉，当领导者自以为公正的时候，自私的念头已悄然萌生。

为了树立自己负责、公正的形象，管理者必须保持高度警惕，在团队领导上多做周全考虑。每当做出一项重大决策时，不妨扪心自问，是否有私情的成分包含在里面？是否符合团队内大多数的利益？是否为了工作效益最大化？是否能够获得团队成员的一致认同？把这些问题想清楚了，任何决定都不会引来指责与非议。

"心底无私天地宽"，这是领导者重要的品质表现。只有领导者具有巨大的影响力，我们的事业才会有顺利、成功的保障；而这影响力来源于正气、正义和正派的作风。

以恰当的距离对待下属

管理者一定要给下属一种公平合理的印象，对待每个人都要客观、公正，让大家觉得机会均等、人人平等，这样他们才会积极主动地做事。成功者戒骄戒躁、精益求精，后进者不断上进、积极追赶，只有形成这样一种氛围，才能进行有效的管理。

管理者在处理与下属的关系时，要一视同仁、不分亲疏，不能因外界或个人情绪的影响而表现得时冷时热。有些管理者虽无厚此薄彼之意，但在实际工作中难免愿意接近与自己爱好相似、脾气相似的下属，无形中冷落了另一部分下属。因此，管理者要适当地调整情绪，增加和自己性格爱好不同的下属的交往，尤其对那些曾反对过自己的下属，更需要经常交流感情，防止造成不必要的误会和隔阂。

有的管理者对工作能力强的下属，亲密度能够一如既往；而对工作能力较弱或话不投机的下属，亲密度就不能持久，甚至冷眼相看，这样关系就会逐渐疏远。有一种倾向值得注意：有的管理者把同下属建立亲密无间的感情和迁就照顾等同起来。对下属的一些不合理，甚至无理要求也一味迁就，以感情代替原则。这样做，从长远和实质上看是把下属引入了一个误区。而且用放弃原则来维持同下属的感情，虽然一时起作用，但时间一长，"感情大厦"难免会倾覆。

保持管理者的权威，距离上的问题不可轻视，它是一个至关重要的因素。合适的距离可分为以下3种。

1. 远距离透析

所谓远距离透析，就是在广泛接触交往的基础上，利用辩证唯物主义的观点看待一个人，是源于接触又高于接触，透过交往来看其本质。这就是说，要全面、辩证、实质地观察、衡量、看待一个人。所谓"全面"，就是不仅看到一个人的现处地位或社会氛围的表现，而且要看其作为一个普通人的政治品行、性格修养、处世态度及一贯作风；不仅要有个别分析个人的所思所想、所作所为，而且要进行一般透视，透析单个人在团队群体中的表现状况，特别是在群众当中，在"八小时以外"的威望和评价。

每个人的生活经历、成长过程各有曲直，客观地掌握评价一个人在过去历程中的成败得失，特别是在重大历史事件、骤起的政治风波以及人事变故面前所表现的政治立场、政治信念、政治鉴别力以及处理问题的方法和能力，是非常必要的。透过现象深入本质，剖析一个人的价值取向直至内心世界。我们不但要听其言，还要观其行；不但要明其心，还要见其实。总之，进行远距离观照，可以避免主观因素的掺和，因个人好恶丧失原则，凭一时一事成败对错分良莠。

2. 零距离交流

交流是尊重人格、平等待人、消除隔阂、增进友谊、相互启迪、达成共识的一把钥匙，也是管理者了解下属、掌握主动的一种方法。因此，管理者必须学会、善用这一"专利"，做到言尽心至，不留缝隙。既然是交流，就应当平等相待、倾心相交，没必要遮遮掩掩、心存戒备。这就是所谓的零距离交流。

3. 等距离沟通

管理者不应以自己的主观意见判断人和事。提倡等距离沟通，就要求管理者要广泛而平等地与下属沟通，从而寻找更大范围的沟通空间，求得更大程度的理解和拥护，形成以团队管理者为圆心，以与各下属平等沟通为半径的一个圆。否则，只能形成以管理者和个别人为点的一条线或几条线。只有等距离沟通，才能广泛做好管理者的本职工作，树立自己不容侵犯的威信。

管理者的权威通过等距离沟通而增强，就必须变被动为主动，变等下属沟通为主动与下属沟通，让下属想跟你沟通、愿跟你沟通、敢跟你沟通；等距离沟通，就必须不分亲疏，广开言路，开门纳谏；等距离沟通，还必须深入到团队中的每一名成员，了解其最基本、最迫切的需求。

有威信和凝聚力才有竞争力

对企业而言，一个个人才就像一颗颗晶莹圆润的珍珠，企业不但要把最大最好的珍珠买回来，而且要有自己的"一条线"，能够把这一颗颗零散的珍珠穿起来，共同穿成一条精美的项链。

有人问企业家李嘉诚，在 21 世纪的企业经营中，最具竞争力的东西是什么？李嘉诚毫不犹豫地说：凝聚力！为什么说凝聚力是新时期最具竞争力的东西呢？因为这是一个追求个人价值与团队绩效双赢的时代。

如果没有凝聚力，不但个人的价值无法在团队中得到实现，整个企业也将难以为继，并呈现出低效率的现象。几乎每一个倒下去的企业最后的状态都是人心涣散，威信全无。不但产品销售不出去，银行的贷款也无法获得。虽说这种可怕的现象并不是一朝一夕形成的，但凝聚力的缺乏却是加速企业衰亡的主要原因。

相反，一个凝聚力高的团队往往会呈现这样的特征：团队成员归属感强，做事认真并不断有创新行为，愿意参加团队活动并承担团队工作中的相关责任，维护团队利益和荣誉；成员之间沟通信息快，关系和谐，并具有极强的民主气氛。

阿姆科公司是一家从事钢铁行业的企业，在钢铁业逐渐成为"夕阳工业"以后，它的日子变得很不好过。对此，该公司的老板吉姆·威尔有过很深刻的体验。他认为，要想扭转这种局面就必须增强员工间的凝聚力。

在这种情形下，威尔开始进行根本性的改革以挽救公司。他的一项最重要的举措就是："非把每个人都拉来战斗不可。"这不是一句宣传性的战斗口号，而是威尔在整治企业的过程中切身体会到的最紧迫问题。有一次他把心理学家请进公司，派他们到业绩最好的工厂去，请他们找出工厂里实现成功的真正带头人，弄清成绩应归功于谁。结果令他惊奇的是，心理学家们回来竟说："工厂里没有带头人。"

威尔不信："什么，在我们最赚钱的、为顾客服务最出色的工厂里竟然没有带头人？"

心理学家们说："对。工厂里有我们前所未见的最佳团队。所有的人都在互相合作。每一个人都把功劳归于别人。没有整个团队什么也干不成。"

可见，一个业绩最好的工厂，也是一个凝聚力最高的地方。在这种环境中，大家都怀着相互合作的意识和心态，认识到合作的价值和意义，也知道唯有合作才能实现共赢，不合作大家都将遭受损失。并且每个成员都甘于为集体、为团队的共同目标和愿景放弃自我，全身心地投入并奉献自己的聪明才智。

是的，他们之中没有谁是做得最好的，也无须带头人，团队的胜利就是他们大家的胜利，团队的光荣就是他们大家的光荣。

其实，团队的凝聚力所强调的并不是追求大同，抹杀差异，而是要有一个核心，并围绕这个核心，发挥每一个部分、每一个个体的优势，形成一个和谐统一的整体。正如联想集团的"项链理论"的观点，企业不但要把最大最好的人才珍珠买回来，而且要有自己的"一条线"，能够把这一颗颗零散的人才珍珠穿起来，共同穿成一条精美的项链。如果没有这条线，珍珠再大、再多，都只是一盘散沙，它们起的作用不过是匹夫之勇。那么，这条线是什么呢？就是能把众多人才珍珠凝聚在一起，步调一致，为了共同目标而奋发向上的团队精神。

现在许多组织特别是一些大企业都在极力提倡执行力，有关执行力的书籍也汗牛充栋。殊不知，在一个企业中执行得好不好，最关键的不是你给员工定了多少规章制度，而在于你这个企业有没有凝聚力。没有凝聚力的企业，无论老板多有能耐，无论员工有多么优秀，也无法不折不扣地将上级安排的任务执行下去。

因为没有执行只是一个逻辑原理，没有凝聚力才是执行难的根本原因。拉里·博西迪和拉姆·查兰在他们的畅销书《执行》的一开始，讲述了一位 CEO（首席执行官）所遭受的挫折。

这位 CEO（首席执行官）在一年前从各部门抽调人员，组成了一个项目组。他们举行了两次会议，建立了工作标准，并制定了一套完整的规章制度。麦肯锡也来帮助他们。每个人都对这项战略表示认可，认为这是一个伟大的战略，而且市场前景也不错。

这个项目组由各个部门的专家和精英组成，完全可以说是这个行业最出色的团队。他们分配了阶段性指标，并向每个人放权——给予他们足够的空间施展拳脚，每个人都知道自己的任务所在。他们的激励系统也非常清晰，每个人也都了解详细的奖惩标准。工作的时候，他们充满力量，信心十足，但他们总搞不懂，自己为什么会失败。

一年过去了，他们的各项目标都没有实现，让这位CEO（首席执行官）极其失望和迷茫。在过去的 9 个月里，他被迫四次降低了收益估计。华尔街也不相信他们了，董事会也对他们失去了信心。他不知道该怎么办，而且也不清楚情况到底会糟糕到什么程度。

这位 CEO（首席执行官）坦白地说："我估计董事会很可能会解雇我。"几个星期后，董事会果然把他解雇了。书中，作者把这个团队的失败归结为执行的问题。站在这位 CEO（首席执行官）本人素质的角度，是的，他缺乏执行力，这是该书的观点。但是，如果我们换一个角度去分析他们失败的原因，看看又会得到什么样的结论：

1. 在他们所组建的这个团队中，不能说人才不优秀。所有的成员都是由各个部门的专家和精英组成的。

2. 在这个团队中，不能说他们没有共同的目标和愿景。从一开始，他们就制订了相关的发展计划与战略目标。

3. 在这个团队中，也不能说没有给相关的成员发展空间，从上面的事例中，我们可以看出，他们分配了阶段性指标，并向每个人放权——给予他们足够的空间施展拳脚，每个人都知道自己的任务所在。

然而，奇怪的是，在这样一个有着优秀的团队成员、有着共同的目标和愿景、有着良好的发展空间的团队，最后却无可奈何地以失败而告终了。其症结又在什么地方呢？就在于他们没有形成一股凝聚力。因为最好的团队成员，最好的战略目标，最好的发展空间，如果没有凝聚力这种黏合剂，也无法将这些最好的东西粘到一块，更别说获得共同的成功了。

第五章
懂得分享：
分享利益才能创造更多利益

与成员分享成果

先讲个故事吧。有个人在天使的带领下去参观天堂和地狱。他发现地狱里的人都围着大桌子吃饭，每个人手上都绑着一把柄很长的勺子，尽管餐桌丰盛，勺子里面盛满了食物，他们却因为勺柄太长吃不到自己的嘴里，一个个饿得面黄肌瘦，痛苦不堪。天使又带他来到天堂。他看到在天堂里同样有一群手上绑着长柄勺子的人在同样的桌子上吃饭，与地狱不同的是，这里的每个人都红光满面、精神焕发——因为他们在用自己手上的勺子喂对面的人，互相都能够吃饱。

各顾自己还是分享互馈，"地狱"与"天堂"只有一念之差。分享与协同是团队成员团结和信任的纽带，只有在团队中建立分享的原则，与他人共享资源和机会，才能建立起这条强有力的纽带。

构建团队也是如此，管理者首先要学会与他人分享，才能更好地合作。分享是合作的基础，不愿舍而只想取的管理者是自私的，没人愿意与这样的人共事。很多管理者身边有着丰富的资源，但他们不愿意拿出来与员工分享，这样的领导不会赢得员工们的拥戴。

假如团队领导者是个喜欢独占功劳的人，相信他的员工也不会为他卖力。反之，如果团队领导者能乐于和员工分享成功的荣耀，员工做事也会分外卖力，希望下次也一样成功。所以团队领导者正确的做法是与员工分享功劳，分享成功的幸福和喜悦。每个人做事都希望得到肯定，即使工作不成功，但始终是卖了力，谁也不希望被人忽视。一个人的工作得不到肯定，他的自信心必然会受到打击，所以作为主管，千万不能忽视员工参与的价值。

在所有的分享当中，成果的分享无疑是最激动人心的。一起努力了很久，终于实现了目标，公司获得了收益。与此同时，如果个人的腰包也跟着鼓起来，想必是一件让员工备受鼓舞的事。

管理者要把员工看作企业最重要的财富，而不要把他们看成是企业利润的抢夺者。因此，优秀的管理者不仅要让公司富起来，更重要的是让员工也跟着富起来。和员工分享企业发展的成果，以此来调动员工的积极性，从而创造更多的财富，而不是削减员工的利益为企业节省资金。

许多著名的企业都采取了利益分享的措施，企业的利益由员工和企业共同分享。汽车大王福特就在他的公司内部实施了利益分享的制度。

1908 年，福特公司制造的 T 型汽车成为美国最受欢迎的车型，也成为真正属于普通人的汽车。在 1909 年到 1914 年间，福特汽车始终保持着它的旺盛销售形势。福特并没有趁机涨价大赚一笔，而是信守着他的商业宗旨"薄利多销总比少卖多赚好得多"，没有让消费者失望。

在向消费者让利的同时，福特也和他的员工们分享着企业的成功。福特公司开创了世界工业史上从来没有过的工人报酬方式。

福特主动提出，将工人的工资比原来增加一倍，而且凡年满 22 岁的工人都可以享受公司利润中的这一份，如果工人有眷属需要供养，即使没有年满 22 岁也可以享受这一待遇。正是凭借这样的利益分享措施，福特汽车公司使员工得到了极大的激励，提高了工作效率，同时也推动了企业的发展。

团队发展的成果应该惠及每个人，管理者必须具备这样的觉悟，才能够建立和谐的团队关系，推动企业的可持续发展。通过克扣员工利益来增加企业利润的相对量的短视思想，只能让企业停留在一个狭小的发展空间里。

要增加团队成员的凝聚力，管理者一定要学会与成员分享，让每个人都感受到你时刻在为大家考虑，如此，企业才能在市场上占领更为优越的位置。

美国零售大王山姆·沃尔顿在总结自己的成功时说："和帮助过我的人一起分享成功是我成功的秘诀。"山姆·沃尔顿认为，与所有员工共享利润是以合作伙伴的方式对待他们，公司和经理通过这种方式，改变了与员工之间那种特定的关系，使得这些员工在与供应商、顾客和经理的互动关系中开始表现得像个合作伙伴。而合作伙伴是被赋予权力的一类人，所以，员工会觉得自己也被赋予了权力，从而以更加认真和积极的态度来看待自己肩上的责任。山姆·沃尔顿说："让员工完全参与到公司活动中，从而成功地给他们灌输了一种自豪感，使他们积极参加到目标确立和实现并最终赢得零售胜利的过程中来。"通过与所有员工共享利润以及赋予他们在工作岗位上的权力，山姆赢得了员工极大的忠诚，这也是他创办的沃尔玛如此成功的重要原因。

我们不妨向这些优秀的团队领导者学习，用他们分享的智慧来团结员工。

与团队成员分享劳动成果，有助于增强员工的归属感、荣誉感和自豪感，让每个人都心甘情愿地为团队的发展做出最大的贡献，从而促进团队的发展。

有趣的"糖纸理论"

新东方总裁俞敏洪有个著名的"糖纸理论"，这一理论来自一个他小时候的经历：

俞敏洪小的时候，家里很穷。有一次，他得到两块水果糖，那时，这对于一个农村的小孩子是多么珍贵的宝贝。这时来了两个小伙伴，他把糖剥开给了他们两个，自己只舔了舔糖纸。

具备这种分享思想源于俞敏洪小时候身体比较弱，怕被别的小朋友欺负，所以他通过这种方式结交了很多朋友。长大后，俞敏洪更是明白了朋友的重要性和"合作"的重要性。他曾和学员们分享他在这方面的心得：

"如果你是在团体里工作，你就必须遵守在一个团体里做人的道理。因为人是群体性的动物，所以必须学会在人群中生活。不管你的个性多么古怪，只要你选择了在办公室上班，在一群人中间工作，你人际关系的好坏就决定了你在一个地方的地位和威望。"

俞敏洪的"糖纸理论"的核心在于"分享"，共享胜利果实，甚至有时候宁可自己吃一点亏。要构建起以自己为核心的团队，管理者一定要先学会分享。

作为管理者，一定要懂得"分"，分什么呢？分名、分利、分荣誉。如果你不懂得分，那你就只能什么都靠自己做，一来太辛苦，二来你还很难把事情做成。

在生活中，我们可能都有类似的体验，那些愿意与人分享的人才能够得到别人的帮助，与周围的人友好地相处。只有你愿意为别人服务，别人才会为你服务，也只有你为越来越多的人服务，他们才会为你服务，团队才能获得更好的发展。如果你不愿意为别人服务，别人就不愿意为你服务，靠你一个人永远成就不了事业。

当今是一个互利的时代，"共赢"和"多赢"已成为人们的共识。我们在经营事业的时候，通过资源整合就可以让彼此的事业做大做强。

一位培训师讲过这样的经历：

"台湾最大的美容美发集团年营业额可达 30 亿新台币。一次，这家公司的老板想举办一个顾客回馈活动，请我做演讲。与此同时，另外一家有 50 多个健身房的健康产业公司，以及有 100 多家连锁店的房屋中介公司也打算举办类似的活动。

"这三大企业都是拥有很多连锁店的特许经营企业，假如各自举办活动，同样都要支付讲师的出场费和场地的租用费，而来宾也是企业原有的顾客。

"现在，因为这三家公司都是我的客户，经过我的撮合，这个活动由三家联办，场地租用费和讲师出场费由三家分摊，每一家只需付出原计划 1/3 的费用，来宾却是三方企业加起来，可达原来的三倍，并且不只限于企业的固有顾客。"

这个例子清楚地说明分享资源可以带来多么大的不同：本来是 1∶1 的关系，三家合作就得到九倍的收获。依此类推，如果是四家合作、五家合作，收获就变成十六倍、二十五倍，十家就是一百倍的收获……

在团队管理的过程中，最重要的是人才的整合。天下攘攘，皆为利来；天下熙熙，皆为利往。人才整合的关键，更重要的在于分享利益。管理者不懂得分享的重要性，不懂得分钱，不舍得分钱，所以总是找不到好的合作伙伴、好的人才，有的人即使找到了好的合作伙伴、好的人才却总是合作不长久，最主要的就是自己的分享心态出了问题。

学会与员工分享

狼是一种善于与种群中的其他成员分享经验的动物。一只幼狼到了能够独立生存的年龄，有经验的狼会教给它捕食的手段和一些生存的技巧，在教会幼狼学习这些技巧的过程中，年长的狼有时候会表现得非常粗暴，对贪玩或不好好学习的幼狼不是凶狠地咆哮，就是龇着牙齿进行恫吓，或者干脆毫不留情地扑过去撕咬，以致把幼狼们咬得遍体鳞伤。母狼会在寒冷的冬夜将幼狼赶出温暖的洞穴，让它们自己出去寻找过夜的地方，也会逼迫它们自己出去捕食。幼狼在这种严酷多于温情的打骂教育中一天天长大了，它们毛色光洁、四肢粗壮，间或也会合力捕一只猎物了。

母狼对小狼的要求很严格，甚至算得上残酷，但这却是给小狼传授生存经验的最有效的方式之一。

按照塞顿的说法，野生动物获得生存技能主要通过三种方式：

第一，祖先的经验。以本能的形式呈现出的是与生俱来的技能，是祖祖辈辈经历自然选择和磨难从而留在这个种族上的烙印。在生命的最初阶段，这是至关重要的，因为它从动物出生的那一刻开始就起着引导作用。

第二，动物父母和同类的经验，主要通过示范学习。从动物幼年开始学习奔跑的时候起，这一点就非常重要了。

第三，动物自身的个体经验。随着动物年龄的增长，这点变得越来越重要。

狼群平时就非常注意成员之间的经验交流，一只狼学到了一些知识，就可以通过交流传授给其他狼。而且，狼群非常重视对幼狼的训练，它们有时候会冒着极大的危险为幼狼叼来活着的羊，以训练幼狼的捕食技能。正因为狼注重群体成员之间经验的分享与传承，才使得狼始终保持一种强者的风范，没有丧失自己野性的本能和生存的本领。

学会分享，是聪明的生存之道！这是狼给我们的一大启示，同样，一个人要想获取得更多，就要学会与人分享。

英国著名作家萧伯纳有一句名言："两个人各自拿着一个苹果，互相交换，每人仍然只有一个苹果；两个人各自拥有一个思想，互相交换，每个人就拥有两个思想。"团队中，如果每个成员都能把自己掌握的新知识、新技术、新思想拿出来和其他团队成员分享，互助互利的话，就会产生"1+1>2"的效果。

一位老教授的花园里，鲜花都开放了，十分诱人。附近上学的孩子们常常抄近路穿过他的园子，把这些花几乎摘了个精光。一天早晨，当孩子们路过时，一个男孩问教授："我能折一枝花吗？"

"你想要哪枝？"教授问。孩子选了一枝最洁白的郁金香。教授继续说："它是你的花了。如果把它留在这里，会开放许多天。如果现在就把它摘下来，那么只能欣赏几个小时。你说该怎么办呢？"

孩子沉思了片刻，说："我要把它留在这儿，以后再来看它。"

那天下午，教授又让12个孩子停下来挑选他们的花，每个人都同意将他们的花留在花园里直到枯萎。那年春天，他送掉了他的整个花园，却没损失一朵花，还交了许多朋友。

上面的小故事，揭示了这样一个道理：懂得分享是一种智慧。当我们摒弃自私的行为，和别人分享自己的东西时，往往也可以分享别人的东西。生活中也常常如此，你分享给别人的东西越多，你获得的东西就越多。你把幸福分给别人，你获得的幸福也会更多。

很多时候，与人分享自己的拥有，我们才能找到自己的位置和方向。下面的一个小故事，能让我们更深层次地认识到"分享"对于我们的人生意义。

一个夜晚，一位远行寻佛的苦行僧走到一个荒僻的村落中。漆黑的街道上，村民们都在默默地行走。

苦行僧转过一条巷道，他看见有一团昏黄的灯光正从巷道的深处静静地照过来。身旁的一位村民说："那个盲人过来了。"

苦行僧百思不得其解。一个双目失明的盲人，他没有白天和黑夜的概念，他看不到高山流水，也看不到柳绿桃红，他甚至不知道灯光是什么样子的，这样的人挑一盏灯笼岂不令人觉得可笑？

那灯笼渐渐近了，灯光从深巷照到了苦行僧的芒鞋上。百思不得其解的苦行僧问："敢问施主真的是一位盲者吗？"那挑灯的盲人告诉他："是的，从踏进这个世界，我就一直双眼混沌。"

苦行僧问："既然你什么都看不见，那你为何挑一盏灯笼呢？"盲人说："现在是黑夜吧？我听说在黑夜里没有灯光的映照，那么满世界的人都和我一样是盲人，所以我就点燃了一盏灯笼。"

苦行僧若有所悟地说："这么说，你是在为别人照亮了？"但那盲人却说："不，我是为自己！""为你自己？"苦行僧又愣了。

盲人缓缓问苦行僧道："你是否因为夜色漆黑而被其他行人碰撞过？"苦行僧说："是的，就在刚才，还被两个人不留心碰撞过。"盲人听了说："但我没有。虽说我是盲人，我什么也看不见，但我挑了这盏灯笼，既为别人照了亮，也更让别人看到了我自己，这样，他们就不会因为看不见我而碰撞到我了。"

苦行僧听了，顿有所悟。他仰天长叹说："我天涯海角奔波着找佛，却没有想到佛就在我的身边啊！"

每个人都有一盏心灯，点亮属于自己的那一盏灯，既照亮别人，更能照亮自己。文中这位盲人 的可贵之处，不仅在于他照亮了自己，更在于他照亮了别人。从分享的角度来说，照亮自己和照亮别人是一枚铜钱的两面，辩证地相互依存着，悟透了其中的含义，你就悟透了生存的至高智慧。

在团队管理中也需要分享。和同事分享最新的行业信息，和合作伙伴分享最全的数据资源……分享，不是泄露商业机密，不是把自己的劳动所得双手奉送给他人，而是互相帮助，共同利用对大家有利的资源，以达到最好的协作效果，获得最大的效益。

同甘与共苦一样重要

共苦易，同甘难。团队刚刚成立的时候，必然要经历一段时期的艰苦过程。然而，很多领导者在成功后只会独自享受成果，不能和当初共苦的人分享胜利果实。一个团队能否有合作精神，通常和该团队领导者的领导风格有很大关系。

我们先看一下曹操"虽胜责己"的故事——领导者最容易犯的毛病就是有功劳归自己、有错误怪员工，但是曹操却不是这样的人。

曹操为了统一北方，决定北上征服塞外的乌桓。这一举动十分危险，所以许多将领纷纷劝阻，但曹操还是率军出击，将乌桓打败，基本完成了统一北方的大业。

　　班师归来，曹操调查当初有哪些人不同意他北伐的计划。那些提出反对意见的人认为曹操要严惩他们，一个个都十分害怕。不料，曹操却给了他们丰厚的赏赐。大家很奇怪：事实证明劝阻北伐是错误的，可这些人不仅没受惩罚，怎么反而会得到赏赐呢？

　　对此，曹操的解释是："北伐之事，当时确实十分冒险。虽然侥幸打胜了，是天意帮忙，但不可当作正常之举动。各位的劝阻，是出于万全之计，所以要奖赏，我希望大家以后更加敢于表达不同意见。"从那以后，将士们更加进言献策，尽心尽力地为他效劳。

　　事实上，合格的团队领导者总是能够肯定员工的成绩，承担自己的错误。曹操力排众议而且大胜，不仅没有骄傲，还对那些有一定道理的将士给予肯定，这充分体现了曹操整合团队的实力。如果团队领导者都能像曹操这样，还愁团队没有凝聚力和向心力吗？

　　不少管理者都会犯这样的错误，就是处处强调自己管理者的身份，与下属员工隔离，并把下属的功劳据为己有。这样的领导不能与员工"同甘"，怎么能指望员工与其"共苦"呢？

　　在某公司的年终晚会上，老板特别表扬了两组业绩较好的员工，并邀请他们的经理上台发表感言。没想到，两位经理的表现形成了极大的反差。第一位经理好像早有准备似的，一上台就夸夸其谈地说起他的经营方法和管理哲学来，不停向台下员工暗示自己为公司所做出的贡献，使得台下的老板及他自己的员工听了心里都很不舒服。

与第一位经理不同，第二位经理一上台就开始感谢自己的员工，并说："我很庆幸自己有一班如此拼搏的员工！"最后还邀请员工一一上台来接受大家的掌声。这使得台上、台下的反应大大不同。

像第一位经理那种独占功劳、常自夸功绩的人，不仅会使其他团队成员不满，就是老板也不会喜欢。第二位经理能与团队成员分享成果，令他们感到被尊重，那么他们以后一定会更加努力拼搏。其实，老板心里最清楚功劳归谁，所以，你是希望自己像第一位经理那样，还是像第二位经理那样？想必答案不言而喻吧！

美国著名的橄榄球教练保罗·贝尔在谈到他的球队如何建立团队精神时说："如果有什么事办糟了，那一定是我做的；如果有什么差强人意，那是我们一起做的；如果有什么事做得很好，那一定是球员做的。这就是使球员为你赢得比赛的全部秘诀。"这是很广大的格局，这种共享荣誉的精神鼓励了球队的每一个人，能做到这一点，其团队精神是牢不可破的，球队每战必胜也是在情理之中。

例如，一位获得表彰的厂长在全厂大会上讲话，他不是泛泛地说"成绩是属于大家的"之类的套话，而是颇有感情地把所有在工作中有突出贡献的员工的事迹一件件列举出来，连一位员工休假提前上班的事也提到了。最后，他说："荣誉是全厂员工的，没有你们的努力，就没有今天"，并且向大家表示深深的谢意。可以肯定地说，厂长的话起到了巨大的激励作用。

毫无疑问，"同甘"与"共苦"一样重要，员工不可能只充当受管理者指挥的"苦力"角色，如果管理者与下属一起"同甘"，就一定会加强团队的聚合力。

找到对方的利益需求点

《易经》上所言："同声相应，同气相求；水流湿，火就燥；云从龙，风从虎。"同声才会相应，同气才会相求。分享的内容如果不是对方所需要的，这样的分享往往让人不领情。

在找到对方的利益需求点的前提下，如果被分享方能心甘情愿拿出自己的资源，才能共同实现团队的目标。

美国第一旅游公司副董事长尤伯罗斯，在任第23届洛杉矶奥运会组委会主席时，为奥运会盈利15亿美元。他是靠着非凡的整合之术而成功的。

当时，洛杉矶市声称将在不以任何名义征税的情况下举办奥运会。特别是尤伯罗斯任组委会主席后更是明确提出，不需要政府提供任何财政资助。

那没有资金怎么办？借。在美国这个商业高度发达的国家，许多企业都想利用奥运会这个机会来扩大知名度并促进产品销售。尤伯罗斯清楚地看到了奥运会本身所具有的价值，把握了一些大公司想通过赞助奥运会以提高自己知名度的心理，决定把私营企业赞助作为经费的重要来源。

他亲自参加每一项赞助合同的谈判，并运用他卓越的推销才能，挑起同行业之间的竞争来争取厂商赞助。在他的策略下，各大公司拼命抬高自己赞助额的报价。仅这一个妙计，尤伯罗斯就筹集了385亿美元的巨款。

另外，赞助费中数额最大的一笔交易是出售电视转播权。尤伯罗斯巧妙地挑起美国三大电视网争夺独家播映权的办法，借他们竞争之机，将转播权以28亿美元的高价出售给了美国广播公司，从而获得了本届奥运会总收入1/3以上的经费。此外，他还以7000万美元的价格把奥运会的广播权分别卖给了不同的国家和地区。

从前的火炬传递都是由社会名人和杰出运动员独揽，并且火炬传递也只是为了吸引更多的人士参与奥运会。尤伯罗斯看准了这点：以前只有名人才能获得的这份殊荣，普通人也渴望得到。他就宣传：谁要想获得举火炬跑一千米的资格，可交纳3000美元。人们蜂拥着排队去交钱！是他们找不到地方花钱吗？不是。他们都认为这是一次难得的机会，因为在当地跑一千米，有众多的亲朋、同事、邻里观看，为自己鼓掌、喝彩，这是一种巨大的荣誉。仅这一项又筹集了4500万美元。

尤伯罗斯需要钱，赞助商需要利用奥运会提高企业的知名度和促进产品销售、电视台需要转播权获得收视率、火炬手需要利用传递火炬的机会得到掌声和荣誉……在相互需要的情况下，大家各取所需，最后尤伯罗斯完美地整合了奥运会所需的资金，而其他各方利用这次奥运会也得到了自己想要的东西，最终成就了本届奥运会。

分享的目的，是为了各方都从中受益。这个收益可能表现为更低的成本、更多的效益或者两者兼有。作为管理者，必须考虑对方的利益点在哪里，以及在分享的过程中如何保障对方利益的实现。

那么，既然分享具有多赢的功能，我们在寻求合作伙伴的过程中，也可以此作为说服对方的条件，让对方为实现自己的目标而努力。

已故的新加坡首富、华商邱德拔正是依靠借来的资本白手起家的。邱德拔祖籍福建厦门，他的父亲是一位传统的闽商，敢打敢拼，精明能干，当时还是多家银行的股东。1917 年邱德拔出生于新加坡，受到父亲经商思想的影响，他从小便立志成为一名成功的商人。

16 年后，少年老成的邱德拔便进入了父亲参与创办的华侨银行。他在华侨银行工作了十几年，因为办事稳重、工作勤恳而深得老板赏识，在这个过程中他也逐渐熟悉银行经营运作的规律和模式。1959 年，已经当上银行副总经理的邱德拔由于自身缺少资金而无法进入董事会。长期以来，邱德拔一直有一种寄人篱下、为他人做嫁衣的漂泊感，进入董事会受挫的事件促使他终于下定决心辞职，他要开办一家属于自己的银行。

然而，创业面临的最大困难还是缺乏资金，邱德拔再一次因为"钱"的问题大伤脑筋，但是他很快便想到了解决的办法。邱德拔找到了一位朋友，邀请他出资合伙开办银行。开办银行的启动资金是庞大的，所以邱德拔最初非常忐忑，但他又相信朋友一定会答应，因为对双方来说这都是一个双赢的合作提案。朋友拥有资金，而邱德拔有开办与管理银行的经验、能力与客户关系，邱德拔的资本对那些有钱而没有门路的投资者来说具有很强的诱惑力。果然，朋友考虑之后很快便给了邱德拔"同意合作"的答复。

1960 年，邱德拔与朋友合资 1000 万林吉特（100 林吉特约合 26.31 美元）在吉隆坡开设了马来西亚银行。假如当初他不肯向朋友借钱，那么就很难有之后的辉煌成就。

因此，在分享自己的资源时，我们必须找到对方的利益需求点。要站在对方的立场上来考虑问题，做到换位思考，了解对方的需求及利益，最后才能在多赢的基础上实现团队的发展。

合理的利益分享措施

吸引人才和凝聚人才的重要支撑在于，管理者先不是思考如何选人才，而是拿什么来与人才共享。通过制定合理的利益分享措施，建立有效的人才吸引机制，才能在日益激烈的竞争中获得长期生存与持续发展的动力。

管理者要善于发挥自己的各种优势，有效地利用有限的企业资源，以各种方式努力创造吸引并留住人才的条件。

1. 分享企业利润

获得报酬是员工工作的第一目的。团队可以制定一套有自己特色的灵活的薪酬制度，要舍得将企业的利润与成员分享，在薪酬方面一般可以采取"底薪＋奖金（绩效）"的模式："底薪"可以与企业原有的薪酬制度统一，基本上差距不大，而"奖金（绩效）"可以根据工作性质和人才层次的不同采取不同的计量标准和评价方式。

这种模式可以满足人才日常生活的基本需要，使他们可以安心专注于本职工作，也提供了充分调动人才积极性所必需的物质激励。

对于从事技术工作、管理工作、市场方面工作的人才，可以采取不同的薪资激励方式。

2. 分享股权

首先我们来看几个数据：在企业中，持股 67% 以上是绝对大股东，持股 51% 以上是相对大股东，持股 34% 以上也算大股东，在大企业中持股 20% 甚至 10% 都是大股东。

把企业大股份分出去，这对于很多老板来说，可能比较困难，可是分大股份，却是一种大智慧。我们再来看一组数据：

中国民营企业的股份大部分在老板或老板的家人手里，而世界 500 强企业大老板的股份分配比例是 4.76%，大部分股份跟世界 500 强的 4.76% 比，谁比较值钱？

企业团队制定多样的、具有吸引力的股权政策，可以采用如下几种方式：

期股：企业向人才提供的一种在一定期限内按照某一既定价格购买本公司一定数量股份的权利。

干股：企业送给人才的一种特殊股权，可以享受分红但不拥有产权。

岗位股：一种只与岗位对应的股权。

贡献股：根据员工对企业的贡献而给予的一种股份。

知识股：根据人才的知识背景或特殊技能而给予的一种股份。其具体做法是企业在总股份中分出一块专门用于吸引人才，该项的要点是对人才价值进行合理评价，以确保企业和人才双方的利益。

3. 分享成长喜悦

人才需要成长，只要团队能为人才提供足够的成长空间，优秀的人才就愿意为团队打拼。吸引人才靠事业，许多企业的管理层都充分认识到这一点。

为留住人才进行大胆授权，给人才创造施展才能和价值的空间，同时针对中高级管理人员和核心员工进行配股，让他们成为企业的股东，使他们把自己的命运与企业的命运紧密联系在一起，从而使他们稳定下来。如果能帮助优秀人才设计出符合自己个性特征的职业发展道路，让员工清楚地看到自己的成长之路，他们必定会感到欢欣鼓舞，备受激励。

分享让团队越来越"大"

有一种鸟，名为秃鹫，一旦发现了食物，就减慢飞行速度，并不断发出叫声，附近的秃鹫听见此声会纷纷赶来，聚集在一起争食。虽然进食时看上去是有点你争我夺，但不要忘记它们都是由食物的发现者呼唤而来，共享美食的。不独吞食物，分享才能共赢，这是秃鹫给我们的一大启示。

与成员分享胜利果实，这是一种伟大的情怀。如果只是功劳自己独占，一定会遭到其他成员的唾弃。

一群猴子，发现在高高的悬崖顶上有一串熟透了的果子，悬崖太陡峭了，仅仅靠一只猴子的力量是无法摘到果子的，于是猴子们团结起来，一个踩着另一个的肩膀，搭起了"梯子"，最后终于摘到了果子。

摘到果子的猴子忘记了自己之所以能摘到果子，完全是集体团结合作的结果，一个人在悬崖上大嚼起来，丝毫不理会下面的猴子。下面的猴子生气了，撤去了"梯子"，最上面的猴子吃完了所有的果子，却怎么也找不到下来的路，最后被冻死在悬崖上了。

猴子集体的努力获得了成功——够到了悬崖上面的果子。而最上面的那只猴子却独占了集体的劳动果实，不肯同别人分享。从短期看，最上面的猴子占到了便宜——它自己吃到了所有的果实。但是从长远看，它为了占到很小的便宜，却付出了巨大的代价——被踢出了整个团队，最后甚至失去了生命。

企业团队也会发生这样的情形，在企业发展艰难的时候，员工们往往可以众志成城、团结一心、共渡难关，可是在取得了一定成绩以后，原本团结的局面却往往会出现裂痕，这种可以同辛苦却不能共富贵的怪圈，几乎困扰着每一个企业，究竟是由于什么原因呢？

很多人把责任归咎为团队的成员素质差、嫉妒心太重等，其实不然，真正的原因就是企业里缺乏分享的精神！分享才能避免劳而无功，独占易纷争，分享才能共利，任何成功都是群体团结劳动的结果，仅仅靠一个人是很难成就事业的。

我们很容易发现，一个优秀者被提升或者受到奖励的时候，往往表现得比较谦虚，在享受荣誉的时候，绝对不会忘了感谢那些和他一起努力或者曾经帮助过他的人，让所有曾经参与的人都分享这一荣誉和喜悦。这样的领导，同事们往往乐于看到他的成功，当他获得成功的时候往往得到的是赞许和掌声。而且大家以后也会更努力地团结在他周围，去争取更大的成功——因为分享会让你富有人格魅力，会让团队不断壮大。

迈克尔·乔丹在结束自己的篮球生涯的时候说："在别人

看来，我站在篮球世界的顶端，每当听到这样的赞美，我都感到惶恐。我所取得的任何成绩都是和队友们以及教练一起努力的结果，还有赞助商和每一个支持鼓励我们的球迷，荣誉属于你们每一个人，我只是幸运地作为代表，一次次地领取奖杯。"

乔丹在每一场比赛时都和队友团结一致，去争取胜利，取胜之后他总是和队友和教练拥抱，和大家一起分享胜利的喜悦。正是乔丹的这种无私的分享精神，皮蓬等一大批 NBA 巨星才甘于作为配角，紧紧地团结在乔丹周围，为公牛队取得了一个又一个冠军。而乔丹则永远地成为公牛队每一个球员的榜样。

企业的管理者，尤其要起到榜样作用，在对待同事或者下属的时候，除了要强调团队精神以外，更要注意的是和大家一起分享胜利的成果和喜悦。这就好像骑马，既想让马儿跑得快，又不想给马儿吃草，天下哪有这样的好事？

员工不是圣人，即使是圣人也要吃饭、穿衣，员工工作的根本目的还是满足自己的物质生活需要。当他们意识到团结起来就可以创造更大的财富时，自然他们就会团结在一起，可是当企业或者某个人获得了巨大的利益，而劳动群体中的大部分人仍旧一无所得的时候，这种团结一心的局面就会动摇——没有获得益处的员工就会对原来的团结丧失信心，而不再如以前一样努力工作。

一个良好的团队，不仅需要精神上口号的鼓励，更需要物质上财富的支持，某个人取得成就的时候，千万不要忘记一起拼搏努力的团体。只有分享，才能共赢。

分享不仅表现在对成果的分配上，更在于对责任和压力的分担上。

一家工厂因为经营不善，面临倒闭。工人们都在收拾行装，根本就不期望工厂能发下来工资——每个人都了解工厂的财务状况。

这时候，厂长把大家召集在一起，说："大家很清楚厂里现在的情况，我现在给大家两条路走，第一条路是我申请破产，不过大家放心，我会想办法让大家拿足工资离开，不过大家将会失去工作，重新去找一份新工作。第二条路是我把工厂股份化，以股票来代替工资给每一个人——当然大家现在获得的不会是利益，而是摊到了债务。"

大家都静静地听着，厂长顿了顿，继续说："大家都在一起工作了这么久，为什么不放手搏一下？工厂是我们一起发展起来的，属于我们每一个人，只要我们团结起来，就一定能闯出一条生路。"

结果，所有的工人无一例外地选择了留下来。因为每个人都分担了企业的股份，所以大家都拼命努力，厂里的主管们因为有了大家一起分担压力，信心也足了。很快，工厂就死而复生，蓬勃发展起来。

不仅要同甘，而且能共苦。懂得分享才能共赢的道理，那么这样的团队必是不可战胜的！

第六章
执行第一：
没有执行力的团队等于零

竞争力源于团队执行力

美国企业家格瑞斯特说，杰出的策略必须加上杰出的落实才能奏效。无数的优秀团队都拥有伟大的愿景，但只有少数的能获得成功。为什么那些带着正确的战略开始奋斗的优秀团队，最终却失败了呢？原因归结起来就是他们无法把自己的战略彻底执行。

根据美国《财富》杂志的统计，企业所制定的战略只有不到10%被有效执行了，而在失败的案例中有超过70%是因为执行过程出了问题。

第二次世界大战后，日本的汽车制造业发展迅速，尤其进入20世纪70年代以后，更是打开了美国的市场。在以丰田为代表的日本汽车公司的竞争下，美国三大汽车公司市场份额降到60%以下。

美国三大汽车公司后来都派人到日本学习，因为他们觉得再也没有比仔细观察日本同行更好的方法了。

汽车不是日本人发明的，汽车的流水线也不是日本人设计的，生产汽车的机器也不是日本人想出来的，日本人也不知道美国人需要学习什么。

后来美国人才发现真正的问题在于企业文化和企业的执行力。日本丰田用5年时间做到零库存和及时上线，所有的供应商在一起培训，做到一种标准、一种表格，这是美国人做不到的地方。

美国人终于明白，真正的问题在于贯彻力度。

日本的汽车工业取得超常发展的绝招就是企业的执行力。如今，企业的战略目标、商业模式多为显性化并被快速传播，企业战略也非常容易被其他企业模仿，而唯一不能模仿的就是执行力。对于一个团队来说，如果一个团队没有落实力，那它就没有竞争力。

优秀的团队之所以优秀，不仅仅是因为战略的完备，而是因为拥有强大的执行力。团队的价值观和愿景固然重要，更重要的是如何激发团队的执行力，让这些愿景能坚持下去。

综观世界优秀企业，像GE、沃尔玛、IBM以及中国的海尔、联想、华为等企业的成功，不仅仅因为拥有伟大的战略，更重要的是他们建立了强大的执行力系统。向优秀的企业学习，最需要学习的就是不折不扣的执行力。

为什么计划得很好就是做不到位？为什么工作做着做着就走了样？为什么问题会反复发生？为什么员工积极性时高时低？为什么我们做不到行业数一数二？为什么……

有原因吗？——有！

有工具吗？——有！

有榜样吗？——有！

近30年，国内企业处于一个空前增长的阶段，造就了大批"航母"级大型企业，海尔是典型的代表。它的发展也揭示了一个重要的事实——没有优秀的执行力，就没有优秀的企业。强大的落实力，是支撑起海尔在激烈的竞争市场上获得先机的保障。

一个团队要持续、稳定、健康地发展壮大，必须具备高效执行力。那些具有战略眼光的卓越团队，都将执行力推崇为企业发展壮大的核心能力，这无不启发我们，有效执行是最有力的竞争武器。

把信交给加西亚

美西战争爆发以后，美国必须马上与西班牙反抗军首领加西亚将军取得联系。加西亚将军隐藏在古巴辽阔的崇山峻岭中——没有人知道确切的地点，因而无法送信给他。但是，美国总统必须尽快地与他建立合作关系。怎么办呢？

有人对总统推荐说："有一个名叫罗文的人，如果有人能找到加西亚将军，那个人一定就是他。"

于是，他们将罗文找来，交给他一封信——写给加西亚的信。关于那个名叫罗文的人如何拿了信，将它装进一个油纸袋里，打封，吊在胸口藏好；如何在3个星期之后，徒步穿越一个危机四伏的国家，将信交到加西亚手上——这些细节都不是这里具体要说明的，而强调的重点是：美国总统将一封写给加西亚的信交给了罗文，罗文接过信后，并没有问："他在哪里？"

像罗文这样的人，我们应该为他塑造一座不朽的雕像，放在每一所大学里。年轻人所需要的不仅仅是学习书本上的知识，也不仅仅是聆听他人的种种教诲，而是更需要一种敬业精神，对上级的托付，立即采取行动，全心全意去完成任务——把信送给加西亚。

这是节选自全球销售逾8亿册《致加西亚的信》一书中的一些文字，这个送信的传奇故事在全世界广为流传，一百多年来"罗文"作为优秀执行者的形象深入人心。

当罗文接过美国总统的信时，并不知道加西亚在哪里，他只知道自己唯一要做的事是进入一个危机四伏的国家并找到这个人。他二话没说，没提任何要求，而是接过信，转过身，立即行动。他下定决心，奋不顾身，排除一切干扰，想尽一切办法，用最快的速度去达到目标。

接到任务后，不折不扣去执行，排除万难完成工作，这是一名员工完美的执行能力的高度体现，企业需要的就是像罗文这样的执行者。

执行力的核心是人。只有拥有了执行力强的人，组织才能拥有强大的执行力。企业需要执行力，其实需要的就是不折不扣的优秀执行者。世界上所有优秀的企业都致力于打造一支具有强大执行力的队伍和组织。

海尔的杨绵绵、联想的马雪征、华为的孙亚芳、海信的于淑珉……没有他们坚定不移的贯彻和执行，张瑞敏、柳传志、任正非、周厚健这些决策者的宏图战略就不能转化为企业发展的巨大力量。他们用自己的能力为企业谋求发展，也让自己的事业和人生达到旁人难以企及的高度。他们是最优秀的执行者的代表，正是他们带领着企业不断地向前奔跑。

如果没有人将决策者的思想和战略不折不扣地执行下去、贯彻下去，再伟大的设想也只能是空想。企业的生存和发展离不开优秀的执行者。当前，执行力已经被越来越多的企业所重视。无论什么时候，企业都在寻找积极主动、不折不扣地完成任务的执行者。

在今天的企业里，有很多的领导在为找不到优秀的执行者而烦恼，他们最大的心愿是希望自己的下属成为"罗文"式的员工。那么，优秀执行者需具备的基本素质有哪些呢？

1. 态度上：没有任何借口

当美国总统把给加西亚的信交给罗文时，罗文没有问加西亚将军在什么地方，也没有问寻找加西亚将军的途径，甚至没有要路费，因为即使问了也没用，谁也不知道加西亚在哪儿，不知道他是否活着。罗文只是怀揣着一个任务、一个目标——把信送给加西亚，就上路了。他越过了千山万水、历尽了千辛万苦、想尽了千方百计，最后出色地完成了任务——把信送给了加西亚。

员工要在接到任务时，不是问为什么，而是努力想尽一切方法去完成任务。

2. 能力方面：手段专业化

当罗文接过信之后，把它装进一个油布制的袋里，打封，吊在胸口……这一系列动作正是一个送信员的专业操作手段，充分体现了罗文完成工作时所具备的专业技能。在企业中，具有良好态度的人确实有，但是往往由于缺乏专业化手段的操作，最后不能出色地执行任务。因此，企业要提高员工的执行力，就必须加强对员工专业技能和专业化操作手段的培养，这是成功的必经之路。

3. 结果方面：须提供满意答卷

企业管理一定要以任务倾向为主导，关键是要看员工能否完成任务，能否交出满意的答卷，实践是检验真理的唯一标准。

现代企业需要的执行者，不仅是那些无论老板是否在办公室都努力工作的人，更是那些能够"把信交给加西亚"的人。他们静静地把信拿去，不顾一切地把信送到，而不会提出任何愚笨的问题，也不会存心随手把信丢进水沟里。这种人永远不会被解雇，因为他们永远是企业最需要的人才。

不要继续等到明天

"拖延症"就是做事能拖则拖，不能拖也拖，知道后果不妙却明知故犯，最终搞得自己狼狈不堪。这并非医学意义上的一种病症，却正危及不少人的工作和生活。可以说，拖延已经日益成为有效执行的重要阻碍，人们习惯于拖延，团队的执行力因此而大打折扣。

观察你身边的那些员工，明明手头有正在进行的项目，但他们好像在等什么，好像还在准备什么。他们似乎在等待别人的帮助，或者是等待问题自动消失……拖延症已经成为团队成员身上的"顽疾"。

首先需要明白，无论如何拖延，问题依然会存在，等到自己觉察到的时候，往往已错过了让问题顺利解决的时机。在任务面前，如果总是想："我应该去面对它，但现在对付它还为时过早"，那么，"拖延"将会最终断送员工的前程和团队的发展。

小郭工作 5 年来，不仅没有得到晋升，反而面临着失业。是什么导致了他这样的境遇？

刚进公司的小郭是个非常有竞争优势的年轻人。顶着名牌大学毕业生的光环，但是，他来到这家公司后，发现现实与自己的理想有偏差，对工作、公司都产生了抵触情绪。他觉得自己的学历比别人高，能力比别人强，却屈尊在小公司里，于是终日浑浑噩噩，有问题也不积极解决，能拖则拖。

更让同事们不能容忍的是，他总是仗着资历老，在紧急的项目面前不紧不慢的。"别着急啊，这个工作我做了几年了，两天就完了。现在没兴趣，过几天再说吧。"在小郭的拖延中，很多问题都得不到解决，和他一组的同事却因为他一起受到了公司的惩罚。

同事们不愿再与他协作，上司也对他有了看法。而小郭却没有意识到自己的问题，对待工作仍改不了拖延的毛病。5年时间下来，小郭完成的项目屈指可数。

如果选择拖延，选择现在不做，也许就等于选择了永远也不做。"温水煮青蛙"就能说明这个道理。这种情形也发生在我们身上，我们常常安于现状，习惯于在接到任务的时候能拖则拖，不到紧急关头不愿意有所行动，等到时间越来越长，到最后错过了最好的行动时机，就如置身于水深火热之中，苦不堪言，工作业绩也一塌糊涂，什么事情也干不成。

具有高效执行力的员工，会想尽办法快速完成任务。对员工来说，最理想的状态是任务在昨天完成。对领导交代的工作，要在第一时间处理，争取让工作早点瓜熟蒂落，让领导放心。

千万不要把昨天就能完成的工作拖延到今天，把今天能完成的工作拖延到明天。最好不要等到领导开口，说那句"你什么时候做完那件事"时，才匆忙呈上自己的工作，在慌乱中执行，定会在执行效果上大打折扣。

比尔·盖茨说："过去，只有适者能够生存；今天，只有最快处理完事务的人能够生存。"因此，对于一名优秀的管理者来说，"立即就办"是唯一的选择。

李·雷蒙德是工业史上最聪明的CEO之一，是洛克菲勒之后最成功的石油公司总裁——他带领埃克森·美孚石油公司继续保持着全球知名公司的美誉。

有一次，李·雷蒙德和他的一位副手到公司各部门巡视工作。到达休斯敦一个区的加油站的时候，李·雷蒙德却看见油价告示牌上公布的还是前一天的数字，并没有按照总部指令将油价下调 5 美分／加仑进行公布，他十分恼火。

李·雷蒙德立即让助理找来了加油站的主管约翰逊。远远地望见这位主管，他就指着报价牌大声说道："先生，你大概还熟睡在昨天的梦里吧！因为我们收取的单价比我们公布的单价高出了 5 美分，我们的客户完全可以在休斯敦的很多场合贬损我们的管理水平，并使我们的公司被传为笑柄。"

意识到问题的严重性，约翰逊连忙说道："是的，我立刻去办。"

看见告示牌上的油价得到更正以后，李·雷蒙德面带微笑说："如果我告诉你，你腰间的皮带断了，而你却不立刻去更换它或者修理它，那么，当众出丑的只有你自己。"

也许加油站的主管约翰逊认为，当天的油价只要在当天换也来得及。但是商业环境的竞争节奏正在以令人炫目的速度快速运转着，执行力就是"现在就办"，而不是"再等一会儿"。

以最快的反应速度去开始一项工作是保持恒久竞争力不可缺少的因素，也是唯一不会过时的本领。在竞争激烈的市场环境中，要让团队保持稳定甚至常胜的优势，就必须奉行"立即就办"的执行理念，千万不能在拖延中虚耗生命。

世界上有许许多多的人都因拖延而一事无成，拖延已经严重影响到团队的发展。面对工作时，不提出任何问题，不表示任何困难，以最快的时间用最好的质量立即就办，这才是优秀团队的执行力。

养成"没有任何借口"的习惯

很多人都是找借口的专家，他们常常把本应前天该完成的事情拖延到后天，这是一种很坏的工作习惯。对打造优秀执行力的团队来说，借口最具破坏性，也是最危险的恶习，它使人丧失进取心。

很多人擅长找出多种理由来辩解为什么事情无法按时完成，而对促使事情完成的方法想得少之又少。殊不知，许多简单的事情正因此变得复杂，许多本可以成功的事情将因此变得毫无希望。

著名的美国西点军校有一个长久流传的传统，遇到学长或军官问话，新生只能有四种回答：

"报告长官，是。"

"报告长官，不是。"

"报告长官，没有任何借口。"

"报告长官，我不知道。"

除此之外，不能多说一个字。

新生可能会觉得这个制度不公平，例如军官问你："你的腰带这样算擦亮了吗？"你当然希望为自己辩解，如"报告长官，排队的时候有位同学不小心撞到了我"。但是，你只能有以上四种回答，别无其他选择。

"没有任何借口"是美国西点军校 200 年来奉行的最重要的行为准则，是西点军校传授给每一位新生的第一个理念。它激励学员想尽办法去完成任何一项任务，而不是为没有完成任务去寻找借口，哪怕是看似合理的借口。秉承这一理念，无数西点毕业生在人生的各个领域取得了非凡的成就。

"没有任何借口"看起来似乎很绝对、很不公平，但是只有把"没有任何借口"铭记在心，才能有一种毫不畏惧的决心和坚强的毅力，有一股保证完成任务的执行力，然后在限定的时间内把握每一分每一秒去完成任务。

面对尚待解决的问题，不是一味去找借口，而是积极主动地寻找方法，将自己需要执行的任务迅速完成。

王伟是一家公司的总经理助理，管理着办公室的工作。有一次，王伟安排业务员负责标书制作。当业务员拿回招标文件之后，王伟安排她在 27 号之前完成，因为招标将在 30 号进行。除了业务员的路上时间之外，王伟还预留了一天的应急时间。结果呢，28 号上午，王伟没有见到标书，打电话问业务员，她说："还没有做好呢！只剩下一个产品效果图了，正在处理。"王伟很着急地说："那你抓紧时间，上午必须完成。"当时，王伟并没有批评她，怕影响她工作。

事后与她就这一问题进行沟通时，王伟问她："为什么没有在 27 号之前完成？你说时间太紧张，但我们的作业规程里边的标书的完成时间是你自己根据实际情况承诺的。就算这份标书内容多，比较特殊，那你为什么没有提前向我解释并寻求帮助呢？"刚开始，她还找各种借口，但到最后，她还是承认到了自己的错误。

许多借口总是把"不""不是""没有"与"我"紧密联系在一起，但实际上其背后的实质就是拖延时间。无论你是谁，再妙的借口对于事情本身也没有丝毫的用处。

假使你拒绝任何借口，把自己全身心地投入到向目标努力的行动中去，你就会积极思考改进工作、提高效率的方法，这样就能及时地完成任务。

对于不找借口的优秀员工来说，奋力拼搏是唯一的工作方法，即使上司不在，他们也不容许自己有丝毫的懈怠。他们不会对自己说"我还是拖延一下吧"，而是要求自己全力以赴，不达目的誓不罢休。他们始终以百米赛跑的速度驰骋在职场的跑道上，为完成目标做最后的冲刺。

要想从根本上克服找借口、拖拉的弊病，可以从以下几个方面入手：

（1）在行动之前，如果时间允许，要反复冷静地思考，给自己充分思考问题的时间；

（2）一旦做好心理准备，就立即行动，迟疑是最大的禁忌；

（3）不要要求自己十全十美，不论心情好坏，每天都要有规律地持续工作；

（4）不要浪费时间，把握住现在。今天的工作绝不拖到明天。商场如战场，时机很关键。只要你看好了、看准了，你就该下决心赶快行动。

运营的流程：正确地做事

如果管理者能将组织的工作流程化，并且这种流程被大家普遍接纳，团队的执行力将会因此而大大提升。

百度公司总裁李彦宏说，遇到问题多问几个为什么，找到根源，并用系统的解决方法去根除它，就可以为组织不断增强免疫力，从而提升工作效率。

某一天，百度与某跨国企业合作推进一项公益活动，其文字链接指向的是合作方官方网站上一个活动的页面。但文字链接上线不到两小时，用户便发现这个页面点不开了。负责此项目的负责人十分紧张，不知道到底哪里出了问题。

查明原因后，他略微松了口气，问题出在合作方，由于低估了百度带来的点击量，他们的服务器停机了。负责人当机立断，发起下线，暂停推广。

这位负责人就此事给李彦宏发邮件，写道："由于××公司的服务器负载量不够，链接已打不开，百度也无能为力，特此申请暂时下线。"当时，李彦宏不在公司，但他很快写了回信，在"同意下线"后面追加了一个问题："下线以后呢？"

负责人收到回信后，很后悔自己没有把后续的处理写进去，还让李彦宏追着问。他赶紧回信："已经与对方沟通了，等他们调好服务器，测试好了再发起上线，按预定时间将合作执行完。"该负责人对自己的处理还是比较满意的。

但没有想到的是，李彦宏又回邮件了。他在邮件中这么说："我想了解的不是这次怎么办，而是针对这类问题，你们有没有着手制订一个系统化的解决方案。我们应该对合作方提出多大的服务器准备要求以最大限度地避免再次发生类似情形，以及如果一旦问题再次发生，如何最快地应对？首页任何一个链接每一秒钟的无法点击都会给亿万用户带来不好的体验，按流程发起下线需要多人审批，审批过程中又有多少人去点击看到了'无法访问'？如果这种合作想继续，这样的问题一定会再出现，我们应该用流程来解决共性问题，而不是事到临头特事特办。"

这番话让这位负责人沉思了好久，此后，他也将自己的管理精力放到流程导向方面。

有人说，一家企业应该有两本书：一是红皮书，称为战略；二是蓝皮书，即战术，就是标准作业程序。战略是作战指导纲领、框架，可以大而全、高而玄，可是战术的每一个细节，都需要流程化的支持。

流程化告诉我们先做什么、后做什么，"有章可循，有条不紊"。这样看上去有些死板，但对于执行却是很有效的。而且，无论事情的大小，只有以认真的态度、规范的方法去研究它、做好它，使它形成系统，才有可能有所成就。

美国戴尔公司运用的直销和按单生产的执行流程就是它的核心竞争力所在。戴尔的独到之处在于直接接单生产，优异的执行流程使其发挥出卓越的执行能力。

接单生产是工厂在接到客户订单后才开始生产，与其配合的零部件供货商也是接单生产。等供货商交货后，戴尔立即开始组装，并在装箱完毕几小时内就运送出去。这套流程能压缩从接到订单到出货的时间，它让戴尔与供货商的存货都减到最少，和对手相比，戴尔的客户更能及时地享有最先进的产品。

一个简化、出色的执行流程意义就在于此。执行流程是影响执行操作性的一大关键因素。优秀的执行流程可以缩短执行的时间、简化执行的环节、减少执行中的摩擦、提高执行的速度和效率。

那些稳定性、重复性的重要工作，都可实行流程化管理。

1.设计清晰简明的执行流程

流程如何设计，与工作的效率和执行力有很大的关系。流程清晰简明，工作的效率就高，执行力就强；流程复杂烦琐，工作的效率就低，执行力就差。比如一项重大决策，一家流程清晰简明的机构可能只需要 10 天就可做出，而一家流程复杂烦琐的机构可能需要半年甚至更长的时间；又比如处理一份重要文件，一家流程清晰简明的机构可能只需要 3 天就可以做出反应，而一家流程复杂烦琐的机构可能需要 10 天甚至更长的时间才能做出反应。

可见，流程的优劣严重地制约和影响着执行力的发挥。要想提高组织的执行力，必须以清晰简明为原则，设计合理的工作环节与衔接程序。

2. 流程量化

流程量化是制订流程的核心部分，是确保流程有效性的基本方法和必要环节。

依据标准对执行的现状与未来期望进行量化，从而确定执行的时间、执行的速度、执行的成本、执行的收益等量化指标，这样便于执行的评估和考核。

3. 流程标准化

流程标准化是通过设计一个标准的流程作为现状的判定标准，以达到改变现状和提高效率的目的。包括流程具体步骤的确定、步骤中采用的方式的确定等。这个标准并不是一成不变的，在运行一段时间以后，对它进行有效性分析，再加以改进。

流程标准化的好处在于便于按照标准开展工作，避免执行的盲目性，降低因没有标准而造成的执行力流失。

4. 优化流程

复杂的流程将严重影响执行的速度和工作的效率。复杂的流程就像复杂的制度一样，只会成为行动和速度的负担和累赘。因此，组织必须简化流程，进行流程优化。流程优化的最终目标是机构调整、减员增效，使流程有利于快速行动。

从以上四个方面入手，可以使工作流程更加科学与合理，从而让企业的执行力和工作效率得到极大提高。

执行重在到位

在数学中，100-1=99，而在企业管理中，如果执行不到位、落实不彻底，企业远大的战略、优秀的产品和技术都会成为虚无，最终导致 100-1=0。

没有到位的执行，组织的各种规章制度就无法真正落实，再好的决策、再好的战略也只能是一种幻想、一个泡影，组织的目标最终也无法完成。简言之，制度再多再细，如果执行不到位，一切都等于零。高效的执行力已成为当今企业效率之源、成功之本。

很多管理者都会遇到这样的问题，绞尽脑汁得到了一个好的项目，但执行过程却出现岔子，最后只好把利益拱手让人。

强调执行到位，就是要求将工作做到100%。在工作中应该以最高的标准要求自己，能完成100%，就绝不只做99%，尽可能地把工作做得比别人更快捷、更准确、更完美。

团队执行力的关键在于是否执行到位，否则就跟没有执行并无二致，甚至白白浪费了人力、物力、财力。一个优秀的员工，不会轻易说"我已经做到位了"，而是要求自己的每次任务都能做到不打折扣。

在执行的过程中，如果每个人都打点折扣，由上到下传达一项任务，一个人差10%，下一个人又差10%，这样传下去，这项任务最终恐怕就面目全非了。以10人团队为例，如果每个人都只做到90%，那么，$0.9 \times 0.9 \times 0.9 \cdots \times 0.9 = 0.3486$！即使是其中的一个环节没有做到位、做彻底，也会给企业造成损失。

有位广告部经理曾经犯过这样一个错误，由于在审核广告公司回传的样稿时不够仔细，在马上要发布的广告中弄错了一个电话号码——服务部的电话号码被广告公司打错了一个数字。就是这么一个小小的错误，给公司带来了一系列的麻烦和损失。

后来，因为一连串偶然的因素，他发现了这个错误，他不得不耽误其他的工作时间并靠加班来弥补。同时，还让上司和其他部门的同事陪他一起忙了好几天。幸好错误发现得及时，否则造成的损失会更大。

从上面的案例可以看出，执行不到位会影响整个项目的进度，有时甚至会功亏一篑，然后还需要重新返工，不仅会造成资源的浪费，还会造成企业时间成本和人力成本的增加。

做事到位的人，永远把每一项工作都做到最好；而做事不到位的人，永远是做得差不多就行。一位知名演员接受采访时曾说，"差不多"其实就是成功与失败的区别。每个人都应时刻谨记"做到100%"。

某公司原本要把一个大项目交给两家公司去做，于是要求两家公司准备好资料递交给他们审核。

其中一家公司的董事长让经理将公司资料准备齐全，并在当天下班前将资料分别用传真以及快递的方式交给客户，并将客户企业的地址及电话抄给了总经理。总经理接到命令后便交给市场部主任，要求市场部负责完成此项任务。市场部主任吩咐部门业务骨干孙晓来跟进此事。恰好孙晓有事，他准备好资料后，便吩咐新入职的王华在主任审核完资料后帮忙将材料传真给客户，以及将材料用快递寄给对方。由于王华自己不会发传真，于是请行政部的李红帮忙传，自己则去联系快递公司发快递。结果，由于李红在传真时正好对方传真机没纸了，而王华在写快递单时又把公司电话写错了，快递被延迟运送，客户没有及时收到资料，所以，取消了与公司的合作。

另外一家公司接到项目后，董事长则指定让市场部主管亲自负责，并要求他时时追问，主管很快安排好资料发了过去，为了确保准确传递，发出文件后，主管在当天又打了电话向对方确认。由于该公司员工做事认真、到位，获得了客户的整个项目。

俄国作家列夫·托尔斯泰说："如果你做某事，那就把它做好；如果不会或不愿做它，那最好不要去做。"摒弃差不多的思想，将每件事情都做到100%。接受一项任务，就要下定决心把它做好，做到位，做出结果，这样才可能取得成功。

其实，只要端正工作态度，遵循"做对、做全、做实、做细"的标准，提升团队的执行力并不难。

1. 做对

就是对症下药，执行必须有明确的目标，并按标准执行，否则就可能偏离执行轨道，导致不合格的结果。所有的工作做到有的放矢，一步到位，第一次就把事情做对。

2. 做全

任何工作，能做到100%就绝不只做99%。培养周密细致的工作作风，一些细小的地方往往能影响整个执行的质量。

3. 做实

工作不追求结果是谈不上执行力的。在工作实效上下功夫，不务虚功，做一个真正的实干家，而不是语言上的巨人、行动上的矮子。

4. 做细

必须注重工作中的细节，力求细节之处的完善。注重细节，是把事情做到位的重要环节。

第七章
重用人才：做伯乐，
就不要戴"有色眼镜"

英雄不问出处

有些管理者还停留在过去的思维上，用人时总是学历查三代，而不是看个人的能力，由此导致团队存在较严重的官僚作风，团队的发展也总是不温不火。

作为管理者，要求"英雄不问出处"，重用人才不是选美、不是比拼高学历，只要能为团队所用，只要能为团队贡献自己的力量，就应该不拘一格选聘他。

在当今的人才市场上，用人企业处于买方市场，表面上似乎不愁招不到人，于是不在应聘者的真才实学方面下功夫，而是似是而非、额外地附加了一些标准，使大量的人才难以脱颖而出。诸如"学历查三代""招男不招女"等各种歧视层出不穷，或许一些是偏见，或许一些是经验。

"英雄不问出处"，要求人才确实拥有真才实学，团队能够用得上、能切实发挥作用。一些限制条件对吸引人才未必会有很大的作用。

某家信息技术公司的老板认为唯有高学历人才才有保证，该公司从最高领导层到普通员工基本上都是"211"高校毕业的，但后来因为一件事让老板的理念有了些改变。

在一次招聘会上，有一个非重点高校毕业的学生前来应聘。本来这样的人员根本不在考虑之列，但为了尊重对方，面试官还是与这位学生做了一个简单的沟通。没想到，在沟通的过程中，面试官觉得这位应聘者态度好、专业知识扎实、目标明确、善于思考和总结，而且思路比较开阔。

经过考虑，面试官决定把这个人才推荐给老板。老板一看到这个学生的简历，就说不行，因为毕业院校不是"211"高校。但面试官一再强调这个同学的优势，老板最终决定给这个同学一个机会。

该同学后来在工作中的表现，证明当初的确没被看错。他内心深知自己不是重点高校毕业的，更加珍惜这个来之不易的机会，平时加倍努力。而且在自己的工作完成之余，还非常乐于帮助其他同事，和同事们相处得很好。他也敢于把自己的想法说出来，不怕出错。经过一段时间的磨炼，他成了部门的骨干力量。

从此以后，公司的管理者们再也不迷信只招收重点高校毕业的大学生了，老板也觉得只要符合公司录用条件，更希望有不同风格的新鲜血液加入到自己的团队中。

百度公司董事长李彦宏在人才选拔的判断标准上，有三个"不重要"和三个"重要"，即你是什么背景不重要，你是不是新员工不重要，你以前是不是犯过错误也不重要；重要的是你是否符合百度文化，是否能力出众，是否有学习的心态。

在经营企业的过程中，阿里巴巴的创始人马云经常强调只要普通人才，只要合适的人才。英雄不问出处，只要是优秀的人才，都能为己所用。

马云说，自己曾经在用人上犯过一些错误。比如在创业早期，阿里巴巴请过很多"高手"，一些来自500强大企业的管理人员也曾加盟阿里巴巴，结果却是"水土不服"。他打比方说，这就好比把飞机的引擎装在了拖拉机上一样，最终还是飞不起来，那些职业经理人管理水平确实很高，但是对阿里巴巴来说却不合适。在阐述了企业必须用对人的道理之后，马云接着强调了团队自身提高的重要性。马云从不否认那些职业经理人的管理水平，他们就如同飞机引擎一样，能够带动整架飞机翱翔蓝天。但如此高性能的引擎就适合拖拉机吗？对此，业界高手们讲得头头是道，但结果却是讲起来全对、干起来全错。

经过这一折腾之后，马云开始重视企业发展中人才队伍的自身成长问题，并将自己的观念融入到企业的人才制度里去。2005年，阿里巴巴第一次组织了一场大规模的校园招聘，对此马云表示：如果放在几年前，公司是肯定不会招聘应届毕业生的。因为他总认为应届毕业生没有受过什么委屈，太浮躁、易变，跳槽可能性特别大。出于这种想法，马云认为最好的机会就是不给机会。但经过几年的耳濡目染，马云的这种成见已慢慢发生了改变。他发现应届毕业生其实也有很多优点：应届生都是一张白纸，容易接受新事物，成才概率相对比较高。马云举例：阿里巴巴现在有两个刚毕业两年的员工，由于工作业绩突出相继得到了提拔，目前手下都管着上百号人。

马云表示，应届生只要够踏实，依然是企业需要的人才。如果一个年轻人今天和他说要做什么，三年后依然说要做这个，而且坚持在做，那他本人就一定要给这个年轻人机会。

2000年，金庸给马云题了一幅字："善用人才为大领袖要旨，此刘邦刘备之所以创大业也。愿马云兄常勉之。"马云将它挂在自己办公桌的前面，以此来时时提醒自己要重视人才。他说："挂在办公桌前面，这是给自己看的，挂在后面是给别人看的。"

不拘一格招人用人，那些看似平凡的人不一定比那些出身名牌大学或拥有工作经验的人能力差。真正的人才并不在于学历的高低或是经验的多少，而在于他是否适合企业未来的发展、是否能够做出业绩、是否善于与众人协作形成强大的合力。

对于一个团队来说，人才是能为团队所用，能为团队做出自己扎实贡献的人，就是团队需要的人才。因此，管理者在选拔人才时切不可一味追求高学历和高智商，而要善于不拘一格降人才。

切不可以貌取人

俗话说，人不可貌相，海水不可斗量。有人习惯于以貌取人，戴着有色眼镜去看人，这终究会让自己的团队错过优秀的人才。

三国时期的谋士庞统相貌丑陋，但很有才能。他去拜见孙权，要效力于东吴。孙权本来是个爱才的领袖，但是一看到庞统相貌丑陋，就不太喜欢他，又看他性格傲慢不羁，更加没有好感。最后，他把与诸葛亮齐名的旷世奇才庞统拒之门外，鲁肃苦劝也无济于事。

为什么孙权不喜欢庞统？因为庞统长得丑，这是不可忽视的重要原因。

有研究表明，长相好看的人比相貌平平的人挣的钱更多，拥有的工作更让人羡慕；而相貌平平的人比相貌丑陋的人又会好一些。一项调查发现，好看的人比丑陋的人挣的钱要多75％。同样的背景下，漂亮的申请者比相貌平平的申请者赢得更高职位的概率要高。

西方学者的研究表明，法官在执法如山的法庭上给犯人判刑时，也难以逃脱外貌对判断的影响，有时判决的结果令人震惊：罪行相同的盗窃犯中，外貌漂亮的被判决刑罚要比不漂亮的轻。不过，对于诈骗犯判刑的情况却不是如此。法官们似乎认为，越漂亮的诈骗犯越危险，越应该重判。

但是，团队管理者必须克服这一人性弱点。尤其是在招聘时，应聘者总会有不同的相貌打扮，但很多人在和陌生人打交道时都常常以貌取人，毕竟仅仅凭借简历等方面的了解是不够的。

所以，我们不能根据一个人的面貌对一个人进行定性。以貌取人不能全面获得他人的信息，常常会导致高估了他人的能力或贬低了他人的水平。

在现实生活中，很多人缺乏明辨是非的能力，他们往往以貌取人，这样的态度对自己的发展是极为不利的，也是极为功利的。

秦穆公对伯乐说："你的年纪大了，你能给我推荐相马的人吗？"伯乐说："我有个朋友叫九方皋，这个人对于马的识别能力，不在我之下，请您召见他。"穆公召见了九方皋，派他去寻找千里马。三个月以后九方皋返回，报告说："已经找到了，在沙丘那个地方。"穆公问："是什么样的马？"九方皋回答说："是黄色的母马。"

穆公派人去取马，却是纯黑色的公马。穆公很不高兴，召见伯乐，对他说："你推荐的人连马的颜色和雌雄都不能识别，又怎么能识别千里马呢？"伯乐长叹道："九方皋所看见的是内在的素质，发现它的精髓而忽略其他方面，注意力放在它的内在而忽略它的外表，关注他应该关注的，而不去注意他不该注意的，像九方皋这样的相马方法，是比千里马还要珍贵的。"穆公试了试马，果然是千里马。

九方皋相马，注重马的内在本质，而不注重马的外形，所以能选出天下难得的骏马。与陌生人交往时，我们难免会注重第一印象，而一个人的外貌是给我们留下印象最深的。

所以我们常常会犯以貌取人的错误。

其实，可以想一下，面对熟悉的人和陌生人，你会有什么不同的表现？你肯定会说，和熟悉的人在一起就无话不谈，而与陌生人谈话却感到很困难。这是什么缘故呢？

对于陌生人，一般人们都抱持一种礼貌的态度，并且在萍水相逢时有效地与陌生人交谈沟通，尽量避免自己陷入以貌取人的境地中。

练就慧眼识人的本领

"知人者智，自知者明"，这句古训高度概括了识人的重要性。管理工作的起点本质上是人而非事，因为一切管理活动，最终都会归结到人身上。

人才是团队发展的基础，对于管理者而言，用人的前提是识人，必须练就慧眼识人的本领。

有一则曾国藩慧眼识人的故事。

李鸿章推荐三个人去见曾国藩，碰巧曾国藩出去散步，这三人在门口等候。

曾国藩回来的时候，一眼就看到门口有三个人，但他并未动声色。李鸿章问老师对此三人的评价，曾国藩回答道："左侧之人可用，但只可小用；右侧之人万万不可用；中间之人可用，且可大用。"他继续解释说，"左侧这个人，我看他一眼，他也看我一眼，我再看他一眼，他就把眼皮顺了下来，不敢再与我对眼神了。这说明他心地比较善良，但是气魄不够展开，所以可用，但只可小用。右侧这个人，当我看他的时候，他不敢看我，当我不看他的时候，他又偷偷地看我，很明显这个人心术不正，所以万万不可用。然而，中间这个人，我看他一眼，他也看我一眼，我上上下下扫他一眼，他又堂堂正正地打量了我一番。说明此人心胸坦荡、气魄宽广，可用，而且可以大用。"此时，李鸿章恍然大悟。

中间这个人就是被李鸿章重用并成为台湾第一任巡抚的刘铭传。

曾国藩没有通过应聘者的衣着、学识来鉴别来人是否人才，而是通过应聘者面对突发状况的反应就一眼看穿了其个人素质。

美国微软公司总裁比尔·盖茨认为，一个企业家寻找到一个合适的人才，比他的财产增长更让他激动。他这样说道："这个世界上无论任何角落，只要有哪个人才被我发现，我会不惜任何代价，将其请到我身边来。"美国惠普公司前老总戴维·帕卡德也十分重视人才的选用，他认为，优秀人才是公司最重要的资产，一家公司要想持续健康地发展，必须下重力气选人才。

可以说，面试是人才招聘过程中极其重要的一环，优秀的管理者通过慧眼识人，就能为企业选择最优秀的人才。

在一次招聘会上，北京某外企人事经理说，他们本想招一个有丰富工作经验的资深会计人员，结果却破例招了一位刚毕业的女大学生，让他们改变主意的起因只是一个小小的细节：这个学生当场拿出了两块钱。

人事经理说，当时，女大学生因为没有工作经验，在面试第一关即遭到了拒绝，但她并没有气馁，而是一再坚持。她对主考官说："请再给我一次机会，让我参加完笔试。"主考官拗不过她，就答应了她的请求。结果，她通过了笔试，由人事经理亲自复试。

人事经理对她颇有好感，因她的笔试成绩最好，不过，女孩的话让经理有些失望。她说自己没工作过，唯一的经验是在学校掌管过学生会财务。找一个没有工作经验的人做财务会计不是他们的预期，经理决定收兵："今天就到这里，如有消息我会打电话通知你。"女孩从座位上站起来，向经理点点头，从口袋里掏出两块钱双手递给经理："不管是否录取，都请给我打个电话。"

经理从未见过这种情况，问："你怎么知道我不给没有录用的人打电话？""您刚才说有消息就打，那言下之意就是没录取就不打了。"

经理对这个女孩产生了浓厚的兴趣，问："如果你没被录取，我打电话，你想知道些什么呢？""请告诉我，在什么地方我不能达到你们的要求，在哪方面不够好，我好改进。""那两块钱……"女孩微笑道："给没有被录用的人打电话不属于公司的正常开支，所以应该由我付电话费，请您一定打。"经理也笑了："请你把两块钱收回，我不用打电话了，我现在就通知你：你被录用了。"

有人问："仅凭两块钱就招了一个没有经验的人，是不是太感情用事了？"经理说："不是。这些面试细节反映了她作为财务人员具有良好的素质和人品，人品和素质有时比资历和经验更为重要。第一，她一开始便被拒绝，却一再争取，说明她有坚毅的品格——财务是十分繁杂的工作，没有足够的耐心和毅力是不可能做好的；第二，她能坦言自己没有工作经验，显示了一种诚信，这对搞财务工作尤为重要；第三，即使不被录取，也希望能得到别人的评价，说明她有反省力，她可以不把每项工作都做得很完美，我们接受失误，却不能接受员工自满不前；第四，女孩自掏电话费，反映出她公私分明的良好品德，这更是财务工作不可或缺的。"

在招聘的过程中如果识人不慧，糟糕的结果是什么？把本来合适的应聘者放走了。那比这个更糟糕的结果是什么？是把能力不合适的求职者选进了自己的团队。由此可见，管理者识别人才的能力有多重要。

假如你想成为立于不败之地的领导者，你首先是用人的高手。人才是团队发展的第一利器，管理者重用一个人才就有可能搞活一个团队。将选人放在第一位，"选对人"比"做对事"更为重要。

在"赛马"中"相马"

相传尧帝为部落联盟的首领时，要求各部落首领推举继承人，大家推荐了舜。舜出身民间，为了考验舜，尧把自己的两个女儿嫁给舜，以观察他怎样治家；又叫几个儿子和舜一起生活，以观察他怎样待人接物，最后又让舜管理国家事务。这样考验了舜三年后，尧十分满意。尧死后，传位于舜。舜励精图治，全国呈现出一派欣欣向荣的景象。

舜老后，用同样的方法推举禹，经过治水考验，禹成为继承人。

尧、舜帝考查人才的方式，就是在实践中考查人才的方式。因此，经考查后选择出来的继承者，的确德才兼备，将天下治理得井井有条、欣欣向荣。

这就是所谓在"赛马"中"相马"，帮助团队找到最合适的人才。任何竞赛的背后，都是对参赛者实力的考查，也是参赛选手实力的证明。唯有实力高人一等，才能拿到冠军。

不单纯用"相马制"，这是因为，管理者不会总能看准人才，看走眼的时候也非常多；管理者的精力有限，不可能给特别多的人才表现的机会。在相对标准的录用方法下，管理者招聘到的员工需要在实际工作中采取"赛马制"，让"千里马"

脱颖而出。

真正的实力派选手从来都不惧怕比赛，唯有比赛，才能表现出自己的实力。但是，有能力却不去做，就相当于能力没有发挥，其结果无异于没有能力。在企业中选用人才同样如此，人才的判定不仅仅看一个人有没有能力去做某件事，还要看是否情愿去做。人才的选拔是动态的比较过程，而非静态的衡量过程。

在"赛马"的过程中"相马"，实践才是检验人才的最重要标准。所以，在挑选人才的时候，不应该仅仅是"赛马"，能力测试是一个"赛马"的过程，而心态检验是相马的过程，在"赛马"中"相马"，才会选择最适合的人才。"千里马"不仅是"赛"出来的，还是"相"出来的。

但现实中有些"伯乐"因受知识、经历、素质的局限，选中的非但不是"千里马"，反而是"病马""劣质马"！由此，海尔集团提出了"'相马'不如'赛马'"，即选拔人才不能仅靠印象、感觉去"相马"，要像"赛马"一样，让员工在实际的岗位上、工作中竞争，最终脱颖而出的才是人才。

海尔集团的用人理念是"人人是人才，'赛马'不'相马'"，你能够翻多大跟头，就给你搭建多大的舞台。海尔集团的人力资源开发自一开始就严格遵循这一理念，人力资源开发中心不是去研究培养谁、提拔谁，而是研究发挥人员潜能的政策和机制。在海尔，各类招聘方式的运用，为"赛马"

提供了一个舞台。

当员工被海尔录取后，并不是就万事大吉了。对于刚入厂的新员工来说，工作不是给他分配的，而是通过竞争获得的。新员工报到后会接受半年的培训，培训合格后，全部岗位竞争上岗。集团将组织一次大型的内部招聘会，新员工可以根据半年来自己对企业的了解和对自己的了解，结合自己的职业生涯设计，选择合适的岗位报名应聘。此举对集团内的各个事业部和新员工都起到了很好的促进作用。对各个事业部来说，他们会创造更好的竞争氛围，以吸引优秀的人才，对新员工来说，需要更好地完成培训和实习，为竞争适合自己的岗位增加砝码，同时也有了更多选择的空间。

同时，在海尔，每周都会有一次内部人才流动招聘会，综合业绩排序前30%的员工都可以竞争报名，应聘相应的岗位。正如海尔的理念："拆掉企业内部的墙，把企业经营成一条快速流动的河。"

经过海尔内部的平等竞争，有能力的新人很快就能实现自我价值，人才也能很快就被"赛"出来。"赛马"比"相马"在用人机制上有着无法比拟的优势，并保证人才辈出。由此可知，企业最可信赖的人才选拔方式，就是在实践中观察、发现和培养。

当然，在"赛马"中"相马"，这种方式需要漫长、持续、稳定、艰苦的努力，但是因为它依赖的是一贯的业绩和可靠的行为，所以是最值得信赖的。

因此，在选用人的过程中准确识人，并在实践中考查人，两种方式并举，既要"相马"又要"赛马"，才能得到最合适的人才。

寻找团队的"潜力马"

"伯乐相马"的故事经久流传，就是"千里马常有，而伯乐不常有"，不少人才都发出这样的慨叹。

从千千万万的人中选聘合适的人，对管理者而言并不是一件轻松的事情。虽然每年的毕业生数以万计，劳动力市场仍然是供大于求，但真正找到自己中意的人才恐怕要费一番周折。

作为对团队发展负责的管理者，必须寻觅和识别优秀的人才为己所用。历史上的"伯乐"是怎样做的呢？

春秋时期的孙阳对马的研究非常出色，人们便称他为伯乐。

一次，伯乐受楚王的委托，购买能日行千里的骏马。伯乐跑了好多地方，没发现中意的良马。一天，伯乐从齐国返回，在路上看到一匹马拉着盐车，很吃力地在陡坡上行进。马累得气喘吁吁，每迈一步都十分艰难。伯乐对马向来亲近，不由走到跟前。马见伯乐走近，突然昂起头来瞪大眼睛，大声嘶鸣，好像要对伯乐倾诉什么。伯乐立即从声音中判断出，这是一匹难得的骏马。

伯乐对驾车的人说："这匹马在疆场上驰骋，任何马都比不过它，但用来拉车，它却不如普通的马。你还是把它卖给我吧。"

驾车的人认为这匹马实在太普通，拉车没气力，吃得又多，还骨瘦如柴，毫不犹豫地同意卖给伯乐。伯乐牵走了这匹马，来到楚王宫，拍拍马的脖颈说："我给你找到了好主人。"这匹马抬起前蹄，引颈长嘶，声音洪亮，如大钟石磬，直上云霄。楚王听到马嘶声，走出宫外，看到马瘦得不成样子，有点不高兴。

伯乐说："这确实是匹千里马，不过拉了一段车，又喂养不精心，所以看起来很瘦。只要精心喂养，不出半个月，一定会恢复体力。"

楚王一听，有点将信将疑，不久之后，马变得精壮神骏。楚王跨马扬鞭，但觉两耳生风，片刻之间已跑出百里之外。

管理者要做一个知人善任的伯乐，就要学习伯乐"识马"的能力。作为"伯乐"，要具备"相马"的技能，需要从无名之辈中发现贤才，从石头堆里寻到珍宝，善于发现那些有发展潜力的人。

不少优秀的团队管理者都深谙此道，成为优秀的"伯乐"。凤凰卫视的选人原则就是"有眼识得金镶玉"，这里的"金镶玉"就是未遇伯乐的千里马。凤凰卫视的管理者正是靠着敏锐的眼光，发现了不少具有潜力、潜质、潜能的人才。

因为在众人中挑选那些有潜力的员工是一项非常艰巨的任务，管理者要跳出用人识才的误区，较快地识别应聘者的潜能。

值得注意的是，有发展潜力的人大多是尚没有被发现的人才。他们在公开场合获得表现的机会极少，有潜能的人虽然未曾被人发现，但是他们可能处于成长发展阶段，有的甚至处在成才的初始时期，既然是人才，就必然具有人才的先天素质。或有初生牛犊不怕虎的胆略，或有出淤泥而不染的可贵品格，或有"三年不鸣，一鸣惊人"之举，或有"雏凤清于老凤声"的过人之处。一位善识人才的"伯乐"，正是要在"千里马"无处施展潜力之时识别出其与众不同。

怎样才能找到优秀的人才呢？其实，在我国古代，就选贤任能方面已经有人做了一番探索。

春秋战国时期，魏文侯请老臣李悝对他初步拟定的两位宰相候选人提出任用意见。李悝表示，宰相是君主的主要助手，应由魏文侯自己而不是别人酌定。他提出了一些参考性衡量标准供魏文侯考查比较，即所谓"识人五视"：

一、居视其所亲。看他平时生活起居亲近哪些人。因为物以类聚，人以群分。

二、富视其所与。富裕时他是怎么花钱的。是贪图享乐、花天酒地，还是能广散钱财，招贤纳士。

三、达视其所举。身居高位有权势时推举重用什么样的人。

是个人的酒肉朋友、七姑八姨，还是不论亲疏，举贤荐能。

四、穷视其所不为。交厄运时能否坚守信念，不拿原则做交易。

五、贫视其所不取。处于贫困境地时能否洁身自好，不取不义之财。

通过这些标准选拔上来的人，就是君主所需要的人。

现今，团队的"伯乐"们如何在人群中搜寻到团队所需要的人，也必须坚持自己的标准。团队的规模、行业、发展阶段不一样，所选用人才的标准也不一样。但毋庸置疑，管理者必须努力寻找团队的"潜力马"，使之能发展成为团队的"千里马"。

尊重每个优秀的人才

尊重人才，才能选聘到优秀的人才，这也是不少企业之所以能获得高质量人才青睐的重要原因。

微软中国研究院首任院长李开复曾说，微软在大学生中不乏"追求者"，但他从不把向他提交简历的学生看作在恳求他。事实相反，他来到中国就是为了寻求他们（能够成为微软雇员的人）、吸引他们、留住他们、发展他们。所以严格来说，是微软在求他们，而不是他们在求微软。

在我国历史上，不少管理者就深谙此道，他们尊重人才，将优秀的人才吸附在自己周围，最终依靠人才打得天下。刘邦就是这样优秀的管理者。

韩信是帮助刘邦夺取天下的主要功臣之一，在楚汉战争中起着至关重要的作用。但在他被刘邦重用之前，也曾因为得不到重用而出走。据《史记·淮阴侯列传》及《汉书·韩信传》的记载，韩信是淮阴人，不仅出身不好，年轻的时候品行也不怎么好，他唯一的优点就是精通兵法，并且胸怀大志。

韩信曾投到项梁部下，但都没有受到重用。一次，韩信由于触犯军法而被判处斩刑，同案的十三人均已行刑问斩。轮到韩信时，他抬头仰视，正好看见腾公，便大声说道："汉王不想成就夺取天下的大业了吗？为什么斩杀壮士！"

腾公见韩信出言不凡，且相貌威武，便释放了韩信，免他一死。此后，腾公向刘邦举荐了韩信，韩信于是被任命为治粟都尉，负责管理全军的粮饷。韩信对于治粟都尉这个职位并不满意，觉得自己在这里没有用武之地。他思来想去，最终决定出逃，另寻可以实现抱负的地方。

刘邦的宰相萧何在得知韩信出逃的消息后，立即乘马去追赶韩信，好不容易把韩信给挽留了下来。在追回了韩信之后，萧何向汉王刘邦阐述了他之所以极力挽留韩信的原因。他说：

"大王，那些逃亡的将领，都是容易得到的人；至于韩信这样的杰出将才，普天下找不出第二个来。大王如果是想长久地称王汉中，韩信确实是派不上什么用场；如果是想争夺天下，那么韩信就是和你共商大计的不二人选。"

汉王在听了萧何的一番陈述之后，恍然大悟，立即派人召见韩信，要将他拜为大将。萧何赶忙阻拦，并对刘邦说，要想留住像韩信这样的能人，必须表现出对这个人才的尊重。于是汉王选择了一个良辰吉日，事先斋戒，为韩信举办了一场盛大的拜将仪式，封他为"大将军"。

通过这样的一个拜将仪式，不仅显示了韩信所受封的"大将军"的地位非常崇高，也让韩信感受到了自己的价值，从而让刘邦成功地将他留在了身边，为日后汉王的称霸天下获取了重要的人才储备。

从这个典故我们看到，有才能的人最大的愿望就是发挥自己的才能。作为一个领导者，应该给那些有能力的人最适合的高位，这才是对他们最好的尊重。

如果管理者能礼贤下士，优秀的人才也会感受知遇之恩，为企业的发展尽心尽力。

冯·诺依曼是美籍匈牙利人。1929 年，年仅 26 岁的他接到了美国普林斯顿大学的一封客座教授聘书，并承诺如果他愿意留在美国定居，将增加薪金并在一年以后聘为正式教授，这意味着更加优厚的研究条件和待遇。此时的他，不过是德国汉堡大学的一个兼职讲师，不过这并不是因为他水平不够，恰恰相反，此时的他在学术界已经声名鹊起。但当时德国的大学学术体系更在乎资历和行政官员的评价，毫无疑问，博士毕业仅仅三年的诺依曼很难有大的发挥空间。

于是诺依曼欣然接受邀请，远赴美国，并与爱因斯坦一同成为普林斯顿大学高级研究院的首批教授。在其后来的学术生涯中，他创造性地提出"二进制"和"程序内存"思想，被称为"计算机之父"，并为美国的经济建设做出了突出的贡献。

冯·诺依曼的经历告诉我们，人才往往会向往更大的发展舞台。所以说，团队的管理者们在制定招聘吸引人才的战略时，除了要提供好的福利待遇、优越的工作环境外，更重要的是要能给予人才更大的发展舞台。

而且，管理者在选拔人才时，要注意别被所谓的工作经验、资历，或者是别人的评价等外在因素蒙住双眼，只有真正地了解每个人才的实力，才不会让人才白白地从眼前溜走。

一个不懂得尊重人才的团队是没有前途的，尽管可能暂时处在发展的黄金时期，但终会因管理者的"有色眼镜"而吃亏。

责任编辑：朱小玲　王馥嘉
封面设计：李　荣

给你一个团队，你能管好吗？

作为团队的管理者，你要如何更好地领导下属？

如何建立优秀的团队？

如何做到知人善任、人尽其才？

如何实现与下属无障碍沟通？

如何用简单的管理方法取得大的收获？

如果有一天你被任命为团队的管理者，你知道该做什么，不该做什么吗？

……

这些问题都能从本书中找到答案

旗书网
www.hongqipress.com

红旗出版社
HONGQI PRESS
推动进步的力量

上架建议：团队管理

ISBN 978-7-5051-5147-5

9 787505 151475 >

定价：168.00元（全五册）

管人先管己
带人先带心

让团队发自内心地追随你

连山◎编著

高效管理者的管理利器
就是善用管理法可以激励并抓住员工的心

华为、阿里巴巴、IBM、联邦快递……
500强企业都在运用的管理黄金法则

一流管理者打造强大团队
必先聚集人心，得人心者得天下

红旗出版社

管人先管己
带人先带心

连山◎编著

红 旗 出 版 社

图书在版编目（CIP）数据

管人先管己　带人先带心 / 连山编著 . -- 北京：
红旗出版社 , 2020.4

（高情商管理 / 张丽洋主编）

ISBN 978-7-5051-5147-5

Ⅰ . ①管… Ⅱ . ①连… Ⅲ . ①管理学 – 通俗读物
Ⅳ . ① C93-49

中国版本图书馆 CIP 数据核字 (2020) 第 042598 号

书　　名	管人先管己　带人先带心		
编　　著	连　山		
出 品 人	唐中祥		
总 监 制	褚定华	责任编辑	朱小玲 王馥嘉
选题策划	三联弘源	地　　址	北京市丰台区中核路 1 号
出版发行	红旗出版社	编 辑 部	010-57274504
邮政编码	100070	发 行 部	010-57270296
印　　刷	天津海德伟业印务有限公司		
成品尺寸	138mm×200mm	1/32	
字　　数	400 千字	印　　张	25
版　　次	2020 年 7 月北京第一版	印　　次	2020 年 7 月北京第一次印刷
IBSN	978-7-5051-5147-5	定　　价	168.00 元（全五册）

前　言

　　管理是对人的管理，但是说起来很简单，做起来并不简单。因为人的复杂性——不同的人，想法不同。只有统一思想，上下同心，心向一个方向想，劲往一个方向使，才能把人管好，把企业做大、做强。

　　如果你郑重其事地告诉一个团队领导，团队的目标一定要统一，估计他会对你不屑一顾。这么浅显的道理，恐怕没人不知道。可是，知道归知道，能不能做到，却是另外一回事。

　　团队要想建立一个共同的目标，是比较容易的。既然大家走到了一起，自然是为了共同的目的而来。问题就在于，共同的目标建立后，大家却不一定能够统一"路线"。虽然条条道路通罗马，但是罗马只有一个，道路却有很多条。大家能不能选择同一条通往"罗马"的路径，还是个未知数。

　　具体到工作里面，路线就是工作方法，就是工作的方案选择。一般来说，要想完成一个项目，会有很多方案可以选择。由于每个成员的工作经验和视野不同，他们在共同的目标下，所选择的方法就不一定相同。

　　有很多的创业团队在成立之初，无比团结，战斗力特别强。可是一旦企业做大了，他们就会产生分歧，严重的甚至会导致团队的破裂。那么，是什么导致了这种现象的发生？

对于大多数团队来说，目标是不会轻易改变的，但随着工作的进展，他们选择达到目标的路径却会有所改变。也就是说，他们选择达成目标的路线有了分歧。这种现象表现在企业的高层团队里面，往往就是战略的分歧。虽然大家都想把企业做大，目标仍然是统一的，但当发展战略发生了分歧的时候，这个统一的目标实际上是很难实现的。

一般来说，当一个团队的内部成员之间出现了路线分歧的时候，必将以一方妥协或出局为结果。"万通六兄弟"分手后，潘石屹谈起他当初和冯仑分手的原因时说：我们的分离不是在经济利益上有争执，主要是在思想上。我是一个保守派，冯仑是一个改革派，他想在各行各业发展，想在全国各地发展，而我就想在北京做房地产。很显然，这仍然是一种战略的分歧，路线的斗争。分析那些曾经辉煌过，后来则破裂了的团队就会发现，真正因为权力斗争而分手的不多，大多数都是因为战略分歧而选择了分手。

而对于一个企业的主导者，信任下属是关键。松下幸之助说："用他，就要信任他；不信任他，就不要用他。"松下幸之助是这么说的，也是这么做的。

松下每次观察公司内的员工时，都觉得他们比自己优秀，当他对他们说"我对这事没自信，但我相信你一定能胜任，所以就交给你去办吧"时，对方由于受到重视，不仅乐于接受，而且一定能把事情办好。

每个人都渴望得到别人的信任，希望自己在别人眼里是一个可以信赖的人，这是一种基本的心理需求。许多企业家都喜欢背诵"用人不疑"之类的语录，来表明自己的"放手"是在充分信任下属。可是面对这一强势思潮，也有企业家提出了激烈的质疑，海尔总裁张瑞敏非常强硬地指出：干部必须接受监督制约。

《海尔报》也曾撰写专文讨论这个问题。该文指出，通过赛马赛出了的人才就用，但被任用了的人并不等于不需要监督。必要的监督、制约制度对于干部来说，是一种真正的爱护与关心，因为道德的力量是软弱的，不能把干部的健康成长完全放在他个人的修炼上。"无法不可以治国，有章才可方圆"，在市场经济条件下，权力在失去监督的情况下，就意味着腐败。所谓的道德约束、自身修养、素质往往在利益面前低头三尺。"将能而君不御"没错，但权力的下放并不等于监督制约的放弃。越是有成材苗头的干部、越是贡献突出的干部、越是委以重任的干部，越要加强监督。总之，只要他们手中有权、有钱，就必须建立监督制约机制。

在张瑞敏这种思路的指导下，海尔建立了一系列的"赛马规则"，包括在位监控制度、届满轮流制度、海豚式升迁制度、竞争上岗制度和较完善的激励机制等。

本来，无论对人对事，产生怀疑是在所难免的。但领导者用人，不该只停留在疑的阶段，而应该经过三个阶段：怀疑、求证，再怀疑、再求证，而后得出正确的评判。否则，怀疑就毫无意义了。

所以，管理看起来简单，其实涉及很多具体的问题，这就要求企业的领导者不断提高自己应对现实的智慧，而从自身做起，管人先管己，带人先带心，是一个最重要的指导原则。

目 录

第一章
我无为而民自化

管头管脚，但不要从头管到脚

我国历史上著名的皇帝唐太宗不仅是一个善于听从下属劝诫的明君，还是一个善于"垂拱而治"的皇帝。他听从了魏徵的谏言，把那些琐事都交给有这方面才干的人去做，自己则只负责制定国家的大政方针，从而开创了唐朝前期辉煌的局面。

一位非常认真负责的领导，每次分派工作，从开始到结束，事无巨细，指示得非常具体详细。如布置会议室，放多少把椅子，买多少茶叶、水果，会标写多大的字，找谁写，用什么纸，等等。开始下属尚能接受，时间一长，大家就不太情愿了，感到他跟个喋喋不休的老太太一样，管得太细、太严了，别人一点权力都没有，挺"没劲"，有时他的主意并不高明，但他是领导也得照办。

其实，有很多事只要告诉下属事情的结果就可以了，不必告诉全过程。如让下属推销一批商品，领导者只要告诉他销售定额和经济合同法的一些知识就可以了，没必要告诉他到哪家商店去，进门怎么说，出门怎么道别。叫下属编制一套管理软件，只提要求就可以了，没必要告诉他使用哪种语言、怎么编。管理到一定程度就可以了，过度的管理反而弄巧成拙。

领导者如果什么事都自己动手，不仅会使下属变得过分依赖，挫伤他们的积极性，还会使自己陷于众多琐碎的事情中而不能专心于那些比较重要的事情。当然，领导者不要事必躬亲，不是说领导者不能干具体的工作，领导者适当地干一些事情，有助于加深与下属的感情，并从中汲取智慧和营养。但在这中间要保持一个度，"大事小事亲手干，整体忙得团团转"的领导者，只能算是一个劳动模范，而不是一位称职的领导者。领导者最主要的工作是运筹帷幄，他应该做的事情应该是那些下属干不了的事情或突发的、非常规的事情，而不是替下属操办所有的事情。一个优秀的领导者最大的优点就是能够运筹帷幄，发动别人做事，而不是什么事都要干涉，对下属从头管到脚。

领导智慧

事必躬行，不仅会让管理者身心疲惫，还会打击到员工的积极性。管理者应该学会放权，激发员工的潜能。这样不但能减轻自身的负担，更增强了员工的参与度，有利于企业的长足发展。

不要把自己变成下属的尾巴

有很多领导者常常把自己的任务定位为一个监工，认为只要自己拿着鞭子在后面盯着，下属就会乖乖听话。其实，他们在不知不觉中已经把自己降格成了下属屁股后面的尾巴。

作为领导者，一是要"领"，二是要"导"，二者强调的都是同一个道理，那就是领导者应当有从自我做起，拿得起放得下，必要的时候对属下尽到言传身教的职责。所以，领导者应该做的是走在下属前面的"领导"，而不是跟在下属的后面充当监督的尾巴。

假设你是别人的下属，上司只懂得摆架子，下命令，举鞭子，却从不深入到工作现场，你会由衷地敬佩和听从这样的领导的指挥吗？你只会认为这是上司与下属的分别。作为上司，要想让下属对你产生一种由衷的敬佩，就必须以身作则，在下属间形成一种威望。

某公司的 A 部门主管陈先生，对他的下属们不是斥责效率低，就是嫌弃他们上班的时候开小差，但是他自己却每天伏在办公桌上打瞌睡。在这样的气氛中工作，业绩当然不佳，陈先生再怎么责备下属，情况也不会有什么改善。

B 部门的主管王先生则完全不同，他和五位下属负责会务的工作，且经常不计较身份，戴上手套，与下属一起到仓库里搬货物。他们那组人干得很起劲，效率高、气氛良好，出错率极低，公司的领导一看便知道两人的优劣了。

总之，作为领导者既要能同下属打成一片，也要充分发挥自己的"领"和"导"的作用，不要自贬身份，让自己沦落为跟在下属后面专挑错误的尾巴。

领导智慧

作为领导者既要能同下属打成一片，也要充分发挥自己的"领"和"导"的作用，不要自贬身份，让自己沦落为跟在下属后面专挑错误的尾巴。

不可迷恋冰冷的上下级关系

很长时间以来，人们只强调外在的制度对于人本身的约束作用，因为人们相信，只要在一个健全完善的框框下，大家就能各司其职，卖命工作。当现代管理制度完善后，在以名利为根本驱动力的作用下，弱肉强食显得天经地义。但是它带给人们的是一种深深的内伤，一种对于世事的无奈和隐忍。

这一点在福特汽车的兴衰上体现得十分明显。亨利·福特是美国汽车业的一面旗帜，他改变了美国人民的生活方式，是美国人民的英雄，被誉为"20世纪最伟大的企业家"。但是，福特在管理上的专制和他与员工之间的对立状态，却使得他的企业蒙受损失。福特有一个错误的观念，在他眼里员工无异于商品，对于不服从命令的员工可以随时扔掉，反正只要出钱，随时能够再"买进"新的员工。

从1889年开始，福特曾经两次尝试创办汽车公司，但最终都因为管理出问题而失败。1903年，福特与其他人合作创办了美国福特汽车公司，后来，福特聘请了管理专家詹姆斯·库茨恩斯出任经理。在詹姆斯的卓越管理下，1908年，独霸天下的福特T型车诞生了。随后，T型车极其迅速地占领了汽车市场，而福特汽车公司也一举登上了世界汽车行业霸主的宝座。

成功和荣誉使福特变得更加傲慢无礼，他认为自己的所有员工都只是花钱雇来的，所以员工假如不绝对服从自己，就只能让他离开。直到20世纪20年代，在近20年的时间里，福特公司只向市场提供单一色彩、单一型号的T型车。他的销售人员多次提出增加汽车的外观色彩，但福特的回答是："顾客要什么颜色都可以，只要它是黑色的。"因为不愿适应市场需求去改动自己的汽车设计，福特公司就这样停止了前进的脚步。因为福特的独断专行，员工也都纷纷离职，最后连库茨恩斯也无奈另觅他处。1928 年，亨利·福特为他的独断专行付出了巨大的代价，福特公司的市场占有率被通用汽车公司超越。

制度是冰冷的，行政命令是呆板的，上下级关系是产生距离的。因此，企业管理者在领导员工的时候，不能因为自己处于领导者位置而表现出居高临下、高傲自大，不能依赖制度的框架而使下属觉得管理缺乏感情，不能片面地依靠命令而使下属产生束缚和限制，不能因为上下级关系而使员工产生距离感；否则，团队将会层出不穷地产生问题。

领导智慧

领导者应该加强同下属之间的联系，让下属能够时刻感受到领导对他的关怀，这样不仅能使公司的氛围变得融洽，也能为领导者自己培养一批忠诚的下属。

把表面的风光让给别人，把沉甸甸的利益留给自己

在战场上向敌人示弱，那是自取灭亡之道；但在现实生活中暴露弱点，则是一条很好的处世之道。

无论是事业上的成功者，还是生活中的幸运儿，往往会成为人们嫉妒的目标，"人怕出名猪怕壮"就是这个道理。有时为了消灭这种潜在的威胁，我们应该适当地示弱，将其

负面作用减小到最低程度。

示弱能使处境不如自己的人得到心理平衡，有利于团结周围的人群。要使示弱产生效果，必须慎重地选择示弱的内容。地位高的人在地位低的人面前，不妨以学历低、经验不足、专业知识能力有待提高等来表明自己也是个普通的人；成功者应多向人展示自己多次失败的经历，现实的烦恼，给人以成功不易、成功者也有难言之隐的感觉；那些专业拔尖的人，最好显示出自己对其他领域的不精通，透露自己在日常生活中也曾洋相百出、受过窘迫等。

示弱是强者在感情上安抚暂时在某些方面处于下风的弱者的一种有效手段。它能够有效地缓解你身边的"弱者"对你的敌视，让他们在心理上获得些许平衡，减少或消除你前进道路上可能产生的破坏因素。把表面的风光让给别人，把沉甸甸的利益留给自己，何乐而不为？

领导智慧

有的时候，示弱也是一种非常有利的武器，它能够很好地保存你的实力，在最后关头给对手致命一击，以此获取最终的利益。

好的领导者如空气

最好的领导方式应该是空气式的领导。空气看不见摸不着，所以不给人没有意义的压力，正如好的领导给员工的压力是生活所必需的压力，是员工自我鞭策自加的压力；但空气却无处不在，人们离不了空气，当一个领导使企业离不开时，说明了领导对公司发展的价值。领导的思想、理念，所传递的制度规范也要弥漫在企业的每个角落，能达到这种境界的领导才是真正高明的领导。

美国纽约有一家动物园，动物园因为人手不够，就从社会上招聘了一批饲养员。其中有一位特别爱干净，对小动物也特别有爱心，所以他每天都把小动物的屋子打扫得干干净净。可是事与愿违，那些小动物一点也不领他的情，在干净舒适的环境里，它们都慢慢变得萎靡不振，有的生病，有的厌食，一个个日渐消瘦。

到底是什么原因呢？这位饲养员很苦恼，就去请教有经验的人。别人告诉他：那些动物都有自己的生活习性，有的喜欢闻到那混浊的臊气，有的看到自己的粪便反而感到很安全。只有尊重它们的生活习性，它们才会健康成长。

这个故事对于企业管理相当有寓意。有效的管理必须针对组织内个体的需求，包容个体的差异性，并在此基础上灵活应对、多元管理，从而达到一个"和"的团队氛围。假如像故事中的饲养员那样，无视员工个体的差异，一味追求看似完美的统一，那么这样的组织最终一定会因抹杀了个体的个性而导致解体或僵死。

领导智慧

江海之所以能够成为百川河流所汇往的地方，是由于它善于处在低下的地方。一个企业里员工形形色色，这就要求领导者必须宽容待人，容纳对方的缺点。通常，领导者的胸怀和视野决定了他在企业治理上能够走多远。

别让员工因你的责备而如坐针毡

《老子·道德经》中说："夫佳兵者，不祥之器，物或恶之，故有道者不处。"这句话的意思是兵器是不吉祥的器具，连鬼神都厌恶它，因此有道的人远离而不用。这个思想对于今天的管理者来说，却有着不同的意义："责备"并不是有效领导的最好办法，如果随意滥用职权去责备、惩罚员工，不仅会滋长管理者的骄纵情绪，而且会极大地伤害员工的感情，使自己变成一个失去民心的"暴君"式领导者。

当员工做错了某件事的时候，公司管理者的指责可能是必要的。然而，并不是所有的批评都可以达到这样的目的，因为批评和被批评的过程通常不是在平心静气中进行的，并且当员工遭受到过多批评时情况更加糟糕。英国行为学家I.W.波特说过："当遭受许多批评时，下级往往只记住开头的一些，其余的就不听了，因为他们忙于思索论据来反驳开头的批评。"所以说，公司管理者整天把员工的某个错误挂在嘴上，反复唠叨，这对员工来说是一种无形的压力，不仅不利于员工自身的发展，也会使领导者的形象大打折扣。

人有被赞扬、被肯定的心理需要，最佳工作效率来自高涨的工作热情。在员工认识到自己的错误后，公司管理者应该立即结束批评。一般情况下，表扬、激励员工效果可能比批评更好。在对员工提出批评的时候，最佳效果是让员工感到他们的确从批评中学到了什么才可以。要着力去培养员工一种"对大局有利，对公司发展有利"的好思维方式。因此，作为公司管理者，要做的就是像对待朋友一样去对待员工。

闻名于世的洛克菲勒告诉世人，他成功的秘诀不完全只是依靠自己的"吝啬"，更重要的是他从来不会在员工犯错之后，只是盯着他们的错误没完没了地大加指责。爱德华·贝佛是洛克菲勒的一位生意合伙人，由于一时大意，爱德华·贝佛在南美经营一桩生意时出了差错，使公司在一夜之间损失近百万美元。差不多所有的人都认为，贝佛一定会遭到洛克菲勒的痛斥。没想到最后洛克菲勒只是对他说："恭贺你保全了我们全部投资的60%，这很不错，我们没有办法做到每次都这么幸运。"

领导智慧

责备只会加重员工的心理负担，他们会因为你的责备而如坐针毡，对待下属的错误，应该以开导和劝诫为主。

责备并不是最好的教育方式

杰克有两个哥哥，兄弟三人和父母相亲相爱，家庭很和睦。有一年秋天，三兄弟驾车一起到郊外旅游。两个哥哥已经有丰富的驾驶经验。杰克刚满16岁，几个星期前才把驾照考下来。大哥和二哥商量后决定：繁华的市区由他们两人驾车，到人烟稀少的地方就让杰克练练手。到了郊外，杰克开着车，兴奋得有说有笑，不知不觉地把行车速度提高了很多。在一个十字路口，在红灯亮起来之前他没能如愿地闯过路口，反而和一辆从侧面驶过来的大卡车相撞，大哥当场死亡，二哥头部重伤，杰克自己也腿骨骨折。

他们的父母接到这个消息后，马上赶到了医院。杰克很内疚，本以为父母会责怪他，没想到父母只是紧紧地将他和二哥抱在一起，默默地流泪。过了一会儿，父母擦干他们脸上的泪，像是什么也没发生过一样开始谈笑。当时杰克父母的行为真的很出乎所有人的意料——对于两个幸存的儿子，尤其是杰克，父母始终和蔼可亲，像往常一样。

好几年过去了，杰克问父母，那时候为什么没有责备他，因为大哥正是死于他闯红灯造成的车祸。父母只是淡淡地说："你大哥已经离开了，不论我们再说什么或做什么，都无法使他起死回生，但是你还有漫长的人生。如果我们责备你，就会使你背负起'大哥的死亡是因为我'这样沉重的包袱，那么你也会因此而失去快乐、健康和美好的生活。"多么明智的父母啊！

从这个例子我们可以体悟到，事后的责备并不是重要的，有时候它根本毫无用处，最重要的永远是人的心灵和未来。只有不够聪明的人才毫无止境地指责和抱怨他人。企业管理者应该像杰克父母一样善解人意，关注员工的未来工作，而不是抓住过去的错误不放手，只有这样，才能达到无往而不利的绝妙效果。

领导智慧

领导者要想获得成功，就必须慎用管理学意义上的"兵事"——责备。同时，还要尽力建立一套有效的激励机制。只有这样，员工才会充满干劲，领导们所管理的资源配置才会得到最大程度的优化。

让下属成为英雄是你的荣耀

生养万物而不占有，培育万物而不倚仗，功业成就而不居功。这就要求管理者借力而行，放手让员工自己去干，为下属搭建"舞台"，给员工以充分实现个人价值的发展空间。

现代企业作为社会经济生活中最具活力的领域和组织形式，往往被员工视为展示自我、实现自身价值的最佳平台。企业管理者要在人事安排上多费心思，力求做到尽善尽美；要充分考虑员工个人的兴趣和追求，帮助他们实现职业梦想。管理者必须营造出某种合适的氛围，让所有的员工了解到，他们可以从同事身上学到很多东西，与强者在一起只会让自己更强，以此来帮助他们充满激情地投入工作——而不是停在那里，对他们的际遇自怨自艾。

著名科学家爱因斯坦说过："通常，与应有的成就相比，我们只能算是'半醒者'，大家往往只用了自己原有智慧的一小部分。"因此，对于领导者来说，最好的管理之道就是鼓励和激励下属，让他们了解自己所拥有的宝藏，善加利用，发挥它最大的神奇功效。其实，从某种意义上来说，下属的成功就是领导者的成功，帮助下属成功也是领导者赢得下属追随的最好办法。

领导者必须有这样一种胸怀，为别人的成就打上聚光灯，而不是为自己的成就打灯。他们应让别人成为组织里人人皆知的英雄，正如一位成功企业家所说的："如果最高领导者从来都不让他的员工分享权力，分享成功的荣誉，而是把功劳全往自己身上堆，那谁还会跟着他干呢？除非是傻瓜。"

领导智慧

所谓宰相肚里能撑船，优秀的领导者通常是那些善于为下属搭建舞台，让他们尽情发挥的胸怀宽广之人。

聪明而懒惰的人往往是卓有成效的管人者

李启明是北京一家著名房地产公司的总经理，也是一位精于授权的领导者。他很少介入具体的管理工作，公司的经营管理、具体业务方面的事情他出面的时候很少，甚至厂商都不认识他，李启明也很少和厂商打交道。他倾向于把人员组织起来，把责、权、利充分地授权下去，考核结果。只有发现结果不大对劲的时候，才去看一看，这人有没有选对？李启明很不喜欢介入到具体事情的过程里面去。

李启明有七个知根知底、合作多年、十分能干的副总，所以，他就可以"啥具体事也不用管"。"我不可能帮他们做他们分管业务的事，我的思路可能和他们不一样。我做浅了，他们不满意；我做深了，又可能会对他们的风格产生影响，这样更麻烦。"

李启明经常出差，去各专卖店转转："不是具体指导他们做什么，就是和经理们聊聊，也不解决什么问题，别人一提什么问题，我就说，好吧，你这事跟副总经理李为说说。我要做的主要是人际方面的沟通，以及看看不同城市市场的变化情况。"真正需要李启明做的事，通常是晚上和人吃饭、谈贷款、谈合作、沟通联络，等等。白天，李启明没有具体明确的事要做，就可以自由安排自己想做的事，给专卖店经理打打电话，上网逛逛，或者看看报，李启明有时一看报纸就看半天。

李启明之所以能如此地潇洒清闲，一方面是因为他有一批精明能干的副总，另一方面是因为他懂得什么时候应该把权力下放给下属，什么事情应该由自己来决定。当企业发展到一定规模的时候，确实需要领导者从具体烦琐的事务性劳动中解脱出来，去考虑更为宏观的事情。

领导智慧

聪明而懒惰的人往往是卓有成效的管人者。作为一个领导者，懒惰未必是一件坏事，只要你善于将权力下放给那些有能力的人。

因势利导才能激发出下属的潜能

有这样一个浅显的道理：木头和石头的特性是放在平坦的地方就安稳，放在陡斜的地方就容易滚动；方形的就稳定，圆形的就易滚动。而善于因势利导的将帅指挥作战，就像滚动木石一般，所造成的有利态势，如圆石从几千尺的高山上飞滚下来，不可阻挡，这就是所谓的"势"。

曾兴盛一时的日本理工公司，突然之间生意冷清，毫无盈余，但仅仅 3 年之后，公司又再次强盛起来，在这个由衰转盛的过程中，领导者因势管理员工起了关键性的作用。

一开始，理工公司的老板村清就把公司重建的责任，交给一群 30 岁左右的有活力的年轻人，这样就能充分调动他们的积极性。村清在发表经营计划的同时，也宣布了年内薪水提高 2 倍，希望扫除员工们萧条时期遗留的失望心理。

调薪就是为了激起员工的工作士气，事实证明这个办法果然非常有效。原来对于调薪之事半信半疑的员工，突然之间也士气高昂，工作充满了干劲，将原来低沉的气氛一扫而空。

实际上，员工的工资在两年内只调升了 30% 左右，但员工的愿望多数已经得到了满足，从而改变了他们对待工作的态度。然而好景不长，由于上调薪水损害了股东的利益，引起有往来业务的银行的抗议，但是村清仍毅然决然地继续对员工履行加薪的承诺。因为他知道，如果此时停止加薪，那么他刚刚调动起来的员工的激情将白白浪费掉。他始终坚信只有把握住员工焕发出来的力量，才能管理好公司，才能激发出员工的热忱。

因势管理的前提是能在下属中创造出这种"势"能，然后投其所好，以此鼓励员工发挥自己的余力，达到干出新成绩的目的。因势利导才能因势而成，这里最关键的是不能中途改变，热情方能持久。

领导智慧

在企业管理的过程中，善于利用"势"对员工进行因势利导，通常能够使下属焕发出惊人的力量。

管人不如管心

大名鼎鼎的西门子公司有个口号叫作"自己培养自己"。它是西门子发展自己文化或价值体系的最成功的办法，反映出了公司在员工管理上的深刻见解。和世界上所有的顶级公司一样，西门子公司把人员的全面职业培训和继续教育列入了公司战略发展规划，并认真地加以实施，只要专心工作，人人都有晋升的机会。此外，西门子还把相当的注意力放在了激发员工的学习愿望、引导员工不断地进行自我激励、营造环境让员工承担责任、在创造性的工作中体会到成就感等方面，让员工能和公司共同成长。

云南某化工公司是我国的一家知名企业，它有着30多年历史，是磷肥行业中的知名企业，该公司现有员工1600多名，2004年销售收入为15亿元。之所以有如此卓越的成绩，是因为从2003年起，公司就开始推行自我管理的"诚信自律"班组活动，强调给予员工足够的信任和尊重，让班组和员工自愿提出申请，在安全生产、劳动纪律、行为规范、现场管理、生产技能提高等方面进行自我管理，员工自己制定各项行为准则和规章制度，并签署承诺书，自己说到的就要做到，同时自觉改正错误行为，不断提高管理水平。该公司董事长如此说："推行诚信自律班组，有助于增强管理者与员工的相互尊重和信任，进一步改善公司员工的工作氛围，降低管理成本，从而提高工作的效率。"

这两个案例有效地说明了"道之以政，齐之以刑，民免而无耻；道之以德，齐之以礼，有耻且格"这个道理。对于管理者而言，员工的自我约束力是最好的管理制度，是企业事半功倍的法宝。当然了，员工自我管理虽然是一种切实可行的积极的目标，但要真正做到却非常不容易，不仅需要领导者和管理者具备帮助、引导、培训的种种技巧，还需要极大的热情、耐心，以及正确的信仰。

领导智慧

事实证明，最有效并持续不断的控制是触发个人内在的自我控制，而不是强制。

三个臭皮匠赛过一个诸葛亮

中国有句谚语，"三个臭皮匠赛过一个诸葛亮"，臭皮匠常有，而诸葛亮不常有，所以我们在现实的管理中要善于采纳众人的意见，以达到集思广益的效果。

在通用电气公司里，每年约有2万～25万名员工参加"大家出主意"会，时间不定，每次50～150人。在这个大会上，主持者通过引导大家坦率地陈述自己的意见，及时找出生产上存在的问题，以便改进管理，提高产品和工作质量。

每年1月，公司的500名高级经理在佛罗里达州聚会两天半；10月，100名主要头头又开会两天半；最后30～40名核心经理则每季开会两天半，集中研究反映的问题，做出准确而及时的决策。

当基层召开"大家出主意"会时，各级经理都要尽可能下去参加。韦尔奇带头示范，他常常只是专心地听，并不发言。开展"大家出主意"活动，给公司带来了生气，取得了很大成果。如在某次"出主意"的会上，有个职工提出，在建设电冰箱新厂时，可以借用公司在哥伦比亚厂的机器设备，哥伦比亚厂是生产压缩机的工厂，与电冰箱生产正好配套，如此"转移使用"，节省了一大笔开支。这样生产的电冰箱将是世界上成本最低的、质量最好的。

开展"出主意"活动，除了在经济上带来巨大收益之外，更重要的是使员工感到自己的力量，精神面貌大变。经过韦尔奇的努力，公司从 1985 年开始，员工减少了 11 万人，利润和营业额却翻了一番。

从通用电气这个"出主意"活动我们可以看出，那些很有见地的意见并不是都来自公司高管。所以公司里的每一个人都应该有发言权，集众人之长才能为企业不断地注入新的活力。

领导智慧

领导者要善于采纳众人的意见，让公司里的每一个员工都有发言权，集众人之智来使公司不断发展壮大。

最好的管理是没有管理

武术界经典传言："无招胜有招，最厉害的招式就是没有招式。"综观优秀企业的管理模式和经验，尽管它们拥有最为完善的制度体系和文化体系，但它们对管理的终极追求是最好的管理就是没有管理，从而使各项制度形同"虚设"。

在德国的主要航空和宇航企业 MBB（梅塞施密特－伯尔科－布洛姆）公司，可以看到这样一种情景：上下班时候，员工把专门的身份 IC 卡放入电子计算器，马上显示当时为止本星期已工作多少小时。MBB 公司允许员工根据工作任务、个人方便等与公司商定上下班时间。原来该公司实行了灵活的上下班制度，公司只考核员工工作成果，不规定具体时间，只要在要求时间内按质量完成工作任务就照付薪金，并按工作质量发放奖金。这种灵活机动的工作时间，不仅使员工免受交通拥挤之苦，还使他们感到个人权益受到尊重，从而产生强烈的责任感，工作热情也有所提高，公司因此受益匪浅。

法国斯太利公司也同样摒弃了条条框框，对员工实行非常人性化的管理。该企业根据轮换班次的需要和生产经营的要求，把全厂职工以 15 人一组分成 16 个小组，每组选出两名组长：一位组长负责培训，召集讨论会和作生产记录；另一位组长负责抓生产线上的问题。厂方只制定总生产进度和要求，小组自行安排组内人员工作。小组还有权决定组内招工和对组员奖惩。企业的这种放权行为，不仅没有耽误生产，还使得该公司的生产力激增，成本明显低于其他企业。

从这两个例子我们可以明显看出，企业通过实行人性化的管理，不仅能加强员工的自我认同感，也能加深员工对企业的忠诚度，使员工具备强烈的主人翁责任感，最终达到工作上的高效率、高质量目的。

领导智慧

不以实质的压力把员工当作牙膏挤，而是以人情味十足的管理来打动员工的心，牵引出他们心中的感动和共鸣，自发地贡献出自己的力量。

让员工实现自我管理

管理者和员工就像一对天生的"仇敌"，他们似乎处在矛盾的对立面，永远无法调和。在工作中，大多人都抱怨过老板忽视自己的意见，用指挥、命令的方式来行使领导的权力，甚至经常无情地批评与训斥下属。而同样，老板对员工也经常感到不满意，他们认为员工不服从管理、不遵守制度、生产技能不够、懒惰、效率低下等。对于这种冤家似的矛盾，美国学者肯尼思·克洛克与琼·戈德史密斯曾在合著的《管理的终结》中分析指出，管理的终结不应是强迫式的管理，即利用权力和地位去控制他人愿望，而应是"自我管理"。

许多企业在推行人本管理的过程中花费了大量的时间和精力，效果却不甚理想。为什么呢？就是没有紧紧抓住最为关键的那个部分——帮助和引导员工实现自我管理。因为，现代企业的员工有更强的自我意识，工作对他们来说不仅意味着"生存"，更重要的是，他们要在工作中实现自己的价值。一个公司管理者，假如没有认识到这一点，那就无法赢得他的下属的认同，他的公司也同样无法获得成功。

戴明博士是美国管理界的权威，曾被誉为"质量管理之父"。他曾经讲过这样一个案例:一个日本人受命去管理一家即将倒闭的合资美国工厂,他只用了3个月的时间就使工厂起死回生并且赢利了。为什么呢?原来道理很简单,那个日本人解释道:"只要把美国人当作是一般意义上的人,他们也有正常人的需要和价值观,他们自然会利用人性的态度付出回报。"可见,真正的"人性化管理",是帮助和引导员工实现自我管理,而并不是要求员工完全按照已经全部设计好的方法和程式进行思考和行动。

领导智慧

领导者不应该做一面镜子,而是要让每个员工自己心中有一面镜子。要做的不是尽力去督促和监视员工的一举一动,而是应该诱发他们心中的自主能力,心甘情愿地管理和约束自己。

独断专行是领导者的大忌

因为所处的位置和权力欲的膨胀,一般来说领导者最容易犯的错误就是独断专行,一言堂,一个人说了算。然而令人遗憾的是,凡喜欢独断专行的人,没有不犯错误的,并且最终也不能成就大事,因为他们往往得不到下属和群众的拥护。

苹果电脑的创始人史蒂夫·乔布斯是信息产业界第一个登上《时代周刊》封面的人物。乔布斯22岁开始创业,只用了4年的时间,就从"不名一文"变成了拥有2亿多美元个人财富的大富豪。但是正是如此迅速的成功使他完全陶醉在了成功的喜悦之中,从而在荣誉之中迷失了自我。乔布斯没有受过任何管理方面的培训，对企业的管理一窍不通，但是他也不屑于去学习。他越来越迷恋于自己的智慧，脾气变得越来越刁蛮，对员工也变得越来越苛刻。

公司的员工看到他之后都像躲瘟疫一样避开，公司上下对他排斥得也很厉害。乔布斯再也融入不到苹果电脑公司的整个团队中。就连他亲自聘请的高级主管，原百事可乐公司饮料部总经理斯卡利都公然宣称："有乔布斯在苹果公司，我就无法执行任务。"最后，乔布斯缺乏团队精神的行为最终使董事会愤怒了，他们解除了乔布斯的行政职务，只让他专任董事长一职。乔布斯因此一怒之下出走，离开了自己一手创办的苹果公司。

对于苹果公司来说，乔布斯是优秀得无可替代的创始人，但对于苹果公司的整个经营团队来说，他又是一名糟糕透顶、无法胜任工作的员工，因为缺乏团队精神，使得作为老板的他也不得不被排斥。

领导智慧

独断专行，表面上看是领导者的强大，实际上是智障者无能的体现。平心而论，是哪些领导者喜欢独断专行，听不进别人的意见呢？恰恰不是办事干练、富有智慧的强者，而是头脑简单、经验不足、尚不成熟的弱者。

在管理中实现"无为而治"

春秋社会末期，道家学派创始人老子在《道德经》中提出了这样一种无为而治的统治思想："我无为而民自化，我好静而民自正，我无事而民自富，我无欲而民自朴""为无为，则无不治"。20世纪70年代，西方管理学界提出"不存在最好的管理方法，一切管理必须以时间、对象为前提"的权变管理方法，20多年来一直在管理学界经久不衰。管理的最高境界就是不用管理，"管理"是相对而言的，没有绝对的好，也没有绝对的不好，它是一个辩证统一的有机体。

要实现管理上的"无为而治"，应建立在下列几个前提之上：

1. 建立系统化、制度化、规范化、科学实用的运作体

科学的运作体系是企业高效运行的基础，用科学有效的制度来规范员工的行为，来约束和激励大家对企业管理非常重要。

2. 具备强大领导力的领导者带领的一个高绩效的团队

高绩效的领导者要会发挥自己的影响力，要会激励下属，辅导下属，又会有效地授权。他既要有高瞻远瞩的战略眼光，制定中长短期战略目标，又要有强大的执行力，把组织制定的目标落实到位，这样才会有好的结果。

3. 建构好的企业文化，用好的文化理念来统领员工的行为

企业既是军队、学校，又是家庭，要能够让员工既提高自己的职业素养和综合性的素质能力，又能体会到大家庭的温暖。企业更具凝聚力、团队精神，要能留住员工的心，使企业与员工能共同发展，共同进步。

领导智慧

"管理"是相对而言的，管理者应该实现无为而治，给予下属适当的自由空间，相对宽松自在的工作环境更有利于员工潜能的发挥。

管理上切忌个人英雄主义

在楚汉争霸中，刘邦之所以成功而项羽之所以落得乌江自刎的下场，其实与两人在管理上的不同方法大有关联。刘邦最大的优点就在于善于听取下属的意见，从而能把握决策的最佳时机。与刘邦相反，项羽最大的弱点恰恰在于不愿听从下属的意见和建议，常常喜欢自己独断专行，有严重的个人英雄主义倾向。

当年项羽在鸿门摆下了鸿门宴，邀请刘邦赴宴，这应该是消灭刘邦的最好时机，但是他又犯了严重的个人英雄主义错误，从而错失了大好的时机。

在宴会前，他没有进行周密的部署，也没有与大家进行很好的商量，更没有在自己的高级将领中统一思想，达成共识，以致项伯和自己的重要谋士范增做出了不同的反应。尽管范增再三举起了自己的佩玉，暗示项羽要下定决心，机不可失，时不再来。但是，项羽始终犹豫不决，认为在此时刺杀刘邦不是一个英雄所应该做的。范增发现项羽下不了决心，就私自找了项庄进入酒宴，以舞剑为名借机刺杀刘邦。然而，由于事先没有统一思想，达成共识，结果项羽集团的另一个重要人物项伯站出来，破坏了这一次的刺杀行动，为了保护刘邦，项伯也拔出了自己的佩剑与项庄一起对舞，最终使刘邦全身而退。项羽的独断专行使其失去了灭掉刘邦的最好机会。

通过以上的事例，我们可以明白一个道理——个人英雄主义是难成大事的。

领导智慧

不管一个领导的个人能力多么强，要想保证自己的集团目标可以实现，保证自己的集团利益，就必须在重大的事件上面与自己的搭档和员工达成共识，广泛听取各方面的意见。

放下架子才能指挥别人

李江现在是广东一家合资企业的董事长，但是在他年轻的时候，却因为自己在工作上急于求成而被贬到一家分公司去担任营销经理。到职时，在欢迎酒会上，他一不善喝酒，二不善辞令，由此给老职员们留下了一个很不好的印象。因此，他在分公司一度很被动，工作开展不起来。

这样过了大半年后，在过年前夕，公司举办同乐会，大家要即兴表演节目。这时李江在同乐会上唱了几句家乡戏，赢得了热烈的掌声。连他自己也没想到，那些一向对他敬而远之的部下，会因此而对他表示如此地亲近和友好。此后他还在分公司成立了一个业余家乡戏团。从此，他的部下非常愿意和他接近，有事都喜欢跟他谈，他于是从过去令人望而生畏的人变成了可亲可敬的人。在分公司无论多难办的一件事，只要让他出面，困难就会迎刃而解，事情定能办成。由此这个分公司的生产突飞猛进。因为他工作有能力，而且如此得人心，后来他荣升为这个公司的董事长。

他升为董事长后，有一次在工厂开现场会，全公司的头面人物都出席了。会上大家都为本年度的好成绩而高兴，于是公司总裁的秘书小姐提议让大家在高度欢乐的氛围中散会。她想出一个办法，把一个分公司的副经理抛到喷泉的池子中去，以此使大家的欢乐达到高潮，总裁同意这位小姐的提议，就和李江打招呼，李江表示这样做不妥，并决定由他自己——公司最高领导者，在水池中来一个旱鸭子游水。

李江转向大家说："我宣布大会最后一个项目就是秘书小姐的建议，她叫我在水池中来一个旱鸭子戏水，我同意了，请各位先生注意了，我就此做表演。"于是他跳入池中，游起泳来，引得参加会议的几百人哄堂大笑……

事后总裁问他："那天你为什么亲自跳下水池，而不叫副经理下去呢？"李江回答说："一般说来，让那些职位低的人出洋相，以博得众人的取笑，而职位高的人却高高在上，端着一副架子，使人敬畏，那是最不得人心的了。"李江一席话唤醒了总裁，从此他和李江一样平时注意贴近部下，学到了办好企业的招数。

领导智慧

如果领导者能让自己的下属从内心赞赏自己的品格，那么他就可以轻轻松松指挥任何人。要达到这种境界，领导者必须塑造自我品格，贴近下属，不摆官架子。

让下属参与管理工作

韩国一家工厂，为了进一步加强工厂的凝聚力，培养员工的主人翁意识和责任感，实行了一项独特的管理规定，即让员工轮流当厂长管理厂务。

工厂每逢星期三就由一名基层员工轮流当一天厂长，负责管理工厂的业务。"一日厂长"上午9点上班，听取各部门主管的简单汇报，对整个工厂的经营情况有个全盘的了解，然后陪同厂长到各部门、车间去巡视工作情况。这样做，不仅让一日厂长熟悉其他部门、车间的业务，还可以开拓他的视野，了解工厂、车间之间相互协调的关系，以便自己更好地加强合作。

一日厂长可以对企业管理提出自己的看法，也可以对企业提出批评意见，并详细地记载在工作日记上，让各部门相互传阅，各部门有则改之、无则加勉。改进工作的部门要在干部会议中提出改进工作的成果报告，只有当干部会议认可后才算结束。

一日厂长有处理公文的权力，对各部门、车间主管送来的公文，他按自己的意见批示后，交送厂长酌定。一日厂长制经过一年多的实践，该厂的员工有40多人当过厂长，共节省了成本200万美元，收到了显著的实效，工厂把这部分钱作为奖金发给全体员工，又一次增强了大家精诚合作的向心力，令同行羡慕不已。

让下属参与管理工作，可以提高他们的主人翁意识和工作热情，这既是一种有效的激励方法，同时也是提升组织凝聚力，鼓舞员工士气的重要途径。

领导智慧

让下属参与管理工作不仅能够提高员工的责任感，而且还可以鼓舞员工士气，提高员工参与工作的积极性。

对待员工宜宽不宜严

员工在紧张状态下工作，工作效率一定会受到影响。公司管理者不是老虎，所以一定要摒弃老虎相，不要让员工在你面前忐忑不安，如坐针毡。企业管理者不应该使员工长期处在很大的压力下工作，而应设法调动其积极性，使其把工作当成一种享受，主动、快乐、创造性地工作。

一家著名的制药工厂召开管理人员会议，会议的主题是"关于人才培训的问题"。会议一开始，总经理就用他那铿锵有力的声音提出意见："我们公司根本没有发挥人才培训的作用，整个培训体系如同摆设，虽然现在有新进员工的职前训练，但随后的在职进修却成效甚微。员工们只能靠自己的摸索来熟悉自己的工作，因而造成公司的员工素质普遍低下、效率不高，很难与公司的发展需要相适应。"总经理的话让大家觉得很不安。这个会议本来是为了讨论如何改进培训制度的，但是由于总经理一上来就责备大家，所有参会的管理者都明哲保身，集体保持沉默。

最终这个会议没有结果。

几日后，公司副总经理重新把公司管理人员召集在一起。他并没有像总经理那样采用责备的口气，而是用一种协商的语气同大家沟通。他说："这半个月我对公司的员工培训进行了抽样调查，结果发现它真的没有发挥其应有的功效。所以，今天召集大家开会是想讨论一下应该怎样改变目前人才培训的方法。请大家集思广益、畅所欲言吧！"

副总经理的话一出口，大家就你一句、我一句地提建议，会议很快形成了改进决议。

领导智慧

领导者在同下属进行交流时要表现得平易近人，营造一个宽松的工作环境，而不是摆出一副严肃的样子，这样容易打击员工的积极性。

好员工不是管出来的，而是赞出来的

大量的事实告诉我们，硬性规章制度往往达不到企业管理者的预期效果。

通过对成功企业管理经验的调查发现，好员工不是管出来的，而是赞出来的。赏识是比"管"要好的一种员工管理方法。

不论是身居高位的人，还是地位卑微的人，每个人都渴望得到赏识。

被人赏识总是一件令人愉快的事情。不论是刚大学毕业、上进心正强的青年人，还是晋升无望、即将离职的老人，当受到别人的赞美时，他都会精神愉悦。

那么，当提到赏识的时候，你会想到些什么？很多企业领导认为奖金、提拔、礼券、津贴、奖状等就是赏识。

但员工的看法并不完全是这样。员工们需要的是真正意义上的赏识。

因为那些所谓的"赏识"只能使他们看见作为赏识的载体，但却看不见给予他们赏识的本身。他们更注重这些手段所表达的含义而不喜欢这些手段只是敷衍的形式。

员工深信，心意最重要。所以，只有当赏识是有效赏识的时候，员工才会有高山流水遇知音的共鸣，才会产生那种"士为知己者死"的情怀，员工真正需要感受到的是企业对他们出色成绩的承认和对他们个人价值的由衷赞赏，这样才会振奋士气，提高工作效率。

所以说，领导者作为赏识的主体，应该培养良好的赏识习惯。

领导者应该以赏识的眼光来看自己的员工，在你的信任和尊重下，员工一定可以自律。这样不仅能够激发部属的积极性，也能够通过自己的言传身教和个人倡导，使公司的每一个成员都能够学会赏识，并且将赏识融入公司运作的各个方面，从而使公司内部形成和谐、宽容、协同的人际关系，降低由于人际关系紧张带来的各种不必要的成本，提高公司的工作效率和经济效益。

总而言之，只有领导的赏识预算越大，优秀的员工才会

越多，团队的卓越程度也就相应地越高，企业的核心竞争力
就越强。

领导智慧

　　领导的赏识能够激发部属的积极性，所以好员工不是管
出来的，而是赞出来的。

第二章
圣人执要，四方来效

只需下达目标，不必布置细节

领导在实际工作中，只需向员工下达工作目标就可以，不必布置细节。比方说，让员工推销一批商品，只需告诉他销售份额和经济合同法的一些知识，不用具体到去哪家商店，如何攀谈。安排部下编制一套管理软件，只需说明要求，不用告诉他使用哪种语言、如何编。管理到一定程度就可以，过度的管理反而适得其反。

首先，过度管理不利于部属发挥积极性。解决问题的途径可以有 100 种，主管的方法不一定是最好的，或许员工有一套好方案，但主管早安排好了一切，也只能照办。员工失去了参与和挖掘潜能的机会，必定挫伤积极性，慢慢就会养成不动脑子、一切依赖领导的"阿斗"作风，失去想象力、创造力和积极性。

其次，过度管理不利于培养锻炼员工的工作能力。很多主管不信任部属的能力，担心员工办砸了事，左叮咛、右嘱咐。一般来说，主管的水平、工作能力要比部属高，指令也科学、合理。你过细的指令或许会使部属少走许多弯路，可部属体验不到通向捷径路上的荆棘坎坷，就得不到锻炼和提高。

领导的任务就应当是统领全局，抓紧大事，而不应将精力耗在细枝末节之上。海尔集团的总裁张瑞敏先生的做法就很值得我们借鉴。张瑞敏喜欢授权管理，习惯只出思路，具体细化则由下面的人去做。海尔各部均独立运作，集团只管各部一把手。集团先任命一把手，由一把手提名组建领导班子后，集团再任命副职和部委委员。一切配备完毕后，只有资金调配、质量论证、项目投资、技术改造这些大事由集团统一规划，其余各部由各部自管。

合理的授权是让领导做领导最该做的事，下属做下属最该做的事。正如韩非子所说"下君尽己之力，中君尽人之力，上君尽人之智"。一个优秀的管理者若想成为"上君"就一定要做好授权管理，不必事必躬亲，布置细节。

领导智慧

领导的任务就应当是统领全局，抓紧大事，而不应将精力耗在细枝末节之上。只需下达目标，不必布置细节。

大权独揽，小权分散

作为管理者，并不意味着他什么都得管，而应该是大权独揽，小权分散。做到权限与权能相适应，权力与责任密切结合，奖惩要兑现。

杜邦公司能在美国经济发展中占据举足轻重的地位，就是做到了大权独揽，小权分散。

19世纪，杜邦公司实施的是单人决策式管理，领导者对公司实行强权控制，事无巨细亲自过问，为此还累死了两位副董事长和一位财务委员会议议长，使公司一度陷入危机，差点转卖给杜邦家族以外的人经营。

到了19世纪末20世纪初，杜邦公司决定抛弃单人决策式管理，实行集团经营模式，建立执行委员会。由于采取了新的措施，公司再度兴旺。但此时，杜邦公司依然属于高度集权式管理。

第二次世界大战之后，杜邦步入多元化经营阶段，但由于高度集权式管理的局限，多元化经营使集团遭到严重亏损。经过分析，杜邦实行了组织创新，由集团式经营向多分部体制转变，总部下设分部，分部下设各职能部门，这一时期，集权已开始向分权转变。

20世纪60年代初，杜邦又面临一系列困难，危机重重。1962年，被称为"危机时代领跑者"的科普兰担任公司第11任总经理。但是1967年底，科普兰把总经理一职让给了非杜邦家族成员的马可，这在杜邦历史上是史无前例的，财务委员会议议长也由他人担任，科普兰只担任董事长一职，从而形成了"三驾马车式"的组织体制。他说："三驾马车式体制，是今后经营世界性大规模企业不得不采取的安全措施。"事实证明，科普兰的革新是非常成功的。

由此可见，大权独揽，领导者容易偏执和独裁，使公司陷入困境；将小权分散下放，善于分配工作，并进行有效的指导和控制，使下属有相当的自主权、自决权和行动权，是比较安全保险的管理模式。

领导者进行工作指派与授权后，对下属所履行的工作的成效仍然要负全部责任。也就是说，当下属没有做好指派的工作时，领导者将要承担其后果，因为前者的缺陷将被视同后者的缺陷。另一方面，为确保指派的工作顺利完成，领导者在授权的时候必须为被授予权力的下属订下完成工作的责任。下属若无法圆满地完成任务，则授予权力的领导者将追究其责。

领导智慧

大权独揽，小权分散；绝不可权力集中，事必躬亲。管理者应该适时授予下属权力，善于分配工作，并进行有效的指导和控制，使下属有相当的自主权、自决权和行动权。

授权应避免"功能过剩"

一名成功的领导者应该知人善任，充分发挥下属的工作潜能，实现组织人力资源的有效利用。能职匹配，既要考虑能否胜任其职，也要防止"功能过剩"，即避免"大材小用"。

如何避免功能过剩？

1.任人标准不可太高

任人标准定得太高超过实际需要，必然使人望而却步。对一些进取心、事业心较强的人来说，这是一种具有挑战性的工作，但是，一旦上任，发现其"轻而易举"，毫无进取空间，就会另谋他就。

2.任人标准不可太过武断，应带有一定"弹性"

过分武断，容易增加压迫感，使人望而生畏。应根据具体需要，分为必要条件和参考条件两种，必要条件即从事某工作不可缺少的必备条件，参考条件有之则好，无之也可。在备选人员较多的情况下，必要条件可高一些，反之，则可低一些。当然，也必须以"胜任工作"为原则。

3. 取消一切不必要的标准

例如，要求一位市长精通农业耕作，要求一位经理熟悉文学创作，要求一位电工具有较强的口头表达能力，恐无必要。

一个公司只有做到能职匹配，使人尽其才，物尽其用，才能保持上下齐心的大好局面。

既要防止"功能过剩"，也要避免"大材小用"，做到"人尽其能"。作为一名领导者，需要对员工的才能、兴趣了如指掌，针对某项特定的工作选择适合的人来做，或者为特定的员工安排适当的工作，做到"人得其位，位得其人"，追求人与事的相宜。

领导智慧

授权要注意能职匹配，使"人得其位""人尽其能"，实现组织人力资源的有效利用。

妨碍下属就是妨碍自己

一个无能的领导，不仅不能对下属的工作起到推动作用，而且还会妨碍下属的工作。在一个组织里，如这样的领导越多，效率肯定越低，这样的领导以妨碍别人的工作显示自己的权威，满足自己的虚荣心，却没有想到这样做反而减少了自己的工作业绩。你想想，你的下属没有把工作做好，你的上司会表扬嘉奖你吗？

这样的领导做事往往独断专行，他们对下属提出的意见，不论好坏，只管一味否决。

"我没听说过这件事。"

"这件事现在不能跟你提起，因为现在经理正在发脾气。"

"这件事若要我突然地报告部长，他不会采纳的，而且还会责怪我胡乱请示，所以我不敢接纳。"

"这笔预算不会批准，因为我没有信心去说服他们。"

为了避免这样糟的局面产生，作为领导，一定要注意隔一段时间，就要有意识地反省一阵子。不要只顾瞎指挥，要自我检讨，看自己是否经常妨碍下属的工作，是否应该给他们一些支持、帮助和鼓励，他们恰恰很需要这些。如果答案是肯定的，就应马上改变立场，赶紧转妨碍为大力支持，不要再独断专行，只有这样才能赢得下属的好印象和充分的信赖。要知道，作为一个领导，这些对你可是最重要的，如果众叛亲离，成了光杆司令，奋斗多年取得的职位，也有失去的可能。

作为一个领导要全力支持下属的工作，因为妨碍你的下属，就是妨碍你自己。聪明的领导，总是给下属提供自由的工作环境和广阔的施展空间；聪明的领导，在把任务交给下属以后，就不再去干涉他们。虽然他们也在恰当的时候与下属一起商讨最佳的解决问题的方案、最优的完成任务的方法，但是该如何处理交给他们的事情，他们却让下属自己作决定。

领导智慧

最好的管理者很少发号施令。在企业中，管理者在授权后也应退居幕后，尽量减少干扰。这样才能充分发挥出员工的能力，以此拓展业务。

多大的权力就有多大的责任

当企业管理者把权力授权于员工时，应该让员工知道，他拥有的不仅仅是权力，还有与权力相匹配的责任。授权的同时，强调权责一致，不仅能够避免因为权责不一致而出现的滥用职权的情况，还可以培养员工勇于承担责任的能力。

某书店店长为了激发员工的工作激情，决定在书店内部推行"授权管理"，将管理权限下移。他规定："各部门都可以在各自的职责范围内处理部门业务，只要是有利于书店业务发展的，不需要请示便可以自行决定。"这个店长原以为自己授权后可以轻松下来，不用再事必躬亲，然而让他始料未及的是，"授权令"一下达，反而给书店的管理工作带来了很大麻烦。表现最为突出的是，很多部门不是专心致力于书店业务的发展，而是相继制定起保护各自利益的"游戏规则"来。比方说书店的采购部为了不受监督不再执行以前的"采购请示"制度，根本不征询销售部意见就直接决定采购的类别和数量，最后造成了大量图书滞销，销售部门意见很大；而销售部门在制订图书促销计划的时候，也不再会同别的部门一起协商，为促进业绩，他们频繁促销，甚至独断专行地降低图书折扣。虽然销售业绩扩大了，但书店的利润却下滑很多。

其实，授权是要讲策略的。从责、权的关联度上看，授权有两种形式：授权授责与授权留责。前者是指授权同时授责，权责一致；后者则不同，授权不授责，如果被授权者处理不当，发生的决策责任仍然由授权者承担。从这个例子我们看出，在书店适宜推行"授权授责"，只有被授权者有责任、压力，这样才可增强使用权力的责任感，避免出现滥用权力的现象。

领导智慧

明确目标责任是授权的前提，没有目标责任的授权，是无原则的授权，这样的授权无济于管理效益的提高和目标的实现。

让下属明确各自的任务

美国管理学家泰罗说："为了提高效率和控制大局，上级只保留处理例外和非常规事件的决定权和控制权，例行和常规的权力由下属分享。"合理的授权是让领导做领导最该做的事，下属做下属最该做的事。一个优秀的管理者一定要做好授权管理，在授权的同时要下属明白应该怎样去做。

《汉书》七十四卷《魏相丙吉传》记载，丙吉是西汉宣帝时的一位贤相，他从一个小狱吏逐步被提拔到丞相高位。他深通治国之道，辅佐汉宣帝励精图治，使得宣帝统治期间，"吏称其职，民安其业"，号称"中兴"，因此《汉书》对宣帝大为赞赏，曰："功光祖宗，业垂后嗣，可谓中兴，侔德殷宗、周宣矣！"

有一次丙吉丞相外出，在路上正好遇见为皇帝外出清除道路、驱赶行人而发生的群斗，死伤横道，丙吉从那儿经过时却不闻不问。同行官员掾史觉得很奇怪，又不敢问他，只得陪同往前走。走到另一个地方看见有人赶着一头牛，这头牛走得气喘吁吁，热得直吐舌头。这时，丙吉却让车子停下来，派侍卫人员问赶牛的人："你赶这头牛走了几里路了？"

掾史觉得丞相莫名其妙，刚才在前面路上死伤了人都不闻不问，这会儿却对一头牛为什么喘气问个不休。于是就讥笑着对丙吉说："丞相您是不是搞错了，您该问的不问，不该问的却问个没完。"

丙吉意味深长地对掾史说："百姓相斗而死伤了人，管这种事是长安令、京兆尹等官员的职责，应由他们派人去抓捕、审理。到年终丞相只负责考核他们的政绩是优还是劣，根据考核的结果奏明皇上对他们进行奖赏或惩罚就是了。作为一个当朝丞相，不应该亲自管一些不该自己去管的具体琐事，所以刚才路过群斗的现场，我就不加过问。奇怪的是，现在正是春令时节，天气不应该太热，我怕那头牛没走多少路就喘得那么厉害，是因为太热了。若是春令天就那么热，那是时令失调、不符合节气的征兆，气候反常对农作物和人都可能带来灾害。我身为丞相，是朝廷百官之首，我的职责就是要使国家风调雨顺、国泰民安。只要是有关这方面的情况，我都要负责争取预先搞清楚，才能做到心中有数。所以，我对牛喘气吐舌的现象就不能不亲自过问了。"掾史乃服，因为丙吉知大体啊。

管理是通的，古今中外莫不是同样的道理。要做好一名优秀的企业管理者，就是要从日常的琐事中抽身而出，做本职最重要的最应该去做的事，授权给下属，让下属明确各自的任务。

领导智慧

优秀管理者之所以优秀，就在于明确下属必须承担的各项责任之后，授予其相应的权力，从而使每一个层次的人员都能司其职，尽其责。

放位放权，不要干预下属工作

北欧航空公司董事长卡尔松大刀阔斧地改革北欧航空系统的陈规陋习，就是靠充分放权，给部下充分的信任和活动自由。开始时，他的目标是要把北欧航空公司变成欧洲最准时的航空公司，但他想不出该怎么下手。卡尔松到处寻找，看到底由哪些人来负责处理此事，最后他终于找到了合适的人选。于是他去拜访他："我们怎样才能成为欧洲最准时的航空公司？你能不能替我找到答案？过几个星期来见我，看看我们能不能达到这个目标。"几个星期后，他们按约见面，卡尔松问他："怎么样？可不可以做到？"他回答："可以，不过大概要花6个月时间，还可能花掉你150万美元。"卡尔松插嘴说："太好了，说下去。"因为他本来估计要花这个数目5倍多的代价。那人吓了一跳，继续说："等一下，我带了人来，准备向你汇报，我们可以告诉你到底我们想怎么干。"卡尔松说："没关系，不必汇报了，你们放手去做好了。"大约4个半月后，那人请卡尔松去，并给他看几个月来的成绩报告，当然已使北欧公司成为欧洲第一。但这还不是他请卡尔松来的唯一原因，更重要的是他还省下了150万美元经费中的 50 万美元，总共只花了 100 万美元。

卡尔松事后说："如果我只是对他说：'好，现在交给你一件任务，我要你使我们公司成为欧洲最准时的航空公司，现在我给你 200 万美元，你要这么这么做。'结果怎样，你们一定也可以预想到。他一定会在 6 个月以后回来对我说：'我们已经照你所说的做了，而且也有了一定进展，不过离目标还有一段距离，也许还需花 90 天左右才能做好，而且还要 100 万美元经费。'可是这一次这种拖拖拉拉的事却不曾发生。他要这个数目，我就照他要的给，他顺顺利利地就把工作做好了。"

领导智慧

领导者用人只给职不给权，事无巨细都由自己定调、拍板，实际上是对下属的不尊重、不信任。要给下属提供自由的工作环境和广阔的施展空间，让他们自己去决定该如何处理交给他们的事情。

将责任转移给实际负责人

所谓授权，就是领导者将所属权力的一部分和与其相应的责任授予下属。合理的授权可以提高企业服务水平、增强市场竞争力，并且能不断创新和增强企业的灵活性，增强组织决策的效率和水平；同时也能使员工获得相应的信任与激励，充分发挥积极性与创造性，为企业做出更大的贡献；更能使企业管理层缓解压力，获得更多的时间去考虑企业的战略、市场的调整等重大问题。

领导者如何对待权力，反映了他的管理理念是进步还是落后。领导者的精力是有限的，不可能也没有必要凡事都亲力亲为。多想、多看、少说、少干，这是高明管理者必须掌握的原则。千万不要"事必躬亲"。你只有站在一旁观看，才能真正"旁观者清"而避免"当局者迷"，才能更公正、更有效地判断是非曲直，才能真正看清哪些事情是企业应该坚持的，而哪些事情是需要改进的。相反，如果一个领导不懂授权，事事都由自己来决策和执行，那么，事必躬亲的结果必然是一事无成。我们现在很多的领导，之所以陷入"越忙碌越盲目"的怪圈之中，就是因为他们事必躬亲、不敢放权。因此说一个领导不会放权就做不好领导，失去了做领导的最大资本，这绝非危言耸听。

美国前总统里根就是一个出色的授权者。他只关注最重要的事情，将其他事情交给手下得力的人去负责，因此自己可以经常去打球、度假，但这并不妨碍他成为美国历史上最杰出的总统之一。由此看来，有成效的授权对于领导本人、员工和组织都具有长期的效益。

明确目标责任是授权的前提，没有目标责任的授权，是无原则的授权，这样的授权无济于管理效益的提高和目标的实现。权力永远是与责任和利益相关联的，要让员工在明确权力的同时，明确责任和利益。只有这样责、权、利一体化，员工才珍惜权力，正确有效地使用权力，才能最大限度地实现他们的岗位职责，实现授权的真正目的。

领导智慧

领导者将责任转移给实际负责人，不仅能为企业增加进步的空间，而且能得到员工的信任，调动员工的创造积极性。

授权之后，仍应监督

企业管理者的授权，将权力下放给员工，并不意味着自己完全做个"撒手掌柜"，就可以对下放的事不管不问。授权要像放风筝一般，既给予员工足够的空间，让他拥有一定范围的自主权；同时又能用"线"牵住他，不至于偏离太多，最终的控制权仍在领导的把握中。

"撒手授权"必然引发企业运营混乱。经理人应该懂得，真正的授权就是让员工放手工作，但是放手绝不等于放弃控制和监督。不论是领导者还是员工，决不能把控制看作是消极行为，而是应该正确认清它的积极意义。控制员工和向员工授权，两者密切相连、相辅相成。没有授权，就不能充分发挥员工的主动性；没有对员工的控制，则不能保证员工的主动性一直向着有利于整体目标的正确方向发展。

领导智慧

让员工走自己的路，但是，那条路必须在管理者的视野里。

既要授权，更要控权

51 岁的高尔文是摩托罗拉创办人的孙子，也是许多人公认的好人。他个性温和，为人宽厚。1997 年，他接任摩托罗拉的 CEO 时，认为应该完全放手，让高层主管自由发挥。然而自 2000 年开始，摩托罗拉的市场占有率、股票市值、公司获利能力连连下跌。它原是手机行业的龙头，到 2000 年市场占有率却只剩下 13%，劲敌诺基亚则囊括 35%；股票市值也缩水 72%；到 2001 年第一季度，摩托罗拉更创下 15 年来首次亏损纪录。《商业周刊》当时给高尔文打分数，除了远见分数为 B 之外，他在管理、产品、创新等方面都得了 C，在股东贡献方面的分数是 D。

事实证明，由于高尔文放手太过，不善控权，因而没有掌握公司真正的经营状况。他一个月才和高层主管开一次会，在发给员工的电子邮件中，谈的尽是如何平衡工作和生活。

高尔文的放手哲学也许是对的，但问题出在他对公司真正的状况并不了解。摩托罗拉曾经公开宣布，要在 2000年卖出一亿部手机，但是这个愿望最后被无情的现实击破。事实上，内部员工几个月前就知道目标无法达成，只有高尔文弄不清楚状况。他盲目地采取放手政策的结果是：组织没有活力，渐渐变成了一个庞大的官僚体系。摩托罗拉原有 6 个事业部，由各个部门自负盈亏。由于科技聚合，每个产品的界限已分不清楚，于是摩托罗拉进行改组，将所有事业部汇集在一个大伞下，结果整个组织增加了层级，变成了一个大金字塔。

一直到 2001 年年初，高尔文才意识到问题严重——摩托罗拉的光辉可能就要断送在他的手上。他开除了首席营运官，进行组织重整，让 6 个事业部直接向他报告。他开始每周和高层主管开会。高尔文终于下定决心改变自己"好人、放手"的作风，企图力挽狂澜，摩托罗拉也因此渐渐有了起色。

有的管理者认为自己既已授权，就可对任何事情都不闻不问。很显然，这是一种非常错误的观念。一个卓有成效的领导者，不仅是一个授权的高手，更应该是一个控权的高手。

领导智慧

授权的适度应掌握在能及时掌握全面信息、控制局面的前提下，通过授权发挥各级的积极性。在控权中最大限度地实现员工的岗位职责。

监督监控要到位

真正的授权是指"放手但不放弃，支持但不放纵，指导但不干预"。监督监控其实是对授权的度的平衡与把握，在给予足够权力的基础上强调责任，将监督、监控做到位，授权的效果才会实现最大化。

很多人都知道"八佰伴"这个名字，作为著名的日本连锁企业它曾经盛极一时，光在中国就拥有很多家分店。可是庞大的商业帝国八佰伴为什么顷刻间便宣告倒闭了呢？原来，到了后期时，八佰伴的创始人禾田一夫把公司的日常事务全都授权给自己的弟弟处理，而自己却天天窝在家里看报告或公文。他弟弟送来的财务报告每次都做得很好。但事实上，他弟弟背地里做了假账来蒙蔽他。最后，八佰伴集团倒闭，禾田一夫"从一位拥有四百家跨国百货店和超市集团的总裁，变成一位穷光蛋"。几年后，禾田一夫在中央电视台《对话》栏目接受采访，主持人问他："您回顾过去得到的教训是什么？"他的回答是："不要轻信别人的话，一切责任都在于最高责任者。作为公司的最高领导者，你不能说'那些是交给部下管的事情'这些话，责任是无法逃避的。"

后来禾田一夫在回忆八佰伴破产的时候也承认，因为时代的进步需要更多的头脑来武装企业，所以家族式的管理已经不利于企业的发展。禾田一夫让其弟弟禾田晃昌做日本八佰伴的总裁，这本身就是一个典型的失败。在八佰伴的管理体制下，不但下面的人向上级汇报假账，连禾田一夫的弟弟也向禾田一夫汇报假账。

领导智慧

真正的授权就是让员工放手工作，但是放手绝不等于放弃控制和监督。

放权不是放任自流

早在 1996 年，美的就投入信息系统的建设，为美的提供一个数字化系统，实时地反映组织的运行状态，发现隐患后及时调整和控制。

但何享健并不依赖信息系统，他自己还有另一个多年经营留下的老习惯：定期到国内国外的市场去逛逛。虽然不直接插手一线的经营，但在市场考察时，只要发现了一些异常的信息，他回来就会安排相关的高层一起研讨，布置课题，寻找答案。

这显示了美的分权制度的另一面，重要决策权还是留在了集团总部里，因为何享健需要总部始终保持头脑清晰。随着美的业务规模的不断扩大，事业部总经理手里的资金审批权也不断放开，但是，在一些不属于事业部权限的方面，再小的金额总经理也不能擅自决定。比如说，美的的投资由集团统一管理，事业部的任何重大投资项目都要向集团申报，事业部总经理可以决定1000万元营销计划，但是200万元以上的投资项目都要经过集团审批或审查备案，因为美的关于投资管理方面的权限在《分权手册》当中规定得十分清晰明确，大致可分为：生产性项目、基建项目、非生产性项目、IT项目，并且实行四级管理体系。

美的的战略决策分三个层面：集团负责最高层的集团战略，比如，美的未来5～10年内的业务发展方向，是专注于做家电，还是去发展其他的产业等。二级平台负责企业战略，在产业层面如何竞争，比如，制冷集团会考虑如何在未来提高冰洗产品的竞争力。三级单位则负责竞争战略，例如，具体产品的竞争策略、市场定价等。所有的投资决策权都是由总部集中控制，由战略管理部门负责。这个部门会综合审批美的的各种投资项目，考虑项目的适当性和回报能力。之后，他们会把整个分析报告提交给决策层定夺。

何享健既要当教练，又要做裁判。他既要充分放权，给年轻人施展才华的舞台，又要"兼听则明"，对各项议题进行判断。所以，放权是有约束地放，而不是放任自流，否则将适得其反，前功尽弃。

领导智慧

　　一个企业有效地实施放权，就要先找到放任与信任之间的险要地带。同时，保障管理者要做个耳聪目明的旁观者，把保持各事业部头脑清醒的警醒能力留在总部，并针对现状不断调整权力的边界。

用而有度，授中有控

　　我国历史上有许多高明的君主，在用将上都实行"将在外，君不御"。可是，话虽这么说，实际上还是一种授权后的控制。越是这样，这些将帅就越要注意，越要经常汇报情况，而不能脱离领导。正如松下幸之助讲的"君不御"是有条件的，条件就是下属必须"坚持经营方针，有使命感"。《孙子兵法》中讲的"将能君不御"，"君不御"的前提也还是要"将能"。"将能"包括：一是有能力，有搞好工作的本领；二是能够自觉地以高度负责的精神把工作做好。领导者在授权前掌握住"将能"，实际上也就是掌握了授权后的控制权。一些领导者之所以在授权后显得很超脱，能够做到"轻松自如"，原因就在这里，因为他是在实行不控制的控制。

　　《韩非子》里有这样一个故事：鲁国有个人叫阳虎，他经常说"君主如果圣明，当臣子的就会尽心效忠，不敢有二心；

君主若是昏庸，臣子就敷衍应酬，甚至心怀鬼胎，虽表现上虚与委蛇，然而暗中欺君而谋私利"。

阳虎这番话触怒了鲁王，阳虎因此被驱逐出境。他跑到齐国，齐王对他不感兴趣，他又逃到赵国，赵王十分赏识他的才能，拜他为相。近臣向赵王劝谏说："听说阳虎私心颇重，怎能用这样的人料理朝政？"赵王答道："阳虎或许会寻机谋私，但我会小心监视，防止他这样做，只要我拥有不致被臣子篡权的力量，他岂能得遂所愿？"赵王在一定程度上控制着阳虎，使他不敢有所逾越。阳虎则在相位上施展自己的抱负和才能，终使赵国威震四方，称霸于诸侯。赵王重用阳虎的例子给我们现代管理者的一个启示就是，领导者在授权的同时，必须进行有效的指导和控制。这样既可以充分地利用人才，又可以避免因下属异心而导致管理上的危机。

领导智慧

在管理中授权是必要的，但要看对象，领导者对下属的信任不应当是不加限制的。

授权如同放风筝

企业管理者的授权，要掌握度。授权不是下放领导者的所有权力，重大方针政策的监督检查权、决策权、例外事项的决策权不应下放；否则，授权就成了放弃领导。

一日，东京某涉外饭店的豪华餐厅里，有一位从美国来的客人对送上来的牛排不太满意，他认为这个牛排熟得太透。

于是，他叫来服务生。服务生用极其谦恭的态度认真倾听他的抱怨之后，对他说："请您稍微等一下，符合您口味的牛排马上就能上来。"说完，服务生立即拿走牛排，继而吩咐厨房按照客人的口味另烤一块送来。

看上去，这是一件很不起眼的事情。但是，在这个事情的背后，是这家饭店正在力推的组织变革——授权管理。饭店的老板认为，服务生是直接面向客人的，应该给服务生更大的权限来服务于客人。于是，我们就看到这个场景：服务生无须请示任何人，能够自主地为客人解决问题。这样，整个饭店的运行效率就会因此而大大提高。

授权是一门艺术，如果授权运用得好，不仅可以使管理更有成效，而且可以调动员工在工作中的主动性、积极性和创造性，激发员工的工作热情，提升企业的竞争力，促进企业的运行效率。善于授权的管理者能够创造一种"愉悦气氛"，使员工在此"气氛"中自愿从事富有挑战性的工作，使企业出现一种和谐共事、创新共进的局面。

领导智慧

授权要像放风筝一般，既给予员工足够的空间，让他拥有一定范围的自主权；同时又能用"线"牵住他，不至于偏离太多，最终的控制权仍在领导的把握中。

政策制定要集权，执行可授权

集权是指一切决策权均集中在上级机关，下级机关必须依据上级的决定和指示行事；而分权是指下级机关在自己管辖的范围内，有权自主决定做什么和怎么做，上级不必加以干涉。当企业规模发展到一定阶段，规模与效率的冲突就变得日益明显。这时，集权还是分权就成了企业管理中一个复杂而艰难的问题。处理集权与分权的关系，既要防止"失控"，又不能"统死"。

集权与分权是一对欢喜冤家，既互相矛盾，又密不可分。怎样才能化解它们之间的恩恩怨怨，使之发挥最大的整体协调效应呢？要达到这一目标，可遵循这样一条原则：政策制定上的集权和执行上的分权。

在现实的企业管理中，关于集权与分权的发展趋势是最大限度地放权，实行扁平化管理。其主要依据有以下几条：

（1）随着社会生产力的发展，世界产品市场正逐步由卖方市场向买方市场转移，市场需求向多样化、个性化方向发展，市场划分越来越细，企业对市场变化做出反应的时间要求越来越短，市场机会稍纵即逝；同时，企业作出正确决策所需信息量越来越多而且越来越详细，这就必然要求充分发挥底层组织的主动性和创造性，充分利用其自主权来适应他们所面对的不断变化的情况。

（2）如果决策集中在最高层组织，则传递有关决策的信息的成本会越来越大，所需时间会越来越长，不利于企业对市场需求变动快速做出反应。

（3）即使最高层领导的经验丰富，判断力极强，但如果决策职能过分集中，则会造成其负担过重，陷入具体事物不能脱身，也就没有时间作出更重要的决策。为了更好地适应市场，发挥多样化经营的优势，企业应该及时调整组织结构。

领导智慧

在处理集权与分权这一对矛盾时，要采取政策制定上的集权和执行上的分权，使之实现最大的整体协调效应。

战略上集权，管理上授权

老总，就应该只管战略上的事。

顺驰，作为 1999 年 12 月成立的"中城房网"（中国城市房地产开发商协作网络，由全国各城市的主流开发商组成）成员单位之一，在 1995 年 7 月，开发了顺驰第一个项目——香榭里小区。随后，在 11 月顺驰第一次开发了成片地产项目——14 万平方米的顺驰名都。与房地产开发同步，顺驰销售代理公司除了销售自己的楼盘外，从 1996 年开始，福东北里和华苑居华里小区都由顺驰独家代理销售，顺驰置业终于坐上了天津销售代理的第一把交椅。在这个过程中，顺驰采取的是开发、代理两条腿走路的政策，开发公司为代理销售公司提供一定的产品，代理销售公司就成了开发公司的"耳目"，哪个地方的楼盘好卖他们都一清二楚。孙宏斌作为顺驰集团董事长，在这个时候仍然是完全放权，他只管经营战略的事情，不管管理的事情。

孙宏斌笑言道："我自己不太会做事，从一开始的时候都是靠大家去做事。这个公司从成立到现在我从来没有签过字，当然，除了自己向财务借钱。我是一个优柔寡断的人，我自己做事往往做不成。"

孙宏斌在 2003 年创建了融创集团，顺驰中国也在 2004 年完成了 95 亿元的销售额，同时顺驰置业在全国拥有了近千家连锁店，初步完成顺驰置业网的战略布局。但这时的孙宏斌依旧躲在幕后，只在战略上把关，不参与各个集团的实际管理。

"我们有完善的制度，一切都是透明的，所以，我是百分百地放权。当然，我们也有零容忍：公司的价值观是不能被破坏的，一旦发现员工有破坏公司价值观的行为，这人就会马上被清除出去。公司业务飞速发展，我觉得我自己并没有起到多大的作用，具体活我干得特别少。我一直不怎么上班，所有的项目都交给我的手下，只是我有什么想法就会和他们说，他们不给我打电话，也很少主动找我，除非是我主动找他们，他们没有什么做不了主的。"孙宏斌一脸"你得认"的表情。

2005 年，全球第二轮互联网热开始。万事俱备，只欠上市的顺驰置业被软银和凯雷相中，4500 万美元的巨额投资之后，顺驰置业改为顺驰（中国）不动产网络集团，美国纳斯达克张开双臂随时欢迎孙宏斌的到来，就像香港股市和上海股市期待孙宏斌的感觉一样。

领导智慧

聪明的老总只在战略上把关，不参与各个集团的实际管理，事事都自己做往往做不成。

有效的领导力来自充分授权

把工作交给部下的最大好处在于节约了管理者的时间。企业的领导将任务交给员工去处理时，他就会有更多的时间去处理别的事情。

井深大刚是索尼企业的一名功臣。在井深大刚进索尼公司时，索尼还是一个小企业，总共才有 20 多名员工。老板盛田昭夫信心百倍地对他说："你是一名难得的电子技术专家，你是我们的领袖，好钢用在刀刃上，我把你安排在最重要的岗位上——由你来全权负责新产品的研发，对于你的任何工作我都不会干涉。我只希望你能发挥带头作用，充分地调动全体人员的积极性。你成功了，企业就成功了！"

这让井深大刚感受到了巨大压力。尽管深井大刚对自己的能力充满信心，但是还是有些犹豫地说："我还很不成熟，所以虽然我很愿意担此重任，但实在怕有负重托呀！"盛田昭夫对他很有信心，他坚定地说："新的领域对每个人都是陌生的，关键在于你要和大家联起手来，这才是你的强势所在！众人的智慧合起来，还能有什么困难不能战胜呢？"

盛田昭夫的一席话，一下子点醒了井深大刚。他兴奋地道："对呀，我怎么光想自己？不是还有 20 多名富有经验的员工嘛！为什么不虚心向他们求教，和他们一起奋斗呢？"于是，井深大刚信心满满地投入工作当中。就像是盛田昭夫放权给他一样，他把各个事务的处置权下放给各个部门，比如他让市场部全权负责产品调研工作。

与此同时，井深大刚让信息部全权负责竞争对手的产品信息调研。在研制产品的过程当中，井深大刚和生产第一线的工人团结协作，终于合伙攻克了一道道难关，于1954年试制成功了日本最早的晶体管收音机，并成功地推向市场。索尼公司凭借这个产品，傲视群雄，进入了一个引爆企业发展速度的新纪元。

在这个事例中，我们应该注意到最为重要的两个环节：盛田昭夫放权给井深大刚，井深大刚放权给其他部门。在充分授权下，索尼公司发挥出了团队的整体作用，调动了每一位员工的积极性，把团队的力量发挥到了极致，从而取得了巨大成功。

对于企业管理者而言，把工作交给下属，这是一件非常重要的事情。只有把工作任务交给下属去完成，才能提高下属的知识和工作技能，从而给自己留出更多的时间进行管理工作，让自己成为一名卓越的管理者。

领导智慧

有效的领导力来自充分授权，这样能够发挥团队的整体作用，调动每一位员工的积极性，把团队的力量发挥到极致，从而取得巨大成功。

放权有利于开发员工潜能

作为一名管理者，要正确地利用员工的力量，充分地相信自己的员工，给予他们充分的创造性条件，让员工感觉到领导对他们的信任。一个员工一旦被委以重任，必定会产生责任感，为了让领导相信自己的才干和能力去努力达到目标。

20 世纪 70 年代末，美国达纳公司成为《幸福》杂志按投资总收益排列的 500 家公司中的第二位，雇员 35 万人。

取得这一成绩的主要原因是作为该公司总经理，麦斐逊善于放手让员工去做，调动员工的积极性，提高生产效率。1973 年，在麦斐逊接任该公司总经理后，首先就废除了原来厚达 225 英寸的公司政策指南，以只有一页篇幅的宗旨陈述取而代之。

很多人反对他这样做，有人觉得有风险，毕竟政策指南是随着公司发展积累下来的，对公司业务的开展有着很好的指导作用。甚至有人当面对麦斐逊说："你不要期望所有的员工都像老板那样自觉工作。"

麦斐逊依然坚持自己的做法，在他的眼里，每个员工都是值得信任的。他发布的那份宗旨简洁干练，大意如下：面对面地交流是联系员工、激发热情和保持信任的最有效的手段，关键是要让员工知道并与之讨论企业的全部经营状况；制订各项对设想、建议和艰苦工作加以鼓励的计划，设立奖金。

麦斐逊的放手让员工自己以各种方式保证了生产率的增长。他曾经一针见血地指出："高级领导者的效率只是一个根本的标志，其效率的高低，直接与基层员工有关。基层员工本身就有讲求效率的愿望，领导要放手让员工去做。"

权力的下放可以使员工相信，他们正处在企业的中心而不是外围，他们会觉得自己在为企业的成功做出贡献，积极性会空前地高涨。得到授权的员工知道，他们所做的一切都是有意义、有价值的。

这样会激发员工的潜能，使他们表现出决断力，勇于承担责任并在一种积极向上的氛围中工作。

领导智慧

放权会激发员工的潜能，使他们表现出决断力，勇于承担责任，并在一种积极向上的氛围中工作，企业的目标会很快实现。

把任务授权给合适的人

企业管理的精髓之一就是分解工作，分配各种资源，把工作指派给最为合适的人。作为一个管理者，把任务授权给最合适的人是最重要的。用最简洁的话来讲这个观点，就是指管理者向员工分配一项特定的任务或项目，这个项目要从员工的兴趣、特长出发，最终保证被指派者能够顺利完成该任务。

有一个证券公司的经理曾经非常困惑，很多工作十分努力的员工，在接受他委派的任务后却不能圆满完成，这使他百思不得其解。

最终，一个离职员工的话使他茅塞顿开。

原来这个员工对他说："经理，我很喜欢咱们公司的工作环境和工作氛围，但是我发现这里的工作并不适合我。开始您让我去跑销售，别人很轻松就完成的任务，我很多天都无从下手。那个时候我非常不开心，觉得自己很笨，甚至非常灰心。后来一次偶然的机会，我进行了职业测评。测评的结果让我很惊讶，原来我不是比别人笨，也不是我不愿意干好，而是我在做一个不适合自己的工作。我以前一直在证券、期货、市场里面辗转，但是越干越不顺心。经过职业测评我发现，我是一个内向气质的人，与人沟通的能力和意愿较弱，回避失败的倾向非常高，而冒险和争取成功的倾向非常低，但是同时我处理细节的能力非常强。因此专家建议我应该去做财务、库管之类需要细心、操作性强的工作。所以我决定重新调整自己的人生。"

听完这个员工的话，经理顿时觉得如同醍醐灌顶。

他意识到：与这个员工选择职业一样，分配工作也是同样的道理。在分配给员工任务之前，我有必要对每个员工都有一个全面的了解。我需要了解员工属于哪一种特质，适合哪一类型的工作。性格活泼的人，适合有挑战性的工作；性格内向的人，适合稳定的工作；还有的人擅长与人打交道；有的则适合与物打交道。

造物者给了人类千千万万种性格，其中也含有一定的共性。按照这种共性分类分析，就能把工作分配给最适合的人了。

领导智慧

把任务分配到员工头上的时候，一定要考虑员工个人的意愿、兴趣和特长。只有把合适的任务分配给合适的人，才可能有最为完美的结果。

放权给最合适的人

一个大型酒店的老板，由于酒后肇事被判入狱 3 年。这位老板只信任他的一位吹长笛的朋友，于是将酒店交给这位朋友经营。这位吹长笛的朋友上任第一天，见到的基本都是硕士、海归、博士等酒店管理人员，他们对这位吹长笛的代理老板很不屑，说："你一个吹长笛的懂什么，凭什么管理这个酒店？"这位长笛老板回答："我是不懂什么，我只懂如何让一群自己认为什么都懂的人给我赚钱！"

这个回答很经典。企业的管理者没必要什么都懂，他只需懂一件事：如何放权给最合适的人。这位长笛老板知道自己该干什么、会干什么，他把酒店的各项业务交给最有能力的人来负责，他整日好像什么都不干，但是酒店却经营得很好，并没有因为老板的入狱而出现停业。放权，让这家酒店持续行驶在正确的航道上。

杰克·韦尔奇是20世纪最伟大的CEO之一，他曾是美国通用电气公司的总裁，被称为"经理人中的骄傲""经理人中的榜样"。在一次全球500强经理人大会上，杰克·韦尔奇与同行进行了一次精彩的对话。其中有一个人问他："杰克·韦尔奇先生，请你用一句话说出通用公司成功的最重要的原因。"杰克·韦尔奇想了想后回答说："是用人的成功。"又有人问他："你能否用一句话来概括自己的领导艺术呢？"杰克·韦尔奇笑了笑，说："让合适的人做合适的工作。"

不管你从事什么行业，想要成功，管理者都必须创造出一种能使员工有效工作的环境。管理者不需要什么都懂，只需要做好一件事：放权给最合适的人，发挥他们最大的整体效益。

领导智慧

领导者可以什么都不懂，但要有"慧眼识珠"的本事，懂得如何放权给最合适的人，发挥整体最大的效益。

信任是关键

当一位领导懂得充分信任自己的下属时，下属们做起工作来就能最大限度地发挥自己的潜力。权力的下放可以使员工相信，他们自身与企业的发展息息相关。在这样愉悦、上进的氛围中，员工不需要通过层层的审批就可以采取行动，参与的主动性就增强了，企业的目标也会更快得以实现。

比尔·盖茨非常愿意给予员工充分的空间，发挥他们的最大作用和潜能。他说："我采取的领导方式就是放任，不用任何规章去束缚员工，让他们在无拘无束的信任氛围中，发挥每个人的创意和潜能。"他喜欢把复杂的事情简单化，因为他相信自己的员工都很聪明，他很信任员工，让员工自行作决策，如果有员工不守法，他会单独针对这个员工处理，而不是对所有员工都一视同仁。

盖茨的做法与微软特殊的历史、文化有关。早期的微软主要由软件开发人员组成，强调独立性和思想性，因此，微软的特点是"赋予每个人最大的发展机会"。微软在人才引进时标准很高，因此微软员工素质都非常高，员工在自主状态下彼此激发，使得整个团体的表现都极其出色。微软的员工有权对他们进行的工作作任何决定，因此他们的决策和行动非常迅速，工作非常有效率。信任员工，让员工放手去做，这也是微软始终保持成功的原因之一。

由此可见，信任你的员工，企业的业绩才会蒸蒸日上。

这也是管理者的一种高智慧，即敢于信任你的部属，真正做到"疑人不用，用人不疑"。如果你想你的下属能拼尽全力地去完成你交代的任务，那么就请把你的猜疑之心收起来。

领导智慧

作为一名管理者，正确地利用员工的力量，充分地相信自己的员工，给予他们充分的创造性条件，让员工感觉到领导对他的信任，才是放权的关键。

没有能不能，只有愿不愿

中国历史上对于"领导"行为的界定可谓丰富至极。《三国志》记载："蜀国政事无巨细，咸决于亮。"诸葛亮尽管运筹帷幄，决胜千里，却仍"事必躬亲，鞠躬尽瘁"，虽一生劳顿却功名难成。授权可以提高管理效率，但为什么管理者不愿意进行授权呢？常见的原因有以下几点：

（1）也许可以把他看作传统小生产体制时代的产物，代代相传，今天我们的主管才能把"领导的职责"定位于此。

（2）管理者相信，对于这项工作，自己是唯一的胜任者，即使让下属完成也是一百个不放心。然而，真实的情况往往是管理者并没有真正把他手头的工作重新考虑，按难易程度列队，以确认有些工作是只有他自己才能做到的，而其他大部分工作却并非如此。

如果说下属的确给你"不能胜任这项工作"的印象，很可能仅仅因为你没有给下属机会让他们去做。

还有，管理者不相信下属会完全领悟自己想表达的东西，把工作交给他们，结果自己不会满意，到头来还要自己亲自去做。

（3）管理者有时懒得费口舌向下属解释工作如何做，所以他们不知道该怎么做。如果你把工作标准化，你的解释并不麻烦，而且如果你不让下属做这一次，下一次他们又怎么可能做到使你满意呢？

管理者常抱怨下属中没有千里马，没有将才，却没有想过作为主管，对下属所负的责任该是什么。

拒绝授权的管理者还会给出许许多多各式各样的理由来证明他们的"不授权"是正确的，是唯一可能的选项。而同时，结果也往往是这样：他总是匆匆忙忙，总是埋身于事务性的工作，总是抱怨而又总是出漏洞，他的下属总是缺乏动力，缺乏责任心，总是懒洋洋的，企业总不能按他的期望运转，效率总是可望而不可即……

领导智慧

授权可以提高管理效率。授权没有能不能，只有愿不愿意的问题。

不要给"逆向授权"可乘之机

"授权是由管理者指向下属的吗？"管理者们从来不曾怀疑这一点。真正令人奇怪的是，管理者有时会成为下属们"授权"的对象。管理者把适合下属能力的任务，连同完成这项任务所需要的权力一齐给予下属。

但下属冷不防，又把球踢给了管理者，而管理者却未必意识到这一点，结果还是自己做了这项工作。这就是某些下属自觉或不自觉地玩的一种把戏——"逆向授权"。

有些管理者成天手忙脚乱，他的办公室里总是排满了向他请示工作的人，这些人是他属下的各个部门的头头，他们把本该由他们自己去作决定的事一股脑儿都推到了管理者头上。

而这位管理者在逐一替他们作决定时，非但没意识到他是在替他的下属工作，反而可能还沾沾自喜，沉迷于受到尊重的美妙感觉之中。

高明的管理者不会允许这种事情发生，更不会纵容下属这种不负责任的行为，管理者应把球巧妙地踢回去。当下属请示该怎么办时，反问道："你认为可能的办法有哪些呢？""你觉得哪个办法更好些，能说一下理由吗？"

记住，你是管理者，你总是能采取主动的。然后，在某个适合的场合，管理者重提这件事，或明或暗地转告下属："不要试图逃避责任，如果事事都要由我自己来决定，你们根本没有在这里的必要了。"

美国山达铁路公司总经理史特莱年轻时，虽自己努力工作，但不知怎样去支配别人工作。

一次，他被派主持设计某项建筑工程。他率领 3 个职员至一低洼地方测量水的深浅，以便知道经过多么深浅的水才可以建起坚固的石基。

当时史特莱才 20 岁出头，资历尚浅，虽已有几年在各铁路测量队或工程队服务的经验，但独当一面指挥别人工作，尚属第一次。

他极想为 3 个职员作出表率，以增进工作效率，在最短的时间内完成工作。所以开始的第一天，他埋头工作并以为别人一定会学他的样，共同努力。谁知道那 3 个职员世故甚深，狡猾成性，他们见史莱特这么努力，便假惺惺地奉承史特莱的工作优良，而自己却袖手旁观，几乎一事不干，成绩当然难以达到史特莱预先的期望。

史特莱思索了一晚，发觉自己措施失当，知道自己若将工作完全揽在身上，他们自己则无须再行努力。

第二天工作时，史特莱便改正了以前的错误，致力于指挥、监督，不再事必躬亲，这样果然成效显著。

领导智慧

身为管理者，必须注意防止"逆向授权"，这样才能成为一名成功的管理者。

给下属更多的决策权和责任

领导者授权的真正核心是——要能够给下属以责任，赋予权力。只有这样才能保证员工出色发挥自己的潜能并最终赢得他们的拥戴。

前北欧航空公司主管营销的副总裁詹·卡尔佐统计发现，第一线的员工每天需作出大约 17 万个大大小小的决策。

当他升为最高业务主管时，公司每年的客流量已经达到1000万，员工与顾客的接触机会达5000次。

因此，员工的服务状况将直接影响公司的效益。

美国通用电气公司前首席执行官韦尔奇是开发人力资本和激活知识型员工的能手。他提出了精简、速度和自信原则，认为培养员工自信的办法就是放权和尊重，建立简洁的组织。

杰克·韦尔奇认为，企业内每个员工任何时候都会做出决策。一个优秀的领导者应当适当放权，将权力和责任交给自己的下属，这样才能使下属的才能充分地发挥出来。

领导智慧

任何一名成功的领导者在管理中都必须遵循这样一个原则，那就是给自己的下属一定的决策权，并让其为之承担相应的责任。

第三章
沟通要行之有术

理解"上情"，理顺"下情"

中层领导身份的特殊性在于：面对下属时，他是一个领导者；面对领导时，他又是贯彻领导意图的一个中转站。一身兼具领导和部下的双重身份，可谓既当婆婆又当媳妇。这种独特的身份要求中层领导者必须同时了解上级与下级，做到能"上"也能"下"，做好"上情"与"下情"的互动。

所谓"上情"，就是通常所说的"上头精神""领导意图"，指高层领导的决策方针。所谓"下情"，是指本部门、本单位的客观实际情况，其中包括人员素质、群众情绪等具体问题。只有把上情和下情结合起来，才能在工作上融会贯通，应对自如。

吃透上情、掌握下情，并不是目的。往往有些中层领导对上情和下情都很熟悉，但工作却起色不大，这是因为他们没有把上情与下情结合起来。无论是贯彻落实上级领导的指示精神，还是检查指导下层的工作，或者向上级领导汇报，作为一名中层领导，都要从实际出发，把"上情"与"下情"有机结合起来。理解"上情"，理顺"下情"，是个中秘诀。

要做到"上情""下情"有机结合，可从以下几个方面着手：

1. 抽象问题具体化

上级下达指示要通盘考虑，其精神通常是管全局、管方向的，具有普遍的指导意义。但具体各部门情况千差万别，执行起来不可能是一个步伐、一套模式。所以中层对那些有明确要求的政策,应研究贯彻实施的具体办法,认真组织落实;对那些只提供了政策思想和一般原则的,就要从本地实际出发,做出切实可行的具体规定和细则。

2. 一般问题典型化

如果只是单纯执行上级指示,只能带来工作的一般化。而如果样样工作都一般化,就谈不上什么创造性,事业就难以取得突破性的进展。要想克服一般化的难题,就必须把上级的方针政策形象化、典型化,多抓些典型事情,这样有助于提高认识,开阔思路,工作也就有了自己的特色。

3. 理论问题实践化

上面的政策由于是针对全局而言的,原则的东西会多一些,所以理论色彩较浓。从事实际工作的中层领导要想把这些精神落到实处,就必须善于把上级的理论变成活生生的实践。这就要求中层领导者要认真研究具体问题,使上级领导的精神及时在下级中实践开来。

领导智慧

要做好"上情"与"下情"的有机结合,必须对"上情"和"下情"做到心中有数,胸有成竹。

既要雅的,也要俗的

领导与下属沟通,除了针对工作中的具体问题,还要时不时有些"无关紧要"的谈心。谈心是沟通的桥梁。

谈心首先要把握住准确时机,你不能在下属心急火燎地赶任务时，把他拉到外边喝茶聊天，而且谈心时要讲究语言技巧。一般来说，根据谈心对象不同的文化素养、性格特点、习惯爱好，要使用不同的语言。

有些人比较内向，对他们使用的语言要柔和一些，使道理像春风化雨那样点滴入土，润物无声；而对直爽开朗的，就可以一针见血地指出问题；对文化层次高的下属，语言应该文雅一点，太俗气了他会觉得你不尊重他，甚至会瞧不起你，无论哪种情况，他都不愿听你谈话；对没读过多少书的人，如果用词太文雅了，他会听不懂，更会觉得你装腔作势，所以语言要平实一些；对资历深、工龄长的员工，谈心时可以探讨一些深奥的哲理，多举一些彼此熟知的例子；对年轻识浅、思想单纯的员工可以多用些通俗易懂的语言，深入浅出，并注意在谈话中多讲一些故事，增加趣味性和说服力。

在沟通中，语言的准确性相当重要。善于做思想工作的人，平时往往注重积累词汇，讲话时很注意逻辑性。除此之外，声音的抑扬顿挫、言语的节奏感也要注意。

领导智慧

对不同的人，说不同的话。

既要明言，也要暗示

每个人都喜欢心直口快的人，好比《红楼梦》里的史湘云，但领导者有时候必须得做胸有丘壑的薛宝钗。面对下属，有时可以直来直去，有时却要懂得迂回、暗示，得明白有些话不宜说破、说穿，只能点到为止。

暗示，是一种含蓄、间接的驾驭术。暗示性的话既可以是矛，也可以是盾。老牛拉车，硬赶不行，不妨兜个圈子，再把它引上路。巧妙地利用暗示，可使下属心甘情愿地接受领导的意志和命令，迅速开展行动。

在以下两种情形下应该使用暗示：

（1）当中层领导者要向下属传达一种信息，而这种信息又只可意会不能言传的时候。

（2）当下属和中层领导交换信息，这种信息暂时需要保密而前后左右耳目众多，不宜直接表达时。

使用暗示的方式各种各样，比如：告诉下属，你已在上级面前替他挡过不少过失，使他心存感激而接受工作要求；故意放出风声说，若是这次工作成效不佳，公司可能有人会被开除，使他因害怕而服从；先讲一番道理给下属听，如年轻人眼光要放远一点，应好好做事，然后再派工作给他。

运用暗示，要根据下属的心理特点来。一般来讲，年龄小、性格弱、独立性较差的人，更易接受暗示。反之，那些独立性较强的人，暗示的效用则小些。

领导智慧

把什么事都说得透亮，并非最高明的谈话。

要放下架子，待人真诚

中层领导干部做下属的思想工作，不管是一般的交流、谈话，还是有针对性地对其说服、教育、批评、帮助，都要以平等、坦诚为沟通的基础。首先要明白一点，你和下属虽然有职位高低、权力大小、角色主动与被动等差别，但在人格上双方是完全平等的。你如果摆架子，下属或许会被你震慑住，你的权威感是建立起来了，但却无法听到下属的心里话。

为人处世要以诚为本。无论身处何时何地，说话、办事一定要遵循一个"真"字，对人要说真话，待人要以真心。那些言不由衷的空话、大话和假话要请出你的词典，更不要用虚情假意、矫揉造作的假感情糊弄下属。要聪明，但不要小聪明。只有放下架子，去掉偏见，才能与下属交朋友。一个真诚的人，在说话时自然会情真意切，从而在和风细雨中打动受教育者的心，增强我们的工作效果。当然，放下架子是在坚持原则的基础上。

领导智慧

为人处世要以诚为本。

使意见在不同类型的成员之间畅通无阻

每个单位都有一些不常参与沟通却能提供极佳意见的男女员工，他们可被概括为三种类型：

1. 孤傲者

他们有专业的出身环境，能力过关，信奉"能力决定报酬"。

在埋头苦干的时候，从未学习过人际交往的技巧，一旦开口，往往只讲简单的几句话。这类人对工作本身的忠诚超过对组织的忠诚，他们更关心"工作完成了没有"，而不是"大家处得是不是开心"。研究中心的科学家、会计师、工程师和许多其他专家都属于这类人。

2. 被忽视者

他们之所以无法贡献他们更多的心力，是因为他们是"热心但沉默的一类"。这一类型的人大智若愚，知道自己再怎么表现经理也看不上，索性就不表现了。

3. 言简意赅者

有些人视多言如蛇蝎，他们认为只有言简意赅才有价值，其他多说的一语一言都是在浪费时间，浪费生命。结果他们不愿表达任何"浪费时间"的意见，但这些意见可能在讨论会中极富价值。

管理者必须对这三类人加以分析，同时要求他们广泛地参与团队讨论，或在某些状况下让他们提出更细微、更具体的建议，并将这些建议付诸实施。当这些人参与任何层级的活动时，不妨给予热烈的赞许和鼓励。

领导智慧

让"闷葫芦"开口说话是领导者的任务。

要善于听，还要善于想

古人说："听君一席话，胜读十年书。"古代名相子产，以"不毁乡校"著称，便是广泛听取乡校中的议论，采纳雅言，鉴证得失，及时发现失误和长处，采取有效的措施。善于听的人可以通过听别人的议论，拓宽视野，增加知识，获取经验，增长见识，丰富阅历，这是自我完善的有效途径。

不仅要善听，听了还要想。如果听了便当耳旁风，左耳进，右耳出，就无异于竹篮打水。矫枉过正也不对，如果听了都牢牢记住，不加区分和择别，听一句记一句，则又会使自己陷入"听而不思则罔"的困境。最后，众说纷纭，莫衷一是。

在处理比较复杂棘手的问题时，一定要深思熟虑。单个人的想法毕竟有限，不妨听听来自各方面的意见，然后权衡利弊，综合判断，得出结论。博采众议最大的好处在于笼络人心。善于倾听别人的议论，会使别人心中产生受重视的感觉。

意见多分两类，一类是有关计划或方案策略的计谋意见，另一类则是指正工作得失、正误的批评性意见。对于前者，既要虚心听取，又不可偏听偏信。要善于区分，不可盲从。对于后者，最重要的是态度，所谓"忠言逆耳"。谁都不愿被人指责缺点，但襟胸坦荡的领导者能够做到虚怀若谷，批评无论对与错，恰当与否，都应欣然接受。

领导智慧

意见纷呈，要谨慎选择。听之有益，则听之；听之无益，则不听。

不但要"言者无罪"，更要"言者有功"

春秋战国时，齐威王在邹忌的讽谏之下，为争霸天下，下令悬赏谏言："群臣吏民，能面刺寡人之过者，受上赏；上书谏寡人者，受中赏；能谤议于市朝，闻寡人之耳者，受下赏。"对提意见者奖赏，绝非一般君主可以做得来的。此令一出，进谏者"门庭若市"，"时时而间进"，一年后，"虽欲言，无可进者"。齐渐之兴盛，"燕、赵、韩、魏闻之，皆朝于齐"。

俗话说，众人拾柴火焰高，群众的力量是无穷的。在组织决策过程中，领导者享有最后拍板的权力，但之前的决策过程是一个极为重要的环节，在最后拍板决策之前，领导者要主动、虚心征求各方面的意见。

"言者无罪"是鼓励发言的基本保障，"言者有功"才是广开言路的终极武器。领导者在本单位要提倡人人争相发言的风气，首先要乐于听取下级群众的意见。

领导智慧

你有一个苹果，我有一个苹果，交换后还是每人一个。你有一个想法，我有一个想法，交换后每人就有两个。集思广益，是企业发展的必经之路。

下属的建议你可以不喜欢，但不能不倾听

"兼听则明，偏听则暗"，大凡下属提出建议、意见，只要是论及公事而非个人私情，无论对错，管理者都应侧耳倾听。因为倾听本身就是一种姿态，一种鼓励，不要抑制别人提出自己的看法。

对于有能力的下属来说，如果领导乐于听取不同意见，

他们就会更积极、更大胆地献计献策，会更勇敢地纠正领导的过错，更自觉地提出改进工作的建议。反之，如果领导一听到反面意见就大皱眉头，甚至对献策的人假以辞色，乃至打击报复，不接受部下的建议或批评，势必会人心向背，失去下属的信赖和拥戴。

秦始皇执掌大权后，除掉了原来垄断朝政的吕不韦，并将吕氏门下的 3000 多门客全部驱逐出境。紧接着，又下了一道命令：凡是从别的国家来秦国的人都不准居住在咸阳，在秦国做官任职的别国人，一律就地免职，3 天之内离境。他这样做，主要有以下几方面的原因：一是担心从别国来秦的人太多太复杂，恐怕会对秦国有所损害；二是认为自己英明无双，有能力治理好秦国，不需要其他国家所谓的人才；三是某些大臣为了排挤别国来做官的人，进谏秦始皇，劝其驱逐别国人，以争权夺利。

驱逐人才是历代君主的大忌，秦始皇草率作出如此决定，势必引起一些有见识的大臣的不满。李斯是当时朝中的客卿，来自楚国，也在被逐之列。他认为秦始皇此举实在是亡国的做法，因此上书进言，详陈利弊。他说："从前秦穆公实行开明政策，广纳天下贤才，从西边戎族请来了由余，从东边宛地请来了百里奚，让他们为秦的大业出谋划策。而当时秦国的重臣蹇叔来自宋国，配豹和公孙枝则来自晋国，这些人都来自异地，都为秦国的强大做出了巨大贡献，收复了 20 多个小国，而秦穆公并未因他们是异地人而拒之门外。"

李斯又举出大量历代有作为的秦王广招贤才、多方纳谏的事例，并直言指出，秦始皇的逐客令实在是荒唐至极，把各方贤能的人都赶出秦国就是为自己的敌国推荐人才，帮助他们扩张实力，而自己的实力却被削弱，这样不仅统一中国无望，就连保住秦国不亡也是一件难事。

这一系列的肺腑之言虽然尖锐刻薄，但都是逆耳之忠言，使得秦始皇如醍醐灌顶，恍然大悟。他意识到自己由于听了某些狭隘大臣的愚见，更是出于自己的骄横，作出了这样错误的决定。自己如此地不明事理，哪里还能得到其他贤能之士的辅佐呢？秦始皇立刻传令四方，告知众人，秦王收回了逐客令，挽留各方的人才。同时派人请回李斯，"为其复职，当面谢罪"，同他共同商讨统一六国的大业，并决定此后要广招各方志士，争取他们为秦国的强大做出贡献，为自己效力。

正因为秦始皇听取了李斯的建议，不仅原来其他国家的人留下不走了，还有越来越多的外地人也来投奔秦国，四方的百姓都来归顺了，秦王朝的实力一天天地强大了起来，为实现统一奠定了雄厚的基础。李斯见秦始皇善于纳谏，知错即改，实为明君，值得辅佐，也献计献策，为他统一天下而效力。这样，经过秦国上下一心的发愤图强，10 年之后，中国历史上第一个中央集权制的封建国家终于形成了。

领导智慧

忠言逆耳，良药苦口。无论是糖衣或是苦药，领导要做的就是闭紧嘴巴先吞下，然后再去消化。

笨人做工，聪明人做沟通

很多领导因为自己"位高权重"，从来都是他发话别人听，所以不考虑沟通的技巧。善言未必真豪杰，很多闷葫芦其实卖了好药。但是在实际工作中，人们都只能凭借你的言语来判断你的档次。

李开复在微软时，管理着一个有 600 多人的研究中心。作为一个全面负责的领导，他需要倾听和理解每一个人的心声。为了达到这样的目标，他选择了独特的沟通方法——"午餐会沟通法"。

他每周选出 10 名员工，与他们共进午餐。在进餐时，他详细了解每一个人的姓名、履历、工作情况以及他们对部门工作的建议。为了让每位员工都能畅所欲言，他尽量避免与一个小组或一间办公室里的两个员工同时进餐。另外，他会要求每个人说出在工作中遇到的一件最让自己兴奋的事情和一件最让自己苦恼的事情。

进餐时，他一般会先跟对方谈一谈自己最兴奋和最苦恼的事，鼓励对方发言。然后，他还会引导大家探讨一下所有部门员工近来普遍感到苦恼或较关心的事情，并一起寻找最好的解决方案。

午餐会后，他一般会立即发一封电子邮件给大家，总结一下"我听到了什么""哪些是我现在就可以解决的问题""何时可以看到成效"等。

通过这样的方法，在不长的时间里，他就认识并了解了部门中的每一位员工。最重要的是，他可以在充分听取员工意见的基础上，尽量从员工的角度出发，合理地安排工作。渐渐地，研究院的工作越来越顺利。

实际上，开放式沟通一直在微软流行着，它要求所有员工在任何沟通场合里都能敞开心扉，完整地表达自己的观点。微软要求在开会时，大家如果意见不统一，一定要表达出来，否则公司可能错过改进的良机。例如，当Internet（互联网）产业刚起步时，很多微软的领导者，包括比尔·盖茨在内都没认识到它的价值而不打算投入太多精力来研究。但是，有两位刚加入微软的技术人员不断就此提出自己的意见，虽然他们的上司并不理解和赞成他们的意见，但是仍然支持他们保留开放式沟通的权利，使他们的声音很快传到比尔·盖茨的耳朵里，最终促使比尔·盖茨下决心改变公司方向，全面支持Internet（互联网）技术。

沟通不仅能拉近上下级之间的关系，也能帮助领导作出不少明智的判断，我们常常见到很多天才型的人空降到某个大企业，提出了一套完全自主研发的方案，不管下属们是否支持就一直推行，结果铩羽而归的故事。他们败就败在缺乏沟通技巧。

领导智慧

Internet要想知道员工脑子里的想法，得先打开他们的嘴巴。沟通意味着听到不同的声音，不同的声音往往意味着前进的足迹。

管人先管己 带人先带心

管理其实就是一个沟通的过程

杰克·韦尔奇被誉为"20世纪最伟大的企业领导人"之一，在他上任之初，GE内部等级制度森严，结构臃肿。韦尔奇通过大刀阔斧的改革，在公司内部引入非正式沟通的管理理念，对此，韦尔奇说："管理就是沟通、沟通、再沟通。"

GE最成功的地方，是杰克·韦尔奇在公司内部建立起来的非正式沟通的企业文化。通过这种非正式沟通，韦尔奇不失时机地让人感到他的存在。使公司变得"非正式"意味着打破发布命令的链条，促进不同层次之间的交流，改革付酬的方法，让雇员们觉得他们是在为一个几乎与人人都相知甚深的老板工作，而不是一个庞大的公司。

韦尔奇比他人更知晓"意外"两字的价值。每个星期，他都会出其不意地造访某些工厂和办公室；临时安排与下属经理人员共进午餐；工作人员还会从传真机上找到韦尔奇手书的便笺，上面是他遒劲有力又干净利落的字体。所有这些的用意都在于领导、引导和影响一个机构庞大、运行复杂的公司。韦尔奇最擅长的非正式沟通方式就是提起笔来写便笺，目的就是为了鼓励、激发和要求行动。韦尔奇通过便笺表明他对员工的关怀，使员工感到他们之间已从单纯的上级与下属的关系升华为人与人之间的关系。

一位GE的经理曾这样生动地描述韦尔奇："他会追着你满屋子团团转，不断地和你争论，反对你的想法。而你必须要不断地反击，直到说服他同意你的思路为止。而这时，你可以确信这件事你一定能成功。"这就是沟通的价值。

韦尔奇曾说："我们希望人们勇于表达反对的意见，呈现出所有的事实面，并尊重不同的观点。这是我们化解矛盾的方法。""良好的沟通就是让每个人对事实都有相同的意见，进而能够为他们的组织制订计划。真实的沟通是一种态度与环境，它是所有过程中最具互动性的，其目的在于创造一致性。"沟通就是为了达成共识，而现实沟通的前提就是让所有人一起面对现实。

沟通是企业组织中的生命线，好像一个组织生命体中的血管一样，贯穿全身每一个部位、每一个环节，促进身体循环，提供补充各种各样的养分，形成生命的有机体。沟通还是企业创新进步的肥沃土壤，许多新的管理理念、方法技术的出台，无不是经过数次沟通、碰撞的结果。

每个管理者都面临着沟通问题，采用以下 6 种方法，可以使沟通更加有效地进行：

（1）平等地进行沟通。

（2）站在别人的立场上看问题。

（3）训练交流技能。

（4）传递明确的信息。

（5）传递的信息必须准确。

（6）根据各自需要进行沟通。

领导智慧

Internet 如果把一个公司比作人体，那么领导者就是心脏，员工就是血管中的细胞，而沟通是血液，运输着每一个细胞，成就一个健康的人体。

从每天听取一条不同意见做起

古往今来，成功的领导者都非常重视听取下属的意见，尤其在现代企业管理界这种现象更为常见。很多卓有成效的领导者都有认真听取员工对工作的看法，积极采纳员工提出的合理化建议的习惯。员工参与管理会使工作计划和目标更加趋于合理，并且还会增强他们工作的积极性，提高工作效率。

柯达公司创建伊始，为了改善公司的经营管理，创始人乔治·伊士曼就已经非常重视听取员工的意见了。他认为公司的许多设想和问题，都可以从员工的意见中得到反映或解答。为了收集员工的意见，他设立了建议箱，这在美国企业界是一项创举，公司里任何人，不管是白领还是蓝领，都可以把自己对公司某一环节或全面的战略性的改进意见写下来，投入建议箱。公司指定专职的经理负责处理这些建议。被采纳的建议，如果可以替公司省钱，公司将提取头两年节省金额的15%作为奖金；如果可以引发一种新产品上市，奖金则是第一年销售额的3%；如果未被采纳，也会收到公司的书面解释函。建议都被记入本人的考核表格，作为提升的依据之一。

柯达公司的"建议箱"制度，从1898年开始实施，一直沿用到现在。第一个给公司提建议的是一个普通工人，他的建议是软片室应经常有人负责擦洗玻璃。他的这一建议得奖20美元。设立建议箱100多年来，公司共采纳员工所提的70多万个建议，付出奖金达2000万美元。这些建议，减少了大量耗财费力的文牍工作，更新了庞大的设备，并且填补了无数工作漏洞。例如，公司原来打算耗资50万美元，兴建包括一座大楼在内的设施来改进装置机的安全操作。可是，工人贝金汉提出一项建议，不用兴建大楼，只需花5000美元就可以办到。这条建议后来被采纳，贝金汉为此获得50000美元的奖金。

进入20世纪80年代以后，柯达公司的员工向公司建议更为积极。1983年、1984年两年有1/3以上的员工提过建议，公司由于采纳员工建议而节省了1850万美元的资金，为提建议的员工付出370万美元的奖金。柯达公司设立"建议箱"所取得的成果，吸引了美国不少企业。目前，相当多的企业已仿效柯达设立建议箱来吸收员工意见，改善经营管理。

可见，听取不同意见对管理者来说是一件非常"廉价的投资"，没有任何力量比思想的力量更强大，没有任何团队比拥有善于提意见的员工和善于听取意见的管理者的团队更优秀。因此，善于听取意见是优秀管理者修炼的第一堂课。

领导智慧

员工的意见和想法是一个雪球，天长日久地积累，你将会收获一座雪山。

样样工作离不开沟通

在一个群体中，要使每一个群体成员能够在共同的目标下，协调一致地努力工作，就绝对离不开沟通。沟通，是人类活动和管理行为中最重要的职责之一。因此，组织成员之间良好有效的沟通是任何管理艺术的精髓。

对于一个组织来讲,确定目标,制定决策,进行组织、控制、协调,以及对人际关系的改善,组织凝聚力的形成,组织的变革与发展,都离不开沟通。具体讲,沟通在组织管理中的作用表现在以下几个大的方面:

1. 沟通是实现科学决策和有效计划的前提条件

任何社会组织都是一个开放系统,组织外部复杂多变的因素对组织的生存和发展施加着直接的和间接的影响。一个组织通过与外界的信息沟通,可以获得外界环境变化和需要的各种信息,从而为决策和计划提供必要的依据和参考。

2. 沟通是实施有效组织和协调的依据和手段

现代社会组织的一个十分显著的特点就是组织规模庞大、人员众多、业务繁杂,并且高度专业化。在此情况下,利害冲突、意见分歧、相互制约和摩擦在所难免,而意见和信息交流与沟通可以消除这些弊病,增进组织的效能。

3. 沟通是建立和改善人际关系的必要途径

从行为科学的角度来看,组织是一群人对工作职责的了解、团体精神的感受、情感的交流、需要的满足所形成的一个心理状态。沟通有赖于联络,有赖于人的思想和情感的交流和了解。

4. 沟通是改变组织成员心理和行为的有效方法

人们接收不同的信息,受不同的刺激,会形成不同的态度,产生不同的行为。因此,通过传递适度的信息,可以改变人们过激的心理结构和行为方式,以适应现代社会的要求。

5. 沟通可以提高组织工作的效率

在庞大的组织中，建立四通八达、自由交流的信息沟通网络和方式，可以改变文山会海、公文旅行、拖拉作风、官僚主义等恶习，提高组织工作的效率。

领导智慧

沟通的艺术，是一种人际关系的升华，也是加强领导与员工彼此理解的前提。

最好的备忘录只有一页

宝洁公司的制度具有人员精简、结构简单的特点，其制度与公司雷厉风行的行政风格相吻合，宝洁公司制度的这一特点，集中体现在该公司的标语"一页备忘录"里。

一次，宝洁公司的一位经理向总经理查德·德普雷递交了一份厚厚的备忘录。这份备忘录上详细介绍了他对公司问题的处理意见。没想到，理查德·德普雷看到后连翻都没翻，而是非常生气地在上面加上了这样一条命令："把它简化成我所要的东西！"然后吩咐将这份备忘录退回。

还有一次，一位主管递上来的报告非常复杂，查德·德普雷在后面批示道："我不理解复杂的问题，我只理解简单明了的！"

这就是宝洁的风格。他们坚持只用一页便笺进行书面交流。宝洁要求员工要不遗余力地将报告的精华浓缩到一页，把问题搞清楚，把事情搞透彻才是最主要的，而那些长篇大论就显得毫无必要。

对此，查德·德普雷曾这样解释道："我工作的一部分就是教会他人如何把一个复杂的问题简化为一系列简单的问题，只有这样，我们才能更好地进行下面的工作。"

在宝洁，为了贯彻这种一页备忘录的原则，备忘录的写作甚至被当作一种训练的工具。对资历较浅的人员来说，一个备忘录重写 10 次是常见的事。公司资深经理或新任的品牌经理，在草拟备忘录时，一般也要至少打上五六遍草稿，才能达到"在一张纸上做到细致、慎思、严格"的要求。通过不断地重写备忘录，宝洁希望能够训练员工更加周密地思考问题、有效地沟通。

一页备忘录的威力在于，它的要点鲜明集中，比主旨散布在十多页上的分散式、复杂式的报告要简洁清楚。同时，一页备忘录也解决了很多问题。

首先，因有少量的问题有待讨论，审核的速度加快了，工作效率也提高了；其次，避免了大量的、不必要的时间上的浪费；最后，这种精练的文章形式，使要报告的事情的含金量大大提高。

领导智慧

丘吉尔曾经说过："泛泛地说，短句最好，老话好上加好。"沟通要讲究简洁明了，长篇大论的泛泛之谈只会让别人厌烦。

建立内部沟通系统

美国微软公司是 IT 行业的精英人才库，它的成功固然有多方面的经验可以总结，但就其对内部员工的民主化和人性化管理来说，一个不同于其他企业的特色是公司为了方便员工之间以及上下级之间的沟通，专门建立了一个快捷高效的公司内部电子邮件系统。每个员工都有自己独立的电子信箱，上至比尔·盖茨，下到每一个员工的邮箱代码都是公开的，无一例外。作为微软的员工，无论你在什么地方、什么时间，根本用不着秘书的安排，就可以通过这一"内部电子邮件系统"和在世界任何一个地方、包括比尔在内的任何一个内部成员进行联系与交谈。由于这一系统的存在，每个员工都深深体验到一种真正的民主氛围。

微软的员工认为，"内部电子邮件系统"是一种最直接、最方便、最迅速，也最能体现尊重人性的工作沟通方式。通过"内部电子邮件系统"，除了上层对下层布置工作任务外，员工们之间也可以相互沟通、传递消息，最重要的是员工可以方便地使用它对公司上层，甚至最高层领导提出个人的意见和建议。

有一位员工想多放几天假，就利用"内部电子邮件系统"直接向谢利总裁提出建议：既然公司的经营取得如此大的成功，为什么员工不能多放点假休息休息？为什么不能把假日累积到一起，让大家都可享受连续多日的假期呢？这一建议后来就得到了公司的采纳。

当然，并不是说只要员工提出要求，公司就必须采纳，关键在于"内部电子邮件系统"创造了一条有效的沟通渠道。比如有一次，许多员工通过"内部电子邮件系统"要求在总统宣誓就职日全体放假，谢利几经考虑，最后还是决定不放假。

事后，谢利对比尔·盖茨说："尽管大家不太满意，但公司与员工间的沟通渠道还是畅通的。"此外，员工还可以利用"内部电子邮件系统"来约会。有位女员工非常仰慕比尔·盖茨，但很少有机会能与比尔·盖茨直接见面，她就通过"内部电子邮件系统"约见比尔·盖茨。比尔·盖茨当时很忙，就说："等我有时间，我再约你。"后来，比尔·盖茨果真通过"内部电子邮件系统"与她见了一面。

由此可见，微软的"内部电子邮件系统"为公司员工和上下级的交流提供了很大的方便，为消除彼此间的隔阂，保持人际关系的和谐畅通开辟了渠道，为激励人才、留住人才发挥了极大的作用。

领导智慧

在企业里面，无论是自上而下还是自下而上的沟通，都是为了确保企业管理的工作效率、战略的执行，以及把握商机或者及时发现存在的问题并进行调整和解决。

沟通三种：上行、下行与平行

人与人之间、人与组织之间的冲突和矛盾是不可避免的。为了使之朝好的方向转化，作为领导的你必须学会协调的手段，抓住冲突和矛盾的关键，以便很好地解决。要找出矛盾的关键，你就必须与各方进行沟通。沟通可分三种：上行沟通、下行沟通和平行沟通。

1. 上行沟通

这种方式是指下级的意见向上级反映。职工的愿望反映给领导，获得心理上的满足，从而激发他们的积极性和责任感；领导者可以了解职工的一些情况，如对组织目标的看法、对领导的看法以及职工本身的工作情况和需要等，使领导工作做到有的放矢。领导人应鼓励下级积极向上级反映情况，使上行沟通渠道通畅，领导人才能掌握全面情况，作出符合实际情况的决策。

2. 下行沟通

这种方式是指上层领导者把部门的目标、规章制度、工作程序等向下传达。它的作用一是使职工了解领导意图，以促成目标的实现；二是减少消息的误传和曲解，消除领导与被领导者之间的隔阂，增强团结；三是协调企业各层活动，增强各级的联系，有助于决策的执行和有效的控制。

3. 平行沟通

这种方式是指部门中各平行组织之间的信息交流。在单位中经常可以看到各部门之间发生矛盾和冲突，这除了其他因素以外，相互之间不加强沟通是重要原因之一。

领导智慧

管理过程中，领导者要懂得多方沟通，因为交流对象不止一个。

沟通方法不拘一格

1994 年波音公司经营遇到了困难，新总裁康迪一上任，便邀请高级经理们到自己的家中共进晚餐，然后在屋外围着一大堆火讲述有关波音的故事。康迪请这些经理把不好的故事写下来扔到火堆里烧掉，以此埋葬波音历史上的"阴暗"面，只保留那些振奋人心的故事，下属们因此受到鼓舞，企业也因此渡过了难关。

在康迪的示范下，企业高层管理者也常常和员工一块儿讲故事，发展到后来，讲故事成了波音公司在管理中的一条不成文的规定。

管理沟通方法多样，而我们的主动沟通者应该从多渠道、多角度思考可能存在的解决办法。沟通的类型还可以按照组织系统划分为正式沟通与非正式沟通两大类，其中：

正式沟通，是指通过组织明文规定的渠道进行的信息传递和交流。如企业的汇报制度、会议制度，按组织系统逐级进行的上级批示的下达或下级情况向上级反映等。正式沟通是通过组织明文规定的渠道进行的，其优点在于沟通效果好，具有较强的约束力，一般较重要的信息通常都采用这种方式沟通，但它也有弊端，即沟通速度慢，不易沟通感情，会给沟通带来重重麻烦，这些麻烦就需要依靠平时积累的相关经验进行排解。

非正式沟通，是在正式沟通渠道之外进行的信息传递和交流，如员工之间私下交谈，各抒己见，数人相聚议论某人某事以及传播小道消息或同人们举行非正式的群体娱乐活动等。正式沟通一般是规范化的沟通方式，而非正式沟通却是非规范化的沟通方式。沟通中要注意甄别信息，不要被流言蜚语所干扰，以至于混淆视听，使信息失真。

领导智慧

管理沟通方法多样，而我们的主动沟通者应该从多渠道、多角度思考可能存在的解决办法。

团体沟通：会议 vs 书面

"团体沟通"，顾名思义是指至少三人以上参加的信息沟通活动。团体沟通主要有以下两种常用的沟通方式：会议沟通和电子邮件（或书面）沟通。

1. 会议沟通

"会议沟通"是一种成本较高的沟通方式，沟通的时间一般比较长，因此常用于解决较重大、较复杂的问题。如下的几种情境宜采用会议沟通的方式进行：

（1）需要统一思想或行动时（如项目建设思路的讨论、项目计划的讨论等）；

（2）需要当事人清楚、认可和接受时（如项目考核制度发布前的讨论、项目考勤制度发布前的讨论等）；

（3）传达重要信息时（如项目里程碑总结活动、项目总结活动等）；

（4）澄清一些谣传信息，而这些谣传信息将对团队产生较大影响时；

（5）讨论复杂问题的解决方案时（如针对复杂的技术问题，讨论已收集到的解决方案等）。

2. 电子邮件（或书面）沟通

"电子邮件（或书面）沟通"是一种比较经济的沟通方式，沟通的时间一般不长，沟通成本也比较低。这种沟通方式一般不受场地的限制，因此被我们广泛采用。如下的几种情境宜采用电子邮件的沟通方式进行：

（1）简单问题小范围沟通时（如3～5个人沟通一下产出物最终的评审结论等）；

（2）需要大家先思考、斟酌，短时间内不需要或很难有结果时（如项目组团队活动的讨论、复杂技术问题提前知会大家思考等）；

（3）传达非重要信息时（如分发周项目状态报告等）；

（4）澄清一些谣传信息，而这些谣传信息可能会给团队带来影响时。

领导智慧

不论会议沟通还是书面沟通，最重要的是因事制宜，最合适的才是最好的。

沟通就是要光明磊落

京都陶瓷公司总裁稻盛和夫是个非常有意思的企业家。他能把自己的施政纲领向员工们慷慨陈词，也敢于大胆披露自己往昔的"隐私"和过去的"丑闻"。这些所谓的"隐私"

和"丑闻"并不是别人刻意揭短，全都是他自己说的，例如：

"小学求知时期，在上学途中曾顽皮地用小木棍挑撩女同学的裙子。"大家瞪大了眼睛，尤其是女职员。

"战后混乱时期，曾心惊胆战地从木材商店偷窃过木材。"

"大学深造时期，为了看体育比赛，乘车超过规定区间而被没收月票。"这回，大家好像可以理解了，企业里许多人都这么干过。

"经商创业初期，因为偷税逃税而被税务局批评警告。"

偷税的事可以说，被罚月票的事也可以说……那偷木头和用小木棍挑撩女同学的裙子的事怎么能说呀！稻盛和夫是不是很傻？其实，这正是稻盛和夫的高明之处，正是这种勇于解剖自己的胆识，才使得员工们产生了总经理也不是完人，与我们一样经常犯错误的亲近感。这种感觉潜移默化地增进了上下级的心理融合度。也正是在这种劳资关系的催化下，京都陶瓷公司才能出现上下同心同德，并肩携手创大业的勃勃态势，一动而全动，一呼而百应，一步一步地走向繁荣与昌盛。

领导智慧

藏着掖着是沟通的大敌，沟通就要光明磊落。

没有任何一个想法不值得一听

诺基亚研发部门领导人努佛在加入公司前是位知名的学者，他把自己现在的工作职责视为"解除员工想法上的限制，以寻找下一个热卖产品"，有些像鼓励学生思考的教授。

"没有任何一个想法不值得一听"，他这么告诉员工，虽然让公司推出了一些不叫座的产品，但也孕育了创新的商品。

推出机身无天线的手机，便是一个很好的例子。1996年，一名工程师提出了把手机的天线移至机体内的想法，当时这个想法立刻遭到反对，有些高层主管认为，当消费者看不到天线时，他们会假设手机的传输能力不够强。但是努佛全力支持，不断在公司内进行推销，甚至指导这位工程师如何向提出质疑者解说。这个原本有可能胎死腹中的创意，在1998年成为商品上市时，成为诺基亚史上最赚钱的产品之一，并且引得竞争对手纷纷模仿。

拥有源源不断的好点子，是公司成功的秘诀。尤其在瞬息万变的当今社会，公司、企业或个人的成败往往取决于其应变之道。因此，千方百计地激发下属出点子，是企业打开成功之门的钥匙。

领导智慧

把每一个点子都当作是一块金子，如果随意地乱丢，也就放弃了它们的价值。

群策群力，沟通无边界

韦尔奇永远都不会忘记1990年他在家电业务部门参加的一个Work-Out会议。

这次会议是在肯塔基州列克星敦的假日饭店举行，参加会议的员工大概有30人。大家都在认真地听一个工人做陈述，他认为可以对电冰箱门的生产工艺进行改进。突然，工厂的车间主任跳起来打断了他的讲话，认为这个工人的意见不合理。

但是这位工人却毫不留情地对车间主任说："你说的是狗屁不通……你都不知道你在说什么，你自己从来没有去过那里。"接着他拿了一支水笔，开始在写字板上演示自己的改进意见。很快，他讲完了，并得出了自己的结论。同时，他的解决方案被接受了。

看到工人师傅和他的主任为改进生产工艺进行争论，这让韦尔奇非常高兴。他说："想象一下，那些刚刚从大学出来的毕业生如果面对这条生产线的话，他们恐怕做不到这一点。而现在，这些富有经验的工人师傅帮助他们把问题迅速地解决了。"

在通用电气公司里流传着千百个像上面这样的故事。一位中年工人曾经对 Work–Out 这一计划作过评论："25 年来，你们为我的双手支付工资，而实际上，你们还拥有了我的大脑——而且不用支付任何工钱。"

要做到这一点，是需要勇气的。没有哪个领导站在员工面前接受批评、倾听一系列要求变革的建议会感到很舒服，同时也没有哪些员工会在跟老板叫板时，感到理直气壮。

群策群力说的是每一项决策都要通过公司全体的商量讨论后才执行，这是通用团队精神的一种体现。同时通用公司通过这种形式打破了公司的重重壁垒，为外界交流奠定了基础。

领导智慧

群策群力是团队精神的体现。

沟通自下而上

沟通不只是自上到下，而且也是从下到上的。为了确保公司与员工之间很好地沟通，联邦快递设有一项管理方法——"调研反馈行动"。每年联邦快递都会通过员工对公司、对经理进行一次调研，员工通过问卷去评估他的经理，为他的经理打分数，有了分数后，再要求经理跟员工坐下来谈，到底问题在哪里，制定具体的行动改善环境。经理以后能不能被提拔，这个分数很关键。

1997 年，联邦快递的飞行员考虑罢工，其他员工便到飞行员家里劝他们不要这样干。后来经过员工与公司领导层的全面沟通，最终圆满地解决了这个问题。在这个事件中，员工之间的平等关系，高层与员工之间的平等关系，以及公司所特有的谅解氛围，化解了这一危机。

领导智慧

自下而上的沟通要比自上而下的沟通更有效果。

在没有出现不同意见前，不作任何决策

美国通用汽车公司的总裁艾弗雷德·斯隆是个开明之人，斯隆主持的决策会议气氛一般都非常热烈。在一次会议中，斯隆发现所有的人都对一个重要决策持认同态度，他强调说："对于这个问题，所有的不同意见都可以提出。"

大家都点了点头，表示知道有不同意见是可以提出来的。

斯隆接着说："先生们，我想我们大家对这项决定都一致同意是吗？"在场的人都点头表示同意。于是斯隆接着说：
"那么，我建议推迟到下次会议再对这项决定做进一步的讨论，
以便我们有时间来提出不同意见，并对与这项决定有关的各
个方面有所了解。"经过事实证明，斯隆避免了一次错误的
决策。

斯隆作经营决策从来不靠"直觉"，他说："在没有出
现不同意见之前，不作任何决策。"

斯隆知道，只得到掌声的决策不一定是好决策。意见一
致是因为每一个人都没有认真地做好自己的工作，没有完成
自己的准备工作。他想要的是不同的意见，他也积极地促进
不同意见的产生。

在决策时，不同意见能产生良好的决策，一项正确的决策，
往往是通过听取不同意见，集思广益，反复比较而获得的结果。
作为决策者，应该善于听取不同意见，反复论证，以求得决
策的科学性、可靠性和长远性。

领导智慧

一项正确的决策，往往是通过听取不同意见，集思广益，
反复比较而获得的结果。

从身体语言中捕捉沟通信息

在沟通过程中，有经验的管理人员善于从对方的身体语
言中捕捉到他们所需要的宝贵信息，如能恰当运用，这将为
争取主动奠定坚实的基础。

1. 从眼睛中寻找沟通信息

眼睛是心灵的窗户，眼神是表情达意最有力的手段之一。心理学家研究发现，眼睛的动作能传达出人类表情的主要信息，从而为我们的沟通设定良机。

一般而言，与人交谈时视线接触对方脸的时间正常情况下应占全部谈话时间的 30% ~ 60%。超过这一平均值时，可以认为对谈话者本人比谈话内容更感兴趣；低于平均值者，则可能被认为他对谈话者本人和谈话内容均不感兴趣。

倾听对方谈话时，几乎不看对方，那是企图掩饰什么的表现。倘若眼睛闪烁不定，是一种反常的举动，常被视为用作掩饰的一种手段或性格上的不诚实。

人们处于高兴、喜欢、肯定等情绪时，瞳孔必然放大，眼睛很有神；处于痛苦、厌恶、否定等情绪时，瞳孔就会缩小，眼睛必然无光；在一秒钟之内连续眨眼几次，这是神情活跃，对某事物感兴趣的表现，有时也可理解为由于个性怯懦或羞涩、不敢正眼直视的表现；瞪大眼睛看着对方是对对方有很大兴趣的表现。据说，古时候的珠宝商人已注意到这种现象，他们能窥视顾客的瞳孔变化而知道对方对货物有无兴趣，从而决定是抬价还是降价。由此可见，瞳孔的变化是非意志所能控制的。因此有人在某些场合，往往戴上一副有色眼镜，用以掩饰自己的内心活动。

2. 从嘴部动作中寻找沟通信息

除了眼睛以外，在面部器官中嘴唇最能表现出一个人的内心世界。嘴巴，除了是摄取食物和呼吸的器官之一，也是说话的工具，它的吃、咬、吮、舔等多种动作形式，决定了它具有丰富的表现力，往往反映出说话人的思想情感。

如果一个人注意倾听对方谈话时，嘴角会稍稍向后或向上拉。嘴唇常不自觉地张着，呈现出倦怠疏懒的模样，说明他可能对自己、对自己所处的环境感到厌烦，显得心不在焉。如果紧抿嘴唇，且避免接触他人的目光，可能表明他心中有某种秘密，此时不想透露。但有时紧紧地抿住嘴唇，往往也表现出意志坚决。

不满或固执时，往往嘴角下拉。噘起嘴是不满意和准备攻击对方的表示。遭到失败时，咬嘴唇是一种自我惩罚的动作，有时也表示自我解嘲和内疚的心情。

如果你是在一个标准的男人圈内进行自己的管理工作，那么你一定会碰到一些"老烟哥"。其实，作为嘴部动作的一个细节，在日常生活中抽烟时的动作极具表现力，它往往将一个人的心理和情绪状态不自觉地表露出来。

如有的人抽烟时，将烟朝上吐，这往往是积极、自信的表现，此时他的身体上部分姿势必然是昂首挺胸的。倘若将烟向下吐，则是情绪消极、意志消沉、有疑虑的表现。斜仰着头，烟从鼻孔吐出，表现出一种自信、优越感以及悠闲自得的心情。

如果吸烟不停地磕烟灰，表明内心有矛盾冲突或焦躁不安，这时的烟成了吸烟者减缓和消除内心冲突与不安的道具。有的人抽烟时将烟雾从嘴角徐徐吐出，这就给人一种消极而诡秘的感觉，一般反映出吸烟者此时的心境与思维比较曲折回荡，力求从纷乱的思绪中清理出一条令人意想不到的思路来。这种人看似神秘，其实内心很虚弱，云雾缭绕的外表，往往就是在掩藏自己的空虚与恐惧。

如果一个人点着烟而很少吸，表示在紧张思考或等待紧张情绪的平息。假使没抽几口就把烟掐掉，则表明想尽快结束谈话或已下定决心。

3. 从眉毛动作中寻找沟通信息

眉毛不是眼睛的简单配角，在表情达意方面，眉毛的形态往往能反映出人的许多情绪，我们可以借此来寻找信息，以进一步做好管理中的沟通工作。

一般地，处于惊恐或惊喜时，眉毛上扬，即人们所谓的"喜上眉梢"；如处于愤怒、不满或气恼时，眉角下拉或倒竖，即通常所说的"剑眉倒竖"。

当困窘、不愉快、不赞成或者表示关注、思索时，往往皱眉。如表示赞同、兴奋、激动的情绪时，则眉毛迅速地上下跳动。倘若表示有兴趣、询问或者疑问时，眉毛就会上翘；反之，眉毛就会沉下来。

4. 从肢体动作中寻找沟通信息

通过对四肢和腰部的动作分析，我们可以判断出对方的心理活动或心理状态，借此把自己的意思传达给对方。

握拳是表现向对方挑战或自我紧张的情绪，以拳击掌是向对方发出攻击的信号。

微微抬头，手臂放在椅子或腿上，两腿交于前，双目不时观看对方，表示有兴趣来往；手臂交叉放在胸前，同时两腿交叠，表示不愿与人接触。

用手指或铅笔敲打桌面，或在纸上乱涂乱画，表示对对方的话题不感兴趣，不赞同或不耐烦。

握手时对方掌心出汗，表示对方处于兴奋、紧张或情绪不稳定的状态；若用力握对方的手，表明此人热情、好动，凡事比较主动；手掌向下握手，表示想取得主动、优势地位；手掌向上，是性格软弱，处于被动、劣势或受人支配的表现；用两只手握住对方一只手并上下摆，往往表示热情欢迎，真诚感谢或有求于人。

如果把两手手指并拢放于胸脯的前上方呈尖塔状，表明充满信心；手与手重叠放在胸腹部的位置，则表明他的谦虚、矜持，抑或心中感到不安，希望能得到理解或慰藉。

如果一个人见你就鞠躬、弯腰，表示谦逊或尊敬之意。再者，心理上自觉不如对方，甚至惧怕对方时，就会不自觉地采取弯腰的姿势。

倘使腰板挺直，颈部和背部保持直线状态，则说明此人情绪高昂、充满自信、自制力较强。相反，双肩无力地下垂、凹胸凸背、腰部下塌，则反映出这个人正处于情绪的低谷，或者没有自信心，或者对前途感到沮丧失望。

领导智慧

要重视员工的肢体语言，因为那是一种无声的沟通。

上下级沟通要讲"礼"

无论职务大小，作为一个管理者，如能同下属相处融洽，无论对管理者本身，还是对管理者的下属都是有益的。

1. 施以礼貌

清晨上班，管理者对下属的一声亲切问候，正是赢得一天合作与友谊的开始。但管理者往往注意对陌生人表示礼貌，却很少想到对熟悉的下级施以礼貌。管理者一定不能忽视这一点。下属得到尊重，信心十足地走上岗位，才能保证一天的工作取得更高的效益。

2. 予以表扬

没有不爱听好话的人，尤其是为你辛苦工作的下属，你应不吝用最好的词汇来形容和赞美他们。管理者必须看到下级的长处，多想想他们的优点。下属把事情办得很漂亮，管理者应该反复当着众人的面提起，并时常把他记在心里，因为我们周围的大部分人都渴望得到表扬，人们不断受到鼓励，才能将工作干得更好。

3. 给以公平

公平是管理魅力的源泉，管理者待下属必须格外公平。管理者千万不能因为一些微不足道的小事，影响众人的情绪，妨碍自己的工作。假如过分偏爱自己的"亲信"，人们便会认为你是个徇私情的人，人们的情绪便会低落。

4. 随时指正

犯错误是难免的，关键在于怎样看待错误。当管理者遇见下级犯错误时，应及时指正，而不能等下属的各项错误累积得很多时，才放在一起批评。这样，会使下级认为你一直不信任他，哪里还有干劲呢？批评人应单独进行，当然极少数与法规及制度公开对抗的人，管理者应当众批评。

5. 一诺千金

声誉从某种意义上讲，是一个管理者的生命。管理者要想在下属面前树立起声誉，就必须守信用。管理者应周密地考虑实际情况，一旦许下诺言，就应尽力去实现。确实因客观原因不能兑现，管理者也应及时解释，否则下属是不会长期支持你的。

6. 兼听则明

英雄的作用自然不可贬低，但在大多数时候，民心向背却能决定历史的走向与命运。管理者应多向下属请教，给他们机会表达他们的意见。尤其在决定一些与下属利益有关的政策时，管理者更应多听取他们的建议。如他们的建议得到讨论或采纳的话，他们会以愉快的心情接受你的决定。

7. 人无完人

生活之中，没有十全十美的人，别人有错误，管理者自己也有错误，不能总摆出"一贯正确"的样子，那样是会令人讨厌的。

8. 真诚关心

管理者必须经常关心下属，注重选拔、培养下属，激励他们做更多的事。在工作不顺利时，管理者不要过分指责，同时要帮助他们解决一些实际工作和生活中的困难；在顺利时候，要提更严格的要求。

9. 不要争论

管理者不能私下随便评价一个人，更不能抱着高人一等的态度，乱训斥别人。因这样往往激起争论，只会降低威信。一般而言，管理者和下属争论，是不能赢得下属的钦佩与信任的。

10. 巧处埋怨

只有适当地宣泄，才能保持一个人的心理平衡，因此，我们可以说发牢骚、诉埋怨是人们的一种本性。作为管理者，可不必记在心上，而且还可以从"牢骚"话中了解到下属的困难，从而寻找到管理的最佳契机。

领导智慧

修养良好的领导必定懂得与下属沟通时知礼守礼。

掌握成功演讲的"魔术公式"

演讲，在古希腊被称为"诱动术"，其含义是鼓励听众，传递演讲者的意图。在管理沟通中，演讲作为一种沟通手段，其作用越来越被人们重视。

成功演讲肯定有方法。有人经过潜心研究，整合出了一套成功演讲的"魔术公式"。这个"魔术公式"是什么？实际上很简单，可说是一点就破。具体而言是这样的：一开始便把你要讲的主题以实例的形式告诉听众，通过这个例子，生动地说明你希望传达给听众的意念是什么；接下来则以详细清晰的言辞表明你的论点；最后，陈述缘由，也就是向听众强调，如果他们依你所言去做，会有什么好处。

只要你利用这个"魔术公式"，必能博得听众的注意，而且可以使听众将关注的焦点对准你演讲的重点。它也能使你舍弃那些冗长且无味的开场白，诸如，"我没有时间把这场讲演准备得很充分"，或"当主持人请我谈论这个题目时，我还一时纳闷，他为何要挑选我？"。要记住，听众对你在台上的道歉或辩解不感兴趣，不论你在说这些话时是出于真心还是一种台面上的客气话，他们需要的是行动。而在"魔术公式"里，你一开口便给了他们行动。

在这个公式中，实例是核心内容。如何进行例证？其实方法很多。首先，我们可以用生活中的事件作为例证。我们在每天的生活中都会发生很多事情，这些事情应是你谈话的主要部分，占用你的时间也最多。在这个阶段，你要把你从中得到某些启示的事件向听众描述。

人们通常只有在清楚理解事情之后，才会采取正确的行动。因此你最好先问自己，你究竟要听众在听了你的例证之后，他们应采取什么行动。把你的主张写下来，句子愈简短愈好，就像电报文一样，尽量让文字简洁、清楚、明确。如为希望工程募捐，如果说"请帮助贫困地区的失学儿童"，则显得概括而不着边际，你可以说"××地区的儿童需要我们帮助，愿意赞助他们上学的请前来登记"。行动，让人实实在在地行动起来，比一大堆空话要好得多。

当然，你所主张的行动不能天马行空，假如你对一群人说："明天我邀请你们上月球共进午餐"。这种虚无缥缈的胡话只能让你自己妄想并变成精神病。无论你所谈论的主题是否会引起争论，演讲人都必须把自己的主张陈述出来，主张的内容要易于实践，以便使听众能容易理解并采取行动。

领导智慧

技巧性的演讲，既成功表达了自己，又能使员工产生共鸣。

掌握控场技巧

所谓控场技巧，就是演讲者对演讲场面进行有效控制的技能和办法。在正式演讲过程中，由于各种原因，听众的情绪、注意力及场上气氛、秩序常有变化的可能。演讲者要有效地调动听众情绪，集中听众的注意力，驾驭场上的气氛及秩序，使之向有利的方向发展，不能不借助于控场技巧。

在演讲过程中想要控制好场上气氛，作为演讲者，必须要注意以下几方面：

1. 亮相得体

在上场时务必大方自然，表现出充满信心的样子。上场后可先环视一下全场，接着开始演讲。缩手缩脚或忸怩作态，乃是上场亮相的大忌。初涉讲坛的人如果临阵怯场，不妨效法一下大科学家法拉第的演讲诀窍——假设听众一无所知，它或许能帮助自己增强信心，解除不必要的紧张。

2. 脱稿演讲

脱稿演讲是个人素质的综合体现，既有助于增强听众对演讲者的信服感，也有利于演讲者与听众更好地进行面对面的交流。面对一群有文化的听众，有时念错句或念错常用字，可能会招致哑然失笑；而说话流利、发音准确，则能较易赢得听众的欢迎。

3. 动静结合

以恰当的目光、潇洒的动作影响场上气氛，使人不易出现分心现象。如果目光一直游移不定，或动作过于频繁，就会引起听众的不舒服感。因此，演讲者不仅要把目光、动作的变化作为表达感情的一种方式，而且要把它作为吸引听众注意力的重要手段。要以恰当的目光、潇洒的动作影响听众，使他们不易出现分心现象。在运用目光、动作的时候，要做到动静相兼、两者结合。

4. 变换节奏

一场好的演讲犹如一场优美动听的音乐会，演讲者应用抑扬顿挫的语调和疾缓快慢的不同语速进行演讲。重点之处可放慢速度或做必要的重复，以便引起听众的重视。听众注意力分散时，可骤然提高音量或停顿一下，使听众感到新奇而不由自主地把转移了的注意力又集中到演讲者身上。

5. 设置悬念

悬念是调动人心的法宝。在必要的地方设置悬念，以激发听众的兴趣，调动听众情绪。设置悬念应精心选择既能扣住演讲主题，又不为听众所共知的东西作为设置悬念的依托，不能故弄玄虚。同时要选择听众兴味正浓之际戛然而止，以收到余音绕梁的良好效果。

6. 有意提问

与听众互动可使演讲者获得更为广泛的支持。演讲者根据演讲内容和场上情况，在适当之处问句"为什么"或"怎么办"，促使听众产生积极的智力活动，须臾之间，不得不思考一番。听众思考问题时，会倍加注意演讲者如何解答。演讲者可借此良机，以自己对问题的精当见解"征服"听众。

领导智慧

借助控场技巧，演讲者可有效地调动听众情绪，集中听众的注意力，驾驭场上的气氛及秩序，使之向有利的方向发展。

让对方多开口

成功的人大多是社交专家，然而出色的社交专家并不是我们所认为的口若悬河。真正懂交往之道的都是运用语言的大师，他们深谙人们的心理，了解人人都有表现欲，于是让对方多开口成了一条金科玉律。

著名的成功学大师卡耐基先生曾说："最出色的沟通艺术，是会听而不是会讲。"

有一天，有个小国的使者向皇帝进贡了三个一模一样的小金人，小金人金光灿灿，把皇帝的大殿映照得金碧辉煌。这下可把皇帝给高兴坏了。

但这小国的使者却故意刁难，还带来一道很奇怪的题目：这三个小金人哪个最有价值？

皇帝把珠宝匠请了过来，可无论是做检查，称重量，看做工，都是一模一样的，根本就没有区别的东西，又怎么能判断出它价值的高下呢？皇帝又问了很多大臣和民间的智者，大家都不知道这个问题怎么回答，皇帝束手无策了。

怎么办？使者还等着回去汇报呢！泱泱大国，不会连这个小事都不懂吧?

终于,有一位退位的老大臣站了出来,说他有办法。

皇帝将使者请到大殿,老臣胸有成竹地拿着三根稻草,插入三个小金人的耳朵里。第一个小金人耳朵里的稻草从另一边耳朵出来了,第二个小金人耳朵里的稻草从嘴巴里出来了,而第三个小金人,稻草从耳朵里进去后掉进了肚子里,什么动静也没有。

老臣说:"第三个小金人最有价值!"

使者默默无语,大臣答对了。

实际上,所有人在心底都重视自己,喜欢谈论自己,以及他们自己所关心的事,没有人愿意听你唠唠叨叨地在那儿自吹自擂!

一次在《纽约民众导报》的经济专栏中刊登了一大幅广告,宣传一家公司正在招聘一位有特别能力与经验的人。柯博斯应征了,面试以前他花费了许多时间在华尔街尽力打听所有关于招聘公司的资料。在面试的时候,他说:"我能同一个有像你们这样具有非凡经历的机构共事,我颇感自豪。我听说你们在 28 年前创业时,除一室、一桌、一速记员外,一无所有,这是真的吗?"

许多成功的人,都喜欢回忆自己早年的奋斗历程,这个人也不例外。他谈了许多关于他如何成功运用 450 美元现金及一个点子的创业经历。他讲述他怎样与困难搏斗,与金钱和讥笑斗争,他说那时他从未有休息日,并且每天工作 12 ~ 16 小时。最后,他战胜了所有的厄运。直到现在华尔街的许多名人都到他这里来索求材料及指导，他对这样的一种经历深感自豪。他当然有如此自豪的权利，他讲起这些，也总是如数家珍。最后，他简单地问了柯博斯的经历，然后对他的一位副手说："我想这就是我们正在寻找的人。"

事实上柯博斯并没有在他面前表现出多么优秀的能力与经验，他做的事情很简单，就是让对方说话。

领导智慧

我们在关注口才的重要性的同时，首先要学会的并不是会辩论，而是少说多听。

从相同的观点说起

在与他人沟通的技巧中，"求同存异"是一个屡试不爽的佳法。周恩来总理的出色外文魅力，在万隆会议上有充分的展示，也就是在此次会议上，他针对大家的分歧，提出"求同存异"，这对于任何判断、沟通都有着不可磨灭的贡献。

所谓"求同"，就是要求我们从相同的观点以及共同的兴趣（关注点）开始，这样利于双方谈话氛围的和谐；而"存异"则是要我们尽量先不提分歧很大的观点、事物，这些只会破坏我们的谈话氛围。

社会心理学研究表明，人们都乐于同与自己有相近之处的人交往、谈话。因为相似因素，既能有效地减少双方的恐惧和不安，解除戒备，又能发出可以共同接收的信息，能有相同、相似的理解，产生相同、相近的情绪体验，进而在感情上产生共鸣。

相似的社会经历，会使人产生相同或相似的切身感受，容易互相理解，引起感情上的共鸣。一方讲述的生活经历，能引起另一方对往事的回忆；一方吐露的心声，会成为双方共同的感慨。

人与人相处，最忌一个人唱独角戏，别人当听众。成功的社交应是众人畅所欲言，都表现出最佳的状态，你不能为了劝服别人就自顾自地滔滔不绝，没完没了，讲一些干巴巴的话。如何避免这些，我们可以从谈论对方感兴趣的事物开始，这样绝对能打开对方的"话匣子"。

无论何时何地，若想获得他人的好感，以及良好的沟通气氛，从相同的关注点谈起，永远不失为一条人际交往的金科玉律。

领导智慧

"求同存异"是与人交往的金科玉律。

坚定地说出你的观点

作为一个有影响力的管理者，必须要坚持己见。坚持己见不同于盛气凌人，它是指维护自己的观点和立场，而不是靠争斗来解决问题。坚持己见的人会通过与人们进行诚实、公正、非对抗性的交流来表达自己的需要。

学会辨认坚持己见和盛气凌人之间的区别，不要盛气凌人。把精力集中在使你产生挫折感的事情上，而不是某个人身上。

当你坚持自己的意见时，应该面对"你的对手"，同时保持站立的姿势，背部挺直，两肩放松，要坦率而直接地注视对方，但要避免挑衅般地死盯住某个人。

说话时要吐字清晰、斩钉截铁、语调稳健。你的声音越从容，你就会越自信。向下属说明使你感到不满的具体原因，例如"这份报告缺少目录页"；向部下说明你的感情，例如，"这份送交的报告缺少非常重要的部分，这令我很不安"。

用你的身体和声音说明你所关切的事情是非常重要的：

（1）发言时斩钉截铁。

（2）清晰而缓慢地说出自己的需求。

（3）保持身体前倾。

（4）正视你的下属。

说话时要强调自我，这是坚持己见的真正本质，做到这一点你就能清楚地表达自己的愿望和期待，同时还不必把下属置于敌对的立场上。例如，你可以采用"我想""我感觉""我愿意"等句式来表达自己的意愿。

在阐明自己的观点时，不要把与主题无关的旁枝末节混合在一起。如果谈话的局面暂时失控，你可以对自己的下属说："我理解你的感受，但是我觉得应该首先解决问题。"从而回到原来的话题上去。

如果你感到下属在敷衍你或者有意拖延时间，你可以使用"重复播放"的技巧，尽可能多地重复自己的观点。例如，你可以不断地说："这件事我们下次再谈。刚才我们正在谈的问题是……"

要清楚地知道自己的目的，不要泛泛而论。例如，说"这些报告要在 6 月份之前完成"比"我手中的全部工作都得尽快完成"更有效。说明如果不照你说的话去做，会给双方造成什么样的后果。

在你必须拒绝下属某项请求时，不要一开口就先说对不起。如果你对一件事情不觉得抱歉就不必非得表示歉意。要斩钉截铁而不是彬彬有礼地表示拒绝，并辅以简短明白的解释，冗长的解释会使事情复杂化。

如果你们的讨论毫无进展，你可以对交谈的过程做简单的回顾。例如，你可以说："我觉得我们在兜圈子，这真让人泄气。你却根本不能理解领导的苦衷。"

如果你和下属不能达成一致，就需要采取折中的办法，你可以说："我们还是保留各自的意见吧。"然后继续进行自己的工作。

领导智慧

领导者要有原则、有立场地坚持自己的正确观点，传达自己的意见，表明自己的意愿和期待。

正确处理下属的抱怨

作为一名领导者，被下属抱怨是一件很正常的事。听取每一个下属的抱怨和诉苦是居于领导位置的每位管理者义不容辞的责任，同时也是他们获得下属理解和支持的一个好方法。

工作中，下属最普遍的抱怨形式就是唠唠叨叨把自己一肚子的不满倾倒出来，对此，作为领导者绝不能装作听不见。相反，你一定要做下属的听众。获得卓越驾驭能力的最快捷、最容易的方法之一就是用同情的心理，竖起耳朵倾听他们的烦恼和报怨。要正确处理好下属的抱怨，你必须做到以下几点：

1. 不要忽视

不要认为如果你对出现的困境不加理睬，它就会自行消失。不要认为如果你对下属奉承几句，他就会忘掉不满，会过得快快活活。事情并非如此。没有得到解决的不满将在下属心中不断发热，直至沸点。他会向他的朋友和同事发牢骚，他们可能会赞同他。这就是你遇到麻烦的时候——你忽视小问题，结果让它恶化成大问题。

2. 多多留心

不要对提建议（可能是好意）的下属不加理睬，这样他或她可能就没有理由抱怨了。

3. 承认错误

消除产生抱怨的因素，承认自己的错误，并做出道歉。

4. 不要讥笑

不要对抱怨置之一笑，这样下属可能会从抱怨转变为愤恨不平。这会严重影响他们工作时的心情。

5. 严肃对待

绝不能以"那有什么呢"的态度加以漠视。即使你认为没有理由抱怨，但下属也可以认为有。如果下属认为它是那样重要，应该引起你的注意，那么你就应该把它作为重要的问题去处理。

6. 认真倾听

认真地倾听下属的抱怨，不仅表明你尊重下属，而且还能让你有可能发现究竟是什么激怒了他。例如，一位打字员可能抱怨他的打字机不好，而他真正的抱怨是档案员打扰了他，使他经常出错。因此，要认真地听人家说些什么，要听弦外之音。

7. 不要发火

当你心绪烦乱时，你会失去控制，你无法清醒地思考，你可能会轻率地做出反应。因此，要保持镇静。如果你觉得自己要发火了，就把谈话推迟一会儿。

8. 掌握事实

即使你感觉到要你迅速作出决定的压力，你也要在对事实进行了充分调查之后再对抱怨做出答复。要掌握事实——全部事实。要把事实了解透了，再作出决定。只有这样你才能作出公正的决定，而不会"急着决定，事后后悔"。记住，小小的抱怨加上你的匆忙决定可能会变成大的冲突。

9. 别兜圈子

在你答复一项抱怨时，要触及问题的核心，要正面回答抱怨，不要为了避免不愉快而绕过问题，不把问题明说出来。你的答复要具体而明确。这样做，你的真意才不会被人误解。

10. 解释原因

无论你赞同雇员与否，都要解释你为什么会采取这样的立场。如果你不能解释，在你下达决定之前最好再考虑考虑。

11. 表示信任

并非所有抱怨都是对下属有利的。回答"是"时，你不会遇到麻烦，回答"否"时，你就需要利用你的所有管理技能，使雇员能理解并且心情愉快地接受你的决定。

在你向他们解释过你的决定之后，你应该表示相信他们将会接受。求助于他们的推理能力，求助于他们对公平处事的认识和同等对待的信任，努力使他们搞清你的那个决定的理由，使他们同意试一试。

12. 不偏不倚

掌握事实，掂量事实，然后作出不偏不倚的公正的决定。作出决定前要弄清楚下属的观点。如果你对抱怨有了真正的了解，或许你就能够作出支持雇员的决定。在有事实依据、需要改变自己的看法时，不要犹豫，不要讨价还价，要爽快。

13. 敞开大门

不要怕听抱怨。"小洞不补，大洞吃苦"，这句话用于说明在萌芽阶段就阻止抱怨是再恰当不过了。要永远敞开大门，要让下属总能找得到你。

领导智慧

不要把员工的抱怨视作洪水猛兽，也不要无视这种声音的存在。作为一个优秀的领导人，最应该做的就是去真心诚意地聆听。

化解沟通中的人际障碍

对于一名成功的领导者来说，及时化解沟通中的人际障碍，是提高组织沟通效率，赢得下属信任的关键。

一般来说，下列这些沟通中的表现会造成人际沟通中的困难：面无表情；在沟通中表现出不耐烦；盛气凌人；随意打断别人的话；少讲多问；笼统反馈；对人不对事；指手画脚；"泼冷水"。

如果我们在沟通过程中注意避免这些问题，将有利于我们在沟通中取得理想的沟通效果。作为一个领导者，在改善人际沟通时除了要避免以上的表现外，还要在管理中掌握以下人际沟通的原则和方法：

1. 出于公心

这是搞好人际沟通的思想基础。要进行有效的人际沟通，领导者除了企业的共同目标、利益以外，不带任何个人的、局部的、小团体的私心杂念。这样的人际沟通才能得到下属的拥护，在根本目标上达成一致。

2. 平等待人

平等待人是领导者搞好人际沟通的感情基础。领导者的责任是使领导成员之间、上下级之间增进了解和理解，以诚相待，与人为善，形成民主、和谐的氛围，保证有效人际沟通，促成齐心合力地工作。

3. 以理服人

以理服人是人际沟通的理解基础。领导者要摆事实、讲道理；要善于劝说、解释、疏导、晓之以理、动之以情；要平和、达观。不能自以为是，固执己见，特别是在和下属进行沟通时，不能居高临下，应循循善诱，积极启发。要讲究沟通的艺术，遇到对方一时不能理解、不能接受的情况，可以换换角度，站在对方的立场上开导。对方态度不好时，要保持冷静，求得理解。另外，沟通的时间应尽可能地充分，不要过于匆忙，以致无法完整地表达意思。

4. 双向沟通

双向沟通是人际沟通的融洽基础。沟通是使双方的理解、认识达成一致，不能光有"你说我听"或"我说你听"，而是你我都要有说有听。

5. 因地制宜

因地制宜是人际沟通的形式基础。沟通的最终目的，在于实现组织的共同目标。围绕这个目标，一切沟通形式都可以采取，而不必拘泥于某种固定模式。采用正式沟通还是非正式沟通，会上沟通还是会下沟通，集体沟通还是个别沟通，直接沟通还是间接沟通，要视对象、内容、地点、环境和时机而定。领导者既可以采用某一形式，也可以交叉采用多种形式，力求沟通的最高效益和最佳效果。

领导智慧

管理者遇到沟通障碍时不要视而不见，听而不闻，或者隔岸观火、绕道而行，其实最好的解决方式就是学会去化解。

批评下属要学会"看人下菜碟"

批评也是领导开展工作的手段之一，其目的就是为了限制、制止或纠正下属的一些不正确行为。"真诚的赞美使人愉悦，真诚的批评则能够催人奋进。"领导者要管理好自己的下属，就要掌握正确的批评艺术。其中一个重要原则就是批评人要懂得因人而异，针对不同的下属，采用适宜的方法。

具体而言，领导者在批评下属时，应当分清不同类型的下属，因人而异，才能取得满意的效果。

1. 职业情况

不同行业有不同行业的批评要求；同一行业，不同工种、不同职务级别也有不同的批评艺术。对工作成熟和初学者，对担任领导工作的下属和一般工作人员的批评也是不一样的。一般说来，随着下属工作熟练程度和行政级别的提高，要求应该越来越严格，虽然方式各有不同。

2. 年龄情况

对不同年龄的人的批评也是有差别的。对年长的人，一般应用商讨的语言；对同龄人，就可以自由一些，毕竟彼此共同的地方多一些；对年少的下属，就应适当增加一些开导的语句，以使其印象深刻。并且，批评时的称谓也是有差别的。对年长的人加上谦辞，如以"老"字做前缀（"老张同志"）、以职务为后缀（"李教授""王主任"）等，就显得郑重、有礼；对同龄人的称谓可以随便些，一般可以直呼其名，或用常用的称呼法，可以显得随和些；对年少的人的称谓多以"小"字做缀，如"小黄""小林"，显得亲切、自然。假如彼此不太熟悉，可以适当换用郑重一些的称谓。

3.知识、阅历情况

不同的下属，知识、阅历情况是不同的。因此，领导者在批评下属时，必须根据其知识、阅历的不同施以不同的语言艺术。有几十年工龄的下属，你一声轻叹，就会勾起他对过去的回忆，从而激发心中的共鸣；受过高等教育的下属，可能因你对某些艰深理论的谙熟而产生由衷的敬意；一句粗话出口，会使还不习惯集体劳作的社会青年感到"来者不善"……知识、阅历深的人需要讲清道理，必要时只需蜻蜓点水，他便心领神会，不要唠唠叨叨，说个没完。相反，对知识、阅历浅的人必须讲清利害关系，他们看重的是结果如何，而不理会其中的奥秘究竟怎样；之乎者也、文绉绉的词句，只能使其如入五里云雾，辨不出东西南北。

老同志不喜欢那些开放性的词句，五光十色的世界令他们目不暇接，莫不如对往日的回忆或可增加其些许安慰。年轻人讨厌那些陈腐的说教和诡秘的人际关系，他们需要理解，喜欢直来直去。可见，不同知识、不同阅历的人，他们在接受批评时的心理是有很大差别的。领导者如何运用语言这门艺术，使下属既接受了批评，又有正中下怀、如遇知音之感，是完善领导工作的重要课题。

4.心理情况

心理，是一个外延很宽的概念。这里主要指下属的气质、性格、对工作的兴趣和自我更正能力。领导者批评下属时必须首先在心理上占上风，否则将是不成功的。

按照心理学的分类，人的气质主要分为胆汁质、多血质、黏液质、抑郁质四种类型。领导者应该根据各种类型特点来决定使用何种批评方式。

胆汁质的人情绪外露，一点即爆，所以领导者在批评这种类型的下属时不宜使用带有更多情感色彩的语言，但又不能因怕起"火"而不敢点，而是要摆出事实和道理，不给其以任何发作的借口。

多血质的下属较随和，但因其性情体验不深而要特别在逻辑和道理上下功夫。

黏液质的人虽然稳重但生气不足，因此要适当给予情感刺激，激发其前进的活力。

至于抑郁质的下属，由于心细而内向，所以批评的语言以点到为妥，并尽量消除彼此之间的距离感，增加情感上的认同。诚然，现实生活中人的气质类型并非如此分明，更多的是混合型。所以领导者在批评下属时可以针对不同状况，综合使用各种语言艺术，以达到批评的目的。

著名的心理学家荣格曾将人的性格分为外倾型和内倾型两类。外倾型开朗、活泼、善于交际；内倾型孤僻、恬静、处事谨慎。我们采用这种分类法，试图指明领导者在批评下属时要根据其性格的不同，采取不同的谈话方式和语言。对于前者可以直率，对于后者需要委婉；对于前者谈话要干净利落，对于后者措辞要注意斟酌。至于介乎二者之间的中间性格类型的人，可以随机应变、因人而异。

一般说来，下属对于改正错误、改进工作是有很浓厚兴趣的。此时领导者的指导性批评无异于一支清醒剂，会使其加倍努力工作。相反，那种缺乏兴趣的人，必须多费口舌调动或激发其改进工作的兴趣。对于那些无视批评、屡教不改的人，在严厉批评的同时，也要采取一定的组织行政措施，以儆效尤。

如果下属有很强的自我更正能力，那么领导者只需用中性、平静的语言提醒他注意就可以了；假如下属的自我更正能力差，领导者在批评时就不仅要使之知其然，而且更要使之知其所以然，甚至要身体力行为之做必要的示范。人的能力有高低之分，对于那些能力弱的人，自然要提供更多的帮助，必要时调换其工作。这或许是否定和批评下属的一种特殊形式，自然已经超出语言的范畴。

领导智慧

批评人要懂得因人而异，针对不同的下属，采取适宜的方法。

第四章
不明察不能烛私

整肃下属先要严格考核

明朝初年的吏治，在中国历史长河中是典型的清明时期。这与朱元璋的个人经历不无关系，他曾说："朕向在民间，常见县官由儒者多迂而废事，由吏者多奸而弄法，蠹政厉民，靡所不至，遂致君德不宣，政事日坏。加以凶荒，弱者不能聊生，强者去而为盗。"所以他意识到，如果没有清明的吏治、干练的官风，社会就难以安定，自己辛苦打下的江山，难免又要落入异姓之手。

在君主集权体制下，实际上对政治施加影响的是整个朝廷官员班子，只有这个班子时时保持朝气和活力，才能使一个王朝稳步发展。朱元璋为了整顿吏治，采取了不少行之有效的方法。施行对官员的考课制度就是其中重要的一项。

朱元璋亲自制定并颁布了《授职到任须知》，对地方官吏的职责作出明确、详细、具体的规定，把地方的公务分为"把神""制书榜文""吏典""印信衙门""狱囚""起灭词讼""田粮""仓库""会计粮储""各色课程""鱼湖""金银场""窑冶""盐场""系官房屋""书生员数""青宿""官户""境内儒者""好闲不务生理""犯法民户"等 31 项，逐项开列地方官员应负的责任和所应注意的事情。而在某个应注意事项中，他往往还列出许多具体要求，例如"狱囚"，不但要了解已结案件的多少，在押犯人的数字，还要"知人禁年月久近，事体重疑，何者事证明白，何者取法涉轻。明白者，即须归结；涉疑者，更直详审，期在事理狱平，不致冤抑"。

朱元璋把对官吏的考课具体分为考满和考察两种办法。

考满是仿照古代所谓"三载考绩、三考黜陟"之制，规定内外官在九年任职期内三年一考，六年再考，九年通考，具备其一，即可升转。考核评语有三种，"称职"、"平常"和"不称职"，据以决定升降。一般降职者少，升迁者多。

考察则分为京察与外察两种。京察即对京官的考核，根据官员具体表现来决定升降。外察是对外官的考察。洪武十一年，朱元璋令吏部在殿堂上考核朝觐官的政绩，"称职而无过者为上，赐坐而宴；有过而称职者为中，实而不坐；有过而不称职者，不预宴，序立于门，宴者出，然后退"。此后便成定制。在明初，考察的结果一般都是罢黜多而升迁少，正好可以借机换置新员，令能者上，庸者下。

明初对官员的考课，以及根据考课结果制定的陟罚臧否，调动了官员的积极性，约束了官吏们的行为作风，对明初的吏治清明起到了积极作用。明初的清官最多，有些官员纵使无甚才干也能循规蹈矩，不敢胡作非为，其主要原因就在于朱元璋制定的逐级审查的考课制度。

任何事业的完成，都得益于组织成员的积极性和紧迫感。只有严格的考核，才有正确的评价，也才能对下属进行客观的评价。"干和不干一个样，干多干少一个样，干好干坏一个样"的大锅饭思想，是不良组织的最大弊病。

领导智慧

只有严格的考核，才有正确的评价，也才能对下属进行客观的评价。

与成果相比，新进人员的努力过程更重要

一名大学毕业生被招聘进入一家销售公司，做业务员。在入职前，他认为公司首先要给他指定工作量，所以还没进公司就感觉到了压力。然而工作开始后，上司却一直没有过问他的工作成果。正当他纳闷时，却看到比他早三年进入公司的员工，往往被严厉地追问推销的成果。他不由得佩服公司指导方法的高明。

对于新进人员来说，最重要的任务是快点进步。企业对他们要进行教育培训，最终的目标在于尽早培养出专业人才，在未训练出优秀的人才之前，应考核其对工作的态度是否积极，而给予适度的鼓励，以期使下属体会到工作的乐趣，并学习专业人员所具备的知识。在还没达到专业水准之前，如果只重视结果，极可能使新进人员感到太大的压力，以至于无法安心学习。

领导智慧

对于新进人员来说，最重要的任务是快点进步，而不是做出多少业绩。

与其精明，不如高明

"精明"与"高明"，虽一字之差，重心所指却截然不同。有句话说得好："过于精明能干的上司，培养不出好的下属。"为什么呢？

因为心理学家研究发现，当人们见到过于完美的模范样本时，极易因为畏怯心理而失去学习的意愿。举例言之，如果学生听到老师的授课非常完美，就有可能认为自己的程度与之相差太远，因而缺乏学习的意愿一样。

水准过高的上司，对事情要求十全十美，能力一般的下属便容易颓废丧志，并降低对学习的兴趣。因此，在刚开始时，对下属不要有过高的要求或期望，并尽量表现出身为上司的你也可能失败。也可以先用次等的目标来要求下属，然后才能使之循序渐进。

领导智慧

精明强悍的领导往往是可怕的领导，他们自己做得很好，却不一定能带出好下属。

充分利用下属纠纷的机会来考核他们

在平时，对下属进行考核一般是以能力、绩效、品德等项目来评定。大多数的领导者却并不知道，当下属之间发生纠纷时，恰是考核他们的"千载难逢"的绝佳机会。

当两个或多个下属因为某件事发生争执时，你可以"躲起来"，冷眼旁观他们各自的表现。通过细心观察各人的立场、动机、见解和争论方式，可以全盘了解他们的修养、气度、眼光、忠诚等。

如果你需要从下属中物色一位接班人，"利用"纠纷来考核他们就更能提供有说服力的证据了。

领导智慧

人的本性往往在一些特殊时刻更容易表现出来，领导者要抓住这样的"天赐良机"。

以明确态度纠正下属的错误

如果下属犯了不该犯的错误，管理者就要明确地表达出自己的态度，该板起脸就要板起脸，该斥责就要斥责。如果此时你还是用平和的口气对他说话，他就会误以为你只是在与他交换意见或开讨论会，而不会意识到自己所犯错误的严重性。而你如果板起面孔进行训斥，对方就会知道此事触犯了你的原则底线，便会尽快改正错误。

当人们受到认真的问责时，才会说出真心话。责骂者也好，被责骂者也好，若双方皆能以诚心来沟通，可以加深彼此的理解程度，对于往后的长期共事，亦能产生相当大的益处。"我是官，你是兵"——这是你必须亮出来的态度，即使对方年龄与你相仿也要分清身份。情绪性的发怒会有其正面的效果。你必须使对方了解"我是在生气，是在责骂你"。

这种责备与被责备的关系必须在平时就建立起来，如果你突然怒骂一位尚未习惯于被责备的下属，很可能使对方觉得愕

然，甚至一怒之下想到"这种公司我待不下去了"。不习惯被
责骂的年轻人，也不习惯向他人道歉。在工作场所中即使他真
的错了，他也会打哈哈，不会直接道歉。也许他内心非常后悔，
但绝不会表现出来。

当然，身为领导者也不应太钻牛角尖，不要鸡蛋里挑骨头，
只有保持一定的理性，才是上策。

领导智慧

你是官，他是兵，你有权力表现出你的不满和失望，这
也是为了促进下属进步。

原则问题上不能做墙头草

伊藤洋货行以经营衣料起家，食品部门比较弱。而"东
食"是三井企业的食品公司，岸信一雄是"东食"的得力干将。
于是伊藤把岸信一雄挖过来做食品这块。

对食品业的经营有比较丰富的经验和较强能力的一雄，
来到伊藤洋货行，宛如给伊藤洋货行注入了一剂催化剂。一
雄的表现相当好，十年间将业绩提高数十倍，使得伊藤洋货
行的食品部门呈现出一片蓬勃的景象。

但是从一开始，伊藤和一雄在工作态度和对经营销售方
面的观念上就呈现出极大的不同。伊藤是走传统保守的路线，
一切以顾客为先，不太与批发商、零售商们交际、应酬，对
下属的要求十分严格，要他们彻底发挥自己的能力，以严密
的组织作为经营的基础。一雄则非常重视对外开拓，常多用

交际费，对下属也放任自流，这和伊藤的管理方式迥然不同。

随着岁月累积，裂痕愈来愈深。伊藤无法接受一雄豪放粗犷的做法，因此要求一雄改善工作方法，按照伊藤洋货行的经营方式去做。但是一雄根本不加以理会，依然按照自己的方法去做，而且业绩依然达到了水准以上，甚至有飞跃性的成长。自信满满的一雄，更加不肯修正自己的做法了，他声称："一切都这么好，说明这路线没错，为什么要改？"

双方的意见分歧愈来愈严重，终于到了不可调和的地步，伊藤看出一雄不会与他合作，最终下决心将其解雇，惩一儆百，维护了企业的秩序和纪律。

岸信一雄业绩赫赫，却突遭解雇，在日本商界引起了不小的震动，舆论界大多站在一雄这边，批评伊藤蛮横无理。人们都为岸信一雄打抱不平，指责伊藤过河拆桥、卸磨杀驴。面对舆论的猛烈攻击，伊藤雅俊却理直气壮地反驳道："秩序和纪律是我企业的生命，也是我管理下属的法宝，不守纪律的人一定要从重处理，不管他是什么人，为企业做过多大贡献，即使会因此降低战斗力也在所不惜。"

对于最重视纪律、秩序的伊藤而言，食品部门的业绩虽然持续上升，但是一雄的"治外权"如果一直存在下去，将毁掉过去辛苦建立的企业体制和经营基础，也无法面对众多下属。

原则问题上不能做墙头草。任何单位都有少数的"刺头"式员工，他们不服从管理、我行我素，有的还以敢跟领导对抗而"自豪"。他们也许能力不错，但触犯了企业的"天条"。

对这样的人，管理者要敢下狠手，必要时需当机立断、严惩不贷。领导者对害群之马的管理要坚决，不能拖泥带水。

领导智慧

人才可贵，纪律和原则更可贵。

善用"以下制下"之法

"以下制下"是古代君王常用的御人心术。帝王对于权臣常常猜忌，为削弱其权势，一方面采用分、隔等手段，不让权臣之间结成同盟；另一方面扶植新的权力中心，以削减、抵消原有的权力中心。

以宰相为例，在封建时代，宰相作为皇帝的副手，处在"一人之下，万人之上"的高位，为帝王处理大量政务，君、相之间难免龃龉。君主往往容不得能力太强的相臣，加之历代相臣篡位者时有发生，帝王总是设法削弱宰相权力。

秦汉时期，丞相权力很大，上至天时，下至人事，无所不在其管辖范围。丞相对皇帝诏令如有不同意见，可以面折廷争，甚至拒绝执行。对此，皇帝总是心中难安，生怕丞相谋权篡位。于是西汉武帝便用尚书一职以分丞相拆读奏章的权力。后来太尉、御史大夫的地位相继提高，渐至与丞相平级，此三职后来形成大司徒（丞相）、大司马（太尉）与大司空（御史大夫），号称"三公"。一相变成三相，权力分割、互相牵制。

到了唐代，在前朝官制基础上演变成"三省制"。三省指中书省、门下省和尚书省，各司其职。中书省掌制令决策，起草诏令；门下省掌封驳审议，对中书省所制定诏令如有不同意见，有权批改复奏，然后下达尚书省；尚书省负责执行，其下分设六部（吏、礼、户、兵、刑、工）分管各部政务。三省长官都可参与国计，均为相职。此外，皇帝还可以让级别较低的官员，戴上"同中书门下三品""同中书门下平章事""参知政事"头衔，参与三省长官联合办公，这些官员亦可视为宰相。这样，丞相的权力就更加分散了。

"以下制下"之法可有效避免权臣干政。当然，现代管理者与古代帝王不可同日而语，但以史为鉴，汲取有益的管理智慧还是有必要的。

领导智慧

当对自己的下属有所怀疑之时，下属的下属倒可以成为一个能够利用的力量。

奖与罚都应以业绩考评为依据

业绩考评是管理者常用的管理手段。管理者希望通过考评掌握下属的工作状态，员工也希望自己的工作被企业承认并得到应有的待遇和事业上的进步，同时也希望被指导。可以说，科学、合理的考评是管理者与被管理者双方都欢迎的。

可以说，业绩考评是实施有效管理的一根指挥棒。但是，如果对考评原则把握失度，该紧不紧、该松不松，就会失去它应有的作用。考评必须建立在以下原则之上：

（1）明确、公开的原则。企业的考评标准、考评程序和考评责任都应当有明确的规定，并且在考评中严格遵守这些规定。同时，这些规定在企业内应该对员工公开，这样才能令员工对考评产生信任感并接受考评的结果。

（2）客观原则。要以客观事实为考评的准则，避免主观判断和感情倾向。

（3）直接性原则。由于直接上级最了解被考评人的实际工作表现，所以考评应由被考评者的直接上级进行。

（4）反馈的原则。考评结果一定要反馈给被考评者，否则，就不能达到考评的主要目的，应向被考评者进行解释并提出指导。

（5）差别化原则。考评的目的是为了激励。所以考评的等级之间应有明显的差别界限，针对不同考评结果的员工，应在工资、使用、晋升等方面体现差别。

领导智慧

科学有效的业绩考评，是公司企业得以健康运作的关键，在管理过程中，应该遵守其运行的原则性和灵活性。

绩效考核要服务于员工的成长

绩效考核是对员工工作成绩的衡量，并非管理者和员工之间对立的体现，因此管理者要秉持圆通的原则，以实现双方和谐为目标。绩效考核应该是为员工的成长提供服务的，而不能被当作对员工进行批评甚至横加指责的机会。只有为员工成长服务的绩效考核，才能被员工接受，管理者才能更有效地利用绩效考核为企业的发展服务。

绩效考核是为员工成长服务的工具，如果管理者这样看，就不会对员工出现的错误进行大肆的批评，而会坦诚地指出员工工作中的不足，帮他们改正那些妨碍他们进步的缺点，从而取得更大的进步。

在很多优秀的公司，管理者都会向员工传达一个理念：业绩决定一切。不管你是名校出身，还是资历丰富，衡量你的都是同一套标准，你现在的表现比你过去的经历更重要。在这样的公司里，绩效考核总是服务于员工的成长。它们为员工提供表现自己的机会，员工随时都可以接受更大的挑战。

保证绩效考核的公平公正，是员工和管理者之间建立融洽、信任关系的前提。如果员工对绩效考核没有积极的态度，甚至明确表示反对，那么管理者就要对考核方式进行检讨了。

虽然每个人都渴望得到赞美，但是绩效考核也不能变成庆功会，对于那些绩效水平较低的员工，管理者还是要提出批评和建议，以督促他们进步。不要担心一丁点的批评就会打击员工的自信，只要管理者能够站在员工的立场上，诚恳地提出看法和建议，员工肯定能够体谅管理者的良苦用心。

领导智慧

绩效考核应服务于员工的素质培养和能力成长，它是推进员工进步的助燃气，而不是禁锢员工发展的铁牢笼。

让绩效考核不再冷冰冰

一般人对绩效考核的直观理解，就是一堆冷冰冰的数字和表格。但是考核如果仅止于此，就无法实现为员工成长服务的目的。在这样的考核中，管理者只是一个员工工作表现的记录者。

因此，在实施绩效考核的过程中，管理者还需要与员工之间进行面对面的沟通。管理者和员工之间的沟通有助于双方的相互理解，改进工作中的问题，发现管理流程中的漏洞和不足。

丰田公司采用的是360度评估体系，丰田内部称之为"个性对口鉴定制度"。一个员工工作成绩的评定并不仅仅是由他的顶头上司作出的，同时还要参考其他部门领导和员工的意见。为了使评价结果准确，评价人和被评价人都是在工作上有密切接触的。例如，一个股长想要提升为课长，除了顶头上司的评价外，还要从其他部门选出5人对其进行领导能力和观察问题能力等20多项内容的评价和鉴定。

既然考核的最终目的是为了改善员工的行为，管理者就应该注意考核标准的透明化。考核标准最好由管理者和员工协商制定，不能太高以致所有人都达不到，也不能太低丝毫没有挑战性。

领导智慧

让绩效考核带上人情味儿，不再机械地运作。让这种机制也安上一颗"心"，从而促进上下人员的彼此理解和共鸣。

正确看待下属没有完成任务的情况

市面上的培训书经常宣扬一些观点，如"没有任何借口""不找借口找方法""无条件服从"等。有些"知其一不知其二"的领导者听到之后，如获至宝，直接拿来指导自己的实际工作，就大错特错了。

一味强调"不要任何借口"是不现实的，是对"原则""规矩"的滥用，是缺乏灵活的表现。其结果不会带来执行力的大幅提升，只会抑制下属工作的积极性。实际情况总是复杂多变的，管理者本人不见得完全了解情况，下达的指令不可能准确无误。

如果下属在执行命令时，完全不考虑领导者的命令是否正确，不顾客观情况是否允许，只是盲目去做，甚至让企业付出沉重代价也在所不惜，这绝对不算"完美的执行能力"或"负责敬业"，只能叫作愚忠。即使每个管理者布置的每项任务都是合理的，但也不是每项任务在任何时候和任何背景下都是可以完成的，也不是每个员工都能够完成每项任务的。

"绝对服从"强调的是一种不平等意识，一种管理者至高无上的霸权思维，这样的管理思维只能唬住弱者，造就奴才，让真正有能力的员工暂时收敛锋芒随时等待跳槽，必然的结果是离心离德，人心涣散。

所以要合理看待下属没有完成任务的情况，分析其所处的客观环境，不要一味地认为没有完成任务就是找借口。

领导智慧

规矩是死的，人是活的，不要让死规矩捆绑住了活的人。下属在执行命令时出现偏差，要先听听他们的理由，不要一味地强调"绝对服从"。

强化纪律，赏罚分明

自古以来，管理国家、军队、企业都有一条有效的铁律，那就是"赏罚分明""奖勤罚懒"。在企业里，管理者只有"赏罚分明"，才能不断强化正确的行为、抵制错误的行为。"赏"是对员工正确行为的一种肯定，帮助管理者旗帜鲜明地表明，员工哪种行为是自己所赞同的；"罚"是对员工错误行为的否定，表明哪种行为是被管理者所禁止的。

综观历史，但凡有名的军事家，在治军上都是法纪严明的，诸葛亮更是如此。作为东汉末年最为著名的管理者之一，诸葛亮管理所有军政事务，显然，假如没有一些手段，他是办不成事的，诸葛亮的手段之一就是赏罚分明。对有功者，他施以恩惠，不断激励；对犯错误者他严肃法令，秉公执法。

有两件事可以反映诸葛亮的赏罚分明，第一件事：诸葛亮首次北伐时，马谡大意失街亭，致使诸葛亮北伐之旅遭到彻底失败。诸葛亮退军后，挥泪斩了马谡。同时，诸葛亮对在街亭之战立有战功的大将王平予以表彰，擢升了他的官职。第二件事：作为托孤重臣的李严，一直为诸葛亮所器重。但在北伐时，李严并没有按时将粮草提供给前线，反而为了逃避责任在诸葛亮和刘禅两头撒谎，诸葛亮不明就里，只得退军。后来诸葛亮了解到了真相，将李严革职查办。

街亭一战，可以说是诸葛亮平生最为狼狈的一次。街亭战后，诸葛亮对马谡的罚以及对王平的赏，都充分体现了诸葛亮恩威并施的不凡智慧，通过他的举措，军纪得到了整肃，士兵的士气也被大大地鼓舞了。在现代企业管理中，管理者也应该像诸葛亮一样，有奖有罚、恩威并施，这也是对员工很重要的一个激励手段。形象一点来说，就是要管理者用好手中的棒棒糖和狼牙棒，要使员工明白，努力工作就能尝到棒棒糖的甜，犯了错误也会感受到狼牙棒的痛。

领导智慧

无规矩不成方圆，通过公平透明的赏罚机制，让员工看清自己被肯定和被否定的一面。

考核的基本原则是科学

绩效考核过程的本质是将量化的东西通过量化形式反映出来，将不易量化的东西最大可能地客观反映。

小张大学毕业后进入当地一家大型公司当销售人员，在工作的头几年，他的销售业绩不太好。但是随着社会关系的扩大和对业务的熟悉，小张的销售额开始直线攀升。到第四年年底，根据平日里和同事们的接触，小张很确信自己是公司的销售冠军。但公司为了避免造成相互比较，影响人际关系，所以不公布每个销售员的销售业绩，因此小张的业绩无法得到肯定。

其实他在当年 10 月份就完成了全年的销售额，可是销售部经理却对此无动于衷。这样一来，虽然工作上很顺利，薪水也很高，但是小张始终觉得自己的劳动没有得到应有的回报——公司从来都不公开每个人的业绩，也从不关注营销人员个人的销售业绩，好像业绩好坏无关紧要一样。

当听说另外两家外资企业都在搞销售竞赛和奖励活动、公司内部定期将营销人员的销售业绩进行通报、评价并且通过各种形式对每季度和年度的最佳营销人员予以奖励时，小张非常羡慕。而且特别让小张恼火的是在上星期与经理的谈话中，经理以这是既定政策，是公司的文化特色为由，拒绝了他的建议。所以当猎头公司给小张打电话时，小张毫不犹豫地辞职而去。

正是因为缺乏科学、有效、正规的绩效考核系统，使得该公司无法根据员工绩效对小张等人的骄人业绩给予肯定和应有的奖励，致使竞争对手有机可乘，最终使公司失去了一位优秀的员工。

有道是"兵者，国之大事，死生之地，存亡之道，不可不察也"。从这个例子我们可以看出，绩效考核是企业存亡之大事，不可不问。当然，绩效考核不是简单地对员工的行为表现作出裁定，它还存在着以下五点问题：

（1）很多时候现有员工的素质和形象会影响到考核标准的制定，每个评定人看待问题的角度与价值观不同，评定标准也必然不同。这就会使标准不可能面面俱到，最终造成制定的标准本身就不公平。

（2）对于企业来说最重要的不是领导，而是把过程做到位。绩效考核是对员工心理的重要导向，考评指标使员工把注意力集中在指标的完成上，集中于考核结果和领导要求，而不是关注工作本身。这样就容易造成员工为领导而工作的局面，最终使得有些员工置过程于不顾，单单片面追求考核的结果。

（3）俗话说："没有功劳有苦劳，没有苦劳有疲劳。"追逐绩效，没有效果至少还有成绩，所以绩效考核容易造成目标分散，使员工不顾效果。有些员工表面很会装，整天把自己弄得忙忙碌碌，但没有效果的忙碌对企业又有什么用呢？

（4）在绩效考核中最为扼杀人性的弊病是名额指标的限制。所谓名额是对人性的扼杀，试想如果一个人在企业中工作由于名额的限制而没有晋升的希望，他会努力吗？

（5）绩效考核最致命的缺点就是绩效考核的标准如果与市场标准不一致，会造成对员工工作行为的误导。

针对绩效考核的种种弊病，企业管理者必须做到完善绩效管理体系，建立科学合理的绩效考评办法。首先要加大绩效管理的力度，不断优化绩效计划书和绩效考核评分卡，修改、淘汰难以考核、形同虚设的指标，尽量设立和工作职责密切相连、易于考评、可以衡量的指标；其次是要力争公平公正、科学合理地进行考核；再次是要统一部门绩效考核模式，将定量考核和定性考核有机结合起来，使考核工作既具原则性和科学性，又切实可行，便于操作；最后是要从整体战略的眼光来构筑整个人力资源管理的大厦，让绩效考核与人力资源管理的其他培训开发、管理沟通、岗位轮换晋升等环节相互连接、相互促进。

领导智慧

不科学的考核制度将会打击员工的积极性，出现人才流失等严重情况。所以，让考核制度科学有效地进行，是公司发展的一大措施。

无论赏罚都要做到有理有据

摩托罗拉每年的年终评估以及业务总结会一般都是在次年元月进行。公司对员工个人的评估是每季度一次，对部门的评估是一年一次，年底召开业务总结会。根据一年来对员工个人和部门的评估报告，公司决定员工个人来年的薪水涨幅，并决定哪些员工获得晋升机会。每年的二三月份，摩托罗拉都会挑选一批优秀员工到总部去考核学习，到五六月份会定下哪些人成为公司的管理职位人选。

摩托罗拉员工评估的成绩报告表很规范，是参照美国国家质量标准制定的。摩托罗拉员工每年制定的工作目标包括两个方面：一个是宏观层面，包括战略方向、战略规划和优先实施的目标；另一个是业绩，它可能包括员工在财政、客户关系、员工关系和合作伙伴之间的一些作为。摩托罗拉员工的薪酬和晋升都与评估紧密挂钩，虽然摩托罗拉对员工评估的目的绝不仅仅是为员工薪酬调整和晋升提供依据。但是，在摩托罗拉根据评估报告进行员工薪酬调整和晋升的过程中，评估报告已经扮演了表现摩托罗拉赏罚分明的一个最为重要的角色。

企业和军队，都是组织。一个军队赏罚分明，可以提升军队战斗力；一个公司赏罚分明，可以提升企业的市场竞争力。如果赏罚不明，一切制度都成了虚设；赏罚一分明，制度就容易得到巩固和完善。企业管理者在赏罚分明方面要注意三个问题：第一是有过必有罚。一个组织必须讲究制度和纪律，团队事务是公，不能因为个人私交感情而对过失不惩罚。有过不罚，等于说企业管理者自动放弃了惩罚机制。第二是有功必有赏。下属有功劳而不能获得奖赏，他会心生怨气，陷入懈怠，工作失去主动性和积极性。第三是奖罚一定要双管齐下。下属取得成绩，及时给予奖励和肯定，以此来激励下属取得更大的成绩。下属犯了错误，给予批评和惩罚，以此来警醒下属改正错误。另外，赏罚一定要讲求公平，否则会引起员工的抵触心理。

领导智慧

有过必有罚，有功必有赏，奖罚一定要双管齐下。

人性化考察消除员工恐惧

提到考核，很多员工都会莫名地恐惧，原因是员工对考核结果毫不知情，结果的不确定性使其内心不安。作为企业组织，对员工进行绩效考核是必需的。但是，一个让员工恐惧的绩效考核方案，首先就失败了一半。员工在恐惧心理的作用下，是没有创新力和战斗力的。

不科学的绩效考核会使员工感觉企业就是不留情面、榨取自己血汗的冰冷的机器，而卓越的绩效考核制度是原则和灵活相结合的，它始终是人性化的，是合情、合理、合法的，它给员工的感觉是温暖如春，可以成就自我价值的。

员工绩效排名方式曾被认为是最有效、具有人性化的考核制度之一。美国通用电气公司的前首席执行官杰克·韦尔奇特别善于使用员工绩效排名。他把员工依照绩效排出名次，如果倒数10%的员工的工作表现在接受培训后依然无法改观，那就可能面临被解雇的危险。韦尔奇对于那些落后的员工，并不是粗暴地砍掉，而是为他们制订成长计划。员工绩效排名使通用电气的员工进步表现非常突出，他们面对的不是业绩压力，而是自己的成长压力，只有自己不断进步，才能避免使自己成为队尾的人。

其实，绩效排名只是一种考核方法，评估员工绩效还有更好的方法，企业管理者只要能够设计出让员工对工作结果负责的、信息沟通渠道畅通、以工作表现为基础的薪酬机制，能够在机制运行过程中保证公平、公开、透明、人性化，公司便可以达到预期的管理效果。

国内某食品公司就建立了一套新颖的员工绩效评估方法。每年年初，公司的近万名员工都要根据自己的工作内容制定出8～12个工作目标。领导和员工讨论这些目标后，一同为这些目标排序。企业管理者会全年评估追踪员工在这些目标上的表现，并且在必要的时候提供协助。年底考核，员工的绩效便以这些工作目标的重要程度及完成程度为基础。

绩效考核的人性化，就是把员工作为绩效管理的主人来看待，而不是一味地当成暗箱操作的对象。要把员工当成绩效管理的主人，企业的制度设计就得把持续沟通的思想融入到整个绩效管理的过程中，以提高员工的绩效为目的，把直线经理看作员工的绩效合作伙伴，让直线经理和员工始终站在一起，共同完成绩效管理的过程。

英国一航空公司在员工绩效考核方面，就突出了领导者的作用。该公司将员工绩效分为"不及格""及格""良好""优秀""卓越"五类，主管将员工绩效分类后，不对员工进行评比或者排名，而是给予具体的评述和建议。该公司认为，员工绩效考核能否成功，直线经理是最为关键的一点，因此公司会对公司的管理者进行员工绩效评估能力的培训。与此同时，对于员工绩效表现的各个类别，公司通过严谨研讨后进行严格定义。直线经理在评估员工时，必须严格按照定义的客观标准进行考核。

无论什么样的绩效考核方式，人性化是最为重要的。对于企业管理者来说，只有制定越来越人性化的绩效考核，才会削弱员工莫名的恐惧，使员工不由自主地激情迸发、昂扬奋进。当未来变成员工一种美好的愿景，当考核结果成为一种诱人的果实，那么考核就不再是约束和批评，而是激发人们潜能，成就人们价值的兴奋剂，人们会自觉、自愿地奔向未来，积极美好地去摘取这一胜利的果实。

领导智慧

不要让员工对考核制度充满惶恐，从而影响其正常工作和发挥，让考核制度带上一些人性的温暖，作为领导者，你会发现那比呆板地执行更有效。

工作态度一定要纳入考核

很多成功的企业家都非常重视员工的工作态度，不管是企业还是事业单位，都不能容忍缺乏干劲、缺乏工作热情的员工存在。对于工作态度这一点，日本经济界泰斗士光敏夫有着独到的见解。他从长年从事的经营管理工作中深刻地体会到："人们能力的高低强弱之差固然是不能否定的，但这绝不是人们工作好坏的关键，而工作好坏的关键在于他有没有干好工作的强烈欲望。"

有这样一个例子：美西战争发生后，美国必须马上跟古巴的起义军首领加西亚将军取得联系。但是没有人知道加西亚将军的确切地点，所以无法写信或打电话给他，但美国人必须尽快地获得他的合作。就在美国人不知道该如何是好的时候，有人对美国总统说，"我知道有一个叫罗文的人，他会有办法找到加西亚，也只有他才能找到加西亚。"

于是，万般无奈下他们把罗文找来，把写给加西亚的信交给了他。那个名叫罗文的人拿了信，把它装在一个油布制的口袋里，封好，吊在胸口，然后划着一艘小船就去找加西亚了。经过很多艰难险阻，四天之后的一个夜里罗文在古巴上岸，消失在了丛林中。接下来的三个星期他又遇到了很多问题，但是凭借着坚定的信念和敬业精神，他终于冲破重重危险，从古巴岛那一边走了出来，又徒步走过危机四伏的国家，把那封信交到了加西亚手里。

罗文送的不只是一封信，而是关系到美国的命运，牵扯到整个民族的希望。罗文的传奇故事之所以在全世界广为流传，主要在于它倡导了一种伟大的精神、人性中光辉的一面：忠诚、勤奋、敬业。

罗文的勤奋、忠诚、敬业精神其实都是现实中的工作态度问题。有一位著名管理学者总结出这样一个公式：一个人的工作绩效＝工作态度 × 工作能力。因为公司既然招聘了你，那说明你是有能力的，所以在这个公式里工作能力是恒大于零的。至于工作态度我们可以把它分为积极、消极、负面三种，在这个公式中我们可以分别把它定义成不同的值，积极的态度是大于零，消极态度等于零，负面的态度小于零。把这些值套进上述公式，就很容易发现工作态度与一个人的工作绩效有多么紧密的联系。

我们常说"态度决定一切"。一个人如果工作态度散漫随意，而且不懂得反省，那么即使他再聪明，也不会取得成功。企业的健康发展，需要一大批敬业守责的员工坚持在第一线。所以把工作态度纳入考核不仅是有益的而且是必需的。

领导智慧

员工与员工之间在竞争智慧和能力的同时，也在竞争态度。

如何管
员工才会听
怎么带
员工才愿干

连山◎编著

红旗出版社

图书在版编目（CIP）数据

如何管员工才会听　怎么带员工才愿干 / 连山编著
. -- 北京：红旗出版社，2020.4
（高情商管理 / 张丽洋主编）
ISBN 978-7-5051-5147-5

Ⅰ . ①如… Ⅱ . ①连… Ⅲ . ①企业管理 - 通俗读物
Ⅳ . ① F272-49

中国版本图书馆 CIP 数据核字 (2020) 第 042599 号

书　　名　如何管员工才会听　怎么带员工才愿干
编　　著　连　山
出 品 人　唐中祥
总 监 制　褚定华　　　　　　责任编辑　朱小玲 王馥嘉
选题策划　三联弘源　　　　　地　　址　北京市丰台区中核路 1 号
出版发行　红旗出版社　　　　编 辑 部　010-57274504
邮政编码　100070　　　　　　发 行 部　010-57270296
印　　刷　天津海德伟业印务有限公司
成品尺寸　138mm×200mm　　　1/32
字　　数　400 千字　　　　　　印　　张　25
版　　次　2020 年 7 月北京第一版　印　　次　2020 年 7 月北京第一次印刷
IBSN　978-7-5051-5147-5　　　定　　价　168.00 元（全五册）

前　言

对于管理者来说，用职权管人不是本事，通过人格服人才是本事；颐指气使不是本事，"不令而从"才是本事；用惩罚使人害怕不是本事，凭魅力赢得追随才是本事；自己有本事不是本事，让有本事的人为己所用才是本事。管理是一门学问，是一门艺术，更是一种高深的谋略。你不能因为自己是"官"就对人吆三喝四，也不能与他们称兄道弟失去威严；你既不能疑神疑鬼，又不能偏听偏信……超级管理者身上的那种气质和影响力，绝非掌握一些机械的管理方法和技巧就能达到的，而是长期自我修炼的结果。真正有魅力的管理者，站在那儿就是一种无声的号召。

如何管员工才会听，怎么带员工才愿干？作为团队的管理者，你要如何更好地领导下属和管理员工？如何建立优秀的团队？如何做到知人善任、人尽其才？如何实现与下属的无障碍沟通？如何用简单的管理取得最大的收获？管理一个团队将面临各种各样的问题和挑战，当你面对这些问题时，你是否会产生困惑或有力不从心之感？是否需要用新的管理知识和技能武装自己的头脑？是否想进一步提升自己的管理技能，以便更好地应对管理过程中出现的各种难题和挑战？

作为一名中层领导和普通员工，如何通过自我修炼来提高当前的工作业绩？如何在工作和实践中提升自我？如果有一天你被任命为团队的管理者，你知道该做什么，不该做什么吗？如果将你从普通员工提升为中层管理者，你如何走好第一步？你具备管理者的基本素质和能力吗？……

本书针对团队管理者的工作任务，从领导力打造、权力运用、用人之道、激励手段、沟通艺术、晋升之道等方面系统介绍了管理者如何管员工才会听，怎么带员工才愿干，是每一位有心成就卓越的管理者必备的日常管理工具书。全书体系规范、科学，内容全面、实用，为管理者提供了一个全方位的细致周详的工作手册，帮助管理者提高理论水准和管理素养，有效解决各类管理实务问题。

目　录

1

第一章
管人先管己，带人要带心

正人先正己：做员工的榜样

孔子说，假如端正了自己，治理国政有什么困难呢？连自己都不能端正，又如何端正别人？也就是说"欲正人，先正己"。

管理者最大的职责是管人。从人的内心分析，人们永远喜欢管人，而不喜欢被人管，这是每一个人的本性。然而，有一种情况例外，那就是当人从心底佩服某个人时，就不会抵触这个人对其的管理，甚至觉得怎么管都可以，只要下达指令，就一定会努力去做，绝不怠慢。

那么，管理者如何做到让下级心服口服呢？在这个问题上，有一些人总是习惯于向外寻找方式，制定种种制度和规则，以此来达到约束人的目的；而智慧的管理者总是从自身寻找办法：正人先正己，修己以安人，十分注重个人修养，时刻严于律己。管理者如果能做到以身作则，端正态度和行为，员工就会效仿。

春秋时期，楚国上下出现了沉湎于享乐之中的不良风气，在解决这个问题的时候，楚庄王在第一时间控制住了自己的欲望，为纠正不良风气做出了表率。

有一次，令尹子佩请楚庄王赴宴，楚庄王很高兴地答应了。于是在那一天，子佩早早就在京台准备了奢华的宴会及表演，可是他左等右等，就是不见楚庄王驾临，甚至一直等到晚上，楚庄王始终没有出现。

榜样的力量

有着领袖气质的领导者为他人树立榜样，他们乐于以衡量他人的同一标准来约束自己。

我坚信我们公司会实现这个愿景的。

领导者的身先士卒，能表明自己对理想、目标或服务的一种坚定信念。

下属可以从他们的领导那儿学到各种经验，当知道自己并非是孤军奋战时，下属会感到更加满意。

通过身先士卒，以身作则，并在重要事情上倾注大量时间和精力，领导便会成为下属仿效的榜样。

领导者

榜样

目标

第二天，子佩拜见楚庄王，并关切地问楚庄王是不是由于身体不适才无法赴宴。楚庄王笑道："子佩不要担心，我身体很好。我之所以没有赴宴，是因为我听说你是在京台摆下的盛宴。"子佩困惑极了，说道："京台是个好地方，很多人都愿意去那里散心。"楚庄王接着说道："我知道京台是个难得的好去处。向南可以看见料山，脚下正对着方皇之水，左面是长江，右边是淮河，这地方十分诱人。"见子佩更加费解，楚庄王又接着说道："如此诱人，你不觉得人到了那里，就会快活得忘记了死的痛苦吗？我是一个德行浅薄的人，承受如此的快乐，我怕自己会沉湎于此，流连忘返，从而耽误治理国家的大事，所以改变初衷，决定不去赴宴。"

贵为一国之君的楚庄王，偶尔消遣一下本无可厚非，可是他能够如此严格地要求自己，克制自己的欲望，身为人臣，怎能不感到羞愧呢？自此以后，楚庄王成了朝中榜样，使得全国上下形成了良好的风气。

楚庄王之所以不去京台赴宴，是因为他要从自己做起，克制享乐的欲望，从而改变举国上下的不良风气。正因为他正人先正己、先修己，而后安人的气度，才使得他在登基后，"三年不鸣，一鸣惊人；三年不飞，一飞冲天"，从而成为一个治国有方的君王。如果一个团队想要发展、强大，团队领导者就必须学会向内看，从自己做起。

"己所不欲，勿施于人"，自己都办不到的事，凭什么要求别人做得到？想要别人做得好，首先得自己做得好。要管理好下级，一部分靠权，以权管理，名正言顺，这属于"硬件"；另一部分得靠己，这属于"软件"。一个领导者只有正人之前先修己，才能上行下效，使大家心甘情愿地听你指挥。

管理者要以身作则，做出表率，才能最大限度地使员工信服。只有营造人人平等、公平至上的氛围，才能形成由上至下，凝聚一心的无敌战斗力。

勇于自我反省，不断调整

孔子曰："夫仁者，己欲立而立人，己欲达而达人。"这句话的意思是说，仁德的人，只有自己愿意去做的事，才能要求别人去做，只有自己能够做到的事，才能要求别人也做到。

管理者必须具备一定的自省精神。孟子有这样一句话："权，然后知轻重；度，然后知长短。物皆然，心为甚。"意思是说，称完才知道轻重，量完才知道长短。世间万物都是这样，而心灵则更需要反复地衡量，这样才能不断地认识自己、改善自己。

宋代的朱熹说："日省其身，有则改之，无则加勉。"其意亦在反省。反省可以"自知己短"，弥补短处，纠正过失。在古代的先贤那里，反思与自省是一种不可或缺的行为，它们应时刻伴随在你身旁，使你不断地对自己的灵魂进行拷问。

有一天，原一平来到东京附近的一座寺庙推销保险。他口若悬河地向一位老和尚介绍投保的好处。老和尚一言不发，很有耐心地听他把话讲完，然后以平静的语气说："听了你的介绍之后，丝毫引不起我的投保兴趣。年轻人，先努力去改造自己吧！""改造自己？"原一平大吃一惊。"是的，你可以去诚恳地请教你的投保户，请他们帮助你改造自己。我看你有慧根，倘若你按照我的话去做，他日必有所成。"

从寺庙里出来，原一平一路想着老和尚的话，若有所悟。接下来，他组织了专门针对自己的"批评会"，请同事或客户吃饭，目的是让他们指出自己的缺点。

原一平把大家的看法一一记录下来。通过一次次的"批评会"，他把自己身上的劣根性一点点消除了。

与此同时，他总结出了含义不同的 39 种笑容，并一一列出各种笑容要表达的心情与意义，然后对着镜子反复练习。

他像一条成长的蚕，悄悄地蜕变。最终，他成功了，并被日本国民誉为"练出价值百万美金笑容的小个子"，且被美国著名作家奥格·曼狄诺称为"世界上最伟大的推销员"。

"我们这一代最伟大的发现是，人类可以由改变自己而改变命运。"原一平用自己的行动印证了这句话。也许你不能改变别人、改变世界，但你可以改变自己。幸福、成功，从改变自己开始。

要让结果改变，首先要改变自己；要让结果更好的话，自己必须变得更好。我们成功和进步的关键就在于，改变自己、完善自我。

以下是提高管理者应对变化的技巧。

（1）花点时间考虑考虑你的核心价值观和人生使命。

一种目标感对于成功和效力来说是必要的，而那些不清楚自己在干什么和为什么这么做的人，在面对变化时，就没有前进的基础。

（2）要坚持。

成功通常和天生的不屈不挠有很大关系。当你清楚你的价值观时，当你有能力在目标的基础上发展时，坚持是唯一

领导者如何自省

领导者应该每隔一段时间就放下手头繁忙的事务，静下心来想想几个方面的关键问题。

加把劲，达到愿景。

1. 愿景与工作重点

我多久宣传一次愿景？我是否确定了 3～5 个与实现愿景相关的工作重点，并向员工传达？我的员工能否答出公司的愿景和工作重点？

午夜
9   3
下午 6 24 hours 6 上午
3
正午

加班工作
社交与进餐
时间行为划分
其他工作
会议 锻炼
睡觉
主要工作

2. 时间管理

我如何安排自己的时间？这是否与我的工作重点相吻合？我的下属如何安排他们的时间？这是否与公司的工作重点相吻合？

把这个评估表填一下。

3. 业务评估和调整

公司在设计上是否与关键成功要素匹配？我是否对员工及员工工作进行了客观的评估？我是否有必要组织下属成立一个特别工作组来回答这些问题，然后让他们向我提出建议？

的可能。在变化面前，成功的人会继续前进，并找到新的创造性的方法来获取肯定的结果。

（3）要灵活和富有创造性。

坚持并不是说用力量来获得。如果你用一种方法不能成功时，试试另一种，然后再换一种。找到更多创造性的解决方法并有新意地处理问题。

（4）跳出框框思考。

广泛阅读，不要把自己局限在擅长的领域。试着在你的生活中那些明显不同的地方找出联系。

（5）接受不确定性并持乐观态度。

生活本质上是不确定的，所以不要在预测未来上耗费你的能量。在所有可能的结果里，注重最有把握的一个。

（6）看到大局势。

变化是不可避免的，要随时保持判断。

感情投资：用心比用钱回报更高

管理层有句名言："爱你的员工吧，他会百倍地爱你的团队。"管理者与员工处于天然的"对立"关系，优秀的团队领导者悟出了"爱员工，团队才会被员工所爱"的道理，因而采取软管理的办法，从而创造了"和谐团队"。而这种软管理，就是采用情感管理。

情感管理在现代管理中占据了重要的地位。所谓的情感管理强调管理者应该重视对下级的感情培养，任何时候都不要存心去管人，任何时候都不能忽视人的情绪。

薪资丰厚，员工却诸多抱怨，即使离开了公司，还在不停地数落公司和管理者的"罪状"，相信不少领导者都会遭遇这样的情况。你除了在心里数落这些"白眼狼"之外，只能慨叹"人心不古"了。事实果真如此吗？

我们同样能发现，薪资水平不丰厚，但员工队伍稳定，对公司满意度很高，员工即使离开了公司，也会时常感念原有团队的"好"。

这两种局面形成的主要原因之一，就是管理者是否重视情感管理，是否对员工进行了感情培养。在马斯诺的需要层次理论中，人不仅具有低层次的生存、安全等需要，同样具有情感方面的需要。

关注人的情绪，关心员工的心理，这在著名的"霍桑试验"中就已经表明，员工的工作绩效很大程度上与人文关怀有关。在团队内部建立"关怀"文化，有助于使员工的情绪保持在较为理想的水平上面，提高工作效率，从而提高工作业绩。

中国人的感情取向与文化传统，决定了感情因素在团队管理中的重要位置。作为一名管理者，要想让下级理解、尊重并支持自己，就必须学会关心、爱护他们，对员工进行感情投资。让下级与自己的心贴得更近，才能使他们更加拥戴和支持自己的工作，才能使他们对工作尽心尽力，才能最终利于管理。

日本麦当劳的社长藤田田在所著畅销书《我是最会赚钱的人物》中，将他的所有投资分类研究回报率，发现情感管理所获得的回报率最高。

藤田田对员工非常关心，他每年支付巨资给医院，作为

如何让员工从日常工作中感到温暖

小李，你工作完成得很棒！

1.当员工顺利完成工作，取得较大成绩时

表扬员工，说上几句贴心的话语，表达出对员工的理解，并鼓励员工以后好好干。

刚接触这个工作，确实有一定的难度，加油，我相信你能行。

2.当员工在工作中碰到困难时

无论做什么工作，都会碰到一些难题。这时，管理者就应该表示理解和支持，而不是批评和嘲讽。

嗯，你的这种思考精神非常好……

李总，我对你刚才的说法有不同的意见……

3.当员工提出创意，勇于表达自己的不同意见时

应该进行鼓励，无论他的看法是否正确、是否可行，你都应该对其具有的勇气和创新精神表示认同，并给予鼓励。

保留病床的基金，当职工或家属生病、发生意外时，便可立刻住院接受治疗，避免在多次转院途中因来不及施救而丧命的事情发生。有人问藤田田，如果他的员工几年不生病，那这笔钱岂不是白花了？藤田田回答："只要能让职工安心工作，对麦当劳来说就不亏。"藤田田还有一项创举，就是把从业人员的生日定为个人的公休日，让每位职工在自己生日当天和家人一同庆祝。藤田田的信条是：为职工多花一点钱进行感情投资，绝对值得。感情投资花费不多，但换来员工的积极性产生的巨大创造力，是任何一项投资都无法比拟的。

如今不少管理者把对员工的关怀，作为管理的一种辅助手段。为员工搞福利，为员工过生日，当员工结婚、晋升、生子、乔迁、获奖之际，如果受到领导的特别祝贺，再铁石心肠的员工也一定会对团队忠心耿耿。

管理者能在许多看似细小的事情上关怀员工，这种关心表现在员工的工作上、相互交往上，也表现在生活上。比如在生病时的嘘寒问暖，为员工组织定期的体检、在员工逆境时的鼓励等。

作为一个管理者，要想让下级理解、尊重、信任并支持你，首先你应懂得怎样理解、信任、关心和爱护员工。任何时候，管理者都不能做一个"铁面无私"的人，尤其在生活方面要通一点人情，对员工多一些情感管理，那么团队中将会出现亲切、和谐、融洽的气氛，内耗就会减少，凝聚力和向心力就会大大增强。

要注重感情投资，重视情感管理，管理者需要重点做到以下两方面：

1. 帮助员工解决生活需要

管理者关心员工，应该首先关注员工所关心的事，如果一个人整天为生活而发愁，你想让他专心做好工作是很困难的。

而身为管理者，如果在能力所及的范围内多为下级解决生活问题，他就会感受到你的体贴，愿意长期为你付出更多的劳动。因此，为下级提供安定的生活保障，这是赢得下级尊敬与喜爱的有效方式。

2. 让员工感受温暖

在平常工作中，领导要让下级尽量感受到管理者的关心和爱护。要做到这一点，领导就必须了解每个下级的名字、家庭状况，适时给予他们问候，让他们感受到关心和重视。管理者可以在特殊时间给下级带来不一样的关怀。例如借助下级的生日、工作周年纪念日、调动、升迁，以及其他重要的事情，你可以说几句赞美的话，让下级感受到你的关怀。

当然，人性管理应该是一种自觉的、一贯的行为，不要只做表面文章，不能摆花架子。这样才能让下级感受到你的真诚，才能赢得他们的信赖。"路遥知马力，日久见人心。"作为管理者，如果能长期与下级平等相待、以诚相见、感情相通，必定能吸引和留住那些优秀的员工，并激发他们努力工作。

"亲民""爱民"，少摆架子

如果一个人要领导一个团队，需要准备一定的资源条件，比如资金、人才、办公地、技术，等等。但是仅有这些还是不够的，还需要赢得人心，让一批人才心甘情愿地追随你。

"仁爱"即对人宽容慈爱，爱护、同情的感情。在管理过程中是指管理者对员工给予尊重、激励、同情，以及悉心的爱护的一种情感投入方式，它是赢得下级的尊重最为有效的方法之一。

孔子非常推崇"仁爱"，《论语》中对"仁"的论述也非常多。孔子认为"仁"是完美人格标准的基础，一个人即使非常有才能，但是人格中没有"仁"的存在，也无法成就大事，或者空守着财富与权势，却可能众叛亲离，落得孤家寡人。孔子所说的"仁爱"，对团队管理同样重要。

优秀团队的管理能取得实效，都不是用金钱激励出来的，而是靠管理者的"仁爱"之心激发出来的。

当管理者心存仁爱之心的时候，就会不自觉地积极地创造条件让员工的心理需求得到满足。这时候，员工的思想认识也会得到升华，愿意以实际行动为团队增砖添瓦。管理者都应该培养起自己的"仁爱"之心。

名扬四海的"海底捞"就是让"仁爱"体现在团队经营管理的过程中。

在海底捞，新员工到店后享受非凡的"礼遇"。因为店里从店长到每一个普通员工，都是在"接待"新员工，并且是"隆重接待"。

在经历培训后，新员工分配到各店，首先由店长亲自接待。店长会告诉新员工一些重要的注意事项，然后带新员工吃饭，店长作自我介绍，然后列举若干榜样，激励新员工好好干。店长之后，大堂经理、后堂经理，以及实习店长、实习经理会轮流接待新员工。他们都留下自己的手机号码，让新员工有困难跟他们说。新员工进入到这样的环境中，任何人都会感受到团队的浓浓暖意。

给予新员工优待，新员工提前下班，单独吃饭。新员工的下班时间要比正常下班早一两个小时。接待经理会亲自通知新员工下班，并且亲自搬桌子、凳子，亲自摆碗筷，亲自给新员工打饭。新员工的这种待遇大概会持续四五天至一周。因此，接待新员工并给予优待是店长及经理们的常规工作。

在海底捞，每个师父都会拉着徒弟的手坐到自己身边，大家都会报以热烈的掌声。店长也会很郑重地告诉师父们，要在业务和生活上关心徒弟，徒弟的发展就是他们的发展，徒弟没有进步就是他们的失职。

然后，对新员工有跟踪调查。调查的对象是新员工，但内容却是针对其他人。比如店长有没有在第一时间接待，经理们有没有安排好生活，领班有没有讲解店里的情况，师父有没有认真带你。还有吃得习惯不习惯，住得舒不舒服之类。

新员工在新来的几天里，全方位感受到团队的温暖。而一个月以后就习惯了，就融入这个团体了。

"仁爱"思想是团队管理者必须具有的基本道德素质，是实现团队宗旨的有效价值选择。

从团队管理的角度来说，一个管理者同样必须具备一颗仁爱之心，才能在所有的管理过程中，体现出对每个人的平等、公正和尊重。

在许多时候，一个管理者如果严格按制度办事，那么很容易被部下误解为"冷血"，管理者需要在坚持制度的前提下，对下级多一些"仁爱"之心。

对于团队管理者来说，最大的仁爱是要在规章制度和管理方式上体现对所有职工的仁爱之心，不能制定缺乏人道和缺乏公正的规章制度，也不能采取缺乏人道和缺乏公正的管理方式，这才是真正体现一个管理者或一个团队的仁爱之心的根本之道。

让管理者既能拥有一颗仁爱之心，又能充分维护团队规章制度的严肃性，是考验每个管理者的一道难题，也是检验管理者水平高低的一个重要标准。优秀的管理者往往能处理好这个难题，在坚持制度化管理的同时还能让员工感受他的仁爱之心。

第二章

激发斗志：

让你的员工"激情燃烧"

让员工成为"鸡血战士"

"人很多，人才不多"，这是很多团队的尴尬现状，也是团队发展的阻碍。团队管理者迫切希望团队多一些"鸡血战士"，以积极热情的态度投入到工作中，成为推动团队发展的有效动力。

著名心理学家马斯洛在《动机与人格》一书中，将目标明确、实干、奋斗、雄心勃勃的人归纳为自我实现者。他们工作的动机就是为了发展个性，他们活跃的思维和创造力常被人们看作天赋。但马斯洛却根据大量临床试验的数据推演出：创造力和活力对所有人来说都是与生俱来的一种潜力，只是大多数人随着对社会的适应而丧失了它。

很多在大学时代激情澎湃的年轻人，一旦进入实战的社会，很快就变得茫然无措或者盲目适应，成为一颗没有自主能力的水滴，稀里糊涂地耗掉人生最好的时光。做人是积极拼搏还是随波逐流？这从来不是一个问题，几乎所有的人都会选择后者；但真正这么做的，却少之又少！

"李娜，为什么不向上司建议，实施你那个大胆的想法呢？我看很不错。"

"哦，不，这几天我想了想，还是按照总监的方案执行吧。即便那头笨驴的计划是如此愚蠢，但至少可以保证责任不在我这边！"

显然，李娜可能是个有丰富创造力的人，但她最大的目标却只是不要犯错。保住现在的工作，对她来说就很满足了。可是她没有意识到，这只能让她持续沉溺在平庸的状态，精彩是不会属于她的，虽然她不甘心。

"你是否正在消耗自己的激情？"这个问题对团队的员工非常重要，管理者要设法让员工清楚自己的人生目标，让自己的一切选择和行为都为之服务。不能主动掌控自己人生的人，一辈子都不知道自己要干什么、干了些什么，就像开车的司机，向左转还是向右转，他的头脑中没有判断，总是需要别人指点。他是一个被动的司机，掌握不了自己的方向盘。

美国著名创业研究专家劳埃德·谢洛德与大量创业家、企业家、管理者有过接触，他们大多具有超强的体能和毅力。但谢洛德认为，他们旺盛的精力和创业的素质并不应被区别对待，这些素质即使婴儿也可以具备："如果你见过婴儿爬到不该爬的地方，你就会知道他们是毫不畏惧的。"这种无所畏惧，来源于人们对自我实现的渴望。

充满激情的人总有用不完的精力，而那些商务精英往往也以不知疲倦的形象出现，生活在高压之下，而且似乎不大生病……他们的旺盛精力是天生的吗？究竟是什么让他们如此生机勃勃？

大凡成功人士都具备这样一种认识，他们更加看重自己所做的工作能给自己带来什么成长和机会。实现自我、不断突破自我，是他们成为激情人士的最大动力。赛场上的最终胜利者不一定是起跑最快的人，可能是那些有强烈的成功欲望的人，是那些能够激情燃烧的"鸡血战士"。

事实上，能够将积极主动的态度转化为一种恒久坚韧的个人品格的人太少了，而这恰恰是避免人生陷入平庸的原因！

总是被动地面对命运的安排，不能勇敢地接受挑战，也不能寻找和把握摆脱不佳现状的机遇，人就会逐渐染上颓废和沮丧的慢性疾病，在被环境改变了内心颜色之后，最终接受现实，过着一种"人在江湖，身不由己"的生活。

正如爱默生所说："坐在舒适软垫上的人容易睡去。"被动等待的想法使得很多人在生活中习惯于观望和等待，只有让自己成为"鸡血战士"，才能让自己和团队有些好运气。

爱尔伯特·马德说："如果一个人不仅能够出色地完成自己的工作，而且还能够借助于极大的热情、耐心和毅力，将自己的个性融入工作中，令自己的工作变得独具特色、独一无二，带有强烈的个人色彩并令人难以忘怀，那么这个人就是一个真正的艺术家。而这一点，可以用于人类为之努力的每一个领域：经营旅馆、银行或工厂，写作、演讲、做模特或者绘画。将自己的个性融入工作之中，这是具有决定性意义的一步，是一个人打开天才的名册，将要名垂青史的最后三秒钟。"

当员工能够积极主动地燃烧自我，充分发挥自己的能量的时候，他的价值就能得到体现。成为"鸡血战士"，靠的是不断战胜和超越自我的决心和勇气，并将这种决心和勇气付诸实践。

人是一个复杂的矛盾体，既有求发展的需要，又有安于现状、得过且过的惰性。能够卧薪尝胆、自我警醒的人少之又少。更多的人需要的是鞭策和当头棒喝式的促动，而管理者需要做的就是激发员工的热情，让他们燃烧自我，成为真正的"鸡血战士"。

投入 100% 的激情

团队管理者希望自己的员工具有这样的表现：视热情如同生命，毫不保留，有多少力出多少力，要做就做最好的，哪怕是 1% 的小事也要用 100% 的热情投入其中。唯有如此，团队的发展才会因为这群充满激情的人而充满活力与生机。

热情是激发工作动力的熊熊烈火。用 100% 的热情去做 1% 的事情，员工可以在自己的职业生涯中完美起飞，团队也会因此而不断走向成功。

人一旦有热情就会受到鼓舞，鼓舞为热情提供能量，工作也因此充满乐趣。即使工作有些乏味，只要善于从中寻找意义和目的，热情也会应运而生。而且，当一个人对自己的工作充满干劲儿时，他便会全身心地投入到工作之中。这时候，他的自发性、创造性、专注精神就会体现出来。

在 NeXT 公司的时候，乔布斯对细节和完美的追求近乎疯狂。他在决定 NeXT 机箱外该使用何种黑色颜料时，不厌其烦地比对几十种不同的黑色颜料样本，又几乎对每一种都不满意。这把负责机箱制造的员工折腾得苦不堪言。

他还要求工程师把 NeXT 机箱内部的电路板设计得漂亮、吸引人。工程师不解地问："电路板只要清晰、容易维护就好了，为什么要吸引人呢？谁会去看机箱里的电路板呢？"

"我会。"乔布斯说。

事实证明，一个人能够在工作中创造出怎样的成绩，很大程度上取决于他是否具备热情。一个人只要竭尽全力，即使他所从事的只是简单平凡的工作，即使外界条件并不有利，他仍然可以在工作中取得骄人的成绩。

一个人无论从事何种职业，无论平凡还是备受瞩目，都应该全心全意、充满热情，这不仅是工作的原则，也是生活的原则。很多人工作没有做好，遭到老板批评，还一副委屈的模样："我已经尽力了啊！"殊不知，做任何事情要想获得好的结果，就不能仅仅尽力而为，而必须全力以赴才行，在每件小事上投入100%的热情。

弗兰克·帕特在做人寿保险推销工作之初业绩平平。这时，卡耐基的一句话点醒了他，卡耐基说："弗兰克·帕特先生，你毫无生气的言谈怎么能使大家感兴趣呢？"于是，他决定以自己最大的激情来做推销员的工作。

有一天，弗兰克进了一个店铺，怀着极大的热情试图说服店铺的主人买保险。店主人大概从未遇到过如此热情的推销员，只见他挺直了身子，睁大眼睛，一直听弗兰克把话说完，而且最终没有拒绝弗兰克的推销，买了一份保险。从那天起，弗兰克的推销工作才真正开始。

毫无生气的语言，足以使得一个保险推销员业绩惨淡。每一件小事，都是能够影响我们工作成果的大事。一个对自己工作充满热情的人，无论在什么地方从事何种职业，都会认为自己所从事的是世界上最神圣、最崇高的一种职业；无论工作的困难多大，或是要求多高，他都会一丝不苟、不急不躁地完成它。

给员工"提气"

团队的管理者需要为自己的员工"提气"，从各个方面鼓励员工保持自己的理想并充满干劲儿地去实现理想。

"胸中有了大目标，泰山压顶不弯腰。"小草有根才能发芽，人只有志向高远才能取得大的成就。管理者必须看到这一点，以员工自身的目标定位，处处给员工打气。

高尔基曾说："一个人追求的目标越高，他的能力就发展得越快，对社会就越有益。"一个人只有树立远大的理想和目标，才有可能去为之奋斗，去实现自己的理想，才有可能突破现在能力的局限，走向成功的彼岸。

马云在早年接受采访时说过这样的话：

"奋斗的动力是什么？不是财富。我是经营商业公司的人，对钱很喜欢，但我用不了，我不攒钱，我没有多少钱。从大的方面说，我真的就想做一家大的世界级公司，我看到中国没有一家企业进入世界 500 强，于是我就想做一家。如果我早生 10 年，或是晚生 10 年，那么我都不会有互联网这个机会，是时代给我这个机会。在制造业时代，在电子工业时代，中国或多或少都错过了一些机会，而在信息时代中国人有机会，我们刚巧碰到这个机会，我一定要做，不管别人如何说，我都要做下去。

"我觉得中国可以有进入 500 强的企业，我们学得快，在这个过程中，勇者胜，智者胜。从小的方面说，既然出来了，那么就得做下去。89 元的工资我也拿过，再过 10 年，可能我连平均生活水平都达不到。我不喜欢玩儿，有人为了权力，有人为了钱，但我没有这种心态。说实话，为自己，为这个国家，为这个产业，一个伟大的将军，不是体现在冲锋陷阵的时候，而是体现在撤退的时候。网络不行的时候我真正体会到了如何做企业，2000年以前，我没有做企业的感觉，而现在我觉得自己是在做企业，而不是做生意。"

诚如马云所言，小虾米一定要有个鲨鱼梦。希望越大，责任就越大，动力也越大。既有高远志向，又要有切实的努力过程，这是一种人生智慧，也是一种人生态度。现实社会中的很多人都在立志，但是不敢立大志，对自己缺乏足够的自信。管理者应该让自己的员工深信，志当存高远，要立志就要立大志。俗话说："有志者事竟成"，只要我们有坚定不移的奋斗目标，相信终有一天，我们能够实现它。

对于有潜质的员工而言，管理者必须时时关注，并且适时地给予鼓励。以下的方法，可以帮助你的员工成为你所期待的"中心员工"。

1. 让他学会推销自己

成功地推销自己，是自身价值得到证明的前提，所以他要有自我推销的意识和勇气。一定要主动打开心门，不可坐在房内等待上帝驾云而至。

2. 让他时常告诉自己："我是谁，我应该得到什么？"

下面是一些积极的主张，他可以将这些主张用于自己日常的工作中，并作为基本原则。要求他在一个月的时间内每天将这些内容读五遍，保证他会感到自己以及自己的境遇发生了改变：

（1）不管头衔和职位如何，我像公司中的每一个人一样重要。

（2）我有被礼貌对待和受到尊重的权利。

（3）我是独一无二的人，我对公司做出了一定的贡献。

（4）我有自己的事业和生活。

（5）我选择健康的态度和意见。其他人的态度和意见只能代表他们自己。

（6）我只是一个人，每次只能做一件事情。

（7）我有权利过和谐的生活，生活中并不全是工作。

（8）我有权利说"不"。

（9）个人成长和过上幸福生活是我的头等责任。我把自己照顾得越好，就会对公司和其他人付出越多。

（10）我完全有能力应付工作上的事。

（11）除了当前的工作，我能够选择更多。

（12）我有犯错误的权利。

（13）今天我支持自己。

这些积极的主张也许还没有改变你的生活，但至少是一个好的开始。正如人们经常说的那样，态度决定行为。如果你的员工打算改变自己的生活，他必须先改变思维方式。

以百米赛跑的速度奔跑

《瓦尔登湖》的作者亨利·戴维·梭罗曾经说过："一个人如果充满激情地沿着自己理想的方向前进，并努力按照自己的设想去生活，他就会获得平常情况下料想不到的成功。"激情者总是听得到内心的声音，而且跟着走，他们能分辨对激情不利的因素，并努力消除倦怠的因素。如果你已经开始对工作产生倦怠情绪了，那么，你就应该遵循内心的声音，追求你想要的工作状态与工作目标，从倦怠中解脱出来。

当帕克刚开始成为一个职业棒球运动员时，就遭受到了一次很大的打击。他被球队开除了，原因是动作无力、没有激情。球队经理对帕克说："你这样对职业没有热情，不配做一名棒球职业运动员。无论你到哪里做任何事情，若不能打起精神来，你永远都不可能有出路。"

后来，帕克的一个朋友给他介绍了一支新的球队。在加入新球队的第一天，帕克做出了一生最重大的转变，他决定要做美国最投入的职业棒球运动员。结果证明，他的转变对他具有决定性的意义。帕克在球场上，就像身上装了马达一样，强力地击出高球，接球手的手臂都被震麻木了。

有一次，帕克像坦克一样高速冲入三垒，对方的三垒手被帕克的气势给镇住了，竟然忘记了去接球，帕克赢得了胜利。在一次次的比赛中，他的球技好得出乎所有人的想象。帕克的状态也感染了其他队员，大家都变得激情四溢。最终，球队取得了前所未有的佳绩。当地的报纸对帕克大加赞扬："那位新加入进来的球员无疑是一个霹雳球手，全队的人受到他的影响，都充满了活力，他们不但赢了，而且他们的比赛成为本赛季最精彩的一场比赛。"

帕克在刚开始成为棒球手时，并没有投入激情，他因为先前的打击不能去证实自己内心对成功的渴求。但是，当他来到新的球队，下定决心做一个最投入的职业棒球运动员的时候，激情赋予了他无限能量。

不难发现，其实所谓始终以百米速度奔跑，无外乎隐含

了两个关键词：一个是努力，一个是坚持。努力是竭尽全力
地努力，坚持是锲而不舍地坚持。无论是在工作还是生活中，
成功的过程漫长而艰苦，"努力"提供了速度维度的保障，
"坚持"提供了时间维度的保障。

创新工场董事长李开复在攻读博士学位时，通过自己的
努力把语音识别系统的识别率从以前的40%提高到了80%，
学术界对他的工作给予了充分的肯定。当时，他的老师认为，
只要把已有的结果加工好，写好论文，几个月之内他就可以
拿到博士学位了。

但是，李开复不但没有放松，反而更加抓紧时间研究攻
关，甚至为此推迟了他的论文答辩时间。那时候，他每周要
工作7天，每天工作16个小时。这些努力没有白费，它们
让李开复的语音识别系统百尺竿头更进一步，识别率从80%
提高到了96%。在李开复毕业之后，这个系统多年蝉联全美
语音识别系统评比的冠军。

如果李开复当时在80%的水平上止步不前，骄傲自满，
而不去做得更多更彻底的话，他或许也就不可能取得今天这
样辉煌的成就了。

著名企业家李嘉诚曾经说过："做生意不需要学历，重要
的是全力以赴。"

世界著名企业家杰克·韦尔奇也曾说过："干事业实际
上并不依靠过人的智慧，关键在于你能否全心投入，并且不
怕辛苦。实际上，经营一家企业不是脑力工作，而是体力
工作。"

要让优秀的员工始终以百米赛跑的速度驰骋在职场的跑

道上，管理者要明确地告诉员工对于他的期望，让他为自己争取每一个成长与提升的可能。

激发员工的工作热情

"审美疲劳"原本是美学术语，具体表现为对审美对象的兴奋减弱，不再产生较强的美感，甚至对对象表示厌弃。

爱情中存在审美疲劳的现象：再漂亮的美女，看久了也会失去视觉刺激。工作也有"审美疲劳"，长期处在同一领域，对于相同的信息每天都要大量地接受，难免会产生厌烦感以及心理上的疲劳，从而失去最初的新鲜感，感到乏味、枯燥，提不起精神，引发职场倦怠症。

常有人形容公司职员有所谓的"三天"、"三个月"和"三年"这三个关卡。也就是说，上班三天，便会心想："原来公司不过如此！"原本的幻想在此时几乎烟消云散。三个月时，对公司的状况与人事都已熟悉，被交付的工作也大概都可以应付，便开始进入东嫌西嫌的批评阶段。从上司说话的态度到办公室的布置，每一件事都有能挑出毛病的地方。经过三年之后，差不多也可以独当一面了，如果这时还觉得工作不适合自己，那么大可以一走了之。

从以上三个"关卡"可以看出，一般员工在经过最初的摸爬滚打之后，最容易产生消极的思想，认为自己这辈子已经步入一个既定的轨道，不再有种种年轻的冲动与欲望，只要安分守己、按部就班地走下去就可以了。甚至有的人，开始对工作产生不满、应付的心理。

实际上，一般情况下，产生职业审美疲劳的原因是长期的重复性劳动，对于工作本身的厌倦感，已经使自己无法对自身的工作成果产生主观上的满意，即职业满意度不足。在没有足够的职业安全感的状态下，职业动机变得模糊，进而产生审美疲劳。

当你的员工出现"审美疲劳"的信号时，身为管理者就应当重视起来。不要把自己的员工托付给一份令人犯困的工作。采取一些行动，才能唤起工作的活力。

凤凰卫视著名主持人闾丘露薇说："我一直抱着踏实的实习生心态去做这份工作，完全没有优越感，我从来不在乎比别人付出更多的精力。"

闾丘露薇从复旦大学哲学系毕业后，到香港成为一名新闻主播，进而跃升为知名的电视记者，她是第一位三进三出战火纷飞的阿富汗的华人女记者，促使她成功的是一路的艰辛汗水和她永不疲倦的"实习生"心态。

闾丘露薇加盟电视台后，同行们不得不承认她的工作活力。她每天早出晚归，坐公交车上班，劳作一天后，"打的"回家算是对自己一天辛苦工作的奖赏。闾丘露薇所持的就是那种"实习生"心态，而且一直保持下去。

2001年10月，阿富汗战争爆发。"谁愿意去阿富汗？"面对上司的发问，大家正在犹豫之际，闾丘露薇第一个举手了。凤凰卫视的高层欣赏她的勇气，她远赴战火中的阿富汗，因此一举成名，成为华语传媒中的记者明星，被称为"战地玫瑰"。

对于工作，不仅需要低姿态进入，更需要保持一份最初的好奇心。这是闾丘露薇对待自己工作的态度。

如果你能想办法为员工注入新的活力，想办法往工作里面"加"点糖，或者根据个人口味，"加"适量葡萄干、菊花茶等新鲜的激情元素，还怎么会审美疲劳呢？

告别"内卷化"

美国人类文化学家利福德·盖尔茨在 20 世纪 60 年代末提出了"内卷化效应"，它是指一种社会或文化模式在某一发展阶段达到一种确定的形式后，便停滞不前或无法转化为另一种高级模式的现象。

思想观念的故步自封使得打破内卷化模式的第一道关卡就变得非常难以攻破。很多人怨天尤人或者安于现状，对职业没有信念，对前途缺乏信心，对内卷化听之任之，工作现状从此停滞不前。

在风靡全世界的《气场》一书中，瑞恩就是一个让自己的工作陷入"内卷化"的人。

在休斯敦城郊区的小型牛奶工厂，瑞恩工作十年了，如今他 32 岁。在他看来这段光阴也就是一晃眼的工夫，仿佛躲在山隙睡了一小觉，豁然发觉世界已面目全非，他自己也已告别青春。而他还是没有什么成绩，依旧是拿着最低薪水的普通挤奶工，一个人要对付几十头奶牛。

这十年中，瑞恩的工作状态是怎样的呢？

他每天都在浪费时间，听天由命。这反应在他轻率而低效地对待工作，很少认真思考诸如"我需要什么和我应该怎么改变现状"这样的问题。

"瑞恩太小心谨慎了，他认为放弃现在的工作是一种巨大的冒险，他不敢让生活做出些微必要的调整。"同事说。

我们身边到处都能发现像瑞恩一样亦步亦趋的"生活保守主义者"，他们全身都散发着"害怕犯错"的气味，很少主动迈步，只依赖于被一根绳子牵引着，按照不容易跌倒的稳妥方式小心翼翼地往前走。他们的气场都是凝固而僵化的，"大众化，世俗化，普通的水分子……"随便怎么形容，总之，使人一看就索然无味，提不起兴趣。

这样的结果是可怕的，一旦陷入这种状态，我们的工作就如同车入泥潭，原地踏步，裹足不前，无谓地耗费着有限的资源，重复着简单的脚步，浪费着宝贵的职业生命。它会让人在一个层面上无休止地内缠、内耗、内旋，既没有突破式的增长，也没有渐进式的积累，让人陷入到一种恶性循环之中。

工作陷入内卷化的人迫切需要改进观念，而那些成功人士也要理念更新，否则内卷化的后果往往更为严重。分析个人的内卷化情况，根本出发点在于其精神。如果一个人认为这一生只能如此，那么命运基本上也就不会再有改变，就此充满自怨自艾；相信自己还能有一番作为，并付诸行动，那么可能大有斩获。

瑞恩决定改变。他找到了一个牛奶销售助理的职位。对他而言，这份工作驾轻就熟，而且他拥有得天独厚的优势：他熟悉牛奶的加工过程、奶牛的健康状况乃至奶牛是如何将饲料转化为一滴滴乳白色的牛奶的。他说起这些来头头是道，很容易令客户折服。好的开始不但会形成良好的惯性，更重要的是会改变一个人的整体气质。半年不见，朋友眼中的瑞恩就像完全变了一个人。

以前他很少穿西装或其他光彩鲜亮的衣服，大大咧咧，好像自己不管何时何地都应该是挤奶工人的扮相，除非老板和父母命令他穿得干净些。但现在，他是穿衣搭配的好手。

他擅长说话，而且用词新颖，语气幽默，这在以前不可想象。那时他是牛奶工厂公认的"哑巴"，在异性面前不仅说不出话，还会因过度紧张导致呼吸困难。

如果不是他主动介绍，一位老朋友差点不敢上前打招呼，是那位"独一无二的小丑"吗？这位老朋友在全新的瑞恩面前，竟然有了一丝自卑感。

从落魄的困境到得意的风光之巅，需要迈过几个台阶呢？看似遥远而悬殊的境界，其实我们只要改变一下心态就可以。

对于员工来说，主动做事，做好事，对于自己的能力与经验的提升也就越有利，更容易实现自己的人生价值。

一个人要想在工作中摆脱内卷化状态，就要先确信自己是否还有上进的志气。如果有，再看看自己的实力是否坚实。精益求精，发挥极限，这样才能最大限度地提升自己。只有充分地发挥自身力量，才能突破和创新，才能在未来的发展中发挥出巨大潜力。

把激情投入到工作中

一个人成功的因素有很多，而居于这些因素之首的就是激情。激情能带领一个人迈向成功。把激情注入自己的工作中，是引导与支撑梦想实现的一种成功模式。

　　但是，如何开始创造这个奇迹，如何成为激情者呢？美国作家贝弗力·凯为我们制订了一个激情计划。这个计划始于激情，最后迈向最终目标。最终目标指的是，梦想和建立更美好生活所追求的极限，它反映的是你最远大的目标和最深层的欲望。简单地说，最终目标是一生中最大的愿望。

　　这个计划分为以下六个步骤：

　　步骤一：从内心出发

　　迈出第一小步总是最难的。坦诚接受这样的内心思想。我们必须先克服对感情和欲望的成见，并且肯定它们具有无比的威力。我们必须跨越自己所画的框框，如恐惧、怀疑、不安全感，才能放手拥抱我们的潜能。

　　步骤二：发掘激情

　　发掘激情，包括接触可以激发激情的事物，辨识伴随而来的感受。发掘是一种渐进的过程，可能找到已被遗忘的激情和发掘新的激情，或确认目前已感受到却不了解的激情。在这个过程当中，你必须面对自己的弱点 —— 自我怀疑、恐惧，找到让激情燃烧生命的勇气。

　　步骤三：明确目的

　　一旦发现和确定自己的激情后，必须弄清楚发挥激情的目的所在，是追求名利、个人成长，还是丰富人生、追求世界和谐，你所确定的目的，将决定你追求激情的方式，也将提供执行激情计划的理由。

　　步骤四：规划行动

　　在确定目的后，需拟定行动计划，确定采取哪些行动来实现目的。或许有人会认为，激情是一股不受限制、自然发生的力量，似乎不可能跟着计划走。的确，激情的威力强大无比，但为了让它生生不息，需要赋予它一个结构，借着激情的扩大，可增强激情的威力。

行动计划必须涵盖生活或事业的不同层面。这不是让你按部就班地执行一连串步骤，而是兼顾许多不同领域的一张蓝图。

步骤五：积极推动

一旦计划拟订，下一个步骤就是执行，这个步骤让你的激情开始接受考验。发现、确认激情，并拟好计划后，除非你能将激情融入生活，否则一切都徒劳无功。

步骤六：持续追求激情

不管你多么富有激情，执行计划时仍会面临阻碍和挑战。当你面临这些困境时，就回到改变的源头 —— 激情，它会提供你实现目标所需的精力和激励。

如果你忠实于自己的激情，而且执行这六个步骤，就可以达到自己所寻求的结果，也可能会有一些意外的收获。因为激情会把一个人带到更高的层次，为他敞开世界、扩大视野。

第三章
合理授权：事必躬亲不可取，
甩手掌柜也不行

千万别一放了之

"为了提高效率和控制大局，上级只保留处理例外和非常规事件的决定权和控制权，例行和常规的权力由部下分享。"这是美国管理学家泰罗提出来的观点。他认为，管理的秘诀在于合理地授权。

毫无疑问，合理地授权可以使领导者摆脱能够由下属完成的日常任务，自己专心处理重大决策问题，还有助于培养下属的工作能力，有利于提高士气。但授权从来就不是一件简单的事，团队的领导者必须了解，授权绝不是一放了之。

成功的企业管理者都熟谙授权之道，他们不仅懂得向员工授权，激发员工的积极性，也会从企业经营的高度上关注授权的成果。

詹森维尔公司是一个美国式家族企业，规模不大，但自从1985年下放权力以来，企业发展相当迅速。CEO斯达尔的体会是："权力要下放才行。一把抓的控制方式是一种错误，最好的控制来自人们的自制。"

斯达尔下放权力的主要方式是由现场工作人员来制定预算。刚开始时，整个预算过程是在公司财务人员的指导下完成的。后来，现场工作人员学会了预算，财务人员就只是把把关了。

在自行制定的预算指导下，工作人员自己设计生产线。需要添置新设备时，他们会在报告上附上一份自己完成的现金流量分析，以证实设备添置的可行性。

为了让每一位员工都更有权力，斯达尔撤销了人事部门，成立了"终身学习人才开发部"，支持每一位员工为自己的梦想而奋斗。每年向员工发放学习津贴，对学有成效的员工，公司还发给奖学金。自从实行权力下放以来，公司的经营形势大好，销售额每年递增15%，比调资幅度高出整整一倍。

近些年来，很多企业正在经历一场转型，即从以前的一人说了算的集中控制中不断转变方式，以分权和授权的方式进行管理。适当地授权能使下属更加积极地参与到企业的运作和管理上来，从而有利于增强企业的竞争力。

松下电器的创始人松下幸之助的话颇耐人寻味："授权可以让未来规模更大的企业仍然保持小企业的活力；同时，也可以为公司培养出发展所必需的大批出色的经营管理人才。"有了这些人才，企业的发展才会如虎添翼，取得更大的成功。

但是，管理者务必明白，授权与单纯地分派任务不同。分派任务只是让下属照你的吩咐去做，他是被动的。而授权则是把整个事情委托给他，同时交付足够的权力让他做必要的决定。比如，你要某人去印一个小册子，你就不必再交代一些有关形式、封面、附图方面的详细意见，而是让他自己去选择、决定，相信他会把工作做得很好。

适当放权既能给下属留出发展自己的空间，又能使管理者抽出更多的时间去督导员工的工作，提高整个团队的工作效率就顺理成章了。

授权并非一蹴而就，不能说一句"这件事交给你"就以为完成了授权。授权一事需要授权者和被授权者密切合作，彼此态度诚恳，相互沟通了解。在授权的时候，授权者必须有心理准备，明确授予下属完成任务所必需的权力和责任，使他完全理解自己的任务、权力和责任。做到这些后，就要让接任者依他自己的方式处理事情，不要随意干涉，并且随时给予支持、辅助。

特别强调的是，合理地授权并非对下属放任自流、撒手不管。授权者要保留监督的权利，在受权者出现不可原谅的错误时，随时取消他的受权资格。

授权可以发现人才、利用人才、锻炼人才，使企业呈现一种朝气蓬勃、生龙活虎的局面。

随时准备承担授权责任

在任何一个团队，管理者都要承担领导责任。管理者通过工作分解，将一个团队的责任转化为若干任务交给若干下属去完成，但是最终只有自己能对结果负责。打个比方，你的助理接受了一项任务，你让她帮助你做好一些重要社会关系的联络工作，目的是保持人际网络的畅通，但是最终这还是你自己的责任。

有的管理者认为，授权就是一放了之，自己落得清闲。实际上，这并不是有效的授权。授权后，管理者可以站在一旁观看，不干预下属的工作，但随时准备承担授权责任，才能更公正、更有效地提高授权的效果。

授权后事情是交给下属去做了，但责任并不是完全由下属去承担，管理者自己应承担的责任不会同时被授出去。一旦下属在完成任务的过程中出现什么问题，或是预定目标没有实现，管理者也要承担相应的责任。

作为一个管理者，作为被授权者的上司，是需要为事情的结果负责的。如果在需要承担责任的时候玩起了"踢皮球"，总喜欢把责任往下属身上推，这势必会引起他们的不满与不服。这不仅不利于事情的有效解决，反而大大打击了下属的自信心，也会影响管理者的个人发展，对团队的发展造成不良影响。

权力永远是与责任和利益相关联的，要让员工在明确权力的同时，也明确责任和利益。只有这样，员工的责、权、利一体化，员工才珍惜权力，正确有效地使用权力，才能最大限度地实现他们的岗位职责，实现授权的真正目的。

为了集中攻克某个新项目，董事长任命项目经理小赵全权负责。同时，为了支援小赵的工作，他还从集团其他部门调来了技术专家老王，并在项目全体管理人员大会中强调："这个项目我已经交由项目经理全权处理，在这里，他代表的就是我。"

但是，问题出现了，老王比小赵的资历更深，要他听一个后生的调动，老王和小赵在工作中不免会有矛盾发生。

这不，他们又一次闹矛盾了，小赵当着众人的面对老王说："你以为没有你我们的项目就要停工吗？告诉你，我们照样可以做得很好，我可不需要一个不听指挥的人。"同时，他决定把技术方面的工作都接手过去。事情到了这个地步，老王也待不下去了，果断选择走人。

董事长知道了这个事情，但他没有让老王走，把他留了下来。

项目经理小赵觉得很无奈，既然老王留了下来，自己也不能赶他走，两人就这样一直僵持着。最后，项目没有如期完成，董事长很不高兴。

在这里，董事长就没有很好地承担授权责任，他把授权当成游戏，让下属无所适从，结果只会造成授权的失败。

权力的转移并不意味着义务的转移，如果管理者通过授权把权力转移出去时，也把责任转移出去了，那他们不就只剩享受特权了吗？

世界顶级管理大师松下幸之助说："任用年轻人时，不仅是授予他职位，叫他好好努力，还要给予适当的协助。这一点很重要。经营者如果没留意到这件事，公司业务就无法顺利进行。"

一个没有跟踪和指导的授权，是不负责任的授权，最终也是失败的授权。做一个敢于担负责任的管理者，授权后仍要承担自己的领导责任，而不应该推卸自己的责任，这样才能成为一个称职的管理者。

适当保留知情权和控制权

真正的授权是指，放手但不放弃，支持但不放纵，指导但不干预。管理者将权力下放给员工，并不意味着自己就可以完全做个"甩手掌柜"，对下放的事不管不问。

授权要像放风筝一般，既给予员工足够的空间，让他拥有一定范围的自主权；同时又能用"线"牵住他，不至于偏离太多，最终的控制权仍在领导的把握中。

"撒手授权"必然引发企业运营混乱。管理者应该懂得，真正的授权就是让员工放手工作，但是放手绝不等于放弃控制和监督。

监督，监控其实是对授权程度的平衡与把握，在给予足够权力的基础上，强调责任，将监督、监控做到位，授权的效果才会实现最大化。

很多人都知道"八佰伴"这个名字，作为日本著名的连锁企业，它曾经盛极一时，光在中国就拥有了很多家分店。可是庞大的商业帝国八佰伴集团为什么顷刻间宣告倒闭了呢？

到了企业发展的后期，集团创始人禾田一夫把公司的日常事务全都授权给了弟弟处理，而自己却天天窝在家里看报告或公文。他弟弟送来的财务报告每次都做得很好。但事实上，他的弟弟背地里做了假账来蒙蔽他。

最后，八佰伴集团倒闭了，禾田一夫从一位拥有四百家跨国百货店和超市集团的总裁，变成一个穷光蛋。几年后，禾田一夫在中央电视台《对话》栏目接受采访，主持人问他："您回顾过去得到的教训是什么？"他的回答是："不要轻信别人的话。一切责任都在于最高责任者。作为公司的最高领导者，你不能说'那些是交给部下管的事情'这些话，责任是无法逃避的。"

禾田一夫的破产原因在于他没有意识到监控的重要性。时代在进步，企业需要更多的头脑来武装，家族式的管理已经不利于企业的发展。禾田一夫让其弟禾田晃昌做日本八佰伴的总裁，这本身就是一个典型的失败。在这种管理体制下，报假账已经成为难以拔除的毒瘤。

企业的管理者如果只将权力下放给下属就不闻不问，这样的管理者一定是个失败的管理者。

海生公司隶属于一家民营集团公司。由于集团公司业务经营规模不断扩大，从 2002 年开始，集团公司老板决定把海生公司交给新聘请来的总经理和他的经营管理层全权负责。授权过后，公司老板就很少过问海生公司的日常经营事务了。但是，集团公司老板既没有对经营管理层的经营目标做任何明确要求，也没有要求企业的经营管理层定期向集团公司汇报经营情况，只是非正式承诺，假如企业赢利了，将给企业的经营管理层一些奖励，但是具体的奖励金额和奖励办法并没有确定下来。

海生公司由于没有制定完善的规章制度，企业总经理全权负责采购、生产、销售、财务。经过两年的经营，到 2004 年年底，集团公司老板发现，由于没有具体的监督监控制度，海生公司的生产管理一片混乱，账务不清，在生产中经常出现次品率过高、用错料、员工生产纪律松散等现象，甚至在采购中出现一些业务员私拿回扣、加工费不入账、收取外企业委托等问题。

同时，因为财务混乱，老板和企业经营管理层之间对企业是否赢利也纠缠不清，老板认为这两年公司投入了几千万元，但是没有得到回报，所以属于企业经营管理不善，不能给予奖励。而企业经营管理层则认为老板失信于自己，因为这两年企业已经减亏增赢了。他们认为老板应该履行当初的承诺，兑现奖励。双方一度为奖金问题暗中较劲。

面对企业管理中存在的诸多问题，老板决定将企业的经营管理权全部收回，重新由自己来负责企业的经营管理。这样一来，企业原有的经营管理层认为自己的努力付诸东流，没有回报，工作激情受挫，工作情绪陷入低谷。另外，他们觉得老板收回经营权，是对自己的不信任和不尊重，内心顿生负面情绪。有的人甚至利用自己培养的亲信，在员工中有意散布一些对企业不利的消息，使得企业有如一盘散沙，经营陷入困境。

海生公司是一种典型的"撒手授权"。这种授权必然引发企业运营混乱，企业因此付出了惨重的代价。

真正的授权就是让员工放手工作，充分发挥自己的聪明才智，但是放手绝不意味着没有监督和控制。不论是领导者还是员工，绝不能把授权之后的控权看作消极行为，而是应该正确认清它的积极意义。

授权要讲究技巧

作为一个管理者，能够把授权落到实处，把自己、员工都摆在一个正确的位置才能有效地提高工作的效率，才能让自己的作用更多地体现在更重要的部分，而不能抓起芝麻却丢了西瓜，因小失大。

对于管理者来说，并不是授权给任何人都可以，必须依据具体的对象授权。一般来说，忠诚、负责的人值得信赖。领导下达的命令，无论如何都得全力以赴，忠实执行，如果下属的意见与领导的意见有出入，下属可以先陈述他的意见，如果领导仍然不接受就要服从领导的意见。

那么，哪些工作不需要自己去做，可以授权给下属去办呢？

1.事务性工作

对于那些风险低、影响小的工作，管理者可以授权下属去做，这样的工作对整个大局的影响不大，就算出了问题，也不会产生严重的后果。

一些简单的、重复性的工作可以让下属去做，管理者面对这样的事情，必须授权与下属，让他们放心地去做。

2.专业性工作

那些下属可以做得更好的工作，要授权他们去做。每个人都有自己的优势，下属在某一或某些方面也会比管理者更优秀，这时候，管理者就该让他们去做，同样可以取得预想中的结果。

3.下属有能力做的工作

对于那些下属已经完全有能力做好的工作，管理者可以授权给他们。经过一段时间的沉淀与积累，下属的工作能力不断得到提高，当管理者认识到下属已经能够独自处理好某些事情时，就应该痛快地把这些事情交与他们，这也能帮助他们进一步成长。

作为一个管理者，应当授权的工作要尽量让下属去完成，这样才会让自己有更多的时间去处理更重要的问题，做更重要的决策。

不过，有些工作是绝对不能随便授权的，不能授权的又有哪些工作呢？

1.最重要的决策

关系企业未来走向的重要决策不能授权，做重要决策前的一些调查取证的工作可以授权让下属去完成，而那些具有实质性决策意义的工作就需要管理者亲自完成。

2. 制定标准或政策的权力

为了让员工在工作时能做到有章可循、有据可依，管理者都会制定相应的标准来限制或督促员工的行为，如果把这类工作授权给下属，他们会制定出什么样的规章制度呢？不管下属制定的规章制度的具体内容是什么，其目的肯定是要让自己的利益最大化。

3. 需自己承担责任的工作

当企业陷入困境、面临危机的时候，管理者就承担起相应的责任，不能授权下属，要身体力行，让自己在危机中起到带头作用。像这种紧急关头，当然也是体现管理者自身能力的时候，如果只是让下属去琢磨解决问题的办法，自己却在一旁偷闲，就不会得到下属的信任与支持。

4. 领导特地交代的工作

这类事情在上级领导看来，肯定是很重要的，需要交给得力的人去做他才放心。如果管理者什么事都随意转手给自己的下属去做，很可能达不到上级领导预期的效果。这样既会让上级领导怀疑你的办事能力，更可能对企业造成不好的影响。

科学合理的放权流程和制度

领导者不宜事必躬亲，把自己搞得忙碌不堪。真正优秀的领导者，能做到自己"无能"而团队有能，自己"无用"而团队有用，自己"无为"而团队有为。

管理者在授权后也应退居幕后，尽量减少干扰。这样才能充分发挥员工的能力，以此拓展业务。

一位在某超市工作了20年的总经理，在总结自己如何以高效率管理上千名员工时说："什么是管理？管理就是借助别人的手去完成任务。管理者要想提高工作效率，就必须学会将日常的事务交给下属去完成。如果一个领导者总是对下属的能力持怀疑态度，迟迟不肯把任务交给他们，那么他们就永远也无法证明自己的工作能力。"

在现实中，我们经常看到许多忙忙碌碌的领导就像热锅上的蚂蚁一样，每天忙得团团转，可是却不见成效。其实，他们已经陷入了一种不可自拔的旋涡：干得越多，就越是有更多的工作需要自己亲手去做；忙得越厉害，就越来越忙。因为他们总是担心自己的下属做不好工作，总是担心失去对下属的控制，总是认为只有自己才知道如何干，所以不得不一次又一次地亲自去做。相反，如果能给予下属足够的信任，把任务交给下属去完成，并且为下属提供自由的空间，就可以使自己摆脱那些烦琐的日常事务。

一个好的管理者善于把好钢用在刀刃上，懂得厚积而薄发，把权力授予合适的人。但授权一定要建立在科学合理的流程和制度基础上。

流程监督简单地说就是管理者放权下去后，需要在落实责任的过程中进行追踪考核，"监督"二字听起来让人不太舒服，但是它却有现实的一面，因为在落实的过程不加以监督，就容易产生"一步放松，步步放松，上头放松，层层放松，思想放松，事事放松"的情况。

如何监督呢？美国很多管理学家提出一个叫作"走动式管理"的流程监督模式。

美国麦当劳快餐店创始人雷·克罗克，是美国最有影响力的大企业家之一。他不喜欢整天坐在办公室里，大部分时间都用在"走动式"管理上，即到所属各公司、各部门走走、看看、听听、问问。公司曾有一段时间出现严重亏损状况，克罗克发现其中一个重要原因是，公司各职能部门的经理官僚主义习气重，习惯靠在舒适的椅背上指手画脚，把许多宝贵的时间耗费在抽烟和闲聊上。于是克罗克想出一个"奇招"，要求将所有经理的椅子靠背都锯掉，经理们只得照办。开始时很多人骂克罗克是个疯子，不久大家悟出了他的一番苦心，纷纷走出办公室开展"走动式"管理，及时了解情况，现场解决问题，终于使公司扭亏为盈，有力地促进了公司的发展。

管理者经常到现场或各部门走动，以加强管理人员和员工面对面与非正式的沟通，对组织的发展十分有利。

在授权的过程中，奖惩制度的功用在于可以引导和规范员工的行为朝着符合企业需求的方向发展。对希望出现的行为，公司用奖励进行强化；对不希望出现的行为，利用处罚措施进行约束。二者相辅相成，才能有效促进企业目标的实现。

企业奖惩制度的科学实施，是实现企业目标的保证。只有科学地实施奖惩制度，企业才能形成强大的合力，取得更大的发展。

第四章
尺有所短寸，有所长，
把人用在恰当的地方

人岗不匹配是人才资源的浪费

有这样一个寓言故事：

有一个农夫花了多年的积蓄在市场上买了一匹千里马，回到家后却发现实在没有用到千里马的地方，于是便让它和一头驴子一起拉磨。但千里马终究不是用来拉磨的，并且用千里马来拉磨也不得其便，拉磨的效率也不高。农夫很生气，就用鞭子使劲儿抽打它，过了一段时间，千里马被打死了。

有了这次经验，农夫再也不买千里马了，为了和驴子搭配，他就又买回了一匹骡子。骡子和驴子很和谐，干起活儿来，搭配得很好，磨坊的工作效率很高。

有一天，农夫得了急病，需要立即送到城里救治。家人拉出了骡子，骡子在磨坊里待惯了，任凭农夫的家人如何抽打它，它始终跑不快。抽打得急了，骡子就更加放慢了速度，最后索性在原地转起圈来了。家人无奈，只好迁就骡子，晃晃悠悠地赶往城里。因此延误了治疗时机，农夫落下了后遗症。

千里马最优秀，但是因为被放置在不合适的工作环境里，活活被折磨死。骡子本来也是很优秀的，和驴子搭配起来，能够为团队产生很高的经济效益。但是，却被抽调出来拉马车，这本是千里马的长项——结果，骡子也会累死在它不适合的岗位上。

这个寓言故事所反映的现实不是经常在我们身边发生

造成人岗不匹配现象的原因

我对酒精过敏。

你长得这么漂亮，就去公关部吧。

招聘

在人员招聘方面，不能明确岗位要求，不能实现职得其人。

他是学行政的，竟然被分到财务部了！

在人员的任用方面，不能充分认识员工的能力，就像著名的"彼得原理"所描述的那样：每个员工最终都会晋升到不胜任的职位上。

职业技能培训

在人员的职业发展方面，不能意识到人岗匹配具有动态性的特点，没有意识到需要向员工提供与其职业规划相近的、适合其特点的培训。

吗？没有最好的人才，只有最合适的人才。精明的团队管理者对待人才要做的就是将合适的人才放在合适的位置，达到人事相宜。

很多管理者认同"没有平庸的人，只有平庸的管理"。传统的管理把人看成一个模子，仅仅依照工作的制度安排人的位置，结果许多讷于言辞的员工被安排去外联，许多善于表达的员工被安排做机械性工作……作为一名优秀的管理者应该知人善任，让自己的下属去做他们适合的事情，这样才能实现人岗匹配。

有的员工谨慎小心，有的员工讲究速度，有的员工非常善于处理人际关系，有的爱表现，有的好安静……总之，员工的类型有很多，管理者需要做到的就是人尽其才，才尽其用。作为管理者，要懂得把适合的人才安排在适合的岗位上，做到资源的优化配置。

团队唯有通过不同岗位人才的配合，才能最终实现良性发展。但如果优秀的人才没有用好，团队的运营也会出问题。

为了扩大规模，某团队高薪招聘了20多位出色的人才，优越的工作环境、高薪的挑战等都让这些人跃跃欲试。然而，不到半年的时间，看似强大的团队却问题连连，团队的工作效率较之规模扩大前明显降低了……

这样的情况在不少团队都能见到。人才具有相应的能力，但并不表示管理者就能充分用好这个人才。作为管理者，要能够认清不同下属之间的差异，找到他们之间不同的特点与优势，这样才能在安排任务时做到合理，让他们在最适合的位置做最适合的事。

对于管理者来说，在用人的时候不仅要学会伯乐识马，选合适的人才进公司效力，更要把优秀的人才放到合适的岗位上，发挥他应有的作用。

一个人只有处在最能发挥其才能的岗位上，才有可能干得好，把自己的能力全部发挥出来，为团队做出最大的贡献。

四季酒店是一家世界性的豪华连锁酒店集团，在世界各地管理酒店及度假区。人才是四季酒店成功的重要原因。

四季酒店总是很容易找到团队最需要的人，然后把他放在最合适的岗位上，为团队创造出最大价值。四季酒店用人最大的特点就是无论是高学历者还是普通学历者，包括"海归"，都需要从基层做起。酒店负责人吴先生认为，一名优秀的员工，哪怕是把他放到最基层的位置上，经过一些时日，肯定会比其他人"跑得快"。吴先生说："曾经有个新人，学历背景很优秀，能力也很强，他信誓旦旦说要在两年内做到部门经理。我当时立刻否决了他。不管一个人多优秀，在四季要做一个部门经理至少需要 15 年的时间，这是许许多多前辈留下的经验，是经过实践检验的，我不认为会有特例。所以，一个人需要磨炼，更需要有被磨炼的耐心。"

正是对员工孜孜不倦的长期打磨，使团队充分了解到员工的特点、特长、能力和发展潜力，无论员工晋升还是调岗，团队总是能最快地实现人岗匹配，从而保证酒店不因为人员的调动而降低组织运行效率。

优秀的管理者从来都不把人岗的匹配问题当作是小事情。管理者应采取正确的措施和手段对人力资源进行合理配置，合适的人工作在合适的岗位上，这将会使得员工的工作绩效、工作满意度、出勤率等得到提升，从而提高组织的整体效能。不要大材小用，也不要小材大用，要量才而用。

人岗匹配才能使人才发挥最大价值，为团队创造更多绩效。但是，要想完美实现人岗匹配，首先要做的工作就是要了解工作的特性。只有了解工作的特性，才能在人才使用上有的放矢。

人才与否，要看放置的位子

德国管理界有一句名言："垃圾是放错位置的人才。"这句话揭示了最简单的道理：是不是人才，关键是看把他放在什么位置上，让他去做什么事，只要他在这个位置上能够做好，做出成绩来，他就是人才。

当今的社会，人人都可能是人才，但一定是放对了地方的人。而没放对地方的人，就不是他正在工作的岗位所需要的人才。因为，他们真正的能力或许与自己的岗位要求并不相匹配，因而不能使自己的价值得到最大程度的发挥，同时也不能在工作中创造效益，自然也就不是什么人才了。

古语有云："骏马能历险，耕田不如牛；坚车能载重，渡河不如舟。"读过《水浒传》的人，可能对书中两个人物的印象比较深刻。一个是号称"黑旋风"的李逵，另一个是"浪里白条"张顺。李逵武艺高强，张顺与他在岸上比武，怎么也不是他的对手。可是，张顺引李逵到水里比试，结果张顺如鱼得水，占了绝对上风。

李逵和张顺在不同环境下的表现决然不同。可见，人各有所长，也各有所短，所长与所短是相对于一定的环境和条件来说的。

一位优秀的团队管理者，假如把每个下属所擅长的方面有机地组织起来，就会给团队的发展带来整体效应。因此，高明的领导者应趋利避害，用人之长，避人之短。

三国时的魏国成为最强盛的国家，与东汉后期曹操的知人善任是分不开的。当时曹操身边人才聚集，奠定了魏国的基础。

公元215年7月，曹操西征张鲁，东吴孙权见有机可乘便率军攻打合肥。当时镇守合肥的是张辽、李典、乐进三员大将。这三个人无论资历、能力、地位、职务都是旗鼓相当，不相上下。

也正因为如此，三个人互不服气，谁也不愿意成为被统率的人。面对孙权的大军，三人在是战是守，以及谁为主将、谁为副将的问题上一直不能取得一致意见。曹操经过深思熟虑，依据三人的特点，做了如下安排："若孙权至者，张、李将军出战，乐将军守城。"一开始，三人对于曹操的安排都有意见，但最后迫于曹操的军令，不得不以大局为重，各负其责，协调一致，最终大败孙权。

正所谓"知人者智"，曹操能让三人扬长避短互相配合，可见曹操善于用人之一斑。他最终能够雄霸天下，这和他对人才的运用也是分不开的。

世上没有绝对无用之人，只有没有用好的人。正如唐代大诗人李白所言："天生我材必有用。"领导干部的任务在于，努力发现每一个人的闪光点并恰当加以利用。

在常人眼中，短就是短，而在有见识的管理者看来，短

"人岗匹配"三部曲

还应该加一条"两年以上工作经验"，对……

职位说明书

1. 知岗：工作分析

"知岗"是人才匹配的起点。只有了解了岗位，才能去选择适合岗位的人，这样才能实现"人岗匹配"。

这些人有哪些干过类似工作的呢？

2. 知人：胜任素质

"知人"是人才匹配的关键。知人的方法有很多，如履历分析、心理测验、评价中心技术，等等。但它们或基于人，或基于事，对人岗匹配的帮助都不是非常明显。

你们都符合标准，恭喜你们被任用了。

3. 匹配：知人善任

"知人善任"是人才匹配的最后一步。每个人都有自己的特点和特长，知人善任，让自己的下属去做他们适合的事情，这样能充分发挥他们的工作潜能，实现人才的有效利用。

因此，管理者在用人的时候，应以每个员工的专长为思考点，安排适当的岗位，这样才能达到人与岗的统一，让组织团队发挥最大的效能。

也是长，即所谓："尺有所短，寸有所长。"在成功的管理者眼里，人才通常都会具有很多特点，要用人之长、避人之短，关键在于你如何去用他。

美克德公司是一家经营唱片和音响的日本团队，在"二战"前声名显赫。由于战争影响，这家拥有一流人才的公司，却迟迟不能开展重建工作，最后由松下电器公司接管。为了使它从战败的挫折中复兴起来，松下幸之助非常慎重地思考经理的人选。最后，他决定把这个重担托付给野村吉三郎。

野村在"二战"期间曾担任过海军上将，退役后转任外务大臣。虽然他在团队经营方面没有经验，但他的长处就是善于用人。这个人事决策使许多人大感意外，他们认为野村对团队的经营完全是外行，对唱片、音响更是一窍不通，让一个门外汉主持美克德的工作，简直就是无稽之谈。但松下看好野村会用人的优点，坚持自己的看法。事实上，野村主持美克德业务时，的确对这个行业非常不熟悉。

有一天，在干部会议上，有人提议要和美空云雀签约出唱片，野村却问："美空云雀是谁？"美空云雀是日本排行第一的红歌星，拥有众多的歌迷，可说是当时家喻户晓的人物，像这样有名的艺人，身为唱片音响连锁团队经理的野村居然不知道，这让很多人觉得不可思议，也成了外界讥讽他的材料。有人说："一个唱片公司的经理居然不认识美空云雀——那他一生中能认识几个人呢？"

然而，一个人优秀与否，既要靠才能也要靠合理地运用。野村对唱片业不太了解，却非常善于用人，所以松下让他去做唱片店的经理而不是去推销唱片，这正是松下用人的高明之处。事实也证明他的这个用人策略是完全正确的，正是这位不认识美空云雀的经理，使美克德迅速地从战争的废墟中复兴起来。

松下这种用人之长、避人之短的人事决策，充分体现了其独具慧眼的识人之术。知人善任是团队管理的核心，是团队全体管理者的重要工作和共同责任。

管理者要注重发挥人才的长处和优势，合理地使用、培育人才和留住人才，形成有利于人才发展的环境和文化。

但需要提醒管理者注意的是，你所需要的不一定是最优秀的人，但一定是最适合这个岗位的。人才的使用要根据岗位而定，因为只有最合适的才是最好的。

合理搭配，干活不累

一个团队里必定包含不同的人，这样的团队才能有活力。如果整个团队都是严肃的人，团队的气氛可能就比较压抑；如果整个团队都是老年人，团队可能就失去了活力。

对于管理者来说，合理搭配用人是值得关注的事情。管理者在使用人才时，应重视人才的合理搭配。使团队内各种专业、知识、智能、气质、年龄的人员，组成一个充满生机的整体优化的人才群体结构。这样做，不仅能充分发挥每一个人的个体作用，而且可使群体作用功能达到 1+1>2 的状态，并在整体上实现最佳的客观功能。

团队中的每个人能够在自己的岗位上发挥自己所长，斗志昂扬地工作，内心的不满必然减少，矛盾也就自然化解。

清代有位将军叫杨时斋，他认为军营中无无用之人：聋子，安排在左右当侍者，可避免泄露重要的军事机密；哑巴，可派他传递密信，一旦被敌人抓住，除了搜去密信，再也问不出更多的东西；瘸子，宜命令他去守护炮台，可使他坚守阵地，很难弃阵而逃；盲人，听觉特别好，可命他战前伏在阵前听敌军的动静，担负侦察任务。

杨时斋的观点固然有夸张之嫌，但确实说明了这样一个道理：任何人的短处之中肯定蕴藏着可用之长处。在现代团队中，管理者也应当善用有短处的员工，让每一个曾经被看作是"污水"的人，也能够最终成为团队中的"美酒"员工。

10位只懂物理学的物理学家，只不过具备物理才能；而由数学家、物理学家、化学家、文学家、经济学家、工程技术学家等组成的10个人的群体，就会产生更大的功能。除了知识、才能要互补外，还有年龄、气质、个性等方面也要互补。

如某一个单位，只有高级工程师或工程师，而缺乏助理工程师和技术员。那么这些高级工程师和工程师就会花费时间和精力来忙于本来应由助理工程师和技术员担当的工作，这就是高级、中级、初级知识水平的人才不配套所造成的人才浪费。

俗话说："男女搭配，干活不累。"这种情形并不是恋爱似的情感或者寻觅结婚对象，而是在同一办公室中工作，如果掺杂异性在内，彼此情感在不知不觉中就会融洽许多。大多数人都认为办公室内若有异性存在，就可缓解紧张、调节情绪。像这种男女混合编制，不但能提高工作效率，也可成为人际关系的润滑剂，对矛盾产生缓冲作用。

团队需要优势互补

你们各自发挥优势，就是一个好团队。

交际　实干

很多管理者总是抱怨自己的手下能人太少，其实不是能人少，而是大家重个人，轻团队，不如建立一个互补型的团队，各自发挥优势，这样才能有好的成绩。

领导者用人不仅表现在人才的量的多少上，而且还在于其人才的优势组合与搭配上，组合得当，则事半功倍；如果组合不当，一加一则可能会等于零，甚至是负数。

一加一可能就等于三、等于四，也可能等于零。

看来得招个女员工了。

无论男性或女性，长时间从事某一单调工作时，都会效率低下。但增添了异性后，这种情况马上会得到缓解，而且效率特别高。这也是一种优势互补。

此外，团队必须有一个梯形的年龄结构，应由老马识途的老年，中流砥柱的中年和奋发有为的青年这三部分人组成一个具有合理比例、充满希望的混合团体。只有这样，才能发挥其各自的最佳效能。

大多数团队均选用年轻下属工作，却不考虑老、中年下属也有其优点。比如在一个行业里工作多年的下属，必然对该行业有很多见解，就像一本活的字典，有着丰富的宝藏。

由于个人的生活环境存在差异，自然形成了性格、素质的独特性。有的人办事迅速、行动敏捷；有的人沉着冷静，勤于思考；有的人感情内向，做事精细、耐力持久等。

可以说，懂得合理搭配人才的管理者才能称之为优秀的管理者。

分配工作要学会量才适用

《孙子兵法》云："故善战者，求之于势，不责之于人，故能择人而任势。"意思就是说，优秀的将帅善于捕捉时机，选择合适的人才，形成有利的形势。

有的管理者在选择团队成员的时候，认为只要团队成员的能力强，就能给团队带来正能量。殊不知，如果能力不与职位相匹配，即使是天才也难以发挥原有的战斗力。

不幸的是，很多管理者并没有学会如何给员工分配工作任务、给员工分配什么样的工作任务，没有学会在员工完成工作任务的过程中表现出必要的耐心。

把工作任务分配给员工去完成，对于大多数人来说并不是一个本能的反应。凡是能够有效开展工作的管理者，他们知道如何确定哪些工作任务应该或者不应该分配给自己手下的员工，也知道采取哪些措施来帮助下属员工成功地完成各自的工作任务。

日本某团队有一名员工最大的毛病就是上班时爱打盹儿，主管们很为这名员工的出路发愁，最后想来想去终于为他找到了一个好的工作，安排他到街上卖睡衣。这名员工在街上一边卖，一边就睡着了。顾客也因此认为睡衣的质量绝对过硬，它有催眠的功能，因此睡衣非常畅销。

这个故事告诉我们，每个人都有自己的长处和短处，管理者应该学会量才使用，以便扬长避短。古人云"峰谷并存"，意在说明山峰越高峡谷也就越深，用今天的话来表达就是优点突出，缺点也突出，其实这属于正常现象。作为管理者应把员工安排到最合适的岗位上，把员工的长处用到极致。

如果想要成为一名出色的管理者，必须深谙把工作任务分配给下属员工去完成的重要性。要想取得成功，需要对整个团队的工作目标有整体的了解和把握，在此基础上确定应该如何实现这些目标。这通常要求管理者把具体的工作任务分配给下属员工去完成，以便给自己留出更多的时间对下属成员进行管理，帮助他们提高技能，保持员工队伍的工作士气。

有一个证券公司的经理曾经非常困惑。很多工作十分努力、工作能力突出的员工，在接受他委派的任务后却不能圆满完成，这使他百思不得其解。最终，一个离职员工的话使他茅塞顿开。

这个员工对他说："经理，我很喜欢咱们公司的工作环境

工作要与能力匹配

　　选好用好员工，一个前提和基本条件是工作要与能力相匹配，力求做到量才适用、用当其位。

对不起老板，我不懂管理，你还是让我设计软件吧。

我要提拔你当部门经理。

　　有与其能力相符的工作，这个人工作起来就易于取得较出色的成绩。否则能力得不到充分发挥，反而会大大降低工作效率。

小张你这么喜欢搞设计，我就把你调到广告部门吧。

谢谢老板，我一定好好干。

　　领导人要尊重员工的兴趣和能力，在给员工任职、定岗和安排任务时，应尽可能照顾到个人兴趣和能力，使工作与兴趣、专长和能力相匹配。

和工作氛围，但是我发现这里的工作并不适合我。开始您让我去跑销售，别人很轻松就能完成的任务，我很多天都无从下手。那个时候我非常不开心，觉得自己很笨，甚至非常灰心。后来一次偶然的机会，我进行了职业测评。测评的结果让我很惊讶，原来我不是比别人笨，也不是我不愿意干好，而是我在做一个不适合自己的工作。我以前一直在证券、期货、市场里面辗转，但是越干越不顺心。经过职业测评我发现，我是一个内向气质的人，与人沟通的能力和意愿较弱，回避失败的倾向非常高，且冒险和争取成功的倾向非常低。但是同时我处理细节的能力非常强。因此专家建议我应该去做财务、库管之类，需要细心、操作性强的工作。所以我决定重新调整自己的人生目标。"

听完这个员工的话以后，经理顿时觉得如同醍醐灌顶。他意识到："与这个员工选择职业一样，分配工作也是同样的道理。在分配给员工任务之前，我有必要对每个员工都有一个全面的了解。我需要了解员工属于哪一种特质，适合哪一类型的工作。性格活泼的人，适合有挑战性的工作；性格内向的人，适合稳定的工作；还有的人擅长与人打交道；有的人则适合与物打交道。造物者给了人类千千万万种性格，其中也含有一定的共性。按照这种共性分类分析，就能把工作分配给最适合的人了。"

管理者在分配工作时理应注意方略，要认真考虑哪些工作可以或者应该交给自己手下员工去完成。如果不经过认真地思考就做出决定，整个团队的工作环境将陷入没有秩序的混乱状态。管理者首先要从确定自己的核心职责做起，然后再确定哪些职责可以交给自己的下属员工去承担、哪些工作任务可以交给他们去完成。

管理者在给下属员工分配工作之前，一定要先了解整个团队目前的工作状况。如果一名工作能力很强的下属员工已经很忙，为了完成手头的工作任务需要加班加点，那么就不适合再给他分配新的工作任务。如果决定把某项工作任务交给一名员工去完成，一定要告诉他为什么要交给他这项任务，再同他一起制订工作计划。

在管理者决定把某项工作任务交给某一名下属员工完成之前，一定要确定这名员工有没有成功完成这项任务的能力。不要想当然地认为所有的员工都有能力应对所有的问题——必要的情况下要给他们提供指导和培训。

还有一点也非常重要，那就是管理者要向下属员工彻底说明对他们的工作期望，然后密切监控工作的进展情况。当然，这并不意味着当工作出现问题的时候，管理者就要立即介入，代替下属员工去解决工作中的具体问题。相反，管理者应该预计到工作进行过程中可能会出现的问题，为下属员工成功解决这些问题提供必要的支持。

其实，管理者在每次分配任务时，都应该检查一下自己的个人动机。有些管理者背负着不太好的名声——把那些不好完成的工作任务甚至是"烫手山芋"交给员工去完成。在决定把某项工作任务交给员工去完成之前，管理者应该先问问自己为什么要这样做。

如果是因为这项工作任务不好完成，或是很容易得到负面反馈的话，那么最好还是把这项工作留给自己。

第五章
对员工寄予期望，
小草也能长成大树

你的期望让员工进发潜能

在心理学领域，有个著名的罗森塔尔效应。

美国心理学家罗森塔尔把一群小老鼠一分为二，把其中的一小群（A群）交给一个实验员说："这一群老鼠是属于特别聪明的一类，请你来训练。"他把另一群（B群）老鼠交给另外一名实验员，告诉他："这是智力普通的老鼠。"两个实验员分别对这两群老鼠进行训练。一段时间后，罗森塔尔教授对这两群老鼠进行测试，测试的方法是老鼠穿越迷宫，结果发现，A群老鼠比B群老鼠聪明得多，都先跑出去了。其实，罗森塔尔教授对这两群老鼠的分组是随机的，他自己也根本不知道哪只老鼠更聪明。当实验员认为这群老鼠特别聪明时，他就用对待聪明老鼠的方法进行训练，结果，这些老鼠真的成了聪明的老鼠；反之，另外那个实验员用对待笨老鼠的办法训练，也就把老鼠训练成了不聪明的老鼠。

一位心理学家对一所小学中的6个班的学生成绩进行预测，并把他认为有发展潜力的学生名单用赞赏的口吻通知学校的校长和有关教师，并再三叮嘱他们对名单保密。但是实际上，这些名单是他任意给出的。

出乎意料的是，8个月以后，名单上的学生，个个学习进步、性格开朗活泼。原来，这些教师得到权威性的预测暗示之后，便开始对这些学生投以信任、赞赏的目光，态度亲切温和，即使他们犯了错误也相信其能改正。正是这种暗含的期待与信任使学生增强了进取心，更加自尊、自爱、自信和自强，故而出现了奇迹。

这个心理效应带给我们一个启示：信任和期待具有一种能量，它能改变一个人的行为。当一个人获得另一个人的信任、赞美时，他便会感觉自己获得了支持，有一种积极向上的动力，并尽力达到对方的期待。

德鲁克认为，人的潜力是无穷的。当管理者提出"你能做什么贡献"这个问题时，实际上就是在督促员工要充分挖掘自己的潜力。提升对下属的期望值，就能有效挖掘下属的潜力，这对管理者来说是宝贵的经验。史考伯曾说道："我认为，能够使员工鼓舞起来的能力，是我所拥有的最大资产。而使一个人发挥最大能力的方法，是赞赏和鼓励。"

通用电气前任首席运营官杰克·韦尔奇是期望效应的实践者。韦尔奇认为，团队管理的最佳途径是致力于激励员工完成自己的构想，并说道："给人以自信是到目前为止我所能做的最重要的事情。"韦尔奇不仅将期望效应运用到员工身上，同样也用到自己身上。

1961年，韦尔奇已经来到 GE 工作一年了，他的年薪是10500美元。这时候，韦尔奇的顶头上司伯特·科普兰给他涨了1000美元，韦尔奇觉得还不错，他以为这是公司对有贡献的人的奖赏，他看到了自身的价值。但他很快发现他的同事们跟他拿的薪水差不多。知道这个情况后，韦尔奇一天比一天萎靡不振，终日牢骚满腹。

一天，时任 GE 新化学开发部年轻的主管鲁本·加托夫将韦尔奇叫到自己的办公室，对他说了这样一句话："韦尔奇，难道你不希望有一天能站到这个大舞台的中央吗？”

这次谈话被韦尔奇称为是改变命运的一次谈话，后来当上执行总裁的韦尔奇也一直尊称加托夫为恩师。

他决定让自己有一个根本性的改变。这时在他面前出现了一个机遇：一个经理因成绩突出被提升到总部担任战略策划负责人，这样经理的职位就出现了空缺。我为什么不试试呢？韦尔奇想。

韦尔奇不想看着这个可以改变自己的机会从自己眼前溜走。“为什么不让我试试鲍勃的位置？”韦尔奇开门见山地对他的领导说。

韦尔奇在领导的车上坐了一个多小时，试图说服他。最后，领导似乎明白了韦尔奇是多么需要用这份工作来证明自己能为公司做些什么，他对站在街边的韦尔奇大声说道：“你是我认识的下属中，第一个向我要职位的人，我会记住你的。”

在接下来的7天时间里，韦尔奇不断给领导打电话，列出他适合这个职位的其他原因。

一个星期后，加托夫打来电话，告诉他，他已被提升为塑料部门主管聚合物产品生产的经理。1968年6月初，也就是韦尔奇进入GE的第八年，他被提升为主管2600万美元的塑料业务部的总经理。当时他年仅33岁，是这家大公司有史以来最年轻的总经理。

1981年4月1日，杰克·韦尔奇终于凭借自己对公司的卓越贡献，稳稳地站到了董事长兼最高执行官的位置上，站到了GE这个大舞台的中央。

管理者的期望对员工的作用

员工作为团队组织的一员，容易受到团队期望、领导期望的暗示、影响、引导及塑造。

老板都这么说，我应该确实不适合这份工作吧。

棠，干不好工作。

管理者认为自己的下属不行，自己的团队这也干不好那也不能干，并公开表达自己的这种负面期望和假设，那么团队成员会在下意识心理层面通过行动来证明领导的看法是"对"的，即使能达成的目标最终也可能实现不了。

大家加油，我相信大家一定能完美地完成任务。

而管理者对其所率领团队和团队个体传达积极正面的期望，能够在很大程度上提升团队凝聚力和战斗力，鼓舞团队成员以"士为知己者死"的精神来达成团队目标。

所以，管理者在组织、凝聚和鼓舞成员实现组织目标的过程中，一定要注重传达积极正面期望、传递鼓舞奋进的正能量，如此才能真正激发起团队强大的潜力。

可以说正是期望自己能站在 GE 的舞台中央，使得韦尔奇不断努力，寻找机会，最终站在了权力的最高点。即便员工已经拥有了卓越成绩，但管理者进一步提升期望值，如向他提问"你还能做哪些贡献"，那么有可能进一步激发员工的潜能。

别人或者上级的期待，无疑将是员工成长的动力。期待什么就能做成什么，领导的期待在某种程度上决定了员工成长的高度。

善于向员工传递自己的期望是一位优秀领导者能力的标志之一。领导者如何将自己对员工的期望值有效传达给员工呢？

首先，一定要让员工明确自己对他的期望值。管理者与每一位员工交谈，都应该使用简单而直接的话语交流，来阐述团队的发展动向和对员工的工作期望。仅仅一次沟通是不会让员工们完全理解的，他们需要定期进行有效的、重复性的沟通，以达到增强和巩固的效果。

其次，要给予员工明确的目标。想要实现什么样的目标；以怎样的计划去实现目标；为达到这一目标，大家该如何去做。确保员工们了解团队的战略目标，让员工明白在团队中扮演怎样的角色和应该如何为实现这个目标奋斗。

最后，作为管理者应该明白，每一位员工都有自己的思想和需求。试着了解每一位员工的个人喜好，帮助他们理解你对他们的期望，并且激发他们的工作斗志。唯有如此，领导者才能采取更加有效的方式激发员工的潜力，让他们更加努力。

不要让员工自我设限

我们经常可以发现，团队中的不少员工原本素质优秀，但做起事来畏首畏尾、谨小慎微，在自己的岗位上始终做不出成绩。管理者不禁为这样的员工扼腕叹息：为什么他们不能放开自我呢？

这缘于部分员工的自我设限。造成自我设限的原因可能是多方面的，其始终不敢再向前迈出一步，从此限定在自己的小圈子里。

科学家曾做过一个有趣的实验。

他们把跳蚤放在桌上，一拍桌子，跳蚤迅即跳起，跳起的高度均在其身高的100倍以上，堪称世界上跳得最高的动物。然后在跳蚤头上罩一个玻璃罩，再让它跳，这一次跳蚤碰到了玻璃罩。连续多次后，跳蚤改变了起跳高度以适应环境，每次跳跃总保持在罩顶以下的高度。接下来逐渐改变玻璃罩的高度，跳蚤都在碰壁后主动改变自己起跳的高度。最后，玻璃罩接近桌面，这时跳蚤已无法再跳了。科学家于是把玻璃罩打开，使劲拍桌子，跳蚤仍然不会跳，变成"爬蚤"了。

行动的欲望和潜能已被扼杀，科学家把这种现象叫作"自我设限"。跳蚤变成"爬蚤"，原因在于玻璃罩已经罩在了它的潜意识里。

我们是否发现很多员工也为自己罩了一个玻璃罩呢？实际上，很多人由于遭受了外界太多的批评、打击和挫折，于是奋发向上的热情、欲望变成了"自我设限"的观念，这就影响了自己潜能的开发，影响了个人的成长。

我们大多数人内心都深藏着"约拿情结"。心理学家们分析，我们心中容易产生"我不行""我办不到"等消极的念头，如果周围环境没有提供足够的安全感和机会供自己成长的话，这些念头会一直伴随着我们。

"自我设限"只是潜意识里的一种想法，只要肯走出来，肯向外拓展，那么定能不断成长。

马斯洛在给他的研究生上课的时候，曾向他们提出过如下的问题："你们班上谁希望写出美国最伟大的小说？谁渴望成为一位圣人？谁将成为伟大的领导者？"根据马斯洛的观察和记录，他的学生们在这种情况下，通常的反应都是咯咯地笑，红着脸，显得不安。马斯洛又问："你们正在悄悄计划写一本伟大的心理学著作吗？"他们通常也都红着脸、结结巴巴地搪塞过去。马斯洛还问："你们难道不打算成为心理学家吗？"有人小声地回答说："当然想啦。"马斯洛说："那么，你是想成为一位沉默寡言、谨小慎微的心理学家吗？那有什么好处？那并不是一条实现自我的理想途径。"

人们普遍存在某种自我设限的意识，总是逃避卓越、成长。曾经有一家跨国团队在招聘中出了这样一道题："就你目前的水平，你认为10年后，自己的月薪应该是多少？你理想的月薪应该是多少？"

结果，有些人回答的数目奇高，而这样的应聘者全部被录用了。其后主考官解释说："一个人认为自己十年后的月薪竟然和现在差不多或者高不了多少，这首先说明他对自己的学习、前进的能力抱有怀疑的心态，他害怕自己走不出现在

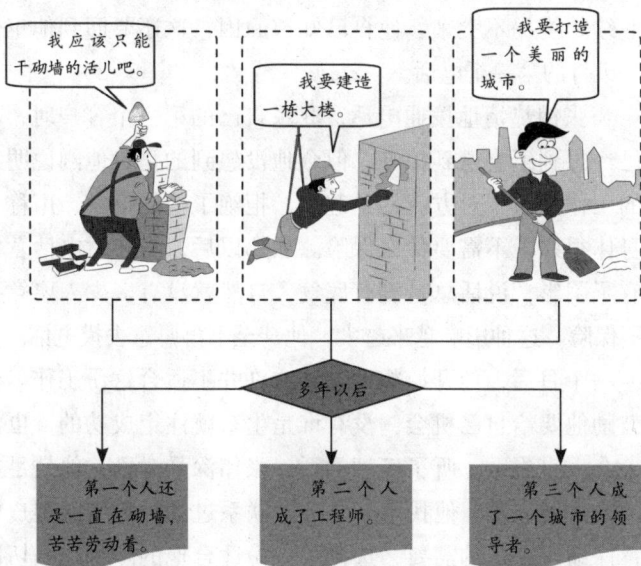

的圈子，甚至干得还不如现在好。这种人在工作中往往没什么激情，容易自我设限，做一天和尚撞一天钟。他对自己的未来都没有追求，拿什么让我们对他有信心呢？"

告诉员工，不要轻易给自己设定一个"心理高度"，这往往在潜意识里告诉自己：我是不可能做到的，这个是没有办法做到的。要知道，过去并不代表未来，不论你曾经失败过多少次、受过多少挫折，未来一定会超越这些挫折。

张伟是某家保险公司的新职员，但入职一个月时间，工作业绩始终提不上来。他自己知道原因，这还要回到他工作第一天打的第一个电话。

当张伟热情地拨通电话，联系自己的第一个客户时，尽管已经想到了会遭到拒绝，但令他没想到的是，他刚说明自己的工作身份，对方就骂了起来，拒绝了他的推销，声称自己身体很好，不需要什么保险。从那以后，张伟对电话营销便有了阴影，说话总是没有底气，自然就没有多少人愿意找他买保险。这种影响越来越大，他甚至不再愿意去摸电话。

一个月后，他开始想，自己或许并不适合这份工作。经理鼓励他要给自己机会，没有谁是生来就注定成功的，也没有人会一直失败。听了经理的话，张伟深受激励，他鼓足勇气，决定搏一搏。他找出一个曾经联系过却被拒绝的客户资料，仔细研究他的需要，选择了一份适合他的险种。一切准备妥当后，他拨通了对方的电话，他的自信和真诚征服了那个客户，对方买下了他推销的保险。他终于打破了自我设限，从此慢慢克服了对电话营销的恐惧。

其实，自我设限远远没有想象的那样可怕，更不是牢不可破的。只要摒弃固有的想法，尝试着重新开始，便会对以前的忧虑和消极的态度报以自嘲。

每个人其实都有成功的机会，但是在面临机会的时候，只有少数人敢于打破平衡，认识并摆脱自己的"自我设限"，勇于承担追求高效能带来的责任和压力，最终抓住并获得成功的机会。管理者必须打破员工的自我设限，鼓励他们不断成长。

现实中，总有一些优秀的人由于受到"心理高度"的限制，常常对成长望而却步，结果痛失良机。管理者应该引导自己和员工及时摆脱自身"心理高度"的限制，拿掉制约成功的"盖子"。

拿破仑·希尔曾经说过，一个人唯一的限制，就是自己头脑中的那个限制。唯有挣脱自我设限，如果不想着去突破、挣脱固有想法对你的限制，那么他将会永远原地踏步。

先问自己是否已"全力以赴"

科学家们认为，人在自己的一生中仅仅运用了大脑能量的 10%，也就是说，还有 90% 的大脑潜能白白浪费了。许多事实表明，每一个人身上都有巨大的潜能没有开发出来。而有研究更进一步指出，以前人们对大脑的潜能估计太低，我们根本没有运用大脑能力的 10%，甚至连 1% 也不到。

众所周知，比尔·盖茨是一位杰出的管理者，在他 11 岁时就能背诵《圣经》第五章到第七章的全部内容，老师惊叹他怎么能将几万字的内容一字不落地背诵时，比尔·盖茨说了一句话："我竭尽全力。"

美国前总统卡特曾有这样的经历：

海军军官卡特 24 岁时，应召去见海曼·李特弗将军。在谈话中，将军让他挑选任何他擅长的主题。

当他好好发挥完之后，将军就问他关于所谈主题的一些问题，结果每每将他问得直冒冷汗。他开始明白，自己认为懂得很多的，其实懂得很少。

结束谈话时，将军问他在海军学校学习时成绩怎样，他立即自豪地说："将军，在820人的一个班中，我名列59名。"

将军皱了皱眉头，问："你竭尽全力了吗？"

"没有。"他坦率地说，"我并没有竭尽全力。"

"为什么不竭尽全力呢？"将军大声质问，瞪了他许久。

此话如当头棒喝，影响了卡特的一生。此后，"全力以赴"成了卡特的座右铭，也正是全力以赴的作风助他成为美国历史上第三十九任总统。

"你全力以赴了吗？"或许我们每个人都应该这样问自己。如果不能事事全力以赴，恐怕很难在职场中获得更大的成功。成功向来偏爱付出最多努力的人，没有尽自己最大的努力，很难取得令人羡慕的成就。也许职场中的你如卡特一样，未必事事全力以赴，还是取得了不错的成绩。但是，如果你全力以赴了，一定会比现在更出色。那还有什么理由不全力以赴争取更大的成功呢？

工作中，我们总会遇到一些困难，想了许多办法仍无法解决。于是有人便认为已是极限，或是已经尽力，心安理得地让工作不再推进。但这真的已经是你的极限了吗？如果把你逼到了绝境，你会发现，"尽力""极限"只不过是借口，自身的潜能还能被逼出来，问题也能最终被解决。

面对生活工作中的问题，我们要做的不是惧怕，不是失去信心，而是迎难而上，竭尽全力，直到最后。

全力以赴把工作做到尽善尽美

你在工作中所抱的态度，使你的工作与周围人的工作区别开来。

你傻呀，又不是自己公司，不用这么拼命，尽力就好。

这样的人不能重用。

当一天和尚撞一天钟，工作松松散散的人，无论在什么领域，都不会取得真正的成功。

爱默生说："一个人，当他全身心地投入到自己的工作之中，并取得成绩时，他将是快乐而放松的。把工作当成自己的事业，全身心地投入其中，这是真实的人生，同时也是成功的人生。"

这是对你全力工作的奖赏。

谢谢李总！

所以，无论你从事什么工作，都必须端正态度，全力以赴地把工作做好。

在管理工作中，会发现很多人在一个团队待久了，可能遭遇一种"职业停滞期"。例如，有些人因为自身没有很好的职业规划，对接受新知识的态度不是很积极，结果导致自己的创新能力跟不上新员工，眼看着身边的新员工一个个地加薪、升职，他们陷入一种深深的"能力恐慌"中。然而，面对自己职业上的停滞，他们更多的是埋怨团队没能给他们职位提升的空间。

其实"解铃还须系铃人"，要突破这种职业停滞期，我们要学会"自我革命"，只有全力以赴，不断地突破自我，才能够不断成长。惠普公司前首席运营官卡莉·菲奥里娜就深知其中的道理。

在卡莉上任之时，惠普公司正面临着很大的困境，已经到了被市场淘汰的边缘。要使惠普摆脱现状，就要完全改变这个公司。只有改变才能让惠普摆脱危机，继续生存和壮大。

然而，惠普公司的老传统根深蒂固地存在于惠普员工的心中，变革意味着要剔除掉员工脑子里一些停滞的不再发挥效力的思想，注入新的思想和新的理念，这并不容易。因为习惯的力量太强大，容易阻碍变革，原本舒适的事物使人产生依赖，而且变革势必会影响一些人的利益，会引起一些所谓"老人"的极力反对。但是卡莉力排众议，在惠普公司进行了大刀阔斧的变革，兼并康柏公司之后，这种变革的步伐更大了。2002 年，惠普公司一跃成为 IT 业的老二。卡莉的进取精神，终于使惠普摆脱困境，度过了被淘汰的危机，取得了卓越的成就。

后来，卡莉说："我认为董事会之所以挑选我担任惠普的CEO，就是因为惠普作为一家高科技团队，已经到了需要改变的时候了。当时的惠普已经在许多重要的方面都落后于其他科技团队，在出局和团队进取之间，我们只能选择全力以赴，我们成功了！"

　　卡莉全力以赴地去奋斗，终于为自己、为团队赢得了成功。所以，无论做任何事，务必全力以赴，它将决定一个人日后事业上的成败。一个人一旦领悟了全力以赴地工作能消除工作辛劳这一秘诀，他就掌握了打开成功之门的钥匙了。

　　"不管做什么事，都要全力以赴。"罗素·康威尔说。成功的人绝对不会以做完为目标，他们不管做什么事情，只会全力以赴以达到更高效的结果。

　　"你全力以赴了吗？"管理者要时刻这样问自己，也要把这样的问题抛给自己的下属们，激励自己和整个团队迸发出所有的潜能。

　　只有全力以赴，抓住一切机会提高自己，才能够逐渐强大。否则，很容易失掉竞争和生存的能力，留给自己的只有岁月的蹉跎和虚度时光的惋惜。

给予适当的压力

　　运动场上经常会看到这样的现象：运动员在面临大场面的锦标赛或奥运会决赛时，他们的水平发挥得最好。对大赛的这种压力，不同的人有不同的反应。有些人被压力压垮，但另一些人则借压力刷新世界纪录。这些大赛场合，也往往是打破世界纪录最多的场合。

　　人们在正确认识压力的同时，还应该感谢压力所赐予的其他东西，即激发人的潜能。古语曾有"置之死地而后生""破釜沉舟"等说法，讲的就是事情往往到了压力的关头才有转机，当事者才不得不冷静下来，绞尽脑汁去思考转危为安的方法。

在工作中，管理者要对员工施加适当的压力。有压力，才不会使员工在现实中慢慢地懈怠，才会使他始终保持着昂扬的斗志。因此，给下属一定的压力，其实也是一种激发潜能的方式。

一个富有的父亲决定为女儿招一个勇敢、勇于拼搏的夫婿，举行了公开招亲。这天，他和女儿站在河的一边，应征者在另一边。条件很简单，能游过河的人就可抱得美人归。

但没人敢动，因为他们都注意到了这样一个事实：河里有吃人的鳄鱼。忽然，有个年轻人"扑通"一声跳下了河，飞快地游了起来，鳄鱼很快发现了他，在后面追赶，年轻人游得更快，好在河面不宽，年轻人终于在鳄鱼赶上他之前爬上了岸。

姑娘很高兴，新婚之夜问他："别人都不敢动，你为什么敢下水，难道你不怕鳄鱼吗？"

新郎给出了这样的答案："当然怕，其实我是被别人推下水的。在下水的一刹那，我还咒骂是谁推我下水的。可是既然下了水，就得全力以赴，因为后面有鳄鱼在追赶啊！"

的确如此，如果不努力地游，可能他就没有机会上岸了；努力，就得到了成功，赢得了爱人。如果我们时时有那种危机感，时时想象有鳄鱼在我们身后追赶，做任何事都全力以赴，我们还能不成功吗？

一个人的潜能往往是在迫不得已的情况下发挥的。管理者不仅不怕"逼"，而且还主动"逼"员工，让他们经常处于一种积极进取、创新求变的紧张状态，使潜能时常处在激发

给予员工适当的压力

同心协力，月底前完成这个新项目！

压力可增强员工的环境适应能力。反复碰到压力较大的情形，可以锻炼身体和心理的承受能力，从而不至于遇到危机就如临大敌乱了阵脚。

压力会使员工追求卓越。正面的压力，也叫积极压力，会帮助员工进入一种"流畅"的状态，让他高度清醒、高度集中地参与到工作中去。

为了家人，我要走得更高！

晋升之路

你们每个人都像一根木尺，加压到一定程度就会被压垮。

但是，给予员工的压力不宜过大，就像让一根木尺不断地弯曲，到了某种程度它自然会断裂，员工也是一样，加压到一定程度就会撑不下去了：不仅影响工作效率，更有可能危害员工的身体健康。

状态。

歌德曾说过："人的潜能就像一种强大的动力，有时候它爆发出来的能量，会让所有的人大吃一惊。"

一位中国留学生刚到澳大利亚时，为了糊口，替人放羊、割草、收庄稼、洗碗……只要给一口饭吃，他就会暂且停下疲惫的脚步。

有一天，在唐人街一家餐馆打工的他，看见报纸上刊出了澳洲电信公司的招聘启事。他选择应聘线路监控员的职位。过五关斩六将，眼看就要得到那个职位了，没想到招聘主管却出人意料地问他有没有车、会不会开车，因为这份工作时常外出，没有车将寸步难行。可这位留学生初来乍到还属无车族，但为了争取这个极具诱惑力的工作，他不假思索地回答了有车、会开车。

"4 天后，开着你的车来上班。"主管这样说。

4 天之内要买车、学车谈何容易？

他在华人朋友那里借了 500 澳元，从旧车市场买了一辆外表丑陋的"甲壳虫"。

第一天，他跟华人朋友学简单的驾驶技术；

第二天，在朋友屋后的那块大草坪上模拟练习；

第三天，他歪歪斜斜地开着车上了公路；

第四天，他居然驾车去公司报到了……

而今，他已是澳洲电信 的业务主管。

大凡成功人士都经受过无数的压力，每天都觉得"身后有匹狼"。我们不应该逃避压力，相反，为了挖掘自己的潜能，应为自己创造一定的压力环境。

潜能库是如何被找到的呢？我们现在使用的许多东西，当初发明它们的创意就是被逼出来的。

格德纳是加拿大某家公司的普通职员。一天，他不小心碰翻了一个瓶子，瓶子里装的液体浸湿了桌上一份正待复印的重要文件。

格德纳很着急，因为文件上的字可能因此看不清了，这可是闯了大祸。他赶紧抓起文件来仔细查看，令他感到欣慰的是，文件上被液体浸染的部分，其字迹依然清晰可见。当他拿去复印时，又一个意外情况出现了，复印出来的文件，被液体污染后很清晰的那部分，竟变成了一团黑斑，这又使他转喜为忧。

为了消除文件上的黑斑，他绞尽脑汁，但一筹莫展。在万分无奈之际，突然，他的头脑中冒出一个针对"液体"与"黑斑"倒过来想的念头。自从复印机发明以来，人们不是为文件被盗印而大伤脑筋吗？为什么不以这种"液体"为基础，化其不利为有利，研制一种能防止盗印的特殊液体呢？

格德纳利用这种逆向思维，经过长时间艰苦努力，最终把这种产品研制成功。但他最后推向市场的不是液体，而是一种深红的防影印纸，并且销路很好。

格德纳没有放过一次复印中的偶然事件，由字迹被液体浸染，复印出的却是黑斑这一现象，联想到文件保密工作中的防止盗印，由此开发了防影印纸。格德纳发掘潜能，与他在这种紧张的情况下逼出自己的新创意是紧密相连的。

由于没有学会观察与思考，往往是视而不见、听而不闻或见而不思、闻而不想，所以根本找不到解决问题的创意和方法。如果真正学会了观察与思考，善于从繁杂万状的日常生活中捕捉信息，探求真谛，就会涌现无限的潜能，找到无限的创意了。

给予适当的压力，一方面要勇于接受挑战，把自己丢进新条件、新情况、新问题中，逼到走投无路，才会想方设法、破釜沉舟，才会背水一战，如兵法所说"置之死地而后生"。另一方面，要用自律来逼，用目标管理、时间管理来逼，用行动结果来逼自己迸发自身的潜力。

适度的压力可以焕发员工的潜能，激发他们的工作动力。管理者要明白，必要的压力可以起到极好的激励效应，甚至要比其他的激励方式更能够立竿见影。

第六章
响鼓须用重槌，
把身边的"庸才"变干将

提升能力，贡献力量

无论在什么时候，有价值的人才永远不被社会所淘汰。管理者要告诫团队中的每个人，唯有体现出了自己的价值，为团队贡献自己的价值，才能立于不败之地。

人活在这个世上，就是为了实现自我价值而存在的。若不发挥自己的工作能力，就永远也找不到自己的存在价值。

小刘在国外学经济管理专业，仪表堂堂、人品又好、说话办事能力也行，真属德才兼备。按理说，回国后本可找一份很体面的工作，可他死活不愿意给别人打工。自己创业，却屡创屡赔。一开始，他怨天尤人，说什么自己怀才不遇，没找到好的合作伙伴，之后就一直"啃"老，直到最后不好意思再"啃"父母了，才找几个很要好的朋友借钱，说要出来租房子住。这时朋友们都劝他，他这才肯去找工作。

面试了几家公司，他不是嫌公司小，就是嫌没发展，或是整个行业的前景不好。他的外语水平八级，这是他的专长，可他却偏偏误在他的专长里。好不容易找到了一份稳定的工作，上班第二天，经理刚好有急事说要出去，嘱咐他代替自己接待一个美国客户。遇到这种情况，他也不知道经理是在考验他，还是真的信任他。他心想，谈得好或不好都没有他的好处，谈好了生意是经理的，自己顶多可以给经理留下个好印象；谈不好的话就是他的责任，他有一种委屈的感觉。

他的朋友劝他，人活在世上是避免不了经办一些以前没

如何提升自己的工作能力

要抽空闲时间多看看书，充实自己！

从自身学习修炼开始，不断扩充自己的知识，扩大自己的发展空间。

小张，我这儿有个问题想向你请教一下……

向他人学习，让合作带动自己前进。任何人身上都有值得我们学习的地方，所以，要善于请教。

责任感

作为员工应具备一双睿智的眼睛去发现责任，然后积极主动地去承担责任，体现自己的忠诚，才能使自己获得认可和信任，进而实现自身价值。

金子只有被挖掘出来才能绽放光芒，作为职场人同样如此，所以，职场人只有懂得提升自己的价值，才会被重用，实现自身价值。

有接触过的难事，只有经过这些磨炼，才能迅速成长，成为有用之人，为团队担当责任。

被差遣，换一种角度来看就是被需要。必须让员工明白，被团队所需要恰恰证明这个人有能力。并不是每个人一进入团队就具备被差遣的能力，与生俱来就拥有岗位所需要的能力，这种能力更多的时候是在工作中锻炼出来的。

人本身不一定有能力，干得多，实践得多，自然就具备了能力。

有一个名牌大学中文系毕业的硕士研究生，被一家出版公司聘用为编辑。他住在一套租来的房子里，工资不高，日子过得很清苦，但这并没有妨碍他的工作热情。除了做好本职工作外，他还总是给其他部门帮忙，排版、印刷、销售等部门的人要是忙不过来的时候，只要他有空，一定是有求必应。午餐时间，他总是很快吃完饭，然后跟其他部门的同事聊天。下班以后，还常跑到公司的库房帮忙，甚至干一些搬运图书的体力活。他做这些都是义务的，从来没有额外的报酬。有人说他很傻，不给钱还白干活。但随着时间的推移，他这种"傻"的好处逐渐显露出来：他升职特别快，从原来的普通编辑升为策划编辑，又从策划编辑升为副主编、主编。不管在哪个职位上，他总是努力学习，尽可能掌握更多的知识。

凭着被公司的"开发"，被别人的"差遣"，故事中的年轻人练就了一身本领，并最终成就了自己的事业。事实上，增强自己的能力，巩固自己的地位，开创自己的未来，最好、最快的办法是努力工作，提升"被差遣"的价值。工作中的实践锻炼是提升自己的最有效的手段。

只有提升自己的"被差遣"价值，才能不断提升自己。而那些唯恐自己被差遣的人，即便拥有一身好本领，也会停留在原有的基础上而不会有半点进步。

做"蘑菇"，不做"豆芽菜"

豆芽生长的速度之快，令人叹为观止，短短一夜之间，竟能抽长六七厘米，且外表看起来既壮硕又饱满。然而，豆芽的质地却异常脆弱，稍遇外力便应声断裂。豆芽之所以能够在短期内抽长，并非内里坚实，实为充斥大量的水分，这种现象被称为"豆芽现象"。

我们的团队里，与"豆芽现象"相对的是"豆芽员工"。它是指这样一类员工，他们初学一项专业技能，由不会到会的阶段，大致能掌握专业的"形"。学得快的话，很快就会觉得"学会了"；随后，即急于转入其他领域，却同样只学到"形"就急于转换。从表面上看好像学了很多，实际上都只学到了该行业的一些常识，真正要用时便不堪一击。

李默研究生毕业后来到了一家大公司，踌躇满志的他本想大展拳脚，可他到新单位工作近一年来，除了接电话、开会、收发传真等基本工作外，再没有得到任何展示自己的机会，这和他想做一个职业经理人的想法相去甚远。于是，他总是觉得自己的能力没有发挥出来。

李默认为，部门里的很多同事不过是本科生，论学历、才华根本比不过自己。急于表现自己能力的李默，三番五次主动请缨向老板申请任务。于是，老板就给了李默一项重大任务，让他去开发西部的市场。说是给他一个重大任务，其实就是想给李默一个教训。老板在派李默去的同时，暗地里安排了一位得力的王经理从旁观察。果然不出老板所料，由于李默没有任何市场开拓的经验，在西部开拓市场的过程中屡屡碰壁，不仅没有取得任何成效，而且个人自信心也大为受挫。还好有多年市场经验的王经理及时出现并顺利地展开了工作，使得西部市场的开发工作能够稳步推进。有了这次经历以后，李默意识到了自己能力上的不足，再也不好高骛远了，而是静下心来努力向身边的老同事和上司好好学习。

李默的案例就是典型的职场中的"豆芽现象"。成功在久不在速，只有扎扎实实地成长，才经得起考验。

与"豆芽员工"相对的是"蘑菇员工"。"蘑菇员工"是指这样一类人，他们的处境很像蘑菇：被置于暗淡的角落（不受重视的部门，或做着打杂跑腿的工作），浇上一头大粪（批评、指责、受过），任其自生自灭（得不到更多的指导和提携），却最终成长起来。

相信很多职场人都会有一段"蘑菇"经历，但这不一定是什么坏事，当"蘑菇"是有自知之明，是为了尽快成熟起来。

齐飞刚进华为的时候，公司正提倡"博士下乡，下到生产一线去实习、去锻炼"。实习结束后，领导安排他从事电磁元件的工作。堂堂电力电子专业的博士理应做一些大项目，不想却坐了冷板凳，齐飞实在有些想不通。

想法归想法，工作还要继续。就在齐飞接手电磁元件的工作之后不久，公司出现电源产品不稳定的现象，结果造成许多系统瘫痪，给客户和公司造成了巨大损失，受此影响公

管理者如何协助员工度过"蘑菇期"

员工在融入一个新的团队时，都有一个"蘑菇期"，作为管理者，有义务帮助员工顺利度过这段时期。

小赵，最近工作怎么样，有什么困难一定要跟我说。

挺好的，谢谢李总。

关心下属

态度友好，积极和员工沟通，了解他的真实想法。

加油，你们这么努力，一定可以完成的！

鼓励下属

适时地给员工一些鼓励性的语言，同时信任员工的能力、干劲和诚实，并在适当的时候给予肯定的赞扬。

李总，这个项目我自己实在是完成不了……

好吧，那我让小张帮你。

提供帮助

当员工遇到困难和不能胜任的工作的时候，尽力提供帮助或重新安排职位。

司丢失了 5000 万元以上的订单。在这种严峻的形势下，研发部领导把解决该电磁元件问题故障的重任，交给了刚进公司不到三个月的齐飞。

在工程部领导和同事的支持与帮助下，齐飞经过多次反复实验，逐渐厘清了设计思路。又经过 60 天的日夜奋战，齐飞硬是把电磁元件这块硬骨头啃了下来，使该电磁元件的市场故障率从 18% 降为零，每年节约成本 110 万元。现在，公司所有的电源系统都采用这种电磁元件，再未出现任何故障。

之后，齐飞又在基层实践中主动、自觉地优化设计和改进了 100A 的主变压器，使每个变压器的成本由原来的 750 元降为 350 元，每年为公司节约成本 250 万元，为公司的产品战略决策提供了依据。

小小的电磁元件这件事对齐飞的触动特别大，他不无感慨地说道："貌似渺小的电磁元件，大家没有去重视，结果我这样起初'气吞山河'似的'英雄'在其面前也屡次受挫、饱受煎熬，坐了两个月冷板凳之后，才将这件小事搞透。现在看起来，之所以出现故障，不就是因为绕线太细、匝数太多了吗？把绕线加粗、匝数减少不就行了？而我们往往一开始就只想干大事，而看不起小事，结果是小事不愿干，大事也干不好，最后只能是大家在这些小事面前束手无策、慌了手脚。当年苏联的载人航天飞机在太空爆炸，不就是因为将一行程序里的一个小数点错写成逗号而造成的吗？电磁元件虽小，里面却有大学问。更为重要的是，它是我们电源产品的核心部件，其作用举足轻重，非得要潜下心、冷静下来，否则，便不能将貌似渺小的电磁元件弄透、搞明白。做大事，必先从小事做起，先坐冷板凳，否则，在我们成长与发展的道路上就要做夹生饭。现在看来，当初领导让我做小事、坐冷板凳是对的，而自己又能够坚持下来也是对的。有许多研究学术的、搞创作的，吃亏吃在耐不住寂寞，总是怕别人忘记了他。由于耐不住寂寞，就不能深入地做学问，不能勤学苦练。他不知道耐得住寂寞，才能不寂寞。耐不住寂寞，偏偏寂寞。"

齐飞的这段话适合各行各业的人。凡想获得成功的人，都应该先学会耐得住"蘑菇"时期的寂寞，先学会坐冷板凳，先学会做小事，然后才能做大事，这样才能取得更大的业绩。

实际上，任何一个成功的人并不是一开始就"高人一等"、风光十足的，他们也曾有过艰难曲折的"爬行"经历。然而，他们却能够端正心态、沉下心来，不妄自菲薄，不怨天尤人。他们能够忍受"低微卑贱"的经历，并在低微中养精蓄锐、奋发图强，而后才攀上人生的巅峰，享受世人的尊崇。试想，若不是当年的"低人一等"，哪里会有后来的"高人一筹"呢？

只有埋头努力，做不断成长的"蘑菇"，不断提升自己，才能为自己赢得更广阔的发展空间。

对于管理者而言，必须让员工认识到：没有任何工作是卑微并且不需要辛勤努力的。要知道，无论多么优秀的人才，只有放下架子，埋头干活，打牢根基，才能在日后有所作为。

"批评"要有目的性

批评是一种教育方法，那是因为批评是爱的体现。不断地批评与自我批评能鞭策人不断进步。

孔子的学生宰予曾经白天睡觉，孔子批评他"朽木不可雕也"。后来，宰予终于成了孔子的高足。正是孔子的严格要求，时常的提点，才培养出一大批人才，孔子的批评中无处不渗透着对学生的爱。

日本作家川澄佑胜在《被骂的幸福》一书中讲过这样一个故事：

有一位在森林里修行的人，心地非常纯净，也非常虔诚，每天只是在大树下思考、冥想、打坐。一天，他打坐时感到昏沉，就起身在林间散步，不知不觉走到一个莲花池畔，看到满池莲花正在盛开，十分美丽。清风徐来，阵阵莲香沁人心脾，不禁心生爱意。

修行人心里起了一个念头：这么美的莲花，我如果摘一朵放在身边，闻着莲花的芬芳，精神一定会好很多呀！

于是，他弯下腰来，在池边摘了一朵。正要离开的时候，听到一个低沉而有力的声音说："是谁？竟敢偷采我的莲花！"

修行人环顾四周，什么也没有看到，只好对着虚空问道："你是谁？怎么说莲花是你的呢？"

"我是莲花池神，这森林里的莲花都是我的，枉费你是个修行人，偷采了我的莲花，心里起了贪念，不但不知反省、检讨、惭愧，还敢问这莲花是不是我的！"空中的声音说。

修行人的内心生出深深的愧疚，就对着空中顶礼忏悔：

"莲花池神！我知道自己错了，从今以后痛改前非，绝对不会贪取任何不属于自己的东西。"

当修行人正在惭愧忏悔的时候，有人走到池边，自言自语："看！这莲花开得多好，我该采了到山下贩卖，卖点钱，看能不能把昨天赌博输的钱赢回来！"那人说着就跳进了莲花池，踩过来踩过去，把整池的莲花摘个精光，莲叶也被践踏得不成样子，池底的污泥也翻了起来。然后，他捧着一大束莲花，扬长而去。

修行人期待着莲花池神会现身制止，斥责或处罚那摘莲花的人，但是池畔一片静默。

他充满疑惑地对着虚空问道："莲花池神呀！我只不过采了一朵莲花，你就严厉地斥责我，刚刚那个人采了所有的莲花，毁了整个莲花池，你为何一句话也不说呢？"

莲花池神说："你本来是修行之人，就像一匹白布，一点点的污点就很明显，我是不忍心见到你因为贪恋香气而陷入轮回、长期受苦，所以我才提醒你，好心苛责你，赶快去除污浊的地方，恢复纯净。那个人本来是满身的罪恶，就像一块抹布，再脏再黑也看不出任何的痕迹。我也帮不上他的忙，只能任由他自己去承受恶业，所以才保持沉默。"

一位打拼多年的朋友在酒桌上曾深有感触地说："十年前我最怕的是批评，十年后我觉得最难得的也是批评。"的确，小批评则小进步，大批评则大进步。

事实上，任何人都会犯错。领导批评员工，要让员工感受到一种重视，所以要正确看待批评的作用。当然，员工能够接受批评是成熟的表现，也是自信的表现。

批评下级时要注意

下级难免犯错，作为领导，该怎么批评才好？这是每一位领导都要考虑的问题。领导在批评下级时，要注意以下要点：

小王，这就是你的不对了……

本来就不是我的错，没经过调查就乱说，太不负责任了。

领导批评下级，一定要尊重事实，公平合理，说话要有分寸，批评要有根据。切不可随便捕风捉影，否则会招致下属的反感。

小王比较内向，但是确实做错了事，我应该怎么批评他呢？

批评要因人而异

对于不同个性的下级，要采取不同的责备方法才能有效。

你这个笨蛋，什么都干不好！

当着这么多人批评我，我太没面子了！

不要当众批评

当众批评是最糟糕的做法，下级觉得在众人面前丢脸，非但无助于改善缺点，反而感到自卑。

从失败中汲取教训，才是开始踏上成功之路。面对批评的态度，决定着员工是否能承受挫折，也关乎整个团队文化的塑造以及竞争力的培养。想要成为优秀的员工，现在就该培养自己接受批评的勇气。

杰夫·伊梅尔特在接手美国通用公司之前，曾差点被杰克·韦尔奇扫地出门。1994 年，伊梅尔特是公司的副总裁兼塑料部门的总经理。当时，该部门陷入两难境地，一边是原材料价格的上涨，另一边是已经签好的合同。伊梅尔特一筹莫展。当年，他的部门只实现了 7% 的利润增长，与 20% 的增长目标差了一大截。此后的年度领导人会议上，伊梅尔特迟到早退，希望避开外号为"中子弹杰克"的老板。可是，会议最后一天的晚上，在他冲出电梯就要冲进自己办公室的时候，他感到有只手拍了拍他的肩膀。没错，正是韦尔奇。韦尔奇对他说："杰夫，我是你最忠实的粉丝，但是，你刚刚度过了公司最糟糕的一年。只是最糟糕的一年。我爱你，我知道你能做得更好，可如果你不能扭转局面，我准备开除你。"伊梅尔特回答道："如果不尽如人意，你也不必开除我，因为我自己会主动辞职。"

此后，伊梅尔特一方面狠抓成本控制，另一方面大力开拓市场，终于取得可喜的业绩。若干年后，当伊梅尔特回忆起这段经历时还无限感慨："生意场上就像生活中一样，坏事有时候会发生在好人身上，好事有时候会发生在坏人身上。出现问题和挫折时，要承认现实并积极改进。"

没有韦尔奇的批评，伊梅尔特不会具备解决问题的勇气；伊梅尔特如果不能接受批评并努力改进工作，也不会有后来事业上更大的成功。韦尔奇敢于批评，伊梅尔特勇于接受批评，从而成就了通用公司后来的事业。

在工作中，被上级批评并不一定是坏事。要设法让员工明白，批评他，是因为重视他，是因为他的工作还没有达到你所期望的样子。千万不要向下级传递这样的理念——批评他只是领导发泄个人不满的方式。

因此，对下级的批评使用何种措辞、何种方式，恐怕也要动一番脑筋。

让员工乐于"被折腾"

只有经得起摔打，才能成长。这是世代相传的颠扑不破的真理，也是成为优秀员工的必经之路。

这条路，尽管充满艰辛，但前途光明。在当今信息化的社会里，每个人在职业生涯中要想迅速成长、百炼成钢，就必须成为一颗坚韧的咖啡豆，经历摔打的磨炼。

女孩总是不停地向父亲抱怨，生活太艰难了，总是一个问题刚刚解决，新的问题就又出现了，烦琐的职场人际关系使她不知该如何应付。她已经厌倦了抗争和奋斗，想要自暴自弃了。

女孩的父亲是个厨师，听到女儿的抱怨，他什么也没说，只是把她带到了厨房。他在三个壶里分别装满了水，然后放到炉上烧。很快，壶里的水被煮开了。他往第一个壶里放了些胡萝卜，往第二个壶里放了几个鸡蛋，在最后一个壶里放了些磨碎的咖啡豆。

女儿在一旁不耐烦地等着，对父亲的行为很不理解。20

分钟后，父亲关掉了火，把胡萝卜捞出来，放到一个碗里；又把鸡蛋检出来放进另一个碗里；接着把咖啡倒进一个杯子里，然后转过头来，对她说："亲爱的，你看到的是什么？"

"胡萝卜、鸡蛋和咖啡。"她答道。

父亲要她去摸胡萝卜，她摸了之后，感到胡萝卜变柔软了。然后，他又要她去拿一个鸡蛋并把它敲破，在把壳剥掉

🖐 "折腾"的好处

喜欢"折腾"人是许多成功企业家的共性。那么，企业家为什么喜欢"折腾"呢？

我不干了，因为你实在是太能折腾了！

可以考验一个人的忠诚度和抗压能力

员工是否真正忠于公司，在不断的"折腾"中就可以表现出来。一些经不起"折腾"的人也就选择离开了公司。

"折腾"可以使人尽快地进步

一个培养人才的好方法，就是在各个岗位"折腾"。经常变化不同的岗位，使培养对象不断地学习不同部门的专业知识，全方位地发展。

之后，她观察了这个煮熟的鸡蛋。最后，父亲要她饮一口咖啡。尝着芳香四溢的咖啡，她微笑起来。

"这是什么意思，父亲？"她问道。

父亲解释说，这些东西面临着同样的逆境——煮沸的水。但它们的反应却各不相同。胡萝卜本是硬的，坚固而且强度大，但受到煮沸的水的影响后，它变得柔软而脆弱；鸡蛋本来易碎，薄薄的外壳保护着内部的液体，但是在经历过煮沸的水以后，它的内部却变得坚硬；最独特的却是磨碎的咖啡豆，当它们被放入煮沸的水之后，它们却改变了水。

"哪一个是你呢？"他问女儿。

其实，这里的胡萝卜、鸡蛋、咖啡豆，代表了员工对于挫折和困难的三种态度。我们应该让员工成为"咖啡豆"，在艰苦的、不利的情况下，仍能克服外部和自身的困难，坚持完成任务。当处于巨大压力或产生可能会影响工作的消极情绪中时，能够运用某些方式消除压力或消极情绪，避免自己的悲观情绪影响他人。

"咖啡豆"型的人之所以受到欢迎是因为：一方面，他们能够在困难和挫折面前保持自己的风格和理念，具有很强的韧性；另一方面，他们还能凭借自身的能力改变逆境。

失败与磨难是工作的一种常态，面对困境是迎难而上，还是退避三舍，是决定一个人能否成长为优秀员工的重要因素。

捶打、折腾其实就是管理者对优秀员工最好的考验。正如柳传志有一句名言所说："折腾是检验人才的唯一标准。"在联想，作为接班人的杨元庆和郭为是被捶打、折腾的典型代表。据说，他们是一年一个新岗位，摔打了十几年，不知换了多少个岗位，才成了"全才"。

杨元庆30岁时已经是联想电脑事业部的总经理。他在联想最困难的时候临危受命，从整个联想挑选了18名业务骨干，组成销售队伍，以"低成本战略"使联想电脑跻身中国市场三强，实现了连续数年的100%增长。

但与此同时，眼里揉不得沙子的杨元庆在巨大的压力下也不肯妥协，让联想的老一代创业者不太舒服。他被一心提拔他的老板柳传志当着大家的面狠狠地骂了一顿。柳传志在骂哭杨元庆后的第二天给了他一封信：只有把自己锻炼成火鸡那么大，小鸡才肯承认你比它大。当你真像鸵鸟那么大时，小鸡才会心服。

在成长的过程中，让员工经历一些折腾，经历一些挫折和失败，对员工的强大未必不是一件好事。因为一个人唯有在屡受挫折的情况下仍能坚持成长，那他的韧性和能力才会在将来得到更大程度的迸发。

当员工在逆境中不能自拔时，不妨给他们讲讲"咖啡豆"是如何改变沸水的。让自己的员工能成为有韧性的"咖啡豆"，如果他们做到了，他们就会迎来事业的新高峰。

第七章
来点儿实惠的，
让员工摘到"金苹果"

高薪激励对多数人有效

在马斯洛的需求层次理论中，人首先要满足低层次的物质需要，然后才是高层次的精神需要。而高薪作为物质需要的最主要体现形式，高薪激励对于绝大多数人来说，都具有相当大的作用。

《史记·货殖列传》说："天下熙熙，皆为利来；天下攘攘，皆为利往。"说的就是人们忙忙碌碌所追求的无非是一个"利"字。

有这样一个寓言故事：

有个齐国人很想得到黄金，他听到有人家藏万两黄金，便非常羡慕，因为自己家连一两黄金也没有。有一天早上，他到市场上去看能不能捡到黄金。突然，他看到前面有一家金店，在柜台上摆着大块小块的黄金，还有各式各样的金器、金饰，闪闪发光。他抓起一把黄金，拔腿就跑。很快他被官吏抓住，官吏审问他："这么多人都在这里，你竟然敢抢走别人的黄金，这是为什么？"他回答说："我抓黄金的时候，没有看见人，只看到了黄金。"

这则寓言故事用夸张的手法描绘出"齐人"财迷心窍的形象。但是不可否认，高薪对绝大多数人具有非常明显的激励作用。在团队的激励手段中，高薪激励仍是提升工作动力的重要源泉。

人要生存、要发展，精神是支撑，物质是保障，所以薪

高薪激励要注意

要使金钱能够成为一种激励因素，管理者必须记住下面几件事：

为什么辞职，是因为工资低吗？

不，我需要的是认同和信任。

高薪的价值不一

相同的高薪，对不同收入的员工有不同的价值；同时对于某些人来说，高薪是极为重要的，而对另外一些人来说，高薪从来就不那么重要。

李总，跟别的公司相比，我们干得比他们多，工资却比他们少，所以我们强烈要求涨工资。

高薪激励必须公正

一个人对他所得的报酬是否满意不是只看其绝对值，而要进行社会比较或历史比较，通过相对比较，判断自己是否受到了公平对待，从而决定自己的情绪和工作态度。

怎么平均分的呀，这样对我们业绩好的来说，太不公平了！

个人奖金

高薪激励必须反对平均主义

平均分配等于无激励。除非员工的奖金主要是根据个人业绩来发，否则企业尽管支付了奖金，对他们来说也不会有很大的激励作用。

酬相对于员工极为重要。它不仅是员工的一种谋生手段，还能满足员工的价值感。事实证明，当一个员工处于一个较低的岗位时，他会表现积极，工作努力，一方面想提高自己的岗位绩效，另一方面想争取更高的岗位级别。在这个过程中，他会体会到由晋升和加薪带来的价值和被尊重的喜悦，从而更加努力工作。

在对员工进行行为激励的过程中，领导要充分认识到团队成员对高收入以及优厚报酬的追求是永恒的，领导只有在充分认识到员工的物质需求后才能进行有效的激励。而团队人力资源管理应遵循的一个基本原则就是不断满足员工日益增长的物质需求。

在经营管理史上，首先用高薪的是福特汽车公司的奠基人亨利·福特，而他也用高薪赢得了高效。在引进流水线生产汽车后，福特进行了一项创新：每天支付给员工5美元的工资。当时美国人的平均日工资大约是2美元，听到这个消息很多人嘲笑他："福特疯了，如此高工资水平会让他破产的！"但是，福特工厂外面的求职者却因为5美元的日工资而排起了长队。

其实，这5美元含金量是不言而喻的，尽管工资大大提高，福特公司的生产成本居然还减少了。正如福特所说："这是我们所做出的最成功的降低成本的方法之一。"福特高工资的决策与采用流水线生产的方式是密不可分的。因为用流水线组织起来的工人是高度依赖的，假如一个工人旷工或工作缓慢，其他工人就无法完成他们的任务。所以说，这种生产方式需要高素质的工人，而且要求员工保证出勤率。为了达到以上几点要求，最好的手段莫过于给员工支付高薪。实践证明，福特公司工人的流动率下降了，缺勤率下降了，生产效率也大大提高了。

员工最根本的需求之一就是薪资，无论对谁，更高的收入总是很有诱惑力的。不管管理者用多么好听的言辞表示感谢，他们最终期望的还是得到自己应得的那部分，让自己的价值得到体现。

让利益与效益挂钩

一家公司老总在团队管理中碰到一个头痛的问题：公司配备给员工的装修工具总是不够，不仅丢失率高，而且工具损坏率也高，既影响工作的开展，同时公司也为此支付了高昂的费用。

为此公司想了很多办法来解决问题，包括工具借用登记，检查和维修，公司想通过严格的监督程序来规范工人的工作态度，可惜每次都不了了之，浪费了公司大量人力和物力，但是问题从未被解决过。

最后公司采用一套新的工具管理制度，即工程队和员工可以自己购买电动工具，所有权归购买人，费用由公司和个人各出一半！员工反应积极，经过半年的试运营，实施效果良好，工具丢失和损坏的情况有了很大改善，工具使用效率也得到相当程度的提高！

经过半年的试验，有近一半的员工都购买了自己的工具。公司在此基础上，进一步做出决定：电动工具由工人自己购买，然后公司每日补贴1元，所有权仍归个人所有。从此以后公司电动工具的使用情况出乎意料地好。

人们只对有利于自己的东西负责任，一旦把公司利益与个人利益联系起来，公司利益就会得到保证。这是一条重要的管理经验。

员工利益应与团队经营状况挂钩。两者的关系应该成正比，即经营状况不好，不能多发；经营状况好，则不应少发。给员工提供相应的奖励机制，将会给员工们带来活力，并且使团队的凝聚力增加，竞争力提高；反之，如果没有相关的奖励机制，则会损耗团队的竞争力。

让员工感觉到个人利益和团队利益是一致的，必须和团队同甘苦、共命运。只有通过大家努力，团队效益上去了，个人才会受益。

有一家外资团队，经营状况相当好，年度创利大增，而且还有不少新的拓展计划，但是在年终发红包时，总额比上年减少一半。据说是年终银根紧，方方面面都要结账，新的拓展计划又占用了不少资金，所以要求大家咬紧牙关。当"红包"发下去以后，员工们反应很强烈，他们直观地认为"经营越好、奖金越少""团队越发展、员工越倒霉"。这一减少，离散了员工和团队的关系，大家马上产生一系列想法：还要不要努力工作？是不是该跳槽了？结果，该团队春节后不少员工在外面找工作，仅一个月内销售部就有4名员工辞职。

奖金数额要有一个合理标准。公平，并不意味着不分职位都一样。在团队中职位有高有低，这是由团队赖以正常运作的组织结构所决定的。职位的高低，取决于个人能力及对

制定奖金制度要做到以下几点

　　奖金的发放要符合奖金的性质，必须是只与员工超额劳动的成果挂钩，必须切实贯彻多超多奖，少超少奖，不超不奖的奖金分配原则，反对平均主义。根据这些要求，制定奖金制度要做好以下几方面工作：

> 我根据这个规定工作，一定能获得奖励！

> 确定奖励的项目并规定奖励条件，使员工的工作有目的性，提高工作效率。

> 你看，咱的奖金贴出来了！

> 确定奖励形式和计奖办法，做到公开透明，能够增加员工信任度，激发员工的工作积极性。

　　团队的作用大小，由此在团队中权力和所负的责任也不一样。团队视职位高低给予不同的报酬，这是公平的，也是大家所认同的。"搞导弹的不如卖茶叶蛋的"错误，再也不能重复了。这也是团队的价值观之一。

有一个团队的老总，让财务总监做一个"红包"发放方案，结果搞出一个不分职位的平均奖。并且公平到以出勤天数计算，让所有员工出乎意料地和主管、经理们平等了一次，这在员工中自然是一片叫好之声。但是主管、经理们都目瞪口呆，搞不清是怎么回事，团队的价值观由此被毁。后来团队遭遇危机，中层干部有的推卸责任，有的隔岸观火，只剩下老总带着两三个亲信东奔西走，到处救火，叫苦不迭。

无疑，让下级充满干劲，一定要采用利益与效益挂钩的方式。杰克·韦尔奇说："我的经营理论是要让每个人都能感觉到自己的贡献，这种贡献看得见、摸得着，还能数得清。"

著名的思科公司非常重视用奖励机制来留下人才。在设置薪酬时，思科会进行全面的市场调查，确定员工的底薪不是业界最低的。这样，既不会造成团队运营成本过高，也不会因低于行业标准而影响员工的积极性。

调动员工积极性的是思科丰富多样的奖金。思科希望员工的收入能够与其业绩更多地挂钩，于是他们以奖金来激励员工。思科的薪酬设置大致分为三部分：销售奖金（销售人员）、公司整体业绩奖金（非销售人员）、期权（全体员工）。

思科还设有名为"CAP"的现金奖励，金额从250美元到1000美元不等。一个具有杰出贡献的思科员工，可以由提名来争取奖励。一旦确认，这名员工就可以及时拿到这笔现金奖励。另外，每季度的部门最佳员工都会有国内旅游的机会。

当员工完成了某项工作时，最需要得到的是相应的肯定。

所以，作为领导不要吝啬，让员工的利益与效益挂钩，就能激励员工随时处于亢奋状态，做起事来事半功倍。

以股份激励人才

晋商主要经营盐业、票号等产业，是我国历史上最著名的商帮之一。

晋商中有一个人叫雷履泰，他创办的票号"日升昌"以"汇通天下"而闻名于世。"日升昌"年汇兑白银100万两至3800万两，历经100余年，累计创收白银1500万两。清道光年间，晋商以票号业开始迈向事业的顶峰。从1823年"日升昌"诞生到辛亥革命后票号衰落的近百年间，票号经手汇兑的银两达十几亿两，其间没有发生过内部人卷款逃跑、贪污等事件。

这种奇迹的发生得益于晋商票号的分享制，晋商票号中员工的待遇相当好。一是实行供给制，所有员工吃住都在票号内，本地员工节假日可回家，驻外员工也有不同的假期。在票号内的吃住以及回家旅费都由票号承担。此外，每个员工的收入包括两方面，一是每年养家用的工资，出徒之后就可享有，一般为70两左右；二是分红，这就是票号中独具特色的身股制。

票号实行股份制，东家所出的资本称为"银股"。拥有银股者是票号的所有者，他们决定大掌柜的任用，并承担经营的全部风险。经营者拥有的是"身股"，这种股不用出钱，当员工工作一定时间后，就可以开始享有身股。

按身股制，票号的员工可以分到多少钱？据资料记载，

👆 股权激励的优点

再加把劲努力工作，就能获得股权奖金了！

股权激励

1. 激励作用

用股权将被激励者的利益与公司的利益紧紧地绑在一起，使其能够积极、自觉地为了实现公司利益的最大化而努力工作，并最大限度地降低监督成本。

2. 改善员工福利作用

有利于增加员工收入，增加员工对公司的凝聚力和向心力。

3. 稳定员工作用

有利于降低优秀员工的流动率，使其不能随意离开。

在每个账期（4年）内，高者可达到1700两银子，低者也有200两到300两银子。如大掌柜有10厘身股，每4年可以分到约10000两银子。

身股制可以说是创造票号辉煌的动力所在。身股是分红的标准，这种激励机制针对所有员工，其作用是把所有员工的个人利益与团队的整体利益联系在一起，让员工树立一种"团队兴、员工富"的观念，从而为团队的整体兴旺而奋斗。这种分享制不同于平均主义的大锅饭，每个人分红的多少取决于对团队的贡献。职务不同，承担的工作不同，责任不同，贡献也不同，体现了按业绩分配的激励原则。

其实，员工持股又称为员工配股计划，是一种常见的激励方式。其目的就是让员工在观念上改变身份，并通过股份分红或股票增值来分享团队成长所带来的好处。当员工持有股份时，他们的身份就变了。团队的兴衰不仅决定他们的收入，还决定他们手中股票的价值。对于员工来讲，如果他们仅仅是作为雇员为团队工作，领取工资，不满意或另有高就可以随时离开，员工对团队的关心度就不言而喻了。当员工成为股东以后，团队事业就是他们的事业。因此，对员工而言，持股是一种有效的激励。

身股制是分享制的一种形式。分享制就是全员参与分红，身股是分红的标准。这种激励机制针对的是所有员工。"二战"后，日本团队普遍采用了这种分享制。这是日本团队成为世界上效率最高的团队的重要原因之一，也对日本经济振兴做出了贡献。

这种管理模式有很多优点，员工积极性高、责任心强。

如果增加了用工成本，影响了工作效率，都会影响收入分配。传统的员工分享制度是年终团队给雇员分红，现代分享制度除了分红之外，还包括雇员有权购买公司的股票，拥有公司股权，甚至还有的雇主向雇员提供虚拟的股份，被称为"幻影股份计划"，其目的是为了激励雇员创造最佳工作业绩。

当然，以股份激励人才，其成功与否还取决于环境，管理者应该从公司的实际出发。

灵活发放奖金

奖金对于员工的激励作用无须赘述，但是奖金的发放如果能灵活把握，就能增加激励的效果了。

让我们来看一个关于奖金发放的故事。

日本桑得利公司董事长信志郎是一个善于激励员工的人，他的一些出人意料的激励方式常常让员工们感到十分愉快。

他把员工一个个叫到董事长办公室发奖金，常常在员工答礼完毕，正要离开的时候，他叫道："请稍等一下，这是给你母亲的礼物。"

说着，他就给了员工一个红包。

待员工表示感谢，又准备离去的时候，他又叫道："这是给你太太的礼物。"

连拿两份礼物，或者说拿到了两个意料之外的红包，员工心里肯定是很高兴的，鞠躬致谢，最后准备离开办公室的时候，接着又听到董事长大喊："我忘了，还有一份是给你孩子的礼物。"

第三个意料之外的红包又递了过来。

真不嫌麻烦，四个红包合成一个不就得了吗？

可是，合在一起，员工会有意外之喜吗？

信志郎真是太厉害了，他并没有多花一分钱，就赢得了员工的心。

在团队管理中，要采用必然与偶然两种技巧相结合的方式，更能体现激励的艺术。优秀的管理者懂得利用意外之喜激励员工，激发员工的工作积极性。

事先约定的丰厚奖励，员工当然会全力争取，但在目标日益临近的时候，可能会让员工失去激情，因为他已经视奖励为应得的。期待意外奖励的心情和得到意外收获的感受都会让员工铭刻于心。

任何人做事之前都对事情的结果有自己的期待，比如员工在辛苦了一年之后，临近年终时就会估算自己能拿多少年终奖。如果预期自己能拿 1 万元，但结果自己拿到了 2 万元，这种意外之喜无疑会激励自己来年更加努力。如果预期自己能拿 1 万元，但自己只拿到了 5 千元，肯定对公司有诸多怨言。

曾经蒸蒸日上的"塑料大王"梅布尔，经营的一家塑料生产公司在 1998 年业绩大幅滑落。由于员工们意识到经济不景气，这一年干得比以前更卖力。马上到年底了，按往年惯例，年终奖金最少加发两个月，多的时候，甚至再加倍。然而今年惨了，财务算来算去，顶多够发一个月的奖金。总经理李特隆看到这种情况后焦急万分，他知道员工今年的工作激情比任何一年都要高。如果按以前的标准发放年终奖的话，势必会给团队留下重大的创伤；如果不那样做的话，又怕员

灵活发放年终奖

　　现实中，很多持续经营的企业，由于年终奖的发放成为定式而使员工产生了"饱厌"现象，从而使年终奖的激励功能大打折扣。这就提醒管理者在年终奖的设计上要来些创新：

通知上说咱的年终奖年前发一点，其他的年后分三个月随工资发放。

通知

间歇发放年终奖

　　将年终奖分散化，淡化年终奖的概念，以此来打破年终奖的固化，使年终奖适当变形，成为刺激员工积极工作的间隙强化物。

只要你肯努力，都能获得奖金！

创新奖 1万　特别贡献奖 1万　勤奋奖 1万

把年终奖化整为零

　　在接近年终时，以不同的名目发放，当然必须能够以充分的理由。这种灵活的发放方式对员工的激励效果远比一次性发给奖金并且说不出更多的理由好得多。

这就是公司给咱的年终奖，大家跟上，别掉队。

xx公司团队游

尝试更有创意的年终奖

　　比如说旅游：在旅途中，既增进了员工间的感情和了解，又增加了员工的见识，一举两得。

工的士气大败, 这样给团队造成的损失将更大。怎么办? 如何给员工一份满意的薪酬?

李特隆请远在马来西亚的董事长梅布尔一起商讨如何解决这个问题。董事长梅布尔听完总经理的介绍后, 形象地说道: "每年的发红包就好像给孩子糖吃, 每次都抓一大把, 现在突然改成两颗, 小孩一定会吵。" 聪明的总经理突然灵机一动, 想起小时候到店里买糖, 他总喜欢找同一个店员, 因为别的店员都先抓一大把拿去称, 再一颗一颗往回扣。那个店员则每次都抓不足重量, 然后一颗一颗往上加, 这样使得李特隆很满意。于是, 董事长和总经理为设计出员工满意的薪酬策略, 达成了共识。

几天后, 公司下达了一个决策: 由于营业不佳, 年底要裁员。顿时公司内人心惶惶, 每个人都在猜会不会是自己。最基层的员工想: "一定由下面裁起。" 高层主管则想: "我的薪水最高, 只怕要从我开刀! " 但是, 没过几天, 总经理就宣布: "公司虽然艰苦, 但我们不能没有你们, 无论有多少困难, 公司都愿意和你们一起渡过难关, 只是年终奖金就不可能发了。" 听说不裁员, 人人都放下心头的一块大石头, 早压过了没有年终奖金的失落。

除夕将至, 员工看着别的公司的员工纷纷拿到了年终奖金, 多少有点遗憾。突然, 董事长召集高层领导开紧急会议。看领导们匆匆开会的样子, 员工们面面相觑, 心里都有点儿七上八下: 难道又要裁员了吗?

没过几分钟, 各级领导纷纷冲进自己的办公室, 兴奋地高喊着: "有了! 有了! 还是有年终奖金, 整整一个月, 马上发下来，让大家过个好年！"整个公司沸腾了，员工为了满意的年终奖而高呼，很多员工都主动要求过节期间加班。一次"满意"的薪酬激励，终于换来了第二年的发展。

可见，用奖励的方法激励员工办事是非常有用的。当然，这种策略最好是用在公司运营不佳的时候，否则公司赚得盆满钵满，再用这种方法来激励员工，就只能适得其反。

对管理者而言，宁愿在承诺的时候将"支票"开低一点，等最终兑现的时候，会让员工有意外之喜。最忌讳在承诺时乱开支票，等到兑现时却让员工失望，最终打击员工的积极性。

第八章
你体恤下级，下级才会拥戴你

领导和员工不是对立，而是合作

对于员工的误解，身为管理者要给予一定的理解，管理者必须设法让员工明白自己并不是站在员工的对立面，而是站在同一条船上。

领导和员工同在一条船上，有着共同的目标，也有着共同的利益，这条大船如果翻了，对谁都不利。在大船的行驶过程中会遇到狂风、暴雨，甚至触礁的危险，这就要求领导和员工团结一致，同生死共命运，为团队能战胜困难、渡过难关献出自己全部的力量。

究其根本，领导和员工只不过是两种不同的角色，只是分工不同而已，这两种角色实际上是一种互惠共生的关系。

自然界中有许多互惠共生的现象。比如非洲热带雨林中的大象、犀牛等，它们身体表面往往会有一些寄生虫，一些鸟类等小动物也栖息在它们身上，以这些小寄生虫为食，大象、犀牛避免了寄生虫对它们的侵害，可谓是互惠互利。这种现象在自然界中不胜枚举，在生物学中统称为共生现象。

对于领导而言，组织的生存和发展需要员工的敬业和服从；对于员工来说，他们需要的是丰厚的物质报酬和精神上的成就感。从互惠共生的角度来看，两者是和谐统一的——组织需要忠诚和有能力的员工，业务才能开展，员工必须依赖业务平台才能发挥自己的聪明才智。

要设法让员工明白，每个人与公司的利益是一致的，唯有全力以赴地去工作，为团队做出贡献，团队不会亏待每个做出努力的人。

有时候，为了团队的利益，每个管理者会对一部分员工给予一定的惩处或奖励。而这种因个人效率产生的分配不均自然会引起部分员工的心理不平衡，或者由于沟通不畅引起部分员工的不理解，员工的这些情绪都是可以理解的，但作为管理者必须做好充分的沟通工作，站在员工的角度，设法化解他们的对立情绪。

当然，身为管理者尤其是一线管理者，如果整天只是坐在办公室里，打打电话，喝喝茶水，哪怕做了再多的工作也不会为员工所了解。与员工的隔膜，使得员工无意中让自己的立场与管理者对立起来，使管理者和员工之间原本和谐共赢的关系变得紧张起来。

当员工产生对立情绪之后，便会产生斤斤计较的心理。斤斤计较一开始只是为了争取个人的小利益，但久而久之，当它变成一种习惯时，为利益而利益，为计较而计较，就会使整个团队的氛围变得狭隘、人人自私自利。它不仅给员工和管理者个人造成损失，也会扼杀团队的创造力和责任心。

管理者并不像员工想象的那么轻松潇洒，作为团队的管理者，他们承担着巨大的压力和风险，他们只要清醒着，头脑中就会思考组织的行动方向，一天十几个小时的工作时间并不少见。而这些必须让下级员工了解。

今天种下的种子，总有一天会结出甜美的果实。每个人都知道，只有上下齐心协力，才能使团队在激烈的竞争中立于不败之地。在团队获得良好发展的同时，员工的利益才能得到持久的保障。

领导与员工"将心比心"

在繁华的大街上，几个人把一位瓜农的西瓜砸了个稀巴烂，卖瓜的女主人在大街上抱着烂瓜痛哭。这几个人一定是没种过瓜，如果他们与瓜农换一下位置，让他们到田间地头感受、体会一下，想一想农民从育苗到瓜成熟这几个月中的艰辛，也许就不忍心这么做了，一定会对瓜农体贴许多。

换位思考，就是我们所说的将心比心。所谓换位思考，就是要把自己设想成他人，站在他人的角度考虑问题。很多时候甚至需要暂时抛开自己的切身利益，去满足他人的利益。其实，利益在很多时候是互相关联的，你能考虑他人的利益，他人也会考虑你的利益。在管理实践中，我们要学会将心比心。

人们最常听到的是管理者与员工相互间的抱怨，即使偶尔彼此关心一下，也让人觉得有点假惺惺的。管理者和被管理者固然是一种上下级关系，但同时也是一种合作的关系。

我们常常看到这样的现象，一个员工可以为一个陌生人的帮助而心存感激，却无视朝夕相处的上司、同事的种种恩惠、帮助和支持，将一切视为理所当然，视为纯粹的商业交换关系。为什么会出现这样的情形呢？每个管理者都应该为此深思。

管理者要经常引导员工学会将心比心，站在管理者的角度思考，员工一定会收获很多。而管理者自己也要学会将心比心，想一想员工的辛劳。这样一来，就往往能促进团队氛

👆 让员工多谅解领导的难处

在工作中，团队领导者承受着不为人知的痛苦和责任，他们在为公司工作的同时，也要为员工的发展搭建平台。

> 我还没决定，再让我想想。

> 老板，到底应该往哪儿走啊！

> 不能轻易下结论。我身上可是背着公司几百口人的生计，我对他们都有责任！

抉择之痛

领导者的角色就好像是一艘船的船长，时刻要考虑到企业之船的航向。只要企业存在，企业抉择的问题就时刻萦绕在企业领导者的心头。

责任之痛

企业领导者身上肩负着企业的责任、员工的责任、社会的责任等多重责任，这种责任在为他们带来种种荣耀的同时，也给他们带来了巨大的压力和痛苦。

身体之痛

很多企业领导者夜以继日地工作，就是为了团队有更好的成绩。

所以，没有人会轻易获得成功，员工要多站在领导的角度考虑问题，给领导多一些理解与支持，多想想领导的处境，理解领导的用心。

围的改善和团队业绩的提升。

在松下公司创办初期，松下公司的产品并没有在市场上打开销路，松下幸之助本人不得不亲自带着产品四处奔波推销。每次松下总要费尽唇舌，跟对方讨价还价，直到对方让步为止。

买主对松下幸之助的还价劲头钦佩不已，就向他讨教原因。松下幸之助的原因很简单：如果不能在激烈的市场竞争中为自己赢得一席之地，不能为公司创造业绩，那么自己的团队就会濒临崩溃，自己的员工就会面临下岗。

正是在这样的情境假设下，松下公司的每个员工都把团队当作自己的家，为公司的发展全力以赴，从而在激烈的市场竞争中取得了突破性的发展，最终成长为令人瞩目的电子帝国。

作为团队的领导者，也有自己的不容易，却不足为外人道。作为员工，从进入公司那一天起，就要对组织的规章制度、产品特征、市场实力以及团队文化不断地融入，进而了解上司的脾气秉性、工作作风、性格特征。这样，更有利于员工站在领导的角度考虑问题，进而理解领导的工作方法。

领导与员工进行换位思考，双方都要试着体谅各自的苦衷，只有这样，才能真正从对方的角度考虑问题。

员工和领导实际上是共同创造价值，共同分享经营成果的互惠共生关系。在现今的商业环境中，领导和员工之间需要建立一种互信的关系。

"将心比心"是一种有效的管理体验。换位思考后，员工不会与领导对抗，会自觉调整自己与领导的对立情绪，同情和支持自己的领导，时刻与领导站在同一条战线上。

与员工建立深情厚谊

谁都知道，有了"情意"好办事。但"情意"都是有限的，就像银行存款一样，你存进去的多，能取出来的就多；存得少，能取出来的就少。你若和别人只是泛泛之交，你困难时别人帮你的可能就很小，因为人家没有义务帮你。如果你平时多储蓄"情意"，甚至不惜血本地投资，急用时就不至于犯难。

常言道，"士为知己者死，女为悦己者容"。能为知己者死的，必是具有深厚感情。

公元前239年，燕国太子丹在秦国当人质，秦国对他很不友好，太子丹对此怀恨在心，偷偷逃回燕国，于是秦国派大军向燕国兴师问罪。太子丹势单力薄，难以与秦兵对阵，为报国仇家恨，他广招天下勇士，去刺杀秦王。

荆轲是当时有名的勇士，太子丹把他请到家里，像招待贵客一样，对荆轲照顾得无微不至，终于，打动了荆轲。后来，又对逃到燕国来的秦国叛将樊於期以礼相待，奉为上宾。二人对太子丹感激涕零，发誓要为太子丹报仇雪恨。

荆轲虽力敌万钧，勇猛异常，但秦廷戒备森严，五步一岗，十步一哨，且有精兵护卫，接近秦王难于上青天。于是，荆轲对樊於期说："论我的力气和武功，刺杀秦王不难，难在无法接近秦王。听说秦王对你逃到燕国恼羞成怒，现正以千金悬赏你的脑袋，如果我能拿到你的头，冒充杀了你的勇士，找秦王领赏，就能取得秦王的信任，并可乘机杀掉他。"樊於期听罢毫不犹豫，拔剑自刎。

荆轲带着樊於期的人头和督元地方的地图去见秦王，这两件东西都是秦王想要得到的东西。但他未能杀掉秦王，反被秦王擒杀，只为后人留下了"风萧萧兮易水寒，壮士一去兮不复还"的悲壮诗句和"图穷匕见"的故事。

樊於期之所以能"献头"，荆轲之所以能舍命刺杀秦王，都完全是为了回报太子丹的礼遇之恩。"投桃报李""滴水之恩，涌泉相报"，足以说明"恩惠"对人心感化的巨大作用。

其实，有时管理者给下级以关心只是举手之劳，并不费多少力气，可是对下级来说都是一种莫大的安慰，必要时他会舍命来报答你。

李强与王刚在一起工作了多年。李强在工作中表现平平，虽然工作了七八个年头，但仍是一个小职员；而王刚则能力很强，成绩突出，如今已是销售部经理。由于两个人在工作中没有什么来往，私底下也仅是点头之交。

有一次，王刚因为牵涉进一个重大变故，而受到董事长的冷落，被从销售经理的位置上降了下来。祸不单行，王刚的母亲又因心脏病突发而去世了。双重打击使王刚感到格外悲凉。这时候，李强很同情王刚的境遇。在他母亲下葬的那一天，李强主动去帮忙，担任受礼的工作。当时正是寒冬腊月，北风大作，其他同事都躲进了屋里，只有李强一直在外面帮助处理各种事情。

这让王刚很意外，也很感动。他发现真是患难见真情，觉得李强这时候的形象突然高大起来。从此，李强与王刚经常来往，王刚一改以往的态度，也常主动帮助李强。

如何与员工建立深厚感情

在工作中，如果你能够给员工正巧所需的东西，自然会得到员工的感激，但问题的关键是，应如何恰当地送出人情。

听说你家里最近出现了一些困难，这些钱你先拿着，算是你预支的薪水。

物质需求

物质需求是人最基本的需求。满足员工的物质需求是与员工建立友好关系最直接最快速的办法。

我知道你在工作上有一些困惑，你可以跟我说一下，我看看能不能帮你参谋一下……

情感支持

在员工内心世界遇到困惑的时候，及时给予安慰，能使员工及时获取安全感，战胜不良情绪。

这些钱是对你工作的奖励。

尊重认可

赞美是每个人都需要的，因为赞美意味着肯定和接纳，同时还能满足员工的自尊和成就感。

一年以后，王刚在公司东山再起，因为做了突出的贡献，他重新当上了销售经理，不久又迅速升任总经理。他忘不了李强在他有难时的帮助，再加上他十分清楚李强的个人能力，李强被提拔为销售经理。

人非草木，孰能无情。无论一个人外表多么强硬，在内心深处都一定有情感的需要，就是希望从别人那里得到关怀、体贴和重视。物质满足替代不了人的情感需要，甚至有时候，情感需要比物质需要更重要。

第九章
提供晋升的梯子，
员工会自发往上爬

建立良好的晋升机制

百度公司董事长李彦宏说："为员工提供晋升机会，可以促进员工提升个人素质和能力，充分调动全体员工的主动性和积极性，并在公司内部营造公平、公正、公开的竞争机制，但在提供晋升机会的同时，要注意规范公司员工的晋升、晋级工作流程。"

晋升机制是对团队管理者和员工的一种良好激励，实施得好，能形成良好激励氛围，提升个人和团队的业绩，留住团队的优秀员工。

将团队内部业绩突出和能力较强的员工加以晋升是一种十分常见的激励方式。这种方式提供的激励包括工资和地位的上升、待遇的改善、名誉的提高，以及进一步晋升或外部选择机会的增加。晋升提供的激励是长期的，这样可以鼓励团队员工长期为团队效力。

人都有交往和受到尊重的需要，头衔往往有利于满足这种需要。因此，晋升体系要充分地应用这一事项。

某公司是一家生产电信产品的公司。在创业初期，依靠一批志同道合的朋友，大家不怕苦不怕累，从早到晚拼命干。公司发展迅速，几年之后，员工由原来的十几人发展到几百人，业务收入由原来的每月十多万发展到每月上千万。团队大了，人也多了，但公司领导明显感觉到，大家的工作积极性越来越差，也越来越计较。

晋升模式

小王的能力非常强，从今天起，他就是你们的部门主管了！

按工作表现晋升

工作表现好、工作能力突出，是员工晋升的最主要原因。

老李上班时间穿衣服这么随便，看来工作也不严谨，不能让他升职。

按投入程度晋升

当一名员工能约法守时，按规定着装，遵守企业的一切规章和制度，能配合上级将工作开展得井井有条，非常出色，那么必定会受到上级的赏识。

老王资历高，能力强，他升职，我服！

按年资晋升

按年资晋升在表面上是只看资历，实际上是资历与能力相结合，在获得可晋升的资历之后，究竟能否晋升，完全依据对其工作的考核。这种制度承认员工经验的价值，给予大家平等竞争的机会。

他想，公司发展了，应该考虑提高员工的待遇，一方面是对老员工为公司辛勤工作的回报，另一方面是吸引高素质人才加盟公司的需要。为此，这家公司重新制定了报酬制度，大幅度提高了员工的工资，并且对办公环境进行了改善。

高薪的效果立竿见影，这家公司很快就聚集了一大批有才华、有能力的人。所有的员工都很满意，大家的热情高，工作十分卖力，公司的精神面貌也焕然一新。但这种好势头不到两个月，大家又慢慢回复到懒洋洋、慢吞吞的工作状态。

这家公司的高工资没有换来员工工作的高效率，公司领导陷入两难的困惑境地，既苦恼，又彷徨，却又不知所措。

很多团队把薪资作为唯一的激励手段，在一些老板的意识里，花高价钱就能打动人才的心。实际上，我们也要注重人才的精神需求。当物质充足了，人才要求被尊重、独立决策的精神需求就增强了。头衔的改变就是最直接的精神奖励。

现代团队都很重视对员工的晋升，但实施得不好就会破坏团队气氛，影响员工工作情绪，并有可能产生破坏性作用。比如人才职位晋升后，却无法胜任新岗位的工作，工作效率下降了；或者人才职位晋升后，发现没有合适的人来顶替原来的岗位工作。这就说明了团队对人才晋升的机制没有做好，那么团队应如何设定有效的人才晋升机制呢？看看松下公司给我们的启示。

松下总裁松下幸之助有句名言说松下首先是制造人才的团队，然后才是制造电器。松下完备的晋升制度尤其注重四点：

（1）资质审查。晋升者资质审查和接替岗位培养资质审查。确保晋升者有能力完成更高的岗位工作，同时也保障后来者有能力顶替上来。

（2）晋升培训。员工或管理者要想晋升，必须接受系统化的培训，只有通过培训考核合格才能上岗。

（3）晋升周期。除特殊情况外，一般管理者晋升都必须岗位工作满一年后，才可以晋升，同时晋升后考察期必须在1~3个月。

（4）责、权、利的统一。晋升到新岗位后，岗位职责不一样、权限不一样、报酬不一样，充分考虑对晋升者的激励。另外，职位的晋升也同薪酬做了有效的匹配，确保激励有效。

松下完整的人才晋升链条确保了人才晋升前后工作绩效的提升，让人才发挥最大潜能。

现代团队应建立晋升机制，引入适度竞争。如果团队工作效率低，可在短期内提拔几位精英人才，让员工感觉到差距的存在，同时让他们产生危机感，如果落后就有可能失去工作。以此消除员工的惰性，激发团队内部活力。

值得注意的是，管理者在制定晋升规则时还要注意以下四点：

（1）"阶梯晋升"和"破格提拔"相结合。"阶梯晋升"是对大多数员工而言。这种晋升的方法可避免盲目性，准确度高，便于激励多数员工。但对非常之才、特殊之才则应破格提拔，使稀有的杰出人才不致流失。

（2）机会均等。人力资源经理要使员工都有晋升之路，即对管理人员要实行公开招聘，公平竞争，唯才是举，不唯学历，不唯资历，只有这样才能真正激发员工的上进心。

（3）德才兼备，德和才二者不可偏废。团队不能打着"用能人"的旗号，重用和晋升一些才高德寡的员工，这样做势必会在员工中造成不良影响，从而打击员工的积极性。因此，团队经营者对第一点提到的"破格提拔"要特别小心，破格提拔的一定是具有特殊才能的公司不可或缺的人才，他的德才要能服众。避免其他员工对晋升产生"暗箱操作"或者遭遇"潜规则"的误会。

（4）建立人才储备库。团队人力资源部门应定期统计分析公司各单位的人员结构，为团队建立人才储备库。依据员工绩效考核结果和日常考察情况，筛选出各层级的核心、优秀、后备人才，对各专业、各层次的人才做到有计划开发，适当储备，合理流动，量才使用，并以此指导公司的培训、引才、留才的工作。

将晋升转化为持久的吸引力

在一个团队内部，晋升的岗位是有限的，在公平竞争的氛围下，每个人都有晋升的希望，这样晋升就转化为持久的吸引力，而这种诱惑无疑具有相当的激励作用。

有些管理者发现，优秀的员工也有可能会原地踏步，这是因为当看不到自己工作上的成就感和自己的发展空间时，员工可能就陷入了长期空转的境地。

制定有效的晋升制度，让出色的员工适时得到提拔，可以满足员工的心理需要，并且让他感觉到上司对他的信任，从而忠心于所在团队，死心塌地地为所在公司贡献力量。

日本企业界权威富山芳雄曾经亲身经历过这样一件事：

让员工看到晋升的希望

为了当上经理，我一定要好好工作。

公司准备提拔一个销售经理，到年底，谁业绩最好，就提升谁！

提拔晋升优秀人才，不仅可以激励员工的士气，也是留住员工的一种有效方式。因此，要让员工看到晋升的可能，这样才能有奋斗的动力。

谢谢领导的信任，我一定会带领生产部更上一个台阶的。

公司决定晋升你为生产部总监。

对于员工来说，晋升不仅意味着薪金的提升，更主要的在于责任的承担，意味着他们的理想和抱负更容易施展，能在更大的平台上奋斗，也更能获得自我实现的满足感。

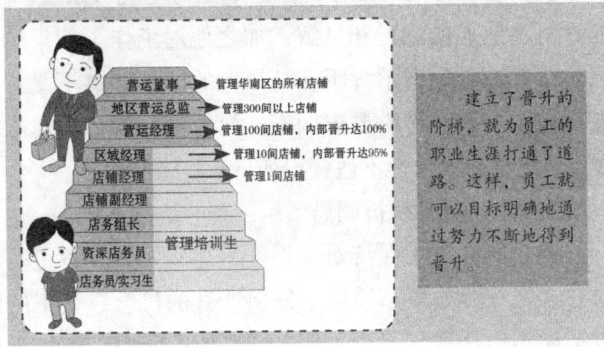

营运董事 → 管理华南区的所有店铺
地区营运总监 → 管理300间以上店铺
营运经理 → 管理100间店铺，内部晋升达100%
区域经理 → 管理10间店铺，内部晋升达95%
店铺经理 → 管理1间店铺
店铺副经理
店务组长
资深店务员　　管理培训生
店务员实习生

建立了晋升的阶梯，就为员工的职业生涯打通了道路。这样，员工就可以目标明确地通过努力不断地得到晋升。

日本某设备工业公司材料部有位名叫 P 君的优秀股长，因为精明强干，上司交给他很多工作。P 君工作积极、人品好，深受周围同事的好评，富山芳雄也认为他是很有前途的。

但是，十年之后，当富山芳雄再次到这家公司时，竟发现 P 君判若两人。原以为 P 君跟十年前相比一定有很大变化，谁知他还是个员工，并且留给人的是一副厌世者的形象。

对这一情况，富山芳雄感到很惊异，他经过调查了解才明白事情的真相。原来 10 年中，他的上司换了三任，最初的上司因为 P 君精明强干，且是个靠得住的人物，丝毫没有让他调动的想法。第二任上司在走马上任时，人事部门曾经提出调动提升 P 君的建议，新任上司不同意马上调走他。经过三个月的考虑，他答复人事部门，P 君是工作主力，如果把他调走，势必要给自己的工作带来很大的困难。就这样，哪任上司都不肯放他走，P 君只好长期被迫做同样的工作，提升之事只能不了了之。他最初似乎没有什么想不通的，干得也不错。

然而，随着时间的推移，他逐渐变得主观、傲慢、固执，根本听不进他人的意见和见解，加之他对工作了如指掌，于是对其他人的意见也不肯听。结果他的同事谁也不愿意在他身边长久干下去，纷纷要求调走。而上司却认为，他虽然工作内行，堪称专家，却不适合担任更高一级的职务。

就这样，P 君最终被调离了第一线的指挥系统。

怎样才能让员工保持对工作的兴趣呢？晋升肯定是最有效的方式之一。如果不给员工任何晋升的机会，员工的感觉可能是你不信任他，不放心他，怀疑他的能力，他肯定是不会尽心竭力去工作的。

让出色的员工适时地得到提拔，这是对员工能力的肯定和赞许，相信这也会给员工以更大的发展空间。晋升满足了员工的心理需要，并且让他感觉到上级对他的信任，从而忠心于所在团队。

要让员工相信，通过自己的努力能不断晋升，让他看到晋升的希望。一般来说，资历和能力是团队管理者做出晋升决策的基本依据。但是晋升不能只考虑资历，这样就将晋升的不确定性转化为确定性，并且对努力的员工来说也有失公平。可以从技能、知识、态度、行为、绩效表现、产出、才干等方面进行衡量，遇到合适的岗位遵循一定的晋升机制来执行，这样就能将晋升转化为一种持久的诱惑，有效激发员工的积极性。

员工总是希望被晋升，但现实情况不可能满足每个人的晋升愿望，所以最为关键的是建立公平合理的晋升机制，让每个人都有晋升的可能性。不公正、不公平的晋升可能会引起员工的猜疑和抵触，使得团队的正常运作被打断，让团队的效率低下。公平合理的晋升体制能有效激励员工，而员工晋升后也会以自己的努力回报单位。

保证优秀员工能顺利"晋级"

经常用升迁的办法来奖励员工，并不是容易做到的事。相对于升迁的职位，永远只可能"僧多粥少"，那么晋升谁才能起到最大的激励效果，这是管理者需要考虑的问题。

管理者如果碰到这样的问题应该如何回答呢？你准备提

一个部门经理，有两个人可以选择，一个是公司的资深老员工，来公司的时间最长、资历最老，但工作能力一般；一个是公司的新人，来公司的时间只有三年，但工作能力出众，你究竟会选择谁呢？也许碰到这样的问题，没有统一的答案，在他们看来都有坚持自己选择的理由。

不过，管理者必须要明确，唯有大胆地使用能力突出的员工，让他们顺利"晋级"，才能激励优秀的员工。

麦当劳作为世界上最大的快餐品牌之一，它的内部晋升体制是公平合理的，每个人都能获得持续晋升的可能。每个进入麦当劳的年轻人，不论他有什么学历，都要从最基本的琐碎工作开始做起。

43岁当上全球快餐巨头麦当劳首席执行官的查理·贝尔，是第一位非美国籍的麦当劳公司掌门人，而且也是麦当劳最年轻的首席执行官。谁也没想到的是，拥有如此显赫头衔的他，最初却只是澳大利亚一家麦当劳打扫厕所的临时工。

查理·贝尔的职业生涯始于15岁。1976年，年仅15岁的贝尔于无奈之中走进了一家麦当劳店，他想打工赚点零用钱，也没有想到以后在这里会有什么前途。他被录用了，工作是打扫厕所。虽然扫厕所的活儿又脏又累，但贝尔却对这份工作十分负责，做得十分认真。

他是个勤劳的孩子，常常是扫完厕所，就擦地板；擦完地板，又去帮着翻正在烘烤的汉堡包。不管什么事他都认真负责地去做，他的表现令麦当劳打入澳大利亚餐饮市场的奠基人彼得·里奇心中暗暗喜欢。没多久，里奇说服贝尔签了员工培训协议，把贝尔引向正规职业培训。培训结束后，里

员工晋升存在问题的解决方案

让优秀的人才得到晋升，这是理想状态。但是，由于"职务"在团队内部属于稀缺资源，因而一旦有晋升机会，员工无不"八仙过海，各显神通"，这就使理想成真变得很难。要解决这个问题，就必须做到以下几点：

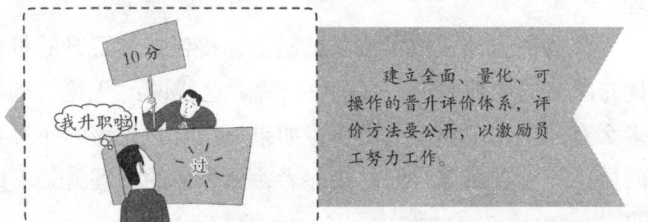

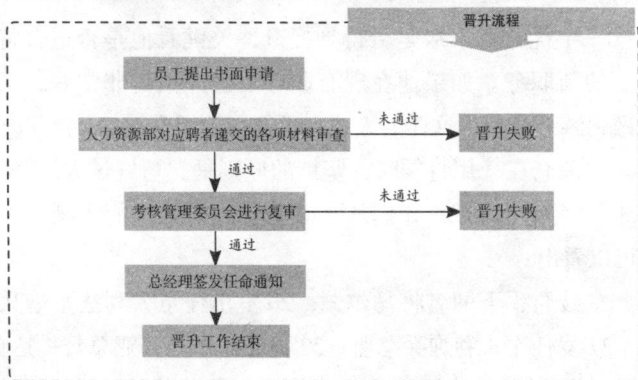

10分

我升职啦！

过

建立全面、量化、可操作的晋升评价体系，评价方法要公开，以激励员工努力工作。

晋升流程

员工提出书面申请

人力资源部对应聘者递交的各项材料审查 → 未通过 → 晋升失败

通过

考核管理委员会进行复审 → 未通过 → 晋升失败

通过

总经理签发任命通知

晋升工作结束

加强监督，要建立晋升结果反馈制度，要完善人力资源管理，对于晋升成功员工晋升后的表现，企业要组织考察，避免晋升后出现"彼得陷阱"。

刚升完他的职，我得监督着他，看是不是适合这个职位！

奇又把贝尔放在店内各个岗位上。虽然只是做钟点工，但悟性出众的贝尔不负里奇的一片苦心，经过几年锻炼，全面掌握了麦当劳的生产、服务、管理等一系列工作。

19岁那年，贝尔被提升为澳大利亚最年轻的麦当劳店面经理。

为优秀的人才提供了成长的机会，提供持续晋升的机会是优秀团队的成功之道。有一位管理者这样说："无论管理人员多么有才华、工作多么出色，如果他没有预先培养年轻有为的员工，没有培养自己的接棒者，那么他的管理就是不成功的。"

一个优秀的下级是否得到提升，关键看他是否适合将要从事的新职务。如果他在现有职务上已经做得非常好，工作能做到游刃有余，这样的人才有可能得到提升。

拿破仑在任用将领时，坚持的原则是"勇气过人""机智天才""年轻有为"，我们从拿破仑年轻而威武的将领阵营中就可以看出：

拿破仑手下的名将马尔蒙，26岁出任意大利法军炮兵司令，27岁任军长和炮兵总监，32岁任达尔马齐亚总督；达乌，28岁，担任远征埃及的骑兵指挥官；苏尔特，25岁任准将，30岁晋升少将……

对于有较高才能的下级，要保证他能顺利"晋级"，设法提拔到更加重要的岗位，让他们在发挥才干的过程中激发自己的创造性。有了优秀人才而迟迟不重用，不仅对团队的发展无益，也可能最终失去这些优秀的人才。

不可否认的一个现实是，当一个团队发展到一定的规模后，老员工都会有一种惰性，在某种程度上制约并影响了团队的发展。优秀的管理者，必须站在团队发展的高度，优先晋升那些真正优秀的员工而不是资历老的员工。

扩大下级的责任范围

晋升下级并不是简单地给对方一个头衔就够了，而是一个交付工作、承担责任的过程。比如，某公司一位优秀的中层经理，老板在增加他工作量的同时把他提拔到副总经理的位置，随之而来的问题就是这位新任的副总经理是否胜任他的新工作。伴随着晋升而来的，是与之相应的责任范围。但是，这也有点本末倒置，不少管理者的做法是，先扩大下级的责任范围，等到证明了他的工作实力之后再授予头衔。

对于相当一部分优秀的人才而言，给他"压压担子"，扩大他的责任范围，对他而言无疑是一种激励。

林波大学毕业后，进了一家机械厂工作，跟他一同分配来的还有四五个大学生。他们几乎都没经过什么技术培训，就被分到各个部门，担任基层管理人员。

由于他们不懂生产，不熟悉工艺流程，所学专业与实际操作又相差太远，在管理上明显感到力不从心。加之有些工人也欺负他们是外行，工作中总是偷奸耍滑、偷工减料，这让他们感到非常头疼。为此，领导向他们提出建议：下车间当个三班倒的工人。林波当即同意了。这个消息一传出，全厂哗然，大家都说他是个怪人，连那几个大学生对此都表示不能理解。

林波对各种议论根本就不加理会，到了制造车间安安

多给员工"压压担子"方能"百炼成钢"

> 我对你非常有信心，这个工作就交给你来做。

对那些看得准、有潜力、有发展前途的员工，不能单纯地"破格提拔"，简单地"搭台子""给位子"，给他们提供职位上的晋升和物质生活上的保障，而是要敢于给他们压担子，有计划地安排他们去经受锻炼。

> 我准备把你俩先放到车间去锻炼一下，干得好，再给你们升职。

员工不经磨炼难成大器，必须要在实践中培养。把员工选派到急难险重岗位锻炼，给他们独立工作、独当一面、攻坚克难的机会和舞台。

"路不险，则无以知马之良；任不重，则无以知人之才。"员工不经历一番锤打、不经受一番风雨，就难以成长成才。

心心做了一名工人。他全身心地投入工作中，努力钻研各项技术，熟悉每个工种。由于他勤学好问，那些生产能手都爱教他，把自己多年的经验毫无保留地传授给他，很快他就全面掌握了生产工艺，生产中遇到的问题没有他解决不了的。两年后，他升任车间主任。面对成功，他并不骄傲自满，始终严把产品质量关，他所在车间的产品质量一直是最好的。

几年后，厂里决定试行承包制。林波承包了一个车间，由于他技术过硬，又勤奋好学，工人们也都乐意跟他干。这时，他又拿出钻研业务的劲头投入到营销中去，成立了一支精干的销售队伍。由于产品质量过硬，营销自然得力，很快就打开了市场销路，在全行业中成为赫赫有名的人物。到了年底，其他车间都出现了不同程度的亏损，唯有林波承包的车间赢得了巨额利润。因此，厂里决定把所有车间都承包给他。在厂部对科室人员进行精减时，当年和他一同进厂的大学生因为技术不过关，有的甚至下岗了。

薪水并不能保证一个人尽职尽责地工作。只有让员工把自己的职位视为一个实现自我价值、追求卓越体验、造福社会的平台时，才能充分激发出其内心的热情和责任感。

在一个职责划分明确的组织里，扩大下级的责任范围，给予他特别的任务或挑战，可谓晋升最可靠的方法。

责任是使人进步的"牵引器"，给优秀的员工"压担子"，能促使员工更大限度地完成自己的工作。任何一个优秀的员工都是一个负责的员工，因为他们都明白，责任是他们进步的不竭动力。

于强在一家电器公司担任市场总监，他原本是公司的生产工人。那时，公司的规模不大，只有三十多人，有许多市场等待开发，而公司又没有足够的财力和人力，每个市场只能派去一个人，于强被派往西部。发展好了，前景不可限量。前途虽然光明，但是道路注定是曲折的。

于强在那个城市里举目无亲，吃住都成问题，但他相信开发市场是自己的责任。没有钱坐车，他就步行去拜访客户，向客户介绍公司的电器产品。为了等待约好见面的客户，他常常顾不上吃饭。他租了一间破旧的地下室居住，晚上只要电灯一关，屋子里就有老鼠们在那里"载歌载舞"。

那个城市的气候不好，春天沙尘暴频繁，夏天时常暴雨，冬天天气寒冷，对于一个物资匮乏的推销员来说，这简直就是一个巨大的考验。公司提供的条件太差，远不如于强想象的那样。有一段时间，公司连产品宣传资料都供应不上，好在于强写得一手好字，自己花钱买来复印纸，用手写宣传资料。

在这样艰苦的条件下，内心不动摇几乎是不可能的，但每次动摇时，于强都会对自己说："这是我的责任，为了自己和家人也要坚持下去。"一年后，派往各地的营销人员都回到公司，其中有很多人早已不堪忍受工作的艰辛而离职了，在剩下的这些营销人员中，于强的业绩是最好的。

后来，于强凭着自己过硬的业绩当上了公司的市场总监。

可以说，对自身责任的坚持，正是于强进步的阶梯。管理者给予员工一定的权限，他会尽自己的最大努力去争取进步。

记住，你是在培养一个人，而不仅是在提拔一个人。给自己看准的员工"压担子"，鼓励他做出实际的工作成绩时，就能提升他。如果你一再地给优秀员工特殊的责任，或者让他参与挑战性的工作，实际上你已经告诉所有人，你对他非常器重，其他的员工必然也会注意到这种情况，他们也必然会奋起直追。

　　管理者在通过晋升方式激励员工的过程中，不妨先尝试扩大下级的责任范围。